检察人员岗位培训教材

JIANCHA RENYUAN GANGWEI PEIXUN JIAOCAI

（第三版）

中国检察业务教程

ZHONGGUO

JIANCHA

YEWU

JIAOCHENG

梁国庆 【主编】

中国检察出版社

《中国检察业务教程》编写组

主　　编　梁国庆

副 主 编　戴玉忠　夏道虎　于　萍

撰稿人员　（以姓氏拼音为序）

陈国庆　陈成霞　高景峰　廖东明

潘　君　穆红玉　马力珍　王佳语

王建明　牛正良　刘小青　刘　新

许山松　李忠诚　杨书文

第三版说明

    《中国检察业务教程》自出版以来，在检察人员的培训中得到了广泛的采用和关注，是检察人员岗位培训的基本教材。近两年来，由于新法律和新的司法解释的颁布、有关法律的修改，以及检察工作的改革和发展，对本书的内容提出了新的要求；同时，在培训使用过程中，各地检察人员也对本书提出了宝贵的意见。为此，我们组织人员对本书进行了修改，力求能够比较系统、集中地反映我国检察机关工作的基本原则、制度和运作方式。

    希望本书的修改能够为检察人员的培训发挥更好的作用。不足之处，请批评指正。

本书编写组

二〇一四年五月

目　　录

绪　　论

第一节　人民检察院的性质、地位和任务

一、人民检察院的性质

我国《宪法》第 129 条和《人民检察院组织法》第 1 条规定："中华人民共和国人民检察院是国家的法律监督机关。"这是我国宪法和法律根据我国的根本政治制度，从我国的实际情况出发，具体运用马克思主义国家学说和列宁关于社会主义检察制度的理论，对我国人民检察院的性质作出的法律规定，是对人民检察院性质的原则表述，表明了人民检察院区别于其他国家机关的本质特征，是人民检察院行使检察权，开展各项检察工作的基本和重要的法律依据。法律监督是国家赋予检察机关监督公安和审判机关执行法律并监督全体公民和社会组织严格遵守法律、维护法律统一和正确实施的一种独立的国家权力。同时，又是社会主义法制的重要组成部分，是社会主义法制中保障和促进立法、执法、守法之间相互协调发展的重要环节。

在我国，检察机关的法律监督具有以下特征：

第一，检察机关法律监督具有国家性和权威性。我国实行人民代表大会制度，国家权力统一集中于国家最高权力机关。国家最高权力机关有权监督宪法和法律的实施，同时，它又赋予人民检察院专门法律监督机关的地位，使之成为国家机关中唯一行使检察权的机关，这就保证了检察机关法律监督的权威性，对于发

挥检察机关在维护社会主义法制中的作用具有重要的意义。

第二，检察机关的法律监督具有专门性。主要表现在两个方面：一方面是检察机关以法律监督为专门职责，而不担负法律监督以外的任何职责，即不具有行政职能、审判和其他职能；另一方面，人民检察院法律监督的专门性要求检察机关法律监督具有独立性，人民检察院依法独立行使检察权，不受行政机关、社会团体和个人的干涉。检察机关法律监督的专门性和独立性保证其能够有效地维护社会主义法制。

第三，检察机关法律监督具有规范性和合法性。要求检察机关履行法律监督职责时，必须依法监督，做到合法化、规范化。我国宪法和有关法律明确规定了检察机关的性质、地位、任务以及法律监督的内容、对象、活动原则、活动的方式、方法和程序等。检察机关法律监督的规范性和合法性有力地保证了检察机关正确履行追诉犯罪、纠正违法的法律监督职责。

第四，人民检察院法律监督具有强制性，由国家的强制力保证其实现。法律具有强制性，保障法律正确实施的监督活动也同样具有强制性。检察机关法律监督的强制性具体表现在：一方面国家赋予其立案侦查、提起公诉的权力，使其在监督中可以追究犯罪人的刑事责任，在执法监督中纠正公安、司法机关的违法行为；另一方面国家赋予其采取一定强制性措施的权力。因此，检察机关在法律监督活动中作出的决定是具有强制力的，被监督的单位和公民必须认真接受和执行，并在法定的时限内作出相应的答复。根据《宪法》和《人民检察院组织法》等法律规定，检察机关法律监督的对象包括两个方面：一方面是对有关国家机关执法活动的法律监督。检察机关依照法定的权限和程序，监督公安、安全机关、人民法院、监狱、看守所的执法活动。另一方面是对国家机关、企事业单位、社会团体和公民犯罪行为的法律监督，对国家工作人员职务犯罪和利用职权违反法律、破坏法制等构成犯罪的行为行使检察权。检察机关对公安、审判机关执法情况的监督，由于对象的特殊性质，属于司法监督的范畴。检察机关对公安、审判机关执法情况的监督对于保障统一正确地实施法律，保护诉讼参与人的民主权利和合法诉讼权利有着重要的意义。

检察机关法律监督的范围是由其履行法律监督职责所依据的法律规定的。我国的法律除宪法作为根本大法外，可分为刑事、民事、经济和行政等法律部门。按照法律部门的划分，检察机关的法律监督可以分为刑事法律监督、民事法律监督和行政法律监督。刑事法律监督所依据的是刑法、刑事诉讼法和其他有关刑事法律的规定。对于国家机关、国家工作人员和公民个人，只要触犯刑法，构成犯罪，都应依法追究刑事责任；并要对公安、司法机关的违法行为进行检察监督。在民事、行政法律监督方面，我国检察机关依据民法通则和民事、行政法律，履行审判和诉讼监督的职责。

按照不同的对象和范围，人民检察院的法律监督可以分为立案监督、侦查监督、审判监督和刑罚执行监督等种类。检察机关法律监督的不同内容是检察机关内部业务分工的基础。

二、人民检察院的法律地位

人民检察院在国家机构中的地位，是指宪法和法律确立的检察机关与其他国家机关的关系。根据宪法规定，我国的国家机构包括全国人民代表大会、中华人民共和国主席、国务院、中央军事委员会、地方各级人民代表大会和地方各级人民政府、民族自治地方的自治机关、人民法院和人民检察院。以上各种国家机关以各级人民代表大会为权力机关，形成我国的国家组织系统和权力结构的基本形式。

从我国国家机构的基本结构形式可以看出各个国家机关之间的关系和各自的法定地位。就检察机关而言，主要有两个方面：一方面是它与国家的行政机关、审判机关、军事机关均由人民代表大会产生，并由国家权力机关赋予检察权，因而人民检察院的地位从属于国家权力机关，对国家权力机关负责并接受国家权力机关的监督；另一方面，检察机关和行政机关、审判机关是分立的，彼此不是隶属关系，而是平行关系，这表明检察机关是国家组织体系中的一个独立的系统。

根据《宪法》和《人民检察院组织法》规定，人民检察院由本级国家权力机关产生并对本级国家权力机关负责，表明人民检察院的法律监督只对宪法和法律负责，对国家权力机关负责。法律监督的性质决定了人民检察院在国家机构中的地位，它依法接受国家权力机关的监督，而不附属于其他国家机关。我国的检察制度是由人民代表大会制度决定和产生的，检察机关是国家权力结构中的一个重要、独立的组成部分。

人民检察院依法对贪污贿赂犯罪、渎职犯罪等行使侦查权，通过立案侦查、提起公诉等追究刑事责任（犯罪）的方式惩治国家工作人员的腐败行为，"检察院对于国家机关和国家工作人员的监督，只限于违反刑法，需要追究刑事责任的案件。"[1] 在反腐败中肩负着重要职责。惩治腐败是一项复杂的系统工程，人民检察院作为具体的司法职能部门，应当在党的统一领导下，服务于党和国家的工作大局，加强与纪委、监察部门的配合和协调，通过多种方式主要是刑事司法方式，发挥在反腐败斗争中的职能作用。

人民检察院在反腐败斗争中要坚持标本兼治、打防结合、综合治理的方针，将加强预防职务犯罪工作作为新时期检察工作的一项重要任务，采取有力措施，以加强预防职务犯罪为重点，积极探索检察机关专门预防与社会预防相结合的有效途径，努力把职务犯罪遏制和减少到最低限度。要在检察工作的各个环节全面强化预防犯罪意识，将检察机关预防职务犯罪工作纳入党委和政

---

[1]　中共中央文献编辑委员会：《彭真文选》，人民出版社 1991 年版，第 378 页。

府关于预防犯罪工作的整体部署之中，充分运用检察职能，积极开展预防职务犯罪工作。人民检察院在预防犯罪中摸索了许多好的做法和经验，比如，教育动员犯罪人员认罪服法，悔过自新，现身说法，警醒他人；办案中注意发现行业或单位管理上的漏洞和工作中的薄弱环节，提出堵漏建制的检察建议；深入国有企事业单位和学校开展法制宣传，以典型案例进行生动、直观的教育，警示人们增强法制观念，遵纪守法；与职务犯罪多发行业和部门建立工作联系制度，通过召开座谈会等形式，共商预防职务犯罪对策；等等。这些做法和经验，对防止和减少职务犯罪发挥了积极作用，进一步深化了检察机关的专门预防工作，开辟了检察工作服务大局的新领域。

三、人民检察院的任务

《人民检察院组织法》第 4 条明确规定了检察机关的任务："人民检察院通过行使检察权，镇压一切叛国的、分裂国家的和其他反革命活动，打击反革命分子和其他犯罪分子，维护国家的统一，维护无产阶级专政制度，维护社会主义法制，维护社会秩序、生产秩序、工作秩序、教学科研秩序和人民群众生活秩序，保护社会主义的全民所有的财产和劳动群众集体所有的财产，保护公民私人所有的合法财产，保护公民的人身权利、民主权利和其他权利，保卫社会主义现代化建设的顺利进行。人民检察院通过检察活动，教育公民忠于社会主义祖国，自觉地遵守宪法和法律，积极同违法行为作斗争。"具体来讲，检察机关法律监督有以下四方面的具体任务：

1. 通过行使检察权，镇压一切叛国的、分裂国家的和其他反革命活动，打击反革命分子和其他犯罪分子，维护国家的统一，维护人民民主专政制度。国家的统一，人民民主专政制度的巩固，是我们社会主义事业发展的基本保证，这是检察机关法律监督的首要任务。

2. 通过行使检察权，保障社会主义国有和劳动群众集体所有的财产、公民个人所有的合法财产，积极同破坏社会主义市场经济秩序和侵犯财产的犯罪进行斗争，维护社会主义市场经济秩序，保障社会主义现代化建设的顺利进行。

3. 通过行使检察权，保障公民的人身权利、民主权利和其他合法权益。公民的人身权利和民主权利，是公民最基本的权利，它体现着公民在国家政治、社会生活中的地位和作用。保护公民的人身权利、民主权利和其他合法权益，是直接关系着建设社会主义民主政治，调动人民群众参加社会主义现代化建设积极性的大事。因此，行使检察权，维护国家利益和保障公民享有宪法和法律规定的权利，惩治极少数国家工作人员目无法纪、滥用职权、徇私舞弊、玩忽职守、侵犯公民民主权利、危害国家和人民利益的违法犯罪行为，是检察机关法律监督的一项重要职责。这对于国家工作人员树立高度的责任心和法制观念，尽职尽责，严格依法办事，促进国家的行政管理和经济管理工作，实现国家的政治、经济任务具有重要的意义。

4. 通过行使检察权，教育公民忠于社会主义祖国，自觉地遵守宪法和法律，积极同违法犯罪行为作斗争。检察机关在履行法律监督职责的同时，应当开展法制宣传工作，通过揭露和惩罚犯罪，以实例教育公民认识违法犯罪的社会危害性，增强广大干部和群众的法制观念，使他们懂得用法律保护自己的合法权益，约束自身的行为，又积极同一切违法犯罪行为作斗争，从而为预防和减少犯罪，综合治理社会治安，建设社会主义精神文明作出贡献。

第二节　人民检察院的职权

人民检察院的职权是法律赋予其履行职责所必要的各项权力的总和，是体现检察机关性质的具体职能和法律手段。检察机关的各项具体职权统称为检察权。检察权是为国家宪法和法律规定，由人民检察院行使的对侦查机关、审判机关、执行机关的职能活动是否合法及国家机关、人民团体、企事业单位、国家工作人员和公民是否遵守法律实行法律监督的权力。检察权是由我国宪法规定的一项国家的基本权力，是统一的国家权力的重要组成部分之一。

我国《宪法》规定：中华人民共和国的一切权力属于人民，全国人民代表大会和地方各级人民代表大会是人民行使权力的机关。按照我国宪法规定，国家的基本权力可划分为立法权、行政权、审判权和检察权。它们作为国家的统一的权力，在国家权力机关的监督下，实行专门机关分工负责的原则，使各职能部门之间既分工负责，又互相配合，互相制约，保证国家机器正常运转。检察机关行使检察权，一方面和其他国家机关配合，共同完成保护人民，惩治犯罪，纠正违法的任务；另一方面发挥监督作用，保证国家机关的活动、国家工作人员和全体公民的行为，都遵守国家的法律，保证法律在全国范围内统一、正确地实施。加强法律监督机制，充分行使各项检察职权，就可以切实保护公民的民主权利，推动依法治国的进程，维护安定的社会秩序，建立社会主义市场经济，为社会主义现代化建设创造良好环境，保证改革开放的顺利进行。

我国《宪法》、《人民检察院组织法》、《检察官法》、《刑法》、《刑事诉讼法》、《民事诉讼法》、《行政诉讼法》等有关法律的规定，明确了人民检察院的职权范围。根据《人民检察院组织法》第 5 条规定和有关法律规定，各级人民检察院行使下列职权：

1. 对于叛国案、分裂国家案以及严重破坏国家的政策、法律、法令、政令统一实施的重大犯罪案件行使检察权。

2. 对于直接受理的刑事案件，进行侦查。

3. 对于公安机关和国家安全机关、监狱侦查的案件，进行审查，决定是否批准逮捕和提起公诉，对符合条件的刑事案件提起公诉、支持公诉以及提起抗诉。

4. 对刑事立案、侦查、审判活动和刑罚执行及监狱看守所的活动是否合法以及对民事诉讼、行政诉讼是否合法实行法律监督。

5. 法律规定的其他职权。如根据修改后的《国家赔偿法》的规定，检察机关有权对人民法院作出的国家赔偿决定是否合法进行监督。

此外，第五届全国人民代表大会常务委员会第十九次会议通过的全国人民代表大会常务委员会《关于加强法律解释工作的决议》第 2 条规定："凡属于检察院检察工作中具体应用法律、法令的问题，由最高人民检察院进行解释。"《立法法》第 12 条、第 24 条规定最高人民检察院可以向全国人民代表大会及其常务委员会提出法律案，第 43 条规定最高人民检察院可以向全国人大常委会提出法律解释要求。

上述我国现行法律具体规定的人民检察院的职权，是总结新中国成立以来检察工作的历史经验，从我国实际情况出发规定的。概括以上各项具体规定，人民检察院享有下列各项权力：

1. 刑事案件侦查权。侦查权是国家的专门机关依照法律规定的程序，收集、审查证据，揭露、证实犯罪，查获犯罪人，并采取必要的强制措施的权力。根据《刑事诉讼法》第 18 条第 2 款规定，人民检察院立案侦查管辖的范围主要包括贪污贿赂犯罪，国家工作人员的渎职犯罪，国家机关工作人员利用职权实施的非法拘禁、刑讯逼供、报复陷害、非法搜查的侵犯公民人身权利的犯罪以及侵犯公民民主权利的犯罪。对于国家机关工作人员利用职权实施的其他重大的犯罪案件，需要由人民检察院直接受理的时候，经省级以上人民检察院决定，可以由人民检察院立案侦查。同时，法律规定人民检察院可以参加公安机关复验、复查，并可对公安机关等侦查机关侦查终结移送起诉的案件进行补充侦查。

2. 批准和决定逮捕权。人民检察院批准和决定逮捕权是指人民检察院对公安机关提请批准逮捕的犯罪嫌疑人的审查批准逮捕和对直接受理案件的决定逮捕的权力。我国《宪法》第 37 条和《刑事诉讼法》第 78 条规定，公安机关要求逮捕犯罪嫌疑人的时候，必须经过人民检察院批准，由公安机关执行。

3. 公诉权。公诉权是人民检察院代表国家，为追究犯罪嫌疑人的刑事责任，依照法律向有管辖权的法院提出指控的权力。除自诉案件由人民法院直接受理，刑事案件都应当由人民检察院提起公诉。在我国，公诉权由人民检察院代表国家统一行使，其他任何机关、团体、组织都无权行使这项权力。公诉权包括审查起诉、决定起诉、不起诉、对提起公诉或者抗诉的案件派员出席法庭支持公诉、支持抗诉等。

4. 立案监督和侦查监督权。立案监督权是人民检察院对公安机关的立案活动是否合法进行监督的权力。人民检察院通过立案监督，依法纠正和防止公安机关有案不立或者以罚代刑的现象，使犯罪分子受到刑事追究。侦查监督权是人民检察院审查侦查机关提请批准逮捕犯罪嫌疑人和移送起诉案件中对侦查活动是否合法实行监督的权力。人民检察院的侦查监督权力，一方面是惩罚犯罪的主要手段和武器；另一方面通过监督，发现并纠正侦查中的搜查、扣押、讯问被告人、询问证人、现场勘验、检查、鉴定等环节上的违法乱纪情况，使公民的民主权利、人身权利和其他各项权利得到切实的法律保障。

5. 刑事审判监督权。刑事审判监督权是人民检察院对审判机关的刑事审判活动是否违反法律规定的诉讼程序以及作出确有错误的判决和裁定实行监督的权力。人民检察院对审判机关作出的判决和裁决拥有抗诉权，以保证法院正确适用刑事处罚权，保护人民，惩罚犯罪。

6. 对刑事判决、裁定的执行和监管改造机关的活动是否合法的监督权。人民检察院这一职权包括两个方面的内容：一方面是对执行刑事判决、裁定的刑罚，包括生命刑、自由刑和财产刑，是否合法、正确、严肃实行监督的权力；另一方面是对看守所、监狱的监管改造工作是否合法实行监督的权力。前者是人民检察院对刑事诉讼活动行使的法律监督权力，后者是人民检察院对司法行政机关执行刑罚行使的法律监督权力。

7. 民事审判监督权。民事审判监督权是人民检察院对审判机关的民事审判活动是否合法实行监督的权力。随着改革开放的不断深入和社会主义市场经济对法制建设的迫切需要，民事审判监督权也越来越显示出其重要性。

8. 行政诉讼监督权。行政诉讼监督权是人民检察院对审判机关的行政诉讼活动是否合法，以及作出的判决、裁定的合法性实行监督的权力，包括对已经发生法律效力的、确有错误的判决、裁定提出抗诉的权力。

9. 司法解释权。司法解释权是最高人民检察院对在检察工作中具体运用法律的问题进行解释的权力。这一权力只能由最高人民检察院行使，其发布的司法解释具有法律效力。

10. 提出议案权。

综上所述，检察机关的各项职权，都是围绕着法律监督这一根本职能展开的，体现了检察机关法律监督的性质。检察机关依照法律规定全面履行自己的职责，完善和强化各项检察职权，有助于完善我国的诉讼制度，充分发挥法律的社会调节作用，促进社会主义法制建设；有助于加强对审判机关、有关行政执法机关的执法活动是否合法实行监督，保证国家机关为政清廉；有助于加强对国家机关工作人员的监督，反对个人特权和各种违法乱纪行为，维护法纪；有助于保障公民的人身权利和民主权利，促进社会主义民主发展；有助于加强同违法犯罪作斗争，维护安定的社会、政治和经济秩序，为社会主义现代化建设创造良好社会环境；有助于加强教育、改造和挽救违法犯罪分子，化消极因素为积极因素。

第三节　人民检察院的活动原则

　　人民检察院的活动原则，是指宪法和有关法律规定的，指导人民检察院履行法律监督职能活动的基本准则。人民检察院的活动原则对其履行法律监督职能起着重要的指导、规范作用，是检察机关正确行使检察权，保证社会主义法制正确、统一实施的重要保证。

　　人民检察院的活动原则，是从我国实际情况出发，总结我国检察工作的实践经验而由法律明确规定的，充分反映了我国人民检察制度的特色。根据《宪法》和《人民检察院组织法》的规定，人民检察院的活动原则主要包括：依法独立行使检察权原则；依靠群众原则；以事实为根据、以法律为准绳原则；在适用法律上一律平等原则；检务公开原则等。这几项原则是紧密联系，相辅相成，不可分割的。

　　由于检察机关主要是通过参与诉讼活动履行其法律监督职能的，检察机关在具体业务工作中，还应当遵循刑事诉讼法、民事诉讼法、行政诉讼法规定的各项基本诉讼原则。检察机关在履行法律监督职能时所坚持的基本活动原则，与其参与诉讼活动遵循的各项具体诉讼原则，既有联系，又有区别。这里介绍检察机关的主要活动原则。

一、依法独立行使检察权原则

　　《宪法》第 131 条和《人民检察院组织法》第 9 条规定："人民检察院依照法律规定独立行使检察权，不受行政机关、社会团体和个人的干涉。"其基本内容是：

　　1. 人民检察院行使检察权，在法律规定的范围内都是独立的，不受行政机关、社会团体和个人的干涉；相反，行政机关、社会团体和个人应当尊重和支持人民检察院独立行使法定权力，而不得以任何方式干涉人民检察院独立行使法定职权。

2. 人民检察院独立行使检察权，是指"检察院独立"，即人民检察院作为一个组织整体，集体对检察权的行使负责。在各个检察院内部，是以检察长、检察委员会为领导的组织形式实现检察权的；而在检察院系统内部，下级检察院必须服从上级检察院的领导，地方各级检察院必须服从最高人民检察院的领导。

3. 人民检察院行使检察权都必须严格遵守宪法和法律的各项规定，既要遵守实体法，又要遵守程序法。行使职权所作的各项决定必须符合法律规定的要求。

正确理解和执行人民检察院依法独立行使检察权原则，还应正确理解和处理好以下几个方面的关系：

第一，依法独立行使检察权与中国共产党领导的关系。中国共产党是执政党，坚持党的领导，是人民检察院依法独立行使职权的根本保证。党的政策是法律的灵魂，制定法律必须以党的政策为指导，以党的相应的政策为依据，执行法律也必须以党的政策为指导。脱离党的领导，既不能正确地制定法律，也不能正确地理解和适用法律。因此，依法独立行使职权同坚持党的领导是一致的。党对检察工作的领导主要是方针、政策的领导和组织领导，以及对查办重大案件的指导和监督，但绝不是代替检察机关办案，更非包揽具体检察业务，否则，不仅会妨碍检察工作的开展，而且还会削弱党对检察工作的领导。

第二，依法独立行使检察权与国家权力机关监督的关系。在国家机关体系中，人民检察院是由国家权力机关产生，各级人民检察院都应依法向同级国家权力机关负责并报告工作，自觉接受监督。这不仅与依法独立行使职权原则不矛盾，而且是人民检察院排除干扰，严格依法办案的有力保障。权力机关发现人民检察院办案有错误时，可以提出纠正意见。

　　第三，依法独立行使检察权与社会和人民群众监督的关系。"人民检察院依照法律规定独立行使检察权，不受行政机关、社会团体和个人的干涉"，这里"干涉"是指干扰诉讼程序正常进行的非法活动，例如，以言代法、以权代法、以权压法、强令办案机关服从等，而不是指正常的工作建议和意见。人民检察院在坚持依法独立行使检察权的前提下，应当自觉接受来自社会和人民群众的监督，虚心听取各方面的批评、建议和意见，严格区分正确监督和非法干涉的界限，以便不断改进工作，更好地履行检察机关的职责。

　　二、依靠群众原则

　　根据《刑事诉讼法》第 6 条的规定，人民检察院在刑事诉讼中必须依靠群众。《人民检察院组织法》第 7 条规定："人民检察院在工作中必须贯彻执行群众路线，倾听群众意见，接受群众监督。"法律规定依靠群众开展检察工作是人民检察院活动原则之一，也是在检察工作中全面贯彻党的群众路线的法律依据。

　　社会主义法治之所以有强大的力量，根本上是由于它代表人民的利益，并且依靠人民群众的力量来维护。检察机关之所以能够发挥法律监督职能作用，在于它深深地植根于人民群众之中，有广大人民群众作为坚强的后盾。因此，贯彻依靠群众原则，必须在思想上树立坚定的相信群众、依靠群众的观点，防止和克服主观主义、孤立主义、神秘主义的倾向。同时，也要自觉地把检察工作置于人民群众的监督之下，依靠人民群众检验办案质量，减少和防止工作中的差错和失误。我们强调依靠群众做好检察工作，并不是意味着由"群众办案"来代替或削弱检察机关的专门工作。在社会生活日益复杂，科学技术日益发展，违法犯罪手段日趋现代化的形势下，人民检察院的专门工作也要不断地强化，发挥更为重要的作用。

　　在法律监督活动中检察机关的专门工作和群众路线是相辅相

成的，专门工作离开群众路线就会丧失工作的基础而变得软弱无力，群众路线如果没有专门工作的组织指导，就会陷入盲目性而失去国家法制的严肃性。实践证明，只有把检察工作和贯彻群众路线密切结合起来，才能充分有效地发挥检察机关的职能作用。

三、以事实为根据，以法律为准绳原则

根据《刑事诉讼法》第 6 条的规定，检察机关在刑事诉讼中必须以事实为根据，以法律为准绳。

《人民检察院组织法》第 7 条规定："人民检察院在工作中必须坚持实事求是……各级人民检察院的工作人员，必须忠实于事实真相，忠实于法律。"以事实为根据，以法律为准绳原则是党的实事求是的思想路线与有法必依的法治原则的统一，从而揭示了检察机关行使法律监督职权的科学的认识方法和工作方法，充分体现了实事求是的思想路线和社会主义法治相统一的精神，反映了刑事诉讼的根本要求和客观规律。以事实为根据，以法律为准绳，其基本含义是：

第一，以事实为根据，就是要在检察工作中坚持马克思主义的认识论，尊重客观事实，按照客观世界的本来面目认识世界。进行刑事诉讼必须忠实于案件事实真相，查明案件客观事实，以客观存在的案件事实作为处理问题的根本依据。而不能以主观想象、推测或无实据的议论作基础。以事实为根据的核心问题是：重证据、重调查研究，认定案件事实必须以查证属实的证据为根据，适用法律又必须以查明的事实为根据，没有确实充分的证据以及据此正确认定的案件事实，就不能认定犯罪嫌疑人、被告人构成犯罪并追究其刑事责任。

第二，以法律为准绳，就是要求履行法律监督的各项职权都必须严格按照法律规定进行。这是有法必依，执法必严，违法必究的社会主义法治原则在检察工作中的具体体现。在刑事诉讼中坚持这一原则，就是要在查明案件事实的基础上，按照法律的具体规定对案件作出正确处理，以法律的规定作为衡量已经查明的案件事实和情节的尺度，不能违法办案，更不能悖离法律规定另立标准。

第三，以事实为根据，以法律为准绳，两者紧密联系，必须全面贯彻执行，不能忽视任何一个方面。事实是正确运用法律的前提，法律是对案件作出正确处理的标准，处理案件不依据事实，就没有客观基础，不依据法律，就没有客观标准。只有既以事实为根据，又以法律为准绳，才能准确地区分罪与非罪、此罪与彼罪，即有力地惩罚犯罪，有效地保护无辜，做到不枉不纵，使法律得到统一正确的实施，全面实现人民检察院的任务。

四、在适用法律上一律平等原则

《宪法》第 33 条第 2 款规定："中华人民共和国公民在法律面前一律平等。"《人民检察院组织法》第 8 条规定："各级人民检察院行使检察权，对于任何公民，在适用法律上一律平等，不允许有任何特权。"《刑事诉讼法》第 6 条规定："人民法院、人民检察院和公安机关进行刑事诉讼……对于一切公民，在适用法律上一律平等，在法律面前，不允许有任何特权。"这项原则的基本含义是指我国法律对于全体公民同等适用，没有任何例外；法律面前，人人平等，既不允许有任何特权，也不能进行任何歧视。

对一切公民在适用法律上一律平等原则要求人民检察院无论是在诉讼程序上，还是在实体认定上，对一切公民不分民族、种族、性别、职业、家庭出身、个人成分、宗教信仰、教育程度、财产状况、社会地位，在适用法律上一律平等，不允许任何人拥有超越法律之上的特权。任何公民在刑事、民事、行政诉讼中都同样享有法律赋予的诉讼权利，履行应尽的诉讼义务。

坚持这项原则，对于维护法制的尊严和统一，防止任何人谋求凌驾于法律之上的特权，使所有公民的合法权益均得到法律上的保障有着重要意义；坚持这项原则，有利于抵制和肃清特权思想对执法活动的干扰，对于端正党风和社会风气具有现实意义。

对一切公民在适用法律上一律平等原则同在法律规定范围内区别对待的政策也不矛盾。因为对犯罪分子的情况进行具体分析，根据不同情况，予以区别对待，量刑有轻有重，正是体现了在适用法律上一律平等的原则，与因特权、地位不同而区别对待是有根本区别的。

五、保障诉讼参与人的诉讼权利原则

《刑事诉讼法》第14条规定："人民法院、人民检察院和公安机关应当保障犯罪嫌疑人、被告人和其他诉讼参与人依法享有的辩护权和其他诉讼权利。诉讼参与人对于审判人员、检察人员和侦查人员侵犯公民诉讼权利和人身侮辱的行为，有权提出控告。"

根据法律规定，检察机关对包括犯罪嫌疑人、被告人在内的所有诉讼参与人依法享有的各种诉讼权利，都应当给予保障。这次刑事诉讼法修改，针对实践中犯罪嫌疑人、被告人的辩护权容易受到侵害的情况，突出强调了公、检、法机关对犯罪嫌疑人、被告人的辩护权和其他诉讼权利的保障，犯罪嫌疑人、被告人和其他诉讼参与人有权对公安机关、人民检察院、人民法院及其工作人员侵犯其诉讼权利的行为提出控告。而且修改后的刑事诉讼法明确规定，人民检察院接到报案、控告、举报或者发现侦查人员以刑讯逼供等非法方法收集犯罪嫌疑人、被告人供述的，应当进行调查核实。查证属实的，应当提出纠正意见；构成犯罪的，依法追究刑事责任。这一原则有助于保障所有参加诉讼活动的公民的诉讼权利和人格尊严免遭侵犯；有助于检察机关自身依法履行侦查、审查逮捕、审查起诉等职责，同时有助于督促检察机关认真履行法律监督职责，切实保障犯罪嫌疑人、被告人和其他诉讼参与人的诉讼权利。

六、保障各民族公民用本民族语言文字进行诉讼的权利原则

宪法第134条规定，各民族公民都有用本民族语言文字进行诉讼的权利。它包括三方面内容：一是各民族公民，凡是涉及诉讼的，都享有用本民族语言文字进行诉讼的权利。二是如果诉讼参与人不通晓当地通用的语言，人民检察院有义务为各民族公民行使这项诉讼权利创造条件，提供保障。三是在少数民族聚居或者多民族共同居住的地区，应当用当地通用的语言进行审理，同时应当根据实际需要使用当地通用的一种或者几种文字，制作起诉书、判决书、布告和其他文书。这一原则体现了我国各民族一律平等的宪法精神，有利于保障各民族公民平等地行使诉讼权利，切实维护各民族公民的合法权益；有利于诉讼的顺利进行和案件的正确处理，保障司法机关准确、及时地查明案件事实和正确地处理案件；可以进一步密切司法机关同各民族群众的关系，便于司法机关对各民族群众进行法制宣传教育，也便于各民族群众对司法机关实行监督。

用本民族的语言文字进行诉讼，是各民族公民依法享有的诉讼权利，检察机关不仅不能随便予以剥夺，而且有义务有责任依法为各民族公民享有这项诉讼权利创造条件，提供保障。从司法实践来看，各民族公民能否切实享有这项诉讼权利，关键在于司法机关是否能够履行法律规定的义务。

七、检务公开原则

检务公开是指检察机关依法向社会和诉讼参与人公开与检察职权相关的不涉及国家秘密和个人隐私等有关的活动和事项。全国检察机关自1998年10月起开始推行检务公开，2006年6月，最高人民检察院又印发了《关于进一步深化人民检察院检务公开的意见》，要求各级检察机关以改革的精神，在实践中积极探索，不断规范和完善检务公开制度。实行检务公开，可以带动辩护、回避等各项制度的贯彻执行；有助于检察机关客观全面地查明案情和正确地处理案件，提高办案质量；可以密切检察机关同群众的关系，增强检察人员的责任感，防止发生违法乱纪现象；可以充分发挥法制宣传教育作用。

　　检务公开应当遵循以下原则：一是严格依法原则。要严格按照法律和有关司法解释的规定，对应当向社会和诉讼参与人公开的与检察职权相关的活动和事项予以公开。二是真实充分原则。除因涉及国家秘密等原因外，对办案程序、复查案件的工作规程、各个诉讼阶段诉讼参与人的权利和义务、法律监督结果等依法应该公开的事项，都要充分公开，如实公开。三是及时便民原则。各级检察机关应当采取多种形式，包括利用新闻媒介和现代信息手段向社会和诉讼参与人公布、宣传检务公开的内容，使检务公开更加方便、快捷、及时，便于当事人行使知情权、参与权和监督权。四是开拓创新原则。检务公开应当与时俱进，随着国家的法治进程而更加开放和透明。对于检务公开的具体内容、范围、方式和途径等，应当以改革的精神，不断探索，不断丰富，不断完善。

八、检察机关内部分工负责、互相制约原则

　　为了加强内部制约，检察机关内部分设了多个业务部门，分别行使职务犯罪侦查、侦查监督、公诉、控告检察、刑事申诉检察、监所检察等业务，以增强这些部门之间的互相制约。首先，分解人民检察院侦查职权，规定人民检察院对贪污贿赂、渎职侵权等职务犯罪的查处工作在不同阶段由不同内设机构承办，分工负责、互相配合、互相制约。其次，侦查权与审查决定权分离。凡侦查工作中需要对犯罪嫌疑人作出程序性处理决定的，都要由侦查部门以外的其他部门进行审查。最后，侦查监督部门与公诉部门互相制约。侦查监督部门承担对犯罪嫌疑人是否决定逮捕的审查工作，公诉部门承担对犯罪案件是否提起公诉、不起诉的审查工作。同时，根据第十三次全国检察工作会议的部署，自2011年起，全国检察机关开始推行案件管理机制改革，要求地市级以上人民检察院和有条件的基层人民检察院，都要成立专门的案件

管理机构，实行统一受案、全程管理、动态监督、案后评查、综合考评的执法办案管理新机制。规范案件的来源渠道，由专门的案件管理部门负责统一受理案件，以加强对案件办理流程的管理和监督。

九、上级检察院领导下级检察院原则

《宪法》第 132 条第 2 款和《人民检察院组织法》第 10 条第 2 款规定："最高人民检察院领导地方各级人民检察院和专门人民检察院的工作，上级人民检察院领导下级人民检察院的工作。"这一原则表明了检察机关组织系统上下级机关的关系。之所以这样规定是为了从组织上保证检察机关集中统一履行法律监督职能，使下级人民检察院能够直接地、及时地得到上级检察院的领导和监督，从而保障检察机关依法独立行使检察权。

上级检察院领导下级检察院原则，是经过长期的实践后确立的。这一原则在检察机关活动中体现在以下几个方面：

1. 最高人民检察院对检察机关工作的部署、有关业务工作的方针、政策、就如何适用法律所作的司法解释以及制定的检察工作条例、规则等，对地方各级人民检察院和专门人民检察院均有约束力。上级人民检察院的指示、决定和工作部署，下级检察机关应结合实际贯彻执行。

2. 上级人民检察院指导下级人民检察院的业务工作。上级人民检察院应当对下级人民检察院的工作进行检查，指导办案。必要时，上级人民检察院可以办理下级人民检察院管辖的案件，也可以向下级人民检察院交办案件。下级人民检察院对检察工作中的疑难复杂问题，可以逐级向上级人民检察院请示，上级人民检察院对下级人民检察院的正式请示报告，必须作出明确答复或批复。

3. 最高人民检察院、上级人民检察院发现下级人民检察院行使职权不当或处理案件有错误时，有权纠正或撤销下级人民检察院的错误决定。下级人民检察院必须执行上级人民检察院的决定，如有不同意见，可以逐级直至向最高人民检察院报告，但不得停止执行决定。

地方各级人民检察院根据最高人民检察院的规定，或者经同级人民代表大会及其常务委员会的批准，在不同宪法和法律相抵触的前提下，制定的实施法律的具体规定；民族区域自治地方的人民检察院依法制定的变通实施法律的具体规定；根据法律和最高人民检察院的规定，制定的业务工作规则等规范性文件，应当向最高人民检察院备案。最高人民检察院发现地方人民检察院规范性文件有错误时，可以予以撤销或者指令改正。

4. 最高人民检察院确定全国检察机关的人员编制、检察官等级，各省、自治区、直辖市人民检察院确定各下级人民检察院的人员编制、检察官等级。

第四节　人民检察院的设置、内设机构和检察官

人民检察院是由各级人民检察院及其内设机构和检察官共同组成的国家机构。现对人民检察院设置、内设机构和检察官分别介绍如下：

一、人民检察院的设置

人民检察院是按照法律规定所组成的，具有法律监督职能的各级各类检察组织的统一整体。人民检察院的设置实行与我国行政区、人民法院的设置以及检察工作的需要相一致的原则。根据这一原则设置的各级各类检察机关分别为最高人民检察院、地方各级人民检察院和专门人民检察院。各级人民检察院在其管辖的区域内开展工作。人民检察院与人民法院的对应设置，适应了审判制度的特点，保证诉讼活动及时、顺利地进行。根据检察工作需要设置专门人民检察院和派出机构，更能适合各区域、部门、

单位的特殊性。随着我国政治、经济形势的发展，检察机关组织系统也得到了相应的发展。

根据我国《宪法》和《人民检察院组织法》的规定，目前检察机关的具体设置如下：

1. 最高人民检察院；

2. 省、自治区、直辖市人民检察院；

3. 省、自治区、直辖市人民检察院分院，自治州和省辖市人民检察院；

4. 县、市、自治县和市辖区人民检察院。

此外，省一级人民检察院和县一级人民检察院，根据工作需要，提请本级人民代表大会常务委员会批准，可以在工矿区、农垦区、林区等区域设置人民检察院，作为派出机构。军事检察院属于专门人民检察院。

（一）最高人民检察院

最高人民检察院是中华人民共和国最高检察机关，由最高国家权力机关全国人民代表大会产生，依法履行法律监督职能，对全国人民代表大会及其常务委员会负责并报告工作。

最高人民检察院依法行使下列职权：

1. 领导权。最高人民检察院领导地方各级人民检察院和专门人民检察院的工作，有权指导、部署和检查地方各级人民检察院的工作，有权制定检察工作条例、规则和规范性文件。

2. 司法解释权。全国人民代表大会常务委员会授予最高人民检察院对检察工作中如何具体应用法律进行司法解释的权力。这种解释对各级人民检察院在检察工作中如何应用法律具有普遍的约束力。如果最高人民检察院和最高人民法院的司法解释发生原则性分歧，则报请全国人民代表大会常务委员会决定或解释。

3. 检察权。最高人民检察院依法行使各项检察权，包括按照管辖范围和管辖级别，侦查直接受理的刑事案件；对公安机关、安全机关的侦查活动是否合法实行监督；对有关全国性的或具有重大影响的重大刑事案件，向最高人民法院提起公诉并支持公诉；对法院的审判活动是否合法实行监督；对各级人民法院已经发生法律效力的判决和裁定，如发现确有错误，有权按审判监督程序提出抗诉；对人民法院的判决和裁定的执行实行监督；对监狱、看守所和劳动改造机关的活动是否合法实行监督。

4. 干部管理权。最高人民检察院按照法律规定的权限管理检察机关干部，对有关检察人员有提请任免的权限，以及协同国家编制委员会确定全国检察机关的人员编制，主管检察官等级评定等工作。

5. 对违宪或违法的行政法规、地方法规等的提请审查权。

最高人民检察院由检察长1人、副检察长和检察员等若干人组成，设立检察委员会、若干检察厅和其他业务机构。

（二）地方各级人民检察院

地方各级人民检察院为以下各级检察机关：

1. 省、自治区、直辖市人民检察院；

2. 省、自治区、直辖市人民检察院分院，自治州、省辖市人民检察院；

3. 县、市、自治县和市辖区人民检察院。

省级、县一级人民检察院按法定程序设置的派出机构。

地方各级人民检察院与地方各级审判机关的设置相一致。地方各级人民检察院由其同级人民代表大会产生，对同级人民代表大会及其常务委员会负责并报告工作。地方各级人民检察院接受最高人民检察院领导，下级人民检察院接受上级人民检察院领导。

地方各级人民检察院按照法律规定的管辖范围和权限，行使各项检察权：侦查直接受理的刑事案件；对侦查机关的侦查活动是否合法实行监督；对受理的刑事案件向同级人民法院提起公诉，并支持公诉；对人民法院的审判活动是否合法实行监督；对同级人民法院第一审案件的判决、裁定认为确有错误时，按照上诉程序提出抗诉；上级人民检察院对下级人民法院已经发生法律效力的判决、裁定，如发现确有错误，按审判监督程序提出抗诉；监督执行人民法院的判决、裁定，对监狱、看守所和劳动改造机关的活动是否合法实行监督。

地方各级人民检察院均设检察长 1 人、副检察长和检察员等若干人，设立检察委员会，并设若干检察业务机构。

（三）专门人民检察院

专门人民检察院是在特定的组织系统内设置的检察机关，以其专属的管辖权和所保护的特定社会关系而有别于其他检察机关。我国设置的专门人民检察院是军事检察院。

军事检察院是国家设置在人民解放军系统的法律监督机构，属于军队建制，是我国检察机关的组成部分，在最高人民检察院和解放军总政治部领导下工作。其主要任务是通过行使检察权，维护国家和军队的统一，维护国家法律在军队中的统一实施，维护国家的军事利益，保护国防设施和公共财产，保护军人和其他公民的合法权益，保障军队革命化、正规化、现代化建设的顺利进行。同时通过检察活动，宣传社会主义民主和法制，教育军人忠于社会主义祖国，自觉遵守宪法、法律和军事法规，积极同违法犯罪行为作斗争。军事检察院的职权是对军职人员的犯罪案件行使检察权，按照专属管辖权的原则，受理现役军人、军队文职人员和在编职工的犯罪案件，按照刑事诉讼法和军委有关文件的规定，对上述人员的贪污、贿赂犯罪，侵权、渎职犯罪以及利用职务实施的违反军人职责的犯罪实施侦查，对军队保卫部门侦查的刑事案件审查批捕和审查起诉，依法对军队保卫部门、军事审判机关实施侦查监督、审判监督以及刑罚执行监督。

按照地区设置和系统设置相结合的原则，军事检察院设置分为三级，即中国人民解放军军事检察院；大军区军事检察院、空军军事检察院和海军军事检察院；地区军事检察院、空军军一级军事检察院和海军舰队军事检察院。各级军事检察院的检察委员会由同级政治部批准组成。

（四）派出机构

检察机关的派出机构，是省一级和县一级人民检察院根据《人民检察院组织法》和检察工作需要，在特殊区域或场所设置的派出机构，如在劳改场所、林区、农垦区和工矿区设置的人民检察院。设置派出机构，须由有关的省或县级人民检察院提请本级人民代表大会常务委员会批准。人民检察院对其派出机构实行领导，并按法定程序任免检察人员。

第九届全国人大常委会第六次会议于 1998 年 12 月 29 日通过了《关于新疆维吾尔自治区生产建设兵团设置人民法院和人民检察院的决定》，规定新疆维吾尔自治区人民检察院在生产建设兵团设置新疆维吾尔自治区生产建设兵团人民检察院、新疆维吾尔自治区生产建设兵团人民检察院分院、农牧团场比较集中的垦区的基层人民检察院，作为自治区人民检察院的派出机构。新疆维吾尔自治区生产建设兵团人民检察院领导生产建设兵团人民检察院分院以及基层人民检察院的工作。

新疆维吾尔自治区生产建设兵团人民检察院检察长、副检察长、检察委员会委员、检察员，新疆维吾尔自治区生产建设兵团人民检察院分院检察长、副检察长、检察委员会委员、检察员，由自治区人民检察院检察长提请自治区人民代表大会常务委员会任免；基层人民检察院检察长、副检察长、检察委员会委员、检察员，由新疆维吾尔自治区生产建设兵团人民检察院任免。

二、人民检察院的内设机构

人民检察院为有效地行使法律监督职权，在内部设立了若干内部机构，这些内部组织机构在其职权范围或业务分工范围内活动，以保证完成检察工作任务。

　　人民检察院机构设置由人民检察院组织法规定，机构设置应
与检察机关的职权、业务分工范围相一致。我国 1954 年和 1979 年
的人民检察院组织法，都对人民检察院内部机构包括检察长、检
察委员会、各业务机构等作了具体规定。1983 年修改人民检察院
组织法，不再规定内部业务机构的具体名称，只作了原则性规定。

　　设置人民检察院内部工作机构，应符合实现其职能和任务的
需要，同时，还应体现各项职权和法定诉讼程序的要求，适合检
察工作的特点。因此，设置应科学、合理，以便从组织机构方面
保证开展和完成人民检察院的各项工作。

　　（一）检察长

　　检察长是检察机关的首长。《人民检察院组织法》第 3 条规
定：“检察长统一领导检察院的工作。”检察长的地位、作用和职
权性质，表明检察长属于人民检察院的领导机构。

　　检察长的基本职权是：

　　1. 组织领导权。人民检察院组织法规定，检察长统一领导检
察院的工作。检察长对检察机关的工作负有全面的领导责任，检
察长主持检察委员会会议，并负责执行会议决定。

　　2. 决定权。检察长对各项工作在行使职权时依法享有决定权，
如人民检察院批准逮捕人犯时由检察长决定，检察长还有权决定
参与诉讼的检察人员是否回避等。

　　3. 任免权。根据法律规定，检察长有权任免和提请任免检察
人员，建议撤换下级人民检察院检察长、副检察长和检察委员会
委员。

　　4. 代表权。检察长对外代表人民检察院，各级人民检察院检
察长向同级人民代表大会报告工作。

　　（二）检察委员会

　　检察委员会是人民检察院在检察长主持下的业务决策机构。
《人民检察院组织法》规定：“各级人民检察院设立检察委员会。

检察委员会实行民主集中制，在检察长的主持下，讨论决定重大案件和检察工作的其他重大问题。"检察委员会的讨论意见按少数服从多数的原则作出决定。检察委员会作出的决定，具有法律效力，必须执行。根据法律规定，检察委员会是人民检察院检察工作的指导和决策机构。检察委员会的主要工作是：

1. 讨论决定在检察工作中如何贯彻执行国家有关法律、政策方面的重大问题。

2. 讨论本院直接办理的和下级人民检察院及军事检察院请示的重大案件、疑难案件和抗诉案件，并作出相应决定。

3. 讨论检察长认为须审议的下级人民检察院、专门人民检察院检察委员会作出的决定，并作出相应决定。

4. 讨论向同级人民代表大会及其常委会所作的工作报告和汇报。

5. 讨论通过各项检察工作条例、规定。

6. 讨论检察长认为有必要提交检察委员会讨论的其他重大事项。

最高人民检察院检察委员会还有权讨论通过检察工作中具体应用法律问题的解释，讨论向全国人民代表大会及其常委会提出的立法建议。

（三）检察业务机构

检察业务机构是人民检察院组织法规定的，按照检察机关法律监督的不同对象、范围，分工设立的工作机构，包括检察厅（处、科）等直接行使职权的业务机构和其他业务机构。由于人民检察院统一行使检察权，人民检察院的业务机构围绕各项职权开展业务工作，负责办理具体事务，各级人民检察院一般设立下列检察业务机构和综合业务机构：

1. 侦查监督机构。负责承办对公安机关、国家安全机关和人民检察院侦查部门提请批准逮捕的案件审查决定是否批准逮捕，对公安机关、国家安全机关和人民检察院侦查部门提请延长侦查羁押期限的案件审查决定是否批准延长，对公安机关应当立案侦查而不立案的或者不应立案而立案的情况以及侦查活动是否合法实行监督等工作。

2. 公诉机构。承办对公安机关、国家安全机关和人民检察院侦查部门移送起诉或不起诉的案件审查决定是否提起公诉或不起诉，出席法庭支持公诉，对侦查活动和人民法院的审判活动实行监督，对确有错误的刑事判决、裁定提出抗诉以及对死刑执行的临场监督等工作。

3. 贪污贿赂检察机构。即反贪污贿赂局，主要开展对人民检察院直接受理的贪污贿赂等犯罪案件的侦查。

4. 渎职侵权检察机构。承办对国家工作人员的渎职犯罪和国家机关工作人员利用职权实施的非法拘禁、刑讯逼供、报复陷害、非法搜查、暴力取证、破坏选举等侵犯公民人身权利和民主权利的犯罪案件进行立案侦查等工作。

5. 监所检察机构。对刑事判决、裁定的执行和监狱、看守所的监管活动是否合法实行监督，并承办直接立案侦查虐待被监管人、私放在押人员、失职致使在押人员脱逃和徇私舞弊减刑、假释、暂予监外执行等犯罪案件，对监外执行的罪犯和劳教人员又犯罪案件审查批捕、起诉等工作。

6. 民事、行政检察机构。对法院的民事和行政案件的审判活动进行监督，承办对人民法院已经发生法律效力的民事、行政判决、裁定，发现确有错误或者违反法定程序，可能影响正确判决、裁定的案件，依法提出抗诉。

7. 控告、申诉检察机构。受理控告、申诉案件，处理来信、来访事务，承办受理、接待报案、控告和举报，接受犯罪人的自首，受理不服人民检察院不批准逮捕、不起诉、撤销案件及其他处理决定的申诉，受理不服人民法院已经发生法律效力的刑事判决、裁定的申诉，受理人民检察院负有赔偿义务的刑事赔偿案件等工作。2000 年在最高人民检察院实行控告、申诉两项业务分立，分别由刑事控告厅和刑事申诉厅负责。

8. 法律政策研究机构。参与立法及法律的修订，研究起草有关检察机关适用法律问题的司法解释、对法律政策适用中的疑难问题和重大疑难案件进行研究并提出处理意见，承担检察委员会的日常事务。

9. 检察技术机构。对案件证据进行技术检验、鉴定、复核，承办对有关案件的现场进行勘验，收集、固定和提取与案件有关的痕迹物证并进行科学鉴定，对有关业务部门办理案件中涉及技术性问题的证据进行审查或鉴定。

在最高人民检察院，除上述各机构外，还设立了铁路运输检察厅，对铁路运输检察分院和基层铁路运输检察院实行业务指导和依法办理铁路运输系统的案件。

三、检察官

检察官是指在人民检察院工作的，具有法律职务，依法行使国家检察权的人员，包括最高人民检察院、地方各级人民检察院和军事检察院等专门检察院的检察长、副检察长、检察委员会委员、检察员和助理检察员。检察官法对检察官的范围、职责、条件、义务与权利、任免、任职回避、等级、考核、培训等作了全面规定，使检察官管理走向法制化的轨道。

根据《人民检察院组织法》和《检察官法》规定，检察官的法律职务包括检察长（副检察长）、检察员、助理检察员。检察长统一领导检察院的工作，并由副检察长分工负责、协助检察长工作；检察员具有独立侦查、起诉、监督案件的资格，并指导助理检察员和书记员的工作；助理检察员协助检察员工作，经检察长批准，可代行检察员职务。书记员办理案件的记录工作和其他有关事项；司法警察担任提押、看管犯罪嫌疑人和罪犯以及送达传票等工作。

（一）检察官的条件

担任检察官必须具备下列条件：（1）具有中华人民共和国国籍；（2）年满 23 周岁；（3）拥护中华人民共和国宪法；（4）有良好的政治、业务素质和良好的品行；（5）身体健康；（6）高等院校法律专业本科毕业或者高等院校非法律专业本科毕业具有法律专业知识，从事法律工作满 2 年的；或者获得法律专业硕士学位、博士学位或者非法律专业硕士学位、博士学位具有法律专业知识，从事法律工作满 1 年的。在检察官法施行前的检察人员不具备上述第（6）条规定的条件的，应当接受培训，在规定的期限内达到法律规定的条件。下列人员不得担任检察官：（1）曾因犯罪受过刑事处罚的；（2）曾被开除公职的。

《检察官法》第 21 条规定："检察官的级别分为 12 级。最高人民检察院检察长为首席大检察官，2 至 12 级检察官分为大检察官、高级检察官、检察官。"第 22 条规定："检察官的等级的确定，以检察官所任职务、德才表现、业务水平、检察工作实绩和工作年限为依据。"检察官的等级编制、评定和晋升办法，由中共中央组织部、人事部、最高人民检察院于 1997 年 12 月 15 日制发的《中华人民共和国检察官等级暂行规定》作了具体规定。

（二）检察官的职责及义务、权利

检察官的职责包括：（1）依法进行法律监督工作；（2）代表国家进行公诉；（3）对法律规定的由人民检察院直接受理的犯罪案件进行侦查；（4）法律规定的其他职责。检察长、副检察长、检察委员会委员除履行检察职责外，还应当履行与其职务相适应的职责。

检察官应当履行下列义务：（1）严格遵守宪法和法律；（2）履行职责必须以事实为根据，以法律为准绳，秉公执法，不得徇私枉法；（3）维护国家利益、公共利益，维护公民、法人和其他组织的合法权益；（4）清正廉明，忠于职守，遵守纪律；（5）保守国家秘密和检察工作秘密；（6）接受法律监督和人民群众监督。

检察官享有下列权利：（1）履行检察官职责应当具有的职权和工作条件；（2）依法履行检察职责不受行政机关、社会团体和个人的干涉；（3）非因法定事由、非经法定程序，不被免职、降职、辞退或者处分；（4）获得劳动报酬，享受保险、福利待遇；（5）人身财产和住所安全受法律保护；（6）参加培训；（7）提出申诉或者控告；（8）辞职。

（三）检察官的任免

检察官职务的任免，依照宪法和法律规定的任免权限和程序办理。

最高人民检察院检察长由全国人民代表大会选举和罢免，副检察长、检察委员会委员和检察员由最高人民检察院检察长提请全国人民代表大会常务委员会任免。

地方各级人民检察院检察长由地方各级人民代表大会选举和罢免，副检察长、检察委员会委员和检察员由本院检察长提请本级人民代表大会常务委员会任免。

地方各级人民检察院检察长的任免，须报上一级人民检察院检察长提请该级人民代表大会常务委员会批准。

在省、自治区内按地区设立的和在直辖市内设立的人民检察院分院检察长、副检察长、检察委员会委员和检察员由省、自治区、直辖市人民检察院检察长提请本级人民代表大会常务委员会任免。对于不具备本法规定条件或者违反法定程序被选举为人民检察院检察长的，上一级人民检察院检察长有权提请该级人民代表大会常务委员会不批准。

最高人民检察院和省、自治区、直辖市人民检察院检察长可以建议本级人民代表大会常务委员会撤换下级人民检察院检察长、副检察长和检察委员会委员。

人民检察院的助理检察员由本院检察长任免。

军事检察院等专门人民检察院检察长、副检察长、检察委员会委员和检察员的任免办法，由全国人民代表大会常务委员会另行规定。

初任检察员、助理检察员采用公开考试、严格考核的办法，按照德才兼备的标准，从具备检察官条件的人员中择优提出人选。担任检察长、副检察长、检察委员会委员，应当从具有实际工作经验的人员中择优提出人选。

检察官有下列情形之一的，应当依法提请免除其职务：（1）丧失中华人民共和国国籍的；（2）调出本检察院的；（3）职务变动不需要保留原职务的；（4）经考核确定为不称职的；（5）因健康原因长期不能履行职务的；（6）退休的；（7）辞职、辞退的；（8）因违纪、违法犯罪不能继续任职的；（9）因其他原因需要免职的。

检察官不得兼任人民代表大会常务委员会的组成人员，不得兼任行政机关、审判机关以及企业、事业单位的职务，不得兼任律师。

第一章　直接受理案件的立案、侦查

第一节　直接受理案件立案、侦查的概念

一、直接受理案件的立案

（一）直接受理案件立案的概念

直接受理案件的立案是指人民检察院按照刑法、刑事诉讼法关于案件管辖和犯罪的规定，对发现的犯罪事实、犯罪嫌疑人和接受的报案、控告、举报和自首材料进行审查，认为有犯罪事实需要追究刑事责任时，决定作为刑事案件进行侦查的刑事诉讼活动。

立案是刑事诉讼的一个阶段。我国刑事诉讼法对立案程序作了专章规定。立案阶段的活动包括发现犯罪事实或者犯罪嫌疑人；接受报案、控告、举报和自首；审查报案、控告、举报和自首材料；决定立案或者不立案。立案是上述刑事诉讼活动的统一体，表现为一个过程。立案决定是立案阶段工作的一部分。立案阶段的活动是立案决定的基础和前提。没有立案阶段的调查研究，分析判断、审查证据材料，也就难以作出准确的立案决定。立案与立案决定既有区别，又有联系。一个讲的是诉讼阶段，一个讲的是诉讼阶段的一项决定，二者不能混同。

根据刑事诉讼法的规定，立案阶段的任务是：发现犯罪事实或者犯罪嫌疑人，审查已接受的报案、控告、举报和自首材料是否有犯罪事实存在，是否需要追究刑事责任，有无法定的不需要

追究刑事责任或者免予追究刑事责任的情形。对经过审查认为有犯罪事实存在，需要追究刑事责任的，决定立案；对认为没有犯罪事实，或者虽有犯罪事实，但依法不需要追究刑事责任或者依法应当免予追究刑事责任的，不予立案。

（二）直接受理案件立案的意义

立案作为独立的诉讼阶段是我国刑事诉讼法律的一大特点。符合我们国家的实际情况，是我国长期以来刑事诉讼实践经验的总结，是保证实现刑事诉讼任务的重要环节。在刑事诉讼法中规定立案阶段的意义表现在如下几个方面：

1. 立案为侦查等刑事诉讼活动提供合法依据

我国的刑事诉讼包括立案、侦查、起诉、审判、执行 5 个阶段。立案是刑事诉讼的第一阶段。作出立案决定以后，就从程序上表明该案件已经进行到侦查阶段，根据案件侦查需要，对犯罪嫌疑人可以采取各种法定的侦查手段和强制措施。从决定立案之时起，至追诉时效期限终止。立案以后，即使犯罪嫌疑人潜逃、脱逃，对其追究刑事责任也不再受追诉时效的限制，什么时间发现犯罪嫌疑人都可以恢复侦查活动，继续追究犯罪嫌疑人的刑事责任。如果对某一犯罪嫌疑人没有立案，没有进入刑事诉讼阶段，那么，超过法定的追诉时效以后，对犯罪嫌疑人就不能再追究刑事责任。

2. 立案阶段的审查活动有利于保障无罪的人不受刑事追究

立案必须具备一定的条件。人民检察院对公民、单位的报案、控告、举报和自首经过审查以后，认为有犯罪事实需要追究刑事责任的，决定立案；认为没有犯罪事实或者虽有犯罪事实但依法不需要追究刑事责任的，不予立案。通过这种审查和严格的审批、备案审查制度，可以使相当数量的不具有可查价值，没有犯罪事实或者依法不需要追究刑事责任的报案、控告、举报材料排除在刑事侦查活动之外，使一批嫌疑人免受诉累，及时得到解脱，避免和减少冤假错案的发生。同时也可以使检察机关集中精力查办大案要案，避免在不需要追究刑事责任的问题上纠缠不清，浪费人力、精力、财力和时间。通过立案阶段的审查，对具有犯罪事实，依法需要追究刑事责任的犯罪嫌疑人及时、准确的作出立案决定，有利于迅速揭露犯罪、证实犯罪、惩罚犯罪，防止有罪的人逃避法律追究，实现刑事诉讼的目的。可见，立案作为刑事诉讼的一个独立阶段，对健全社会主义法制，确保公民的人身权利和民主权利不受侵犯，体现社会主义尊重人权的优越性，有着十分重要的意义。

3. 立案阶段的设立有利于保障人民检察院依法办案

立案，作为刑事诉讼的一个阶段，必须是具有追究犯罪职责的机关才能从事的活动。非法定单位无权对任何人，包括对犯罪嫌疑人决定立案。设立立案阶段既可以防止无立案权的机关、社会团体、个人违法立案，也可以防止人民检察机关无根据地追诉公民。对于人民检察机关内部来讲，决定立案，意味着检察机关对犯罪嫌疑人开展侦查、采取各种侦查手段和措施有了合法的依据，同时，也承担了依法保护犯罪嫌疑人合法权利的义务，侦查取证要遵循一定的程序，履行一定的法律手续。既要收集证明犯罪嫌疑人有罪的证据，也要收集证明犯罪嫌疑人无罪或者罪轻的证据。错误逮捕、拘留犯罪嫌疑人，扣押犯罪嫌疑人的财产，要承担相应的赔偿责任。对于诉讼参与人来讲，立案以后，他们先后进入刑事诉讼程序，享有相应的诉讼权利，履行相应的诉讼义务。

当今世界上绝大多数国家和地区刑事诉讼法中没有规定立案阶段，一些国家刑事诉讼法规定的提起调查程序也不如我国的立案严格。司法实践部门和理论界都有一些人认为我国刑事诉讼法应取消关于立案的规定。凡有权开展侦查的单位和具备侦查资格的人员都有权对报案、控告、举报和自首材料开展调查、侦查。

保证无罪的人免予追究关键在法庭质证和控辩，不是立案阶段能够解决的问题。规定立案阶段不利于充分发挥侦查人员的主观能动性，不利于及时揭露和惩罚犯罪。我们认为，这种意见有积极的一面，但从严格执法，保护公民合法权益，防止司法权被滥用的角度看，规定立案阶段更有利于加强内部制约，有利于保护公民的合法权益，体现司法公正。

二、直接受理案件的侦查

（一）直接受理案件侦查的概念

直接受理案件的侦查是指人民检察院依照法律规定，对所管辖的刑事案件进行的专门调查工作和有关的强制性措施。

《刑事诉讼法》第106条第1项规定：" '侦查' 是指公安机关、人民检察院在办理案件过程中，依照法律进行的专门调查工作和有关的强制性措施。"这里所指的专门调查工作和有关的强制措施，既包括《刑事诉讼法》第二编第二章"侦查"中所规定的讯问犯罪嫌疑人，询问证人，询问被害人，勘验、检查、搜查，扣押物证、书证，扣押邮件、电报，查询、冻结存款、汇款，鉴定，通缉等措施，也包括第一编第六章所规定的对犯罪嫌疑人采取的监视居住、取保候审、拘传、拘留、逮捕等强制措施。

侦查工作的主要任务是：依照法定程序收集、审查各种证据材料，准确、及时地查清犯罪事实和犯罪嫌疑人，使有罪的人不能逃避刑事追究，无罪的人不受刑事追究，为提起公诉和审判提供事实和证据支持；通过侦查依法维护国家机关的正常工作秩序，维护国家机关工作人员的廉洁形象，保护国家、集体和公民个人的合法权益，服务经济建设；同时，通过侦查活动，积极有效地同犯罪作斗争，进行法制宣传，预防和减少犯罪案件的发生。

（二）对直接受理案件侦查的意义

侦查在刑事诉讼中具有重要意义。它是提起公诉和进行审判的基础和前提条件，是刑事诉讼中至关重要的阶段。决定立案后，查明案情，收集证据和查获犯罪嫌疑人等大量实质性工作，都要在这一阶段完成。侦查工作的好坏和是否扎实，直接关系到能否及时提起公诉和进行审判，影响到刑事诉讼活动能否顺利进行和实现刑事诉讼的目的。

人民检察院为侦查犯罪案件进行的专门调查工作与纪检、监察等有关行政执法部门为查处违法违纪案件所进行的调查不同。人民检察院的侦查权是由刑事诉讼法明确规定的。决定立案以后，案件进入侦查阶段，为查明犯罪事实，人民检察院可以依法传唤讯问犯罪嫌疑人，询问证人，对遗留犯罪痕迹的地方进行勘验和检查，可以对犯罪嫌疑人的人身或者住处，以及其他有关地方实施搜查，可以扣押与犯罪嫌疑人有关的物证、书证。为防止犯罪嫌疑人逃跑、串供、毁灭证据，妨碍侦查活动的正常进行，防止犯罪嫌疑人继续危害社会，人民检察院可以依法对犯罪嫌疑人的人身自由加以限制，采取拘留、拘传、监视居住、取保候审、逮捕等各种法定的强制措施；人民检察院对犯罪案件侦查的结果是提出对犯罪嫌疑人追究刑事责任或不追究刑事责任的意见，作出是否提起诉讼的决定。有关行政执法部门对违法违纪案件的调查，不能对当事人使用搜查、逮捕等强制措施和有关的侦查手段，不得使用强制手段限制当事人的人身自由。同时，属于行政执法部门调查处理的案件只能是那些依法不构成犯罪的案件。如果有关行政执法部门在调查一般违纪案件时发现当事人的行为构成了犯罪，那么受理该案件的行政执法部门应及时将该案件移送有管辖权的人民检察院立案侦查，而不能越俎代庖，以行政处罚代替刑事追究。行政执法部门对违法违纪案件调查的直接结果是引起行政行为的发生，不涉及对犯罪嫌疑人的刑事追究问题。

人民检察院对直接受理的刑事案件的侦查与人民检察院立案前对报案、控告、举报材料的调查不同。尽管立案前对报案、控告、举报材料的调查是大多数刑事案件立案前的必经阶段，对决定立案十分必要。但是，立案前的调查工作只是一种初步的审查，在这一阶段，被报案、控告、举报和自首的嫌疑人是否实施犯罪事实、需要追究刑事责任处于待确定状态之中，对犯罪嫌疑人不能使用刑事诉讼法规定的侦查手段和措施。立案前调查只是为了判明是否存在犯罪事实，是否需要追究刑事责任，为决定立案，将案件交付侦查提供依据。因而，侦查工作较立案前调查在组织领导、实施突破等方面要求更严格。

（三）检察机关对直接受理案件进行侦查的特点

由上述分析我们可以看出，检察机关的侦查工作较其他调查工作具有几个明显的特点：（1）侦查的主体是刑事诉讼法规定的人民检察院；（2）侦查活动具有法定的内容和形式，即，进行专门的调查工作和采取有关的强制性措施；（3）侦查活动必须严格依照法定的程序、由法定的人员进行；（4）侦查的目的是发现和收集与案件有关的各种证据，查明犯罪事实，并防止现行犯、犯罪嫌疑人逃避侦查、起诉和审判，保障无罪的人不受刑事追究。

（四）检察机关对直接受理的案件行使侦查权的法律依据

《刑事诉讼法》第 3 条规定："检察、批准逮捕、检察机关直接受理的案件的侦查、提起公诉，由人民检察院负责。"第 18 条规定："贪污贿赂犯罪，国家工作人员的渎职犯罪，国家机关工作人员利用职权实施的非法拘禁、刑讯逼供、报复陷害、非法搜查的侵犯公民人身权利的犯罪以及侵犯公民民主权利的犯罪，由人民检察院立案侦查。对于国家机关工作人员利用职权实施的其他重大的犯罪案件，需要由人民检察院直接受理的时候，经省级以上人民检察院决定，可以由人民检察院立案侦查。"《刑事诉讼法》第二编第二章第十一节专门就人民检察院的侦查工作适用法律的问题作了规定。这些规定是人民检察院对贪污贿赂、渎职侵权等犯罪案件直接受理行使侦查权的法律依据。

贪污贿赂、渎职侵权等犯罪案件由人民检察院直接受理立案侦查，与人民检察院所承担的法律监督职能是一致的，是人民检察院实施法律监督的一种具体形式，既具有深厚的历史蕴涵，又符合今天的现实情况。其一，从我们国家的立法传统看，在古代中国，追究官吏犯罪的职能是由监察机构承担的。秦代设置了御史大夫，掌管监察百官违职。御史大夫为监察机构之首领，同时设御史巡查郡县。以后各朝代监察官吏的机构相继发展为御史台、都察院。民国时期由监察院行使弹劾官吏的职权。在民主革命时期，中国共产党领导的人民政权把对公务人员贪污、渎职行为的查办职责，赋予苏区的工农检查委员会和边区检察机关。新中国成立以后，历次宪法和有关法律都明确规定，检察机关负责对国家工作人员实行法律监督的职责。虽在执行中具体的工作范围和方法有过变化，但查办职务犯罪案件始终是检察机关承担的。其二，从我国检察机关法律监督的性质看，我国宪法规定，人民检察院是国家的法律监督机关。人民检察院的法律监督权与人民代表大会的法律监督权不同。人民检察院的法律监督权属于诉讼法律监督权，在具体的工作中表现为检察权。人民检察院的法律监督的程序和方法是审查逮捕、提起公诉、支持公诉、侦查、检察。人民检察院不搞一般法律监督。脱离开具体的检察职能，人民检察院的法律监督将是一句空话，就成了无源之水。将国家工作人员的职务犯罪案件交由人民检察院侦查，这也是我国检察制度的一大特点。其三，从贪污贿赂、渎职侵权等犯罪案件的性质看，贪污贿赂、渎职侵权等犯罪案件是国家机关工作人员和国家工作人员利用职务之便，在履行职务活动的过程中实施的犯罪，属于职务性犯罪。这种犯罪侵害的直接客体就是国家机关的正常工作秩序和国家工作人员公正、勤政、廉政的社会形象。贪污贿赂、渎职侵权犯罪案件的这种特点决定了立案侦查这类案件具有明显的职务犯罪监督性质。其四，从保障有效地查办职务犯罪来看，贪污贿赂、渎职侵权犯罪案件的主体是国家工作人员或者国家机关工作人员，如果将这些案件交由各级行政机关侦查，往往由于行为人关系网密、保护层厚，案件查处难度大、阻力大。让行政机关自己监督自己，在实践中难免造成监督方面的空白。人民检察院是国家的法律监督机关，不隶属于行政机关，由国家权力机关产生，对权力机关负责。人民检察院依法独立行使检察权，不受任何机关、团体和个人的干预。人民检察院的这种法律地位，决定了人民检察院有权威，能够承担对贪污贿赂、渎职侵权等犯罪案件的侦查职责。由此可见，检察机关承担贪污贿赂、渎职侵权等职务犯罪案件的侦查，是我国政治体制、司法体制的必然选择，是检察机关的性质和职务犯罪的特点所决定的。当然，由人民检察院行使对贪污贿赂、渎职侵权等犯罪案件的侦查权，并不是人民检察院就不要接受监督，人民检察院的侦查活动既要依法办事，不能违反法律规定的办案程序，同时，人民检察院侦查的案件是否构成犯罪，最终还要接受法院法庭审判活动的制约。各级纪检、人大对检察院的执法活动分别从不同角度进行监督。人民检察院内部各业务部门分工负责，通过审查批捕、审查起诉活动实行严格的内部制约。这些制约保证人民检察院独立、公正的行使侦查权。

第二节　直接受理刑事案件的范围

直接受理刑事案件的范围是指依照法律规定，由人民检察院直接受理立案侦查的刑事犯罪案件。

《刑事诉讼法》第 18 条规定："贪污贿赂犯罪，国家工作人员的渎职犯罪，国家机关工作人员利用职权实施的非法拘禁、刑讯逼供、报复陷害、非法搜查的侵犯公民人身权利的犯罪以及侵犯公民民主权利的犯罪，由人民检察院立案侦查。对于国家机关工作人员利用职权实施的其他重大的犯罪案件，需要由人民检察院直接受理的时候，经省级以上人民检察院决定，可以由人民检察院立案侦查。"依据刑事诉讼法的规定，人民检察院直接受理的刑事案件包括以下四类：

一、贪污贿赂犯罪案件

依据修改后的刑事诉讼法规定和最高人民法院、最高人民检察院、公安部的文件规定，人民检察院直接受理的贪污贿赂犯罪案件的范围是：

1. 贪污案（刑法第 382 条、第 183 条第 2 款、第 271 条第 2 款、第 394 条）；

2. 挪用公款案（第 384 条、第 185 条第 2 款、第 272 条第 2 款）；

3. 受贿案（刑法第 385 条、第 163 条第 3 款、第 184 条第 2 款、第 388 条）；

4. 单位受贿案（第 387 条）；

5. 利用影响力受贿案（第 388 条之一）；

6. 行贿案（第 389 条）；

7. 对单位行贿案（第 391 条）；

8. 介绍贿赂案（第 392 条）；

9. 单位行贿案（第 393 条）；

10. 巨额财产来源不明案（第 395 条第 1 款）；

11. 隐瞒境外存款案（第 395 条第 2 款）；

12. 私分国有资产案（第 396 条第 1 款）；

13. 私分罚没财物案（第 396 条第 2 款）。

二、渎职犯罪案件

根据刑事诉讼法的规定和最高人民法院、最高人民检察院、公安部的规定，人民检察院直接受理的渎职犯罪案件的范围是：

1. 滥用职权案（第 397 条）；

2. 玩忽职守案（第 397 条）；

3. 故意泄露国家秘密案（第398条）；

4. 过失泄露国家秘密案（第398条）；

5. 徇私枉法案（第399条第1款）；

6. 民事、行政枉法裁判案（第399条第2款）；

7. 执行判决、裁定失职案（第399条第3款）；

8. 执行判决、裁定滥用职权案（第399条第3款）；

9. 枉法仲裁案（第399条之一）；

10. 私放在押人员案（第400条第1款）；

11. 失职致使在押人员脱逃案（第400条第2款）；

12. 徇私舞弊减刑、假释、暂予监外执行案（第401条）；

13. 徇私舞弊不移交刑事案件案（第402条）；

14. 滥用管理公司、证券职权案（第403条）；

15. 徇私舞弊不征、少征税款案（第404条）；

16. 徇私舞弊发售发票、抵扣税款、出口退税案（第405条第1款）；

17. 违法提供出口退税凭证案（第405条第2款）；

18. 国家机关工作人员在签订、履行合同失职被骗案（第406条）；

19. 违法发放林木采伐许可证案（第407条）；

20. 环境监管失职案（第408条）；

21. 食品监管渎职案（第408条之一）；

22. 传染病防治失职案（第409条）；

23. 非法批准征收、征用、占用土地案（第410条）；

24. 非法低价出让国有土地使用权案（第410条）；

25. 放纵走私案（第411条）；

26. 商检徇私舞弊案（第412条第1款）；

27. 商检失职案（第412条第2款）；

28. 动植物检疫徇私舞弊案（第413条第1款）；

29. 动植物检疫失职案（第 413 条第 2 款）；

30. 放纵制售伪劣商品犯罪行为案（第 414 条）；

31. 办理偷越国（边）境人员出入境证件案（第 415 条）；

32. 放行偷越国（边）境人员案（第 415 条）；

33. 不解救被拐卖、绑架妇女、儿童案（第 416 条第 1 款）；

34. 阻碍解救被拐卖、绑架妇女、儿童案（第 416 条第 2 款）；

35. 帮助犯罪分子逃避处罚案（第 417 条）；

36. 招收公务员、学生徇私舞弊案（第 418 条）；

37. 失职造成珍贵文物损毁、流失案（第 419 条）。

三、国家机关工作人员利用职权实施的侵犯公民人身权利、民主权利的犯罪案件

1. 国家机关工作人员利用职权实施的非法拘禁案（第 238 条）；

2. 国家机关工作人员利用职权实施的非法搜查案（第 245 条）；

3. 国家机关工作人员利用职权实施的刑讯逼供案（第 247 条）；

4. 国家机关工作人员利用职权实施的暴力取证案（第 247 条）；

5. 国家机关工作人员利用职权实施的虐待被监管人案（第 248 条）；

6. 国家机关工作人员利用职权实施的报复陷害案（第 254 条）；

7. 国家机关工作人员利用职权实施的破坏选举案（第 256 条）。

四、国家机关工作人员利用职权实施的其他重大犯罪案件

根据刑事诉讼法的规定，对于国家机关工作人员利用职权实施的其他重大犯罪案件，需要由人民检察院直接受理的时候，经省级以上人民检察院决定，可以由人民检察院立案侦查。刑事诉讼法的这一规定是对职能管辖分工的补充。人民检察院适用这一条款直接受理有关案件应当具备以下条件：（1）犯罪必须是国家机关工作人员实施的；（2）犯罪必须是国家机关工作人员利用职权实施的；（3）犯罪所触犯的罪名应当是检察机关职能分工管辖范围以外的；（4）犯罪必须是重大的。分、州、市级人民检察院和县、区级人民检察院需要直接立案侦查这类案件时，应当层报所在的省级人民检察院决定。分、州、市人民检察院对基层人民检察院层报省级人民检察院的案件，应当进行审查，提出是否需要立案侦查的意见，报送省级人民检察院。报请省级人民检察院决定立案侦查的案件，应当经检察委员会讨论决定，制作提请批准直接受理书，写明已经查明的案件情况以及需要由人民检察院立案侦查的理由，并附有关材料。省级人民检察院应当在收到提请批准直接受理书后的 10 日以内，由检察委员会讨论作出是否立案侦查的决定。最高人民检察院和省级人民检察院有权直接决定受理这类案件，也可以决定由下级人民检察院直接立案侦查。无论是最高人民检察院或者是省级人民检察院审查批准、决定直接受理这类案件，都应严肃、慎重，防止滥用权力。依照上述规定受理立案侦查的案件，由人民检察院负责侦查的部门进行侦查。

由于犯罪活动的复杂性，司法实践中会出现一个犯罪嫌疑人的行为触犯刑法分则规定的不同罪名，公安机关和检察机关都有管辖权的情况。遇到这种情况时，根据最高人民法院、最高人民检察院、公安部、国家安全部、司法部、全国人大常委会法制工作委员会《关于刑事诉讼法实施中若干问题的规定》，"公安机关侦查刑事案件涉及人民检察院管辖的贪污贿赂案件时，应当将贪污贿赂案件移送人民检察院；人民检察院侦查贪污贿赂案件涉及公安机关管辖的刑事案件，应当将属于公安机关管辖的刑事案件移送公安机关。在上述情况中，如果涉嫌主犯属于公安机关管辖，由公安机关为主侦查，人民检察院予以配合；如果涉嫌主犯属于人民检察院管辖，由人民检察院为主侦查，公安机关予以配合。"

第三节　直接受理刑事案件的立案条件和程序

一、直接受理刑事案件的立案条件

《刑事诉讼法》第107条规定："公安机关或者人民检察院发现犯罪事实或者犯罪嫌疑人，应当按照管辖范围，立案侦查。"第110条规定："人民法院、人民检察院或者公安机关对于报案、控告、举报和自首的材料，应当按照管辖范围，迅速进行审查，认为有犯罪事实需要追究刑事责任的时候，应当立案；认为没有犯罪事实，或者犯罪事实显著轻微，不需要追究刑事责任的时候，不予立案。"从刑事诉讼法的这两条规定中我们可以看出，刑事立案的法定条件有两条：一条是事实条件，即认为有犯罪事实；另一条是法律条件，即这种事实是被认为需要追究刑事责任的事实。

刑事诉讼法第110条将立案阶段对事实和证据的要求表述为"认为有犯罪事实"是有明确目的的，是法律对立案阶段证据的证明力的要求，应该理解为是侦查人员对案件材料审查后所作出的一种判断。当然，这种经过对案件材料审查后所作出的判断既不同于已经查证属实的事实，也不是凭空想象，主观推断，而是在对报案、控告和举报、自首材料认真分析研究和进行必需的调查基础上形成的认识。刑事诉讼法规定的"需要追究刑事责任"，是指报案、控告和举报、自首所反映的事实，根据刑法的规定，是构成犯罪需要追究刑事责任的事实，即根据犯罪的性质，所造成的危害后果的轻重，按照刑法分则有关条款的规定，需要追究刑事责任。当然，立案阶段认为是构成犯罪的案件事实，经过立案侦查以后，还可能会有变化，有的甚至会被否定。立案阶段认为是需要追究刑事责任的犯罪事实，在全部犯罪事实查清楚后，根据犯罪嫌疑人的责任的轻重，犯罪的动机、目的、悔罪的态度，可能依法不作有罪处理，这应该被认为是正常的情况。

立案的意义仅仅表明公安机关、人民检察院和人民法院将其受理的报案、控告、举报和自首材料经过审查，初步判定认为有犯罪事实需要追究刑事责任，而非结案。嫌疑人的行为是否构成犯罪是立案以后要查证的问题，而不是立案阶段的任务，更不是立案阶段的结论。要求立案阶段就查明是否构成犯罪，并证明确有犯罪事实是不客观的。将立案的条件确定为"认为有犯罪事实需要追究刑事责任"有利于侦查工作的开展。人为的提高立案条件，把"认为有犯罪事实需要追究刑事责任"等同于有犯罪事实需要追究刑事责任，在实际工作中就难免会出现该立案的立不了、不立案又无法使用侦查手段和措施，或者违法使用侦查手段和措施等进退两难的情况。正确掌握法定立案条件，该立案的及时立案，有利于侦查手段的及时使用，有利于及时查清案件事实。

在分析是否需要追究刑事责任的时候，要排除法律条文明确规定的不应当追究刑事责任的各种情形。《刑事诉讼法》第 15 条规定："有下列情形之一的，不追究刑事责任，已经追究的，应当撤销案件，或者不起诉，或者终止审理，或者宣告无罪：（一）情节显著轻微、危害不大，不认为是犯罪的；（二）犯罪已过追诉时效期限的；（三）经特赦令免除刑罚的；（四）依法告诉才处理的犯罪，没有告诉或者撤回告诉的；（五）犯罪嫌疑人、被告人死亡的；（六）其他法律规定免予追究刑事责任的。"

以上 6 种不追究刑事责任的情形，除第 4 种情况外，其他 5 种情形对检察机关直接受理侦查的案件都适用。因此，凡发现上述情况之一的，不应当立案；立案以后移送审查起诉前发现的，应当撤销案件；审查起诉期间发现的，应当作出不起诉决定。

在刑事诉讼法规定的立案条件中，有犯罪事实是立案的基础，没有犯罪事实就无须追究，立案也就无从谈起。有犯罪事实是依法追究刑事责任的前提。立案的目的是要追究犯罪嫌疑人的刑事责任，如果所发现的犯罪事实有不应当追究刑事责任的情形，立案也就失去意义。任何刑事案件的立案都必须具备这两个条件，缺少了其中的任何一个，都不能立案。

刑事诉讼法规定的立案条件是立案的原则条件。确定某个案件是否符合立案条件，应当把立案的两个原则条件和刑法分则关于某一犯罪的构成条件结合起来。为了正确掌握立案条件，提高立案的质量，需要制定直接受理案件的立案标准，把立案的条件加以具体化。根据刑事诉讼法、刑法的规定和最高人民检察院制定的立案标准，在决定某一具体案件立案时，应当掌握下列要点：

1. 犯罪主体是否符合检察机关管辖案件的要求。有的案件如果不符合法律所要求的犯罪主体，就不构成犯罪或者不属于人民检察院管辖的案件。

2. 客观方面是否实施了刑法分则条款所要求的犯罪行为。

3. 是否造成了刑法所要求的社会危害后果。例如，贪污贿赂犯罪案件的犯罪金额，渎职造成的损失等。

4. 是否具有影响构成犯罪的其他法定情节。

二、直接受理案件的立案标准

立案标准是人民检察院为正确执行刑法、刑事诉讼法的规定，保证直接受理案件立案的准确性而制定的一种工作规范，是人民检察院对直接受理案件立案时掌握的条件。

立案标准是人民检察院对刑法、刑事诉讼法关于犯罪和立案规定的具体化。"认为有犯罪事实需要追究刑事责任的时候，应当立案；认为没有犯罪事实，或者犯罪事实显著轻微，不需要追究刑事责任的时候，不予立案。"这是刑事诉讼法对立案条件的原则规定。但具体到某一类或某一起案件来讲，什么是犯罪事实，什么不是犯罪事实，犯罪事实达到什么程度需要追究刑事责任，什么程度不需要追究刑事责任，这就要把刑法和刑事诉讼法的规定结合起来去分析、认定。立案标准正是这两种法律规范的结合和具体化。

制定立案标准必须以刑法规定的犯罪构成为依据，符合刑法规定的犯罪构成要件。但是立案标准毕竟不等于刑法规定的犯罪构成。立案标准仅仅是人民检察院为正确执行刑法、刑事诉讼法对犯罪构成客观方面行为或结果要达到的程度的规定。通常情况下反映不出犯罪构成的主体、主观方面等情况。在司法实践中，不能仅仅根据立案标准对犯罪嫌疑人决定立案，必须根据案件的具体情况，全面分析具体犯罪构成的每一个要件是否符合法定条件。犯罪嫌疑人在主体、主观方面、侵害客体、客观方面都符合刑法规定的犯罪构成要件，其结果和危害又达到立案标准的应当立案。只符合立案标准的规定，不具备犯罪构成的其他要件的，或者只具备犯罪构成的要件，但犯罪行为的危害达不到立案标准的，对犯罪嫌疑人都不能决定立案。

立案标准参照刑法规定的量刑起点，但不等于刑法规定的量刑起点。刑事诉讼法规定的立案条件是"认为有犯罪事实需要追究刑事责任"，追究刑事责任与量刑是两个不同的概念。刑事责任是量刑的基础，没有刑事责任就没有量刑。对犯罪嫌疑人量刑仅仅是刑事责任的一种。一般来讲量刑起点高于追究刑事责任的起点。根据刑事诉讼法的规定，在立案阶段只要查清案件事实达到需要追究刑事责任的程度就应当立案。

根据我国刑法分则关于个罪犯罪构成的规定，最高人民检察院于 1999 年 9 月 16 日制定下发了《人民检察院直接受理侦查案件立案标准的规定（试行）》（内容略）。根据这个规定，人民检察院直接受理案件的立案标准可以分为三类：

1. 根据犯罪数额确定立案标准。如贪污罪、贿赂罪、挪用公款罪的立案标准。

2. 根据犯罪行为的危害程度或造成的危害结果确定立案标准。如滥用职权罪、玩忽职守罪、国家机关工作人员签订、履行合同失职被骗罪的立案标准。

3. 根据犯罪行为确定立案标准。如故意泄露国家秘密罪、放行偷越国（边）境人员罪。

立案标准必须随着刑法的变化而变化。即使在刑法没有变化的情况下，立案标准也要随社会政治经济形势的变化而变化。如前所述，立案标准是刑法、刑事诉讼法关于犯罪构成和立案条件的具体化。而衡量某种行为是否构成犯罪的最关键的标准是行为的社会危害性。社会危害性这个概念在不同的时期是有不同的内涵的。不同人群对社会危害性的理解和感受程度也不一样。不同时期人们对某种行为社会危害性认识上的不同决定人民检察院对直接受理案件的立案标准掌握也应该有所不同。检察机关恢复重建以来，贪污罪立案标准的几次变化反映了人们对犯罪社会危害性认识上的变化。

立案标准应当根据刑法和刑事诉讼法的具体规定，结合当时的政治经济形势，在总结司法实践经验和进行社会调查的基础上制定。

三、直接受理刑事案件的立案程序

（一）发现犯罪线索

《刑事诉讼法》第 107 条规定："公安机关或者人民检察院发现犯罪事实或者犯罪嫌疑人，应当按照管辖范围，立案侦查。"第 108 条规定："任何单位和个人发现有犯罪事实或者犯罪嫌疑人，有权利也有义务向公安机关、人民检察院或者人民法院报案或者举报。被害人对侵犯其人身、财产权利的犯罪事实或者犯罪嫌疑人，有权向公安机关、人民检察院或者人民法院报案或者控告。公安机关、人民检察院或者人民法院对于报案、控告、举报，都应当接受……犯罪人向公安机关、人民检察院或者人民法院自首的，适用第三款规定。"从《刑事诉讼法》的规定我们可以看出，人民检察院发现犯罪线索的主要渠道是：

（1）接受单位的报案、控告和举报；

（2）接受公民个人的报案、控告和举报；

（3）接受犯罪嫌疑人的自首；

（4）直接发现犯罪事实或者犯罪嫌疑人。

在实践中，人民检察院还经常从有关单位接受移送的案件线索，主要是纪检、监察、公安、法院及有关行政执法部门在履行职责过程中发现的犯罪线索。

这里的"报案"是指单位和个人（包括被害人）向司法机关报告发现有犯罪事实或者犯罪嫌疑人的行为；"举报"是指当事人以外的其他知情人向司法机关检举、揭发犯罪嫌疑人的犯罪事实或者犯罪嫌疑人线索的行为。"控告"是指被害人及其近亲属或其诉讼代理人，对侵犯被害人合法权益的犯罪行为向司法机关告诉，要求追究侵害人的法律责任的行为。

公安机关和人民检察院依照法律规定的管辖范围承担着对犯罪案件的侦查任务，肩负着打击犯罪，维护社会治安，维护社会稳定的使命。公安机关、人民检察院无论在任何情况下，都应当积极主动发现犯罪，一旦发现属于自己直接受理的犯罪事实和犯罪嫌疑人，应当立案追究。这种追究不受是否有公民、单位的控告、报案、举报的限制，这是公安机关、人民检察院义不容辞的职责。

为使单位和个人能够了解人民检察院的案件管辖范围，便于及时向人民检察院报案、控告、举报和自首，各级人民检察院坚持专门机关与群众路线相结合；建立阵地与发动群众相结合；侦查与发动群众相结合，采取多种措施进行宣传，扩大发现犯罪线索的来源和渠道。主要措施有：

1. 广泛开展法制宣传。通过新闻媒体、出庭支持公诉、法制教育课、编印法制宣传材料等形式，广泛宣传人民检察机关的性质、任务、案件管辖范围、所管辖的各类犯罪案件的犯罪构成，运用典型案例，以案论法，使广大干部和群众了解检察机关的性质、任务、管辖哪些案件、这些案件有哪些法律特征，一旦发现犯罪事实和犯罪嫌疑人，有关单位和群众知道到哪里去控告、举报。

2. 建立举报机构，公布举报电话。任何犯罪无论其作案手段多么隐蔽，总会留下某种踪迹，总要不同程度地被人们所觉察。人民群众对贪污贿赂、渎职等犯罪深恶痛绝，人民群众有强烈的举报犯罪线索的积极性。依靠人民群众是我们获得犯罪线索的主要来源。实践证明，各级人民检察院立案侦查的犯罪案件线索85％是来源于人民群众的举报。

3. 依靠党委领导，抓系统，系统抓，形成发现犯罪的良好氛围。部门与部门间加强横向联系，形成司法与行政执法，司法与党委纪委等有关部门间发现职务犯罪的信息网络。

4. 围绕党和国家的工作重点，与有关部门搞好配合，在经济活动的热点部位，资金调度的主要环节，权力集中的行业和部门，资源配置的短线上加强监督，从社会经济生活和其他活动的非正常现象中发现贪污贿赂、渎职等犯罪线索。

5. 充分发挥检察机关的职能作用，在行使法律监督职责时，注意深挖犯罪，由个案挖窝案、串案，由一案挖多案。例如，通过审查批捕、审查起诉、侦查监督、审判监督、监所检察、受理控告申诉，从冤、假、错案和漏捕、漏诉、错误判决、裁定中，查究形成的原因，发现国家机关工作人员刑讯逼供、徇私枉法、报复陷害、私放罪犯、贪污贿赂、渎职等犯罪案件。在开展侦查、批捕、起诉工作时，注意发现与正在办理的案件具有关联的其他犯罪。例如，在办理某一贪污贿赂犯罪案件时，从该案件的赃款赃物来源和去向入手，深挖细查，发现贪污贿赂、挪用公款、渎职等犯罪案件线索。

6. 结合办案发动群众，以案说法敲山震虎，发动宣传攻势造成兵临城下之势，促使犯罪嫌疑人投案自首。

通过动员群众，发动群众举报犯罪线索，接受有关单位的报案、控告、移送，从中发现犯罪。现在有不少地方检察院把发动群众举报作为发现犯罪线索的主要渠道，积极探索依靠群众发现犯罪的方法，对拓宽检察机关的案件来源渠道有一定的意义。

（二）接受报案、控告、举报和自首

人民检察院直接受理立案侦查刑事案件多是从接受报案、控告、举报和自首入手的。《刑事诉讼法》第 108 条第 3 款规定："公安机关、人民检察院或者人民法院对于报案、控告、举报，都应当接受。对于不属于自己管辖的，应当移送主管机关处理，并且通知报案人、控告人、举报人；对于不属于自己管辖而又必须采取紧急措施的，应当先采取紧急措施，然后移送主管机关。"同条第 4 款规定："犯罪人向公安机关、人民检察院或者人民法院自首的，适用第三款的规定。"第 109 条规定："报案、控告、举报可以用书面或者口头提出。接受口头报案、控告、举报的工作人员，应当写成笔录，经宣读无误后，由报案人、控告人、举报人签名或者盖章。""接受控告、举报的工作人员，应当向控告人、举报人说明诬告应负的法律责任。但是，只要不是捏造事实，伪造证据，即使控告、举报的事实有出入，甚至是错告的，也要和诬告严格加以区别。""公安机关、人民检察院或者人民法院应当保障报案人、控告人、举报人及其近亲属的安全。报案人、控告人、举报人如果不愿公开自己的姓名和报案、控告、举报的行为，应当为他保守秘密。"

根据刑事诉讼法和最高人民检察院的有关规定，各级人民检察院对于报案、控告、检举和自首材料不论是否属于检察院的管辖范围，都应当接受。单位报案控告、检举犯罪的，要求他们用书面形式提出，单位负责人签名，加盖公章，以示严肃认真和负责；公民个人报案、控告、检举犯罪的，可以用书面形式提出，也可以用口头形式提出。凡是用书面形式提出的，必须有报案、控告、检举人签名盖章。凡是用口头形式提出的，接待的检察人员应将报案、控告、检举内容写成笔录。笔录的内容包括：接受报案、控告、举报的时间、地点，接谈的检察人员、记录人；报案、控告、举报人的姓名、性别、年龄、工作单位、职务、家庭住址及联系方式、电话；报案、控告、举报的主要内容。笔录经控告、举报、报案人确认无误后签名盖章，接待的检察人员也应当将自己的名字签上。对于根据传闻而控告、检举的，负责接待的检察人员应当问清传闻的来源，以便进行调查核实。犯罪嫌疑人自首的，可以在投案时用书面形式供述自己的罪行，也可以用口头形式供述自己的罪行。用书面形式供述的，必须有自首人在供述材料上签名盖章。用口头形式供述的，接待的检察人员应当做好笔录。笔录内容包括接受自首的时间、地点、接谈人、记录人，自首人姓名、性别、年龄、民族、籍贯、文化程度、工作单位、职务、职业、家庭住址及联系电话，犯罪的时间、地点、情节、手段、动机、目的、后果、数额、参与共同犯罪人的情况等。自首笔录经自首人确认无误后签名盖章，接待的检察人员也应当在笔录上签名盖章。

接受报案、控告、举报材料时，检察人员对报案、控告、举报人敢于同犯罪作斗争的精神应当给予肯定和鼓励。同时也要向报案人、控告人、举报人、自首人讲清楚诬告他人应负的法律责任，要求他们反映问题要实事求是，力求准确、客观，不夸大也不缩小，不掺杂个人成见。为了保护公民同犯罪作斗争的积极性，防止可能发生不利于诉讼，不利于报案人、控告人、举报人的事件，如果报案人、控告人、举报人不愿公开自己的姓名的，在侦查期间应当为他们保密。接待犯罪嫌疑人自首的，检察人员对他们的自首行为应当予以鼓励，同时也要进行认罪服法的教育，要求他们如实供述自己的犯罪事实，不得避重就轻，不得以假乱真，不得借自首而诬告陷害他人或包庇他人犯罪，向他们告知包庇犯罪或者诬告陷害所应负的法律责任。

有的控告、举报材料是匿名的，这种控告、举报材料的出现，情况比较复杂。有的控告、举报材料反映的内容基本属实，因为害怕遭到打击报复，不敢署名；有的则是恶意诬告陷害他人，为了逃避法律制裁不敢署名。因此，对匿名的控告、举报材料既不能弃之不理，又要审慎分析研究，注意从中发现犯罪。

人民检察院举报中心负责统一受理、管理举报线索。本院检察长和其他部门或者人员对所接受的犯罪案件线索，应当及时批交或者移送举报中心。有关机关或者部门移送人民检察院审查是否立案的案件线索和人民检察院侦查部门查办案件发现的案件线索，由侦查部门自行审查。

（三）对报案、控告、举报和自首材料的审查

《刑事诉讼法》第 110 条规定："人民法院、人民检察院或者公安机关对于报案、控告、举报和自首的材料，应当按照管辖范围，迅速进行审查……"由于社会各种情况的复杂性，人民检察院受理的报案、控告、举报和自首材料，有的反映问题真实，有的反映问题虚假，其形成的原因也十分复杂；有些根据报案、控告、举报和自首材料能够直接决定立案，有的不能够决定直接立案。因此，在决定立案之前，必须进行审查。对报案、控告、举报和自首的材料进行审查是立案阶段的一项重要工作，是立案活动的一部分。

所谓立案前审查，通常也被称为初查，是指人民检察院依照法律规定对决定受理的案件线索在决定立案之前进行的分析判断和必需的调查活动。初查的任务是收集必要的证据，确定是否有犯罪事实并需要立案侦查，主要内容如下：

（1）调查被控告人、被举报人的基本情况，包括被控告人、被举报人所在单位权力运行是否规范、管理是否有序、生产经营活动是否正常以及被控告人、被举报人的个人及其家庭情况，如年龄、住址、籍贯、文化程度、简要经历、任职情况、工作权限等。

（2）调查被控告、被举报事实的基本情况，包括线索材料反映的问题是否属实、是否符合犯罪构成的条件、被控告人或被举报人是否属于国家工作人员、是否利用职务便利、是否达到犯罪程度、是否具有依法不追究刑事责任的情形等情况。

立案前审查，主要有两种方式：一是书面审查。就是对报案、控告、举报和自首的材料进行分析研究、审查甄别，确定是否有犯罪事实存在并需要追究刑事责任，最后决定是否立案侦查。二是必要的调查。就是对有关人员、场所等进行访查、了解，收集相关证据材料，为是否决定立案侦查服务。初查的方法多种多样，因案而异。总的来讲，可以采用自行调查、联合调查和委托调查。其中，自行调查是指检察机关侦查部门直接派员调查；联合调查是指检察机关侦查部门与上级或者横向检察机关共同调查；委托调查是指采取委托的方式由相应的检察机关进行调查，或者要求有关行政执法部门提供相应的材料等。初查的具体方法，主要视案情而定。要根据案件线索的性质及具体案情等实际，选择相应的初查方法。

初查与立案后侦查是前后相连而又相对独立的两个阶段。立案后的侦查任务是要查清全部案件事实，刑事诉讼法规定可以适用各种侦查手段和强制措施。初查的目的是要初步判明控告、举报、自首材料所反映的案件事实是否存在，依照刑法是否需要追究刑事责任，为决定是否立案奠定基础，是决定立案前的一项重要工作，但毕竟不同于立案。初查的结果，有一部分案件线索经过审查被认为有犯罪事实存在需要追究刑事责任，进入立案程序；

有一部分案件线索经过审查被认为没有犯罪事实发生，或者不需要追究刑事责任，或者认定构成犯罪需要追究刑事责任的证据不足，不能决定是否立案。正因为如此，刑事诉讼法没有规定检察院在初查阶段可以使用侦查手段和侦查强制措施。初查工作的这种局限性，决定了各级人民检察院在进行初查时应当在规定的期限内进行，并做好报备工作：

（1）按照初查时限及其督办制度进行初查。根据最高人民检察院颁布的《人民检察院刑事诉讼规则（试行）》（以下简称《刑诉规则》）第165条等规定，侦查部门接到举报中心移送的举报材料后，应当在3个月以内将处理情况回复举报中心；下级人民检察院接到上级人民检察院移送的举报材料后，应当在3个月以内将处理情况回复上级人民检察院举报中心。情况复杂逾期不能办结的，报检察长批准，可以适当延长办理期限。《刑诉规则》第157条第2款规定，控告检察部门或者举报中心对移送本院有关部门和向下级人民检察院交办的案件，应当按照有关规定进行督办。

（2）做好党内请示报告工作。按照最高人民检察院《关于检察机关反贪污贿赂工作若干问题的决定》第21条以及《关于加强渎职侵权检察工作的决定》第23条的规定，对县处级以上领导干部涉嫌职务犯罪的要案线索决定初查的，应向党委主要领导报告，同时要向上一级人民检察院备案。

（3）做好线索初查后的报备工作。按照《刑诉规则》第177条的规定，侦查部门对上级人民检察院交办、指定管辖或者按照规定应当向上级人民检察院备案的案件线索，应当在初查终结后10日以内向上级人民检察院报告初查结论。上级人民检察院认为处理不当的，应当在收到备案材料后10日以内通知下级人民检察院纠正。

《刑诉规则》第八章第一节对初查作了专节规定。举报线索的初查应当报检察长或者检察委员会决定。依据该规则的规定，初

查由人民检察院的侦查部门负责，在刑罚执行和监管活动中发现
的应当由人民检察院直接立案侦查的案件线索，由监所检察部门
负责初查。

举报线索的初查一般应当秘密进行。在初查过程中，可以采
取询问、查询、勘验、检查、鉴定、调取证据材料等不限制初查
对象人身、财产权利的措施。不得对被初查对象采取强制措施，
不得查封、扣押、冻结财产，不得采取技术侦查措施。

侦查部门对举报线索初查后，认为有犯罪事实需要追究刑事责
任的，应制作审查报告，提请批准立案侦查，报检察长决定。对具
有下列情形之一的，提请批准不予立案：（1）具有《刑事诉讼法》
第15条规定情形之一的；（2）认为没有犯罪事实的；（3）事实或
者证据尚不符合立案条件的。

（四）初查结果的处理

按照《刑诉规则》第176条的规定，侦查部门对举报线索初
查后，应当制作审查报告，提出处理意见，报检察长决定。

1. 提请批准立案侦查

经初查，认为有犯罪事实需要追究刑事责任的，应当制作审
查报告，提请批准立案侦查，报检察长决定。

2. 提请批准不予立案

经初查，认为具有下列情形之一的，提请批准不予立案：一
是具有刑事诉讼法第15条规定情形之一的；二是认为没有犯罪事
实的；三是事实或者证据不符合立案条件的。

3. 不予立案的处理

首先，根据《刑诉规则》第178条的规定，对于实名举报，
经初查决定不立案的，侦查部门应当制作不立案通知书，写明案
由和案件来源、决定不立案的理由和法律依据，连同举报材料和
调查材料，自作出不立案决定之日起10日以内移送本院举报中心，
由举报中心答复举报人。必要时可以由举报中心与侦查部门共同

答复。根据《刑诉规则》第 184 条的规定，对于被害人控告的，则应制作不立案通知书，写明案由和案件来源、决定不立案的原因和法律依据，由侦查部门在 15 日以内送达控告人，同时告知控告检察部门。控告人如果不服，可以在收到不立案通知书后 10 日以内申请复议。对不立案的复议，由人民检察院控告检察部门受理。控告检察部门应当根据事实和法律进行审查，并可以要求控告人、申诉人提供有关材料，认为需要侦查部门说明不立案理由的，应当及时将案件移送侦查监督部门办理。

其次，根据《刑诉规则》第 179 条的规定，对于其他机关或者部门移送的案件线索，经初查决定不立案的，侦查部门应当制作不立案通知书，写明案由和案件来源、决定不立案的理由和法律依据，自作出不立案决定之日起 10 日以内送达移送案件线索的单位。

再次，根据《刑诉规则》第 180 条的规定，对于属于错告的，如果对被控告人、被举报人造成不良影响的，应当自作出决定之日起 1 个月以内向其所在单位或者有关部门通报初查结论，澄清事实。对于属于诬告陷害的，应当移送有关部门处理。

最后，根据《刑诉规则》第 184 条第 3 款的规定，人民检察院认为被举报人的行为未构成犯罪，决定不予以立案，但需要追究其党纪、政纪责任的，应当移送有管辖权的主管机关处理。

第四节　直接受理刑事案件侦查的程序和方法

一、制定侦查方案

（一）分析判断案情

正确的侦查方案来源于对案件情况、侦查条件的正确分析。认真分析研究案情，是开展侦查的基础，是制定侦查计划、确定侦查方向、采取侦查措施的前提，是领导指挥侦查工作的主要依据。对案情的分析判断越正确，越接近客观实际，我们制定的侦查方案就越准确，侦查破案的成功率就越高。对分析判断案情的总体要求是：

1. 分析判断案情要从案件的实际出发，以掌握的案件材料为依据。

2. 分析判断案情要透过案件的现象看本质：（1）对案件中出现的表面的、零星的、孤立的材料，要能从它们与犯罪活动的相互联系中认清犯罪活动的本质问题，从正常与非正常细微社会现象分析出侦查的关键突破口，找出侦查的契机。（2）要善于识破犯罪嫌疑人制造的各种假象，并能从假象中揭露真相。（3）分析判断案情必须全面了解犯罪嫌疑人所在单位的行业特点，掌握犯罪嫌疑人作案的一般规律。

3. 对案情的分析判断要多侧面、全方位，形成立体思维网络。要掌握辩证的逻辑思维方法。既要能抓住揭示犯罪实质的关键问题，同时又要兼顾其他可能性。对侦查过程中可能出现的其他问题及需要采取的对策作出科学的预测。

通过案情的分析力求达到：（1）判明案件的性质。主要是进一步判明有无犯罪事实存在，有无诬告的可能性。（2）对案件中反映的所有犯罪嫌疑线索进行分类排队，分清问题的大小、轻重、主次、性质以及疑难程度，对如何侦查破案，以及从哪个方面优先突破，采取什么样的方法、步骤、措施，做到心中有数。（3）推断案件的时间、地点、经过、方式、动机，初步勾画出案件的概貌。（4）通过对案件的分析研究，了解犯罪嫌疑人的职业、文化程度、社会阅历、家庭经济状况、个人爱好、社会交往、个性特点等。（5）熟悉与案件有关的法律、政策。

（二）确定侦查范围、侦查方向和侦查突破口

1. 侦查范围

侦查范围是侦查人员根据对案件材料的分析，拟定的侦查对象、侦查时间、侦查空间以及涉嫌人员。

案件的侦查范围确定在什么样的时间、人员、对象之中，从什么人、什么问题上优先突破，是侦查突破的关键。

一般说来，侦查范围确定的不宜过大。对一人一事的案件，侦查范围主要应该限制在已经反映出来的犯罪事实和罪名，以及同这项罪名的法定构成要件有关的情况和问题上。如查明犯罪行为发生的时间、地点、侵害的客体、犯罪的方法、手段，犯罪行为人实施犯罪行为的动机、目的，以及造成的实际危害等。对一人多事、一事多人或较为复杂的案件，侦查范围可采取分段、分问题、分人、分事、分层次划定的方法，每次就其中需要查明的某一个问题确定相应的侦查范围，以其中的一个问题为主开展侦查工作。

侦查范围的确定也是随着侦查工作的变化而变化的。需要侦查人员根据案件的情况，凭借特有的侦查意识进行多层次的确定。

2. 确定侦查方向

侦查方向是指侦查人员根据犯罪构成和已知的证据材料对案件的性质和侦查工作所要完成的主要任务确定的工作目标。确定侦查方向也就是确定侦查案件的性质、侦查的主要任务。

确定侦查方向对于侦查工作是非常重要的。如同人走路一样，方向错了，不可能达到预期的目的。侦查方向决定着侦查工作的成败。

司法实践表明：性质不同的案件有其不同的特点和犯罪构成，表现在作案手段、动机、目的上也不同。侦查工作所要解决的主要任务不同，侦查方向也就不同。比如，受贿案件的犯罪构成特点在于，国家工作人员利用职务上的便利，索取或者非法收受他人财物，为他人谋取利益，或者在经济往来中，违反国家规定收受各种名义的回扣、手续费，归个人所有。其犯罪构成的主体必须是国家工作人员，在客观方面，表现为利用职务之便，索取或者收受他人财物。具体表现为行、受贿双方具有在某种条件下利益上的一致性、行为上的对合性、作案手段上的隐蔽性、证据上的单调性、行为实施的瞬间性。贿赂案件在犯罪构成上的这些特点决定了贿赂案件的侦查方向，重点应该放在查明犯罪行为人是否具备主体资格，是否利用职务之便，行贿与受贿之间是否存在某种利益上的因果联系。行贿人、受贿人各得到了什么样的利益，行贿人是否有贿赂物品的来源，行贿的动机目的是什么；在特定的某一时间行贿人与受贿人是否有过接触；受贿嫌疑人是否已接受了贿赂款物；贿赂款物的去向等。

随着侦查工作的进一步深入，获得的犯罪构成要件和证据材料越来越多，案件事实越来越明显化，侦查方向会越来越具体，越来越接近客观实际。比如，在侦查一起贪污案过程中，立案伊始，我们只知道犯罪嫌疑人具备了构成贪污罪的主体资格和涉嫌贪污的问题，侦查方向确定在查明犯罪嫌疑人是否实施了贪污手段、是否非法占有了公款。随着侦查工作的进展，进一步证实了犯罪嫌疑人实施了监守自盗的手段，大量的公共财物被非法占为己有。那么，在这个阶段上，侦查的方向就集中在赃款赃物的去向上。查明赃款赃物的去向就成了侦查的主要任务。

侦查方向随着侦查工作的深入也有可能发生变化，作局部调整，这在侦查工作中是常有的事。在侦查工作中我们要及时把握这种变化，调整我们的侦查方向。

实践中，有一些案件存在有几种可能性。在确定侦查方向时，我们要把几种可能性都考虑进去，相应地采取侦查对策。

3. 选择侦查突破口

侦查突破口是侦查人员根据对案件材料的分析，在确定侦查范围和侦查方向的同时，就如何侦查，从什么问题的什么方面入手侦查比较容易突破所选定的侦查工作的切入点。

选择案件的侦查突破口要从案件的具体情况入手，在全面吃透案情的基础上，重点研究犯罪活动的方式、方法，犯罪活动发生的周围环境条件，犯罪嫌疑人的社会阅历、文化程度、主观恶性；共同犯罪案件的同伙及其知情人的状况，几个犯罪嫌疑人之间的相互关系，利害冲突，思想状况，研究案件材料来源的可靠程度，可利用的价值大小，并对案件涉及的人和事进行分类排队。通过对全案的分析排队，选择那些能够尽快获取证据的薄弱环节作为案件的侦查突破口。一般来说，选择案件侦查突破口应注意以下几点：

（1）须是犯罪嫌疑人在认识方面和作案活动方面的薄弱环节，心理防线较为薄弱，比较容易突破；

（2）须是侦查该案件的关键性问题，突破后有利于查证其他问题；

（3）在诸多问题中被选为突破口的必须是占有材料和证据较多，便于运用策略，寻机突破的问题。

（三）制定侦查方案

制定侦查方案既不是把需要查明的问题简单地排列，也不是把侦查工作中需要采取的侦查措施简单地、机械地组合，而是要在全面熟悉案件材料的基础上，根据案件需要查明的问题及其有关材料反映出来的线索，对侦查方向、目的、任务、重点、突破口的选择以及对实现上述目的所需要采取的方法、步骤、途径、侦查措施作出的有预见性的分析、判断和构想，即侦查假定。这种判断和构想不是空想，而是根据大量证据材料对侦查工作可能出现的情况、趋势进行的科学预见。

侦查方案随着侦查进展情况的变化而变化。即使是一个很好的侦查方案也不可能一蹴而就。随着侦查工作的进展，获取的证据材料越来越多，对案件的客观情况及其内在联系的认识越来越深，在原有材料基础上形成的侦查计划就显得不够适应。原来选定的侦查突破口也许变得不那么准确，需要重新确定，这就需要侦查人员及时根据案件情况的变化调整或者重新制定侦查计划，尽可能使我们的侦查计划能够反映案件的全貌，增强侦查计划指导工作的针对性。

侦查方案的主要内容包括：

1. 案件发生的材料和根据案前调查、现场勘验获取的材料对案件的性质以及犯罪嫌疑人实施犯罪行为的动机、目的、方式、方法作出的初步分析判断。

2. 提出开展工作的总体指导思想、重点、目的、策略、方法、步骤，确定侦查范围、侦查方向和需要查明的问题。

3. 侦查工作中可能出现的其他情况及其应采取的对策。

4. 设计查明某一问题需要采取的措施、步骤、方法、策略。

5. 案件的组织领导以及对办案人员的组织分工和完成任务的时间要求。

6. 侦查工作需要外部协调配合的方面及其具体任务、目的、方法。

7. 侦查工作的后勤保证，如信息联络的方式，需要的交通工具等。

当然，侦查方案的制定只是根据案前审查、调查的初步材料对案件侦查工作进行的勾画和预测，具有很大的局限性。随着侦查的进展，获取的证据材料的增多，对整个案件全貌认识的加深，侦查方案要不断进行充实和调整。

在制定侦查方案，肯定某种侦查方向、某种侦查方式的同时，我们也要注意案件可能发展的其他方向和方面，把握案件侦查过程中出现其他问题的可能性，尽可能使侦查方案接近实际情况。

二、侦查的方法和策略

（一）讯问犯罪嫌疑人

1. 讯问犯罪嫌疑人的概念

讯问犯罪嫌疑人是指检察人员依照法律的规定，就与案件有关的情况对犯罪嫌疑人进行的审讯和发问。讯问犯罪嫌疑人在人民检察院直接受理案件的侦查中具有非常重要的意义。特别是在当前职务犯罪日趋复杂、作案手段诡秘、证据难取的情况下，讯问工作就更为重要。

2. 讯问犯罪嫌疑人前的准备工作

讯问中侦查人员和犯罪嫌疑人处于对垒的双方，一边要尽量通过讯问感化犯罪嫌疑人，促其悔罪、认罪，交代罪行；另一方要试探摸底，实施防御，尽可能逃避侦查，侦查与反侦查的斗争非常激烈，这就要求负责讯问工作的检察人员在开始讯问之前必须认真做好准备工作，不打无准备之仗。讯问犯罪嫌疑人要着重做好如下几项准备工作：

（1）分析案件材料，熟悉案情

检察人员在开始讯问犯罪嫌疑人之前，要认真分析案件材料，着重掌握本案发案的背景，现有案件材料的来源及其可靠性；犯罪嫌疑人涉嫌犯罪的时间、地点、手段、犯罪行为造成的后果，犯罪嫌疑人的基本情况。对已经收集到的案件材料要认真进行分析排队。哪些涉嫌犯罪的问题证据尚不充分；哪些犯罪事实情节还不清楚，证据相互间有无差异；犯罪所涉及问题的广度、深度在材料中反映是否充分，尚有哪些线索和疑点需要通过讯问进一步追查清楚等，要做到心中有数。通过分析归类，理出现有材料中证据间的同一性和矛盾性，为制定讯问计划，科学地选择讯问突破口，打下基础。

（2）分析犯罪嫌疑人的心理状态

①研究犯罪嫌疑人的个性特点。

主要研究被讯问人的性格、兴趣、能力、文化程度、社会经历、成长过程、气质。了解犯罪嫌疑人的这些情况有助于根据犯罪嫌疑人的这些特点选择适当的讯问切入点，有助于针对犯罪嫌疑人的特点做好政策攻心和法制宣传教育工作，同时也有利于在讯问中处理好讯问人和被讯问人的关系。

　　②研究被讯问人在案发前后和接受讯问前的心理状态。

　　作为犯罪嫌疑人，特别是职务犯罪嫌疑人，在案发前后的心理状态是十分复杂的。一方面，犯罪嫌疑人在案发以后的心理落差是很大的，犯罪嫌疑人非常担心如果证据被检察机关掌握，将会给自己带来的严重后果；另一方面，犯罪嫌疑人对检察机关到底掌握自己多少犯罪证据，并不十分了解，迫切希望了解检察机关掌握证据的情况。一些犯罪嫌疑人悔罪、畏罪；也有一些犯罪嫌疑人，在案发前已经有关部门查过，或自恃社会关系网硬、保护层厚，或在案发前订立有攻守同盟，心存侥幸。其表现形式各不相同：有的痛哭流涕；有的态度谦卑，假装老实；有的闭口不谈；有的大吵大闹，态度蛮横；有的能够正确对待讯问，接受讯问；有的对抗心理极强，极力为自己辩解。犯罪嫌疑人的家庭关系，家庭成员结构，对待家庭成员的感情，家庭观念，犯罪嫌疑人的成长经历等都对犯罪嫌疑人的供述心理影响很大。研究犯罪嫌疑人在案发前后，特别是在接受讯问前的心理状态对于有的放矢地开展讯问工作，选择讯问时机，因案、因人施用侦查谋略和侦查强制措施非常重要。

　　（3）熟悉与本案有关的法律、政策及社会信息

　　讯问犯罪嫌疑人，迫使其如实供述的最主要武器是正确运用法律、政策，以法律感化、教育犯罪嫌疑人。在开始讯问之前，检察人员必须熟悉与正在承办的案件有关的法律、政策，及相关的典型案例，以便在进行讯问时，有的放矢地对犯罪嫌疑人进行法制教育。人民检察院管辖的职务犯罪案件是国家工作人员利用职务便利实施的犯罪，其犯罪活动紧紧依附于犯罪嫌疑人的职务活动，利用职务行为掩盖其犯罪行为，作为一个优秀的检察人员，在讯问之前一定要熟悉犯罪嫌疑人所在单位的工作流程、工作制度，特别是犯罪嫌疑人的岗位职责，职务权限，专业用语，以便在讯问中增强针对性，能够发现矛盾和利用矛盾，为制服犯罪准

备工具。

（4）制定讯问计划

讯问犯罪嫌疑人必须有计划地进行。讯问计划的主要内容包括：犯罪嫌疑人的基本情况，简要案情；案件现有证据和案件情节；讯问需要解决的主要问题；讯问的重点、方法和步骤；对犯罪嫌疑人在接受讯问中可能提出的辩解和可能出现的其他意外情况提出初步设想，并提出对策；设计在什么样的情况下使用什么样的对策，如出示哪一个证据，怎样出示，政策攻心的条件，是快速突破或者是冷处理等。此外，对讯问中犯罪嫌疑人提出的问题需要及时调查核实的，要提出意见。讯问犯罪嫌疑人计划，可以分为全面的讯问计划和某一次的讯问计划。在执行讯问计划时，要善于根据案件情况的变化，及时调整和变更讯问计划，不能过于僵化。

（5）组织好讯问力量

组织好讯问力量包括两个方面：一是确定参加讯问的检察人员和主问人员；二是为了配合讯问，确定协助调查取证的检察人员。

根据刑事诉讼法的规定，讯问犯罪嫌疑人时检察人员不得少于2人。为主讯问的检察人员应当相对稳定。

鉴于讯问中可能出现的各种紧急情况，尤其是大案要案，讯问中常会遇到需要紧急查证、提取赃证等情况，事前就应当组织好相应的机动力量，随时准备配合工作。

3. 讯问犯罪嫌疑人的方法、步骤

讯问犯罪嫌疑人，由检察人员进行。根据犯罪嫌疑人涉嫌犯罪问题的大小、性格特点、对待犯罪的态度，对于不需要逮捕、拘留的犯罪嫌疑人，经检察长批准，检察人员可以将其传唤到犯罪嫌疑人所在市、县内的指定地点或者到他的住处进行讯问。传唤犯罪嫌疑人，应当向犯罪嫌疑人出示传唤证和侦查人员的工作证件。

传唤持续的时间不得超过 12 小时；案情特别重大、复杂，需要采取拘留、逮捕措施的，传唤持续的时间不得超过 24 小时。两次传呼间隔的时间一般不得少于 12 小时，不得以连续传唤的形式变相拘禁犯罪嫌疑人。

讯问在押的犯罪嫌疑人，应当按照刑事诉讼法的规定，在法定的期限内开始第一次讯问。提讯在押的犯罪嫌疑人，应当填写提讯、提解证，在看守所讯问室进行。

讯问犯罪嫌疑人一般按照下列顺序进行：（1）查明犯罪嫌疑人的基本情况，包括姓名、出生年月日、籍贯、身份证号码、民族、职业、文化程度、工作单位及职务、住所、家庭情况、社会经历、是否属于人大代表、政协委员等；（2）告知犯罪嫌疑人在侦查阶段的诉讼权利，有权自行辩护或委托律师辩护，告知其如实供述自己罪行可以依法从宽处理的法律规定；（3）讯问犯罪嫌疑人是否有犯罪行为，让他陈述有罪的事实或者无罪的辩解，应当允许其连贯陈述。

犯罪嫌疑人对侦查人员的提问，应当如实回答。但是对与本案无关的问题，有拒绝回答的权利。

讯问犯罪嫌疑人时，应当告知犯罪嫌疑人将对讯问进行全程同步录音、录像，告知情况应当在录音、录像中予以反映，并记明笔录。

讯问时，对犯罪嫌疑人提出的辩解要认真查核。严禁刑讯逼供和以威胁、引诱、欺骗以及其他非法的方法获取供述。

讯问犯罪嫌疑人，应当制作讯问笔录。讯问笔录应当忠实于原话，字迹清楚，详细具体，并交犯罪嫌疑人核对。犯罪嫌疑人没有阅读能力的，应当向他宣读。如果记载有遗漏或者差错，应当补充或者改正。犯罪嫌疑人认为讯问笔录没有错误的，由犯罪嫌疑人在笔录上逐页签名、盖章或者捺指印，并在末页写明"以上笔录我看过（向我宣读过），和我说的相符"，同时签名、盖章、捺指印并注明日期。如果犯罪嫌疑人拒绝签名、盖章、捺指印的，检察人员应当在笔录上注明。讯问的检察人员也应当在笔录上签名。

犯罪嫌疑人请求自行书写供述的，检察人员应当准许。必要的时候，检察人员也可以要求犯罪嫌疑人亲笔书写供述。犯罪嫌疑人应当在亲笔供述的末页签名、捺指印，并注明书写日期。检察人员收到后，应当在首页右上方写明"于某年某月某日收到"，并签名。

人民检察院立案侦查职务犯罪案件，在每次讯问犯罪嫌疑人的时候，应当对讯问过程实行全程录音、录像，并在讯问笔录中注明。

录音、录像应当由检察技术人员负责。特殊情况下，经检察长批准也可以由讯问人员以外的其他检察人员负责。

人民检察院侦查部门在第一次开始讯问犯罪嫌疑人或者对其采取强制措施的时候，应当告知犯罪嫌疑人有权委托辩护人，并告知其如果经济困难或者其他原因没有聘请辩护人的，可以申请法律援助。对于属于《刑事诉讼法》第34条规定情形的，应当告知犯罪嫌疑人有权获得法律援助。

告知可以采取口头或者书面方式。口头告知的，应当记入笔录，由被告知人签名；书面告知的，应当将送达回执入卷。

在侦查期间，犯罪嫌疑人只能委托律师作为辩护人。一名犯罪嫌疑人可以委托一至二人作为辩护人。

一名辩护人不得为两名以上的同案犯罪嫌疑人辩护，不得为两名以上的未同案处理但实施的犯罪相互关联的犯罪嫌疑人辩护。

人民检察院办理直接受理立案侦查案件和审查起诉案件，发现犯罪嫌疑人是盲、聋、哑人或者是尚未完全丧失辨认或者控制自己行为能力的精神病人，或者可能被判处无期徒刑、死刑，没有委托辩护人的，应当及时书面通知法律援助机构指派律师为其提供辩护。

人民检察院收到在押或者被指定居所监视居住的犯罪嫌疑人提出的法律援助申请，应当在 3 日以内将其申请材料转交法律援助机构，并通知犯罪嫌疑人的监护人、近亲属或者其委托的其他人员协助提供有关证件、证明等相关材料。

犯罪嫌疑人拒绝法律援助机构指派的律师作为辩护人的，人民检察院应当查明拒绝的原因，有正当理由的，予以准许，但犯罪嫌疑人需另行委托辩护人；犯罪嫌疑人未另行委托辩护人的，应当书面通知法律援助机构另行指派律师为其提供辩护。

辩护人接受委托后告知人民检察院或者法律援助机构指派律师后通知人民检察院的，人民检察院案件管理部门应当及时登记辩护人的相关信息，并将有关情况和材料及时通知、移交相关办案部门。人民检察院案件管理部门对办理业务的辩护人，应当查验其律师执业证书、律师事务所证明和授权委托书或者法律援助公函。对其他辩护人、诉讼代理人，应当查验其身份证明和授权委托书。

对于特别重大贿赂犯罪案件，犯罪嫌疑人被羁押或者监视居住的，人民检察院侦查部门应当在将犯罪嫌疑人送交看守所或者送交公安机关执行时书面通知看守所或者公安机关，在侦查期间辩护律师会见犯罪嫌疑人的，应当经人民检察院许可。

对于特别重大贿赂犯罪案件，辩护律师在侦查期间提出会见在押或者被监视居住的犯罪嫌疑人的，人民检察院侦查部门应当提出是否许可的意见，在 3 日以内报检察长决定并答复辩护律师。

人民检察院办理特别重大贿赂犯罪案件，在有碍侦查的情形消失后，应当通知看守所或者执行监视居住的公安机关和辩护律师，辩护律师可以不经许可会见犯罪嫌疑人。

对于特别重大贿赂犯罪案件，人民检察院在侦查终结前应当许可辩护律师会见犯罪嫌疑人。

（二）询问证人

1. 询问证人的概念

询问证人是指检察人员依法向了解案件情况的人进行调查，以查明案件事实，证实犯罪的活动。询问证人的任务就是通过对知情人的询问，取得可以作为证据的证言。

刑事诉讼法规定，凡是知道案件情况的人，都有作证的义务。生理上、精神上有缺陷或者年幼，不能辨别是非、不能正确表达的人，不能作证人。据此，我们认为，凡是知道案件情况的人都是证人。即使是生理上、精神上有缺陷或者年幼，但能辨别是非并能正确表达自己真实意思的人，也可以作为证人并提供证言。

2. 人民检察院直接受理的刑事案件证人的特点

（1）人民检察院直接受理的刑事案件多数具有作案时间长，发案晚，没有明显的作案现场，或虽有作案现场，但由于时过境迁，受到破坏，证人记忆淡忘，证人再现犯罪时的情景困难。

（2）人民检察院直接受理的刑事案件具有作案手段隐蔽、狡猾，有的还披上"合情"、"合法"的外衣。有的双方不但没有受害，反而受益。证人往往顾虑重重，担心讲了实话，断了财路，丢了饭碗等。

（3）有些案件往往与特定的历史条件和当时的政策、法规密切相关。询问知情人，不仅要调查案件事实本身，还要了解当时的政策与法规和当地有关部门制定的规章制度，为确定有关案件事实提供有力的证言。

（4）有些证人与案件事实或处理结果密切相关，心理状态比较复杂。比如贿赂案件的行贿方，为开辟产、供、销渠道，给有关部门和个人行贿，案发以后，或怕受牵连，或怕本企业亏损或倒闭，而不太愿意作证。有的犯罪嫌疑人亲属是受益人，也是知情的证人，案发以后多数不愿作证，有的还帮助隐瞒实情，转移赃证。

（5）有些证人是单位负责人、技术人员、业务骨干，对本单位发生的犯罪问题，出于各种考虑不愿意作证，或故意夸大其词，或故意隐瞒事实，心态较为复杂。

（6）人民检察院直接受理的刑事案件有些没有具体的受害人，处理结果与具体的人有些没有直接的联系，因而不少人不愿作证。

3. 询问证人前的准备工作

做好询问前的准备工作，是保证询问工作成败的重要方面。询问前准备工作主要包括如下几个方面：

一是确定证人的询问顺序和时机。证人了解案件事实的原因、背景、过程，由于案件事实、处理结果与证人的关系不同，证人的法律意识和道德水准不同，对作证的态度也就不同。依据这些情况，我们可以把证人划分为不同的层次。在对证人进行询问之前，根据已有的材料，对哪些是本案的直接证人，哪些是本案的间接证人，哪些证人与犯罪嫌疑人有利害关系，哪些是参与作案的知情人，哪些证人有正义感，能够主动提供证言，哪些证人需要做工作才能使其如实作证等，要做到心中有数。同时，对各个证人的所在单位、职务、平时政治表现、个性特点等，要尽可能了解和掌握，然后，针对不同证人的情况，采取不同的询问策略和方法。耐心细致地做好证人的思想工作，稳定其情绪，消除顾虑，直至采取相应的措施，帮助证人解决某些实际问题，为证人如实作证提供条件。

二是拟定询问提纲。拟定询问提纲，是完成询问任务必不可少的步骤。尤其是对一些居住在外地的证人，拟定好询问提纲，使询问工作具有针对性，避免盲目性，减少重复询问的次数，提高办案的效率，具有特别重要的意义。

询问证人提纲，应当从各个证人在本案中的地位、作用、知情程度的实际情况出发。询问提纲的主要内容包括：询问该证人的目的、任务，需要解决和证明的主要问题，询问的重点，需要着重提出的问题，询问的策略和方法，询问工作是否需要有关单位和人员协作，询问中可能出现的问题及对策。

询问提纲要随案情的发展，随时进行调整。

4. 询问证人的一般方法、步骤

人民检察院在侦查工作中，应当及时询问证人，并且告知证人作证的权利和义务。人民检察院应当保证证人有客观地、充分地作证的条件，并为他们保守秘密。除特殊情况外，人民检察院可以吸收证人协助调查。

询问证人应当由检察人员进行。询问的时候，检察人员不得少于2人。

询问证人可以到证人的所在单位、住处或者证人提出的地点进行，但是必须出示人民检察院的证明文件。根据需要，也可以通知证人到人民检察院提供证言。

询问证人应当先询问证人的基本情况以及与当事人的关系，并且告知证人应当如实地提供证据、证言和故意作伪证或者隐匿罪证要负的法律责任，但是，不得向证人泄露案情，不得采用羁押、暴力、威胁、引诱、欺骗以及其他非法的方法获取证言。

询问证人就应当先让证人就自己知道的案件事实作连续不间断的、系统的、详细的叙述。叙述完毕后再开始提问。提问应主要针对其叙述的有关事实，问明其来源和根据，对有矛盾和疑点的地方，应重点提问，尽可能询问清楚。提问不得带有暗示性。语言要准确。

询问聋、哑或者不通晓当地通用语言文字的人，人民检察院应当为其聘请通晓聋、哑手势或者当地通用语言文字且与本案无利害关系的人员进行翻译。翻译人员的姓名、性别、工作单位和职业应当记录在案。翻译人员应当在询问笔录上签字。

询问证人，应当制作询问笔录。询问笔录应当忠实于原话，字迹清楚，详细具体，并交证人核对。证人没有阅读能力的，应当向他宣读。如果记载有遗漏或者差错，应当补充或者改正。证人认为询问笔录没有错误的，由证人在笔录上逐页签名、盖章或者捺指印，并在末页写明"以上笔录我看过（向我宣读过），和我说的相符"，同时签名、盖章、捺指印并注明日期。如果证人拒绝签名、盖章、捺指印的，检察人员应当在笔录上注明。询问的检察人员也应当在笔录上签名。

上述有关询问证人的有关规定和做法，也适用于对被害人的询问。被害人由于犯罪嫌疑人的行为而遭受损害的，询问时，还应当告诉他有权提起附带民事诉讼。

（三）勘验、检查

1. 勘验、检查的概念

勘验、检查是指检察人员在侦查直接受理的案件中，运用刑事科学技术手段，依法对与犯罪有关的场所、物品、人身、尸体进行的勘验和检查。其主要活动包括：现场保护、现场访问、现场勘验、实地检查和分析。

人民检察院在侦查中所进行的勘验、检查与公安机关所进行的勘验、检查既有相同之处，也有不同之处。相同的地方是，勘验、检查所遵循的原则、方法、步骤，所运用的技术手段是相同的；二者的不同点在于，公安机关查办的案件大多是危害社会治安的刑事案件，多数案件的犯罪嫌疑人是隐蔽的。现场勘查的一个重要任务是，研究犯罪嫌疑人的情况，分析其性别、年龄、身高、体态、职业、爱好、衣装打扮、行为特点等，给犯罪嫌疑人勾画一个脸谱，为侦查指明方向，最终把犯罪嫌疑人缉拿归案。而检察机关侦查的案件多数都有明确的犯罪嫌疑人，一般不需要通过现场勘验去查找犯罪嫌疑人，而是要研究案件发生的原因、过程，确定犯罪嫌疑人应承担的法律责任。

2. 勘验、检查的种类及特点

人民检察院侦查的案件，凡是由于犯罪行为引发现场发生有形变化的，都应该进行现场勘验。根据检察机关直接受理案件的特点，检察机关所勘验的现场大体可以分为以下三类：

（1）原始现场和变动现场

原始现场是指从案件发生到现场勘验前，没有受到破坏和改变的现场。原始现场的特点是全面、客观、真实，所提取的痕迹、物证可靠。变动现场是指从案件发生到现场勘验以前，由于自然因素或人为因素使现场的局部，乃至全部发生改变的现场。变动现场不同程度地失去了真实性、客观性。但是仍有勘验的价值。有的变动现场通过现场访问可以使其恢复原状；有的虽然不能恢复原状，但还会有没有变动的地方。即使全部现场已经变动，通过勘验，提取有关现场变动的证据，也有可以利用的价值。因此，对变动现场也要认真勘验，最大限度地收集痕迹和物证。

（2）主体现场和关联现场

主体现场是指发生案件造成危害后果所在的现场。关联现场是指除主体现场以外，留有犯罪痕迹和其他物证的现场，或者案件引起危害后果发生原因的现场。主体现场和关联现场又各自不止一处。因此，勘验现场时，既要勘验主体现场，又要勘验关联现场，达到全面收集痕迹、物证的目的。

（3）真实现场和假现场

真实现场是指犯罪嫌疑人实施犯罪行为后，未加以掩饰和伪装的现场。假现场是犯罪嫌疑人实施犯罪行为后，故意制造假象或伪装的现场，其目的是转移侦查视线或侦查方向，逃避刑事侦查。因此，在勘验现场时，一定要分清真假现场，不要被假现场所迷惑，以保证侦查工作按照正确的方向进行。

3. 勘验、检查的任务和要求

人民检察院对直接受理的案件进行勘验、检查，目的是及时、准确地揭露犯罪和追究犯罪。现场勘验、检查的主要任务有五项：一是发现和收集证据。运用科学技术手段，发现与案件有关的痕迹、物证、文书，并对其形态、特征按照原来所在的位置、面貌加以固定，为分析案件形成的原因、性质，认定犯罪提供依据。二是发现、扩大侦查线索。调查了解与案件事实有关的各种情况，包括案件发生的时间、过程，有哪些责任人，都实施了什么行为，使用的什么工具，作案手段以及他们各自的情况。通过对这些情况的分析研究，扩大侦查线索，确定侦查方向和侦查方法，掌握侦查的主动权。三是确定犯罪行为造成的危害后果。四是判断案件的性质。根据现场勘验、检查的情况和调查访问所获得的情况，进行综合分析，确定是否属于犯罪性质。五是对现场勘验、检查的情况作出详细、全面的记录。这种记录本身也是证据的一种。

人民检察院对案件现场进行勘验、检查，必须按照法律和有关规定进行：

（1）勘验、检查必须依法进行。勘验、检查的结果是刑事诉讼的重要证据。勘验活动只有严格依法进行，勘验的结果才具有法律效力。否则，即使所获得的勘验结果是真实的，也会因为勘验活动不合法或法律手续不完备而失去法律效力，使侦查工作陷入被动。根据刑事诉讼法的规定，进行现场勘验、检查应该遵循：现场勘验、检查必须由法定人员进行；勘验、检查时必须出示人民检察院检察长签发的证明文件；勘验、检查活动必须在 2 名与案件无关的见证人的见证下进行；记录勘验、检查结果和过程的笔录必须具有完备的法律手续。

根据《刑诉规则》规定，人民检察院决定解剖死因不明的尸体时，应当通知死者家属到场，并让其在解剖通知书上签名或者盖章。死者家属无正当理由拒不到场或者拒绝签名、盖章的，不影响解剖的进行，但是应当在解剖通知书上记明。对于身份不明的尸体，无法通知死者家属的，应当记明笔录。为了确定被害人、犯罪嫌疑人的某些特征、伤害情况或者生理状态，检察机关的侦查人员可以对人身进行检查，可以提取指纹信息，采集血液、尿液等生物样本。犯罪嫌疑人如果拒绝检查，检察人员认为必要的时候，可以强制检查。检查妇女的身体，应当由女工作人员或者医师进行。

（2）勘验、检查必须及时、迅速。现场的完损程度在一定情况下与投入勘验、检查的时机有关。从现场形成到勘验、检查的时间越短，现场越接近原始状态。因此，检察人员接到报案就要迅速赶到现场，在现场还没有受到破坏或破坏程度较轻，痕迹清晰，物证较全的情况下进行勘验、检查，可以最大限度地发现和提取与案件有关的痕迹、物证。

（3）现场勘验、检查必须全面、细致，客观真实。全面就是对与案件有关的场所逐个进行勘验、检查；对现场上的所有痕迹、物证都要进行勘验、检查；对与案件有关的事实情节都要调查访问，全面地掌握材料。细致就是要求检查人员在勘验、检查时，要严肃认真，高度负责，精心细致，对于一些细枝末节都不要忽视。对现场上的各种物体的微小变化都要认真分析研究这种变化的原因，对可能留下的各种痕迹、物证即使是很微小的，也要认真寻找；提取痕迹、物证要小心谨慎，防止损坏和遗失。对遭到破坏的现场要更细致地进行反复的勘验。客观真实就是实事求是，无论是提取痕迹、物证，进行现场访问，或是制作现场勘验、检查笔录，都应该忠实于现场的本来面目，切忌主观臆断。

（4）现场勘验、检查的组织领导

勘验、检查应当由负责案件侦查的检察人员和技术人员进行。涉及专门性技术问题的现场，应当聘请具有专门知识的人参加，但被聘请的人必须与所勘验、检查的案件没有利害关系。

进行勘验、检查还应当邀请2名见证人进行见证。见证人应当与本案没有利害关系。案件当事人、本院司法人员不能担任见证人。

　　勘验、检查的目的是查明案件事实。就一般情况来讲，承办案件的检察人员较熟悉案件事实，技术人员掌握有专门知识，双方应当相互配合。一般案件的勘验、检查应当有负责案件侦查工作的检察人员负责指挥，由检察人员、技术人员、有关部门专家共同研究进行。特大案件的勘验、检查应当由检察长统一指挥，有步骤、有秩序地进行。

　　参加勘验、检查的人员应当有明确分工。勘验范围较大的现场一般可分为现场保护，现场访问，现场勘验、检查3个小组分别进行。

　　参加现场勘验的检察人员应当严格遵守工作纪律，不得随意在现场走动，不得任意拿现场的物品；不得随意泄露勘验、检查情况；要尊重少数民族或群众的风俗习惯。勘验、检查人员要按照分工，认真负责地履行自己的职责。

　　4. 现场保护

　　现场保护从广义上讲是勘验人员、公安机关、发案单位和人民群众的共同任务。《刑事诉讼法》第127条规定："任何单位和个人，都有义务保护犯罪现场，并且立即通知公安机关派员勘验。"加强现场保护，尽可能地保持现场的原始状态和接近原始状态，是正确地进行勘验、检查，全面地获取真实、可靠证据的重要前提。现场保护的主要任务是：

　　（1）禁止与勘验、检查无关的人员进入勘验、检查现场，防止现场上的痕迹、物证受到破坏。

　　（2）及时地、有组织地抢救伤员、财物、排除险情，并尽可能地减少现场变动。对于变动的部分要做好变动情况的记录。

　　（3）向勘验、检查人员提供现场情况，报告现场保护措施、现场变动原因、变动过程及变动情况。

现场保护的主要方法是：

（1）室内现场的保护。案件现场发生在室内的，要劝说室内所有人员离开现场，然后将门、窗封闭或设专人看守，在勘验、检查之前，不让任何人进入。

（2）露天现场的保护。对露天现场应当绕以绳索或以白灰围成警戒圈；有道路通过的现场，在交通人员的指挥协助下，可临时停止交通，让行人、车辆绕道而行；在交通要道上的现场，范围小的，可以将现场拦起来。范围大的，可以清理出通道，让车辆通过，对清理的情况要做好记录，保护好痕迹、物证。

（3）对于有尸体的现场，应当将尸体掩盖起来，并且不要移动尸体。

5. 现场调查

现场调查是检察人员在进行案件现场实地勘查的同时，对案件被害人、责任人、知情人、报案人、现场周围的群众等，与案件和现场有关的情况进行的调查访问。现场调查对正确勘验、检查，分析判断案情具有重要的意义。进行现场调查要根据不同的调查对象采取不同的调查方法，调查不同的内容。

（1）对报案人的调查。主要了解案件发生的时间、经过；报案时现场的情况；现场有无变化，什么原因引起的变动等。

（2）对被害人的调查。由于被害人的特殊地位，往往把案情说得偏重。所以，调查访问被害人要首先稳定被害人的情绪，要教育被害人实事求是，原原本本地把案件经过讲清楚。调查的重点是，问清事件的起因、过程，加害人是谁，使用什么工具，在什么地方实施的加害行为，方法、手段、危害后果与加害人有无利害关系等。

（3）向责任人或被控告人调查。因为责任人、被控告人与案件有牵连，是被追究刑事责任的对象，因而，往往故意隐瞒事实真相，甚至编造谎言，推卸责任。因此，调查时首先要进行法律、政策教育，说明利害关系，促使他们如实介绍情况。调查的主要内容是事情的起因、过程、哪些人参与、都实施了哪些行为等。但是，应当注意，现场调查主要是调查与案件有关的事实，不要急于追问个人所应承担的责任。

（4）向现场周围的群众和其他知情人调查。一般来说，这些人与案件没有利害关系。但是，由于有的人与案件的责任人、被控告人相识，出于怕得罪人等心理，往往不愿意介绍情况。调查访问时，要做好他们的思想工作，使他们认识到如实介绍情况是每一个公民应尽的义务，增强责任感。调查的主要内容是，了解案件发生的经过；案件发生后见到的情况，听到什么议论；什么人到过现场，是否参与过变动现场；对案件有什么看法等。

进行现场调查时要注意：一是调查要及时进行。二是现场调查要实事求是，不先入为主，不带任何框框。严禁用威胁、引诱的方法，要挟调查对象按照调查人的需要介绍情况。三是现场调查要做好调查笔录。笔录的内容要经过调查对象核实，确认无误后，由被调查对象签名或者盖章。

6. 现场勘验

现场勘验是勘验、检查的中心环节。现场勘验的质量决定勘验、检查的质量。现场勘验应当按照下列步骤进行：

（1）了解现场情况，做好勘验准备。勘验人员进入现场之前，首先要详细了解现场的情况，包括现场的发生情况、保护情况、变动情况等。

（2）巡视现场，划定勘验范围，确定勘验顺序。勘验人员进入现场以后，首先要对现场全面巡视观察，熟悉现场，包括：确定现场的方位，现场周围环境；找出现场的中心位置，观察现场上的痕迹、物证的分布情况并做好标记；查明变动部位的原始状态等。然后，根据现场的实际情况确定勘验范围和勘验顺序。勘验范围应以查明案情之需要而划定，不要把范围划的太大，以免浪费时间和分散精力。在勘验、检查过程中，还应当根据需要适时调整勘验范围。现场的起点、先后顺序要根据现场的情况而定。一般是：主体现场与关联现场不在一个地方的，应当先勘验主体现场，之后再勘验关联现场；现场中心部位明确的，先勘验中心部位，然后再向外扩展，全面勘验；中心部位不明确的现场或者现场范围小，物证、痕迹分布集中的现场，应当先从外围入手，逐步向中心部位或向内勘验；范围比较大的现场，应当分片分段勘验。范围大的现场，痕迹、物证分布面广，不易发现，为了防止遗漏，应当把现场分成若干小片或若干地段，逐片逐段地进行勘验。巡视现场后，应当进行现场的方位照相和概览照相。

（3）静态勘验，固定现场。静态勘验就是对现场不加任何触动，在现场上的物证、痕迹保持原来的位置和状态的前提下所进行的勘验。静态勘验的任务是：发现由于案件的发生在现场上引起的客观物体的变化，所留下的痕迹和物证；对现场上的痕迹、物证的位置、形态、与其他物体之间的关系加以固定。为了确定物证、痕迹的位置，可以进行距离、方位、角度的测量。然后进行中心照相，绘制现场平面图。

（4）动态勘验，发现和提取痕迹、物证。动态勘验是在静态勘验的基础上，对现场上的物品进行翻动、移动的情况下所进行的勘验。主要任务是运用技术手段对现场进行勘验，仔细寻找和发现全部痕迹、物证；对已经发现的痕迹、物证要精心提取并进行细目照相；分析研究痕迹、物证形成的原因和与案件的关系。动态勘验时需要在现场进行鉴定和侦查实验的，应当就地进行。

7. 现场勘验笔录

现场勘验笔录就是参加现场勘验的检察人员，用文字、照相、录像、绘图等方法对现场上的一切与案件有关的情况以及现场勘验过程加以固定和反映的真实记录。现场勘验笔录是刑事诉讼法规定的证据形式之一。

制作现场勘查笔录要求做到：记录的顺序应当与现场勘验的顺序相一致；现场勘验笔录要客观、真实；笔录的用语要明确、肯定、通俗易懂；在现场勘验时进行尸体检验、物证检验、侦查实验的笔录应作为附件载入现场勘验笔录；多次勘验同一现场，或一案勘查了多个现场的，都应当分别单独制作笔录，不得做综合性笔录。

8. 现场分析

现场分析就是参加勘验的检察人员在现场勘验和现场调查结束后，根据所获得的各种材料进行综合分析研究。现场分析的任务是：

（1）分析现场勘查工作有无遗漏；所提取的痕迹、物证是否齐全，手续是否完备；是否需要补充勘查现场和进行侦查实验，凡确认需要的，应制定计划，及时进行。

（2）分析现场访问和现场勘验的结果有无矛盾；现场勘查的结果与事物的一般规律有无矛盾；判断和确认现场是否有伪造或伪装，如有则要查明原因，恢复原状，重新勘查。

（3）分析案件及其危害后果形成的原因，确定侦查方向。通过对现场调查访问、现场勘查获得的材料的讨论、研究，分析案件发生的原因、性质。确属犯罪的，要依据现有的材料，确定侦查方向，进一步开展调查。

（4）决定对现场的处理。对重大案件的现场一时不能勘查清楚或其他需要继续勘查的，应当确定将现场部分或全部保留，指定专人或委托有关部门妥善保护现场。对于勘查工作已经结束，不需要保留现场的，要通知有关单位或个人进行处理，恢复正常工作、生产和生活秩序。

进行现场分析的具体要求是：一要以现场勘查所得的全部材料为依据。要对现场勘查所获得的材料，包括提取的痕迹、物品，调查的材料等，进行认真的甄别，分清真伪，以便在真实材料的基础上进行分析。二要针对案件的不同特征，所要解决的关键问题，以分清罪与非罪的界限为重点，进行分析。三要全面、客观地看问题，切忌表面性，防止主观主义，不能以主观意志的需要去推出结论。

（四）侦查实验

1. 侦查实验的概念

侦查实验就是检察人员为了验证案件的某种情况和现象在某种条件下能否发生、存在，依照当时的条件，将某种情况和现象实验性地重新表演再现的一种侦查活动。

侦查实验的任务在于通过实验性地重现过去发生过的某一种情况，揭示客观现象形成的原因、条件、性质，确定案件中被研究的某种现象或情况的因果关系。检察机关在侦查中运用侦查实验所要解决的主要问题有：

（1）在某种条件下能否听到某种声音，看到某种现象；

（2）在某种条件下某一种现象能否发生或某种现象在什么条件下才能出现；

（3）某种痕迹是怎么形成的。

2. 侦查实验的准备

进行侦查实验之前必须进行下列准备工作：

（1）确定侦查实验的任务和目的，明确通过侦查实验所要解决的问题。

（2）确定侦查实验活动的内容，实验的次数，具体的实施方案，准备好实验所需要的材料、物品等。

（3）确定侦查实验的时间、地点、条件。

（4）确定侦查实验的参加人员。除侦查案件的检察人员参加外，必须请两位见证人参加；如果侦查实验的目的是解决某一方面的技术问题，应当聘请有关专家、技术人员参加；如果实验是为了鉴别犯罪嫌疑人、被害人、证人的陈述是否真实，应当让本人参加实验。

（5）参加侦查实验的检察人员要熟悉和了解所要解决的问题的有关知识，必要时向有专门知识的人请教。

3. 侦查实验的要求

检察机关进行侦查实验必须遵循下列要求：

（1）侦查实验必须经过检察长批准，必须在检察长和侦查案件的检察人员的指挥下进行。

（2）侦查实验应当在案件发生的原地点进行。实验的时间、光线、风速、气温、湿度等自然条件应当与案件发生时的条件相近似。如果改变实验场地或改变某个自然条件不会影响实验的结果，也可以变更。但变更的情况应当在笔录上记录清楚。

（3）侦查实验要反复多次进行。同一现象，除了在同一条件下反复进行实验以外，还应当有目的地改变多次实验，排除偶然因素和其他可能性，增强侦查实验的真实性和可靠性。

（4）侦查实验应尽量使用原来的工具、物品。如果原来的工具、物品已经损坏，应当使用与其相同规格、牌号的物品、工具进行实验。

（5）侦查实验必须禁止一切足以造成危害、侮辱人格、有伤风化的行为。

4. 侦查实验笔录

侦查实验的过程和结果应当制作笔录。侦查实验笔录的内容包括：侦查实验的时间、地点；侦查实验参加人员的姓名、职业、职务；侦查实验的目的；侦查实验的过程、起止时间、实验条件、操作方法、实验人员活动情况，实验次数等；实验的结果；参加实验人员的签名。

侦查实验，可以进行照相、录像、录音等记录。侦查实验过程中所进行的照相、录音、录像，可以作为侦查实验的视听资料证据。

（五）搜查

1. 搜查的概念

搜查是指检察人员在侦查直接受理的案件过程中，为收集证据，查获犯罪嫌疑人，对犯罪嫌疑人和可能隐藏罪犯或者犯罪证据的人的人身、物品、住处和其他有关的地方进行的强制性检查。

搜查的任务是发现和收集与案件有关的物证、书证、视听资料证据，查获犯罪嫌疑人。

2. 搜查前的准备

（1）明确搜查的目的和重点。检察机关直接受理的案件中，需要搜查的多是贪污、贿赂案件和渎职案件。搜查的主要目的是获取物证、书证、视听资料、赃款赃物，发现侦查线索，为国家和集体挽回经济损失。根据检察机关侦查案件的特点，检察机关直接受理案件搜查的重点是：账据类，包括往来账册、会计凭证、单据、发票等；文书类，包括与案件有关的会议记录、谈话记录、电话记录、电报、书信、合同书、协议书、提货单等；货币票证类，包括人民币、港币、各种外币、兑换券、汇票、股票等；证件类，包括介绍信、证章及伪造的各种证件、发票、病历、工资单等；物品类，包括赃物、作案工具、书写的文字原件、复印件等。

（2）确定参加搜查的人员。搜查应当配备足够的人员，一般应吸收若干检察干部参加。参加搜查的人员应有明确的分工。一般应有 2 名检察人员实施搜查，有 2 名以上的人员担任警戒任务以防止犯罪嫌疑人或者其家属扰乱、闹事、行凶或者转移赃款赃物、销毁证据等；有专人负责监视和观察犯罪嫌疑人及其家属的表情、行为变化，为侦查人员实施搜查提供方向。

（3）收集有关被搜查人的情况。被搜查人的生活规律与其行为规律具有一定的联系。为了准确地实施搜查，检察人员应当在搜查实施之前和搜查过程中收集与被搜查人有关的被搜查人的生活习惯、行为规律、社交对象、文化程度、性格特征等，以便正确地判断可能隐匿证据的地方，搜查的重点部位等，并决定是否及时搜查和搜查的时机。

（4）了解被搜查处所的周围环境。在住宅内进行搜查要了解房屋所在的方位，房屋的面积，结构，进出通道，有无公用部分等；在室外进行搜查，要了解搜查的范围及其变化情况等。

（5）制定搜查方案和做好后勤准备。为了有目的、有计划地进行搜查，搜查前要制定搜查方案。搜查方案的主要内容是：搜查的目的和重点；搜查实施开始的时间、地点及警戒的设置；搜查人员的分工；搜查中可能会遇到的问题及相应的对策；搜查所需要的物资条件，如交通工具，通信工具，照明设备，照相、录音、录像设备，测量工具等。

3. 搜查的方法

搜查由具体承办案件的检察人员负责进行。执行搜查任务的检察人员不得少于2人。

搜查时应向被搜查人或被搜查人的家属出示搜查证。执行逮捕、拘留时，遇有紧急情况，不另用搜查证也可以进行搜查。搜查结束后，搜查人员应当及时向检察长报告，及时补办有关手续。

在搜查时，应当有被搜查人或者他的家属及其与案件无关的见证人在场，必要时，可通知当地的公安派出所或有关单位派人参加。在实施搜查前，应对被搜查人或其家属进行必要的思想教育和法制宣传，启发他们主动交出赃款、物证、书证，并告知他们如妨碍搜查、妨碍公务应负的法律责任。对见证人应讲明其依法应当承担的义务。

根据《刑事诉讼法》第134条的规定，在搜查工作中，检察人员遇有犯罪嫌疑人，或其他可能隐匿罪犯或犯罪证据的人，均可以确定为被搜查的对象。凡有隐藏罪犯或犯罪证据的地方，都可以进行搜查。搜查可以分为人身搜查、住宅搜查和室外搜查。

（1）人身搜查

检察机关进行人身搜查主要是为查获贪污贿赂犯罪嫌疑人身上携带的赃证物品等。搜查应当在检察人员的主持下进行，可以有司法警察参加。必要的时候，可以指派检察技术人员参加或者邀请当地公安机关、有关单位协助进行。执行搜查的检察人员不得少于2人。搜查时，令被搜查人举起双手，在其背后进行搜查。首先要注意将衣裤口袋等明处所携带的香烟、钱夹、钢笔、笔记本等物品检查出来，发现有无赃证和其他危险物品。待搜查完毕再作细心检查。对其全身上下进行仔细检查，对衣帽、鞋底的夹层，头发等一切可以隐匿罪证之处都要进行仔细检查。

对妇女的人身搜查应当由女检察人员进行。

搜查时如果怀疑被搜查人的家属或其他人员的身上可能隐藏有犯罪证据，对这些人也可以进行搜查。

（2）住宅搜查

对住宅搜查，应当根据不同的案件情况和犯罪嫌疑人的住宅的具体情况来确定搜查的目的、要求、顺序和重点。在搜查顺序和重点上要结合被搜查人居住条件，如单独居住或是与父母、兄弟姐妹合住一套房子等不同情况，每间房内的家具摆设等确定，一般是先犯罪嫌疑人的卧室，后其他房间，先从明处查看，后从暗处搜查。在搜查实施过程中要密切注意现场的一切静态、动态情况，遇有疑问要适时、机智地提出并查问清楚，这对搜查成功非常重要。

搜查必须认真细致。检察人员到达搜查现场以后，应采取分工包片的办法，从平面到立体进行全方位的搜查。从实践经验来看，在犯罪嫌疑人家存放的旧鞋、被子、枕头、衣服、衣箱衣柜、钢管、扫把竹节内、米缸面桶里或杂物堆里，都有可能隐藏犯罪证据或赃物。越是在平时人们不易察觉、不习惯存放东西的地方发现有不该存放的东西，越有可能隐藏犯罪证据，越应该引起我们的重视。忽视对破旧的、脏乱的、反常的地方进行搜查，就难以达到搜查的目的。

搜查必须同讯问犯罪嫌疑人相结合。有的犯罪嫌疑人作案是瞒着家属的，有的在案发以前已经做好了反侦查准备，已经将犯罪所得的赃款赃物隐匿或转移，对犯罪嫌疑人住宅进行搜查就不太容易获取犯罪证据，被犯罪嫌疑人精心策划隐藏起来的物品，即使是搜查十分认真，要达到一点不漏也是几乎不可能的。为避免搜查的盲目性，提高搜查的成功率，对犯罪嫌疑人住宅实施搜查必须同讯问犯罪嫌疑人结合起来进行，这样才能起到事半功倍的作用。

（3）室外搜查

室外搜查是指对犯罪嫌疑人住宅的庭院、天井、阳台、农村的宅院、菜园果园等场所进行的搜查。一般情况下，对住宅搜查的同时，对犯罪嫌疑人的宅院也要进行搜查。少数情况下也可以对犯罪嫌疑人的宅院单独进行搜查。

室外搜查比室内搜查面积广、情况复杂。因此，对室外进行搜查之前应首先对室外搜查的环境进行概括的观察分析，根据犯罪嫌疑人住宅的特征划定搜查范围和搜查重点，然后有目的、有计划、分层次地进行搜查。对搜查中发现的可疑情况应该一查到底，追查清楚，特别是犯罪嫌疑人住所内新变动的地方，更应该检查清楚变动的原因。

4. 搜查笔录

执行搜查任务的检察人员应该按照搜查顺序如实地将搜查的情况写成笔录。搜查笔录的内容一般包括：采取搜查措施的依据；执行搜查任务的检察人员及其见证人的姓名；搜查开始和结束的时间，搜查的简要情况；在搜查当场看到或发现的情况；需要提取、扣押的物品存在的处所及状态、特征，发现的过程；最后由检察人员、被搜查人或家属和见证人在笔录上签名或者盖章。如果被搜查的犯罪嫌疑人或家属拒绝签名、盖章，执行搜查任务的检察人员应该在笔录上注明。

在整个搜查的过程中，对查获的重要书证、物证及存放地点、部位应予拍照、录像，并用文字说明有关情况，连同照片一并附卷。

搜查中扣押的物品、证据应另行制作扣押物品清单，写明被扣押物品的品名、数量、特征及其他需要说明的情况，连同搜查笔录一并入卷。

（六）辨认

1. 辨认的概念

辨认是指检察机关的侦查人员在侦查直接受理的案件过程中，组织有关当事人对辨认对象进行直观的观察比较，以便确认某一人和物与犯罪嫌疑人和物是否一致的一种侦查手段。通过辨认对某人、某事与案件的联系作出肯定或否定的判断，对确定侦查范围，发现犯罪线索，查清案件事实，固定证据具有十分重要的意义。在办理的直接受理的案件中，辨认通常用于对犯罪嫌疑人、作案工具、作案场合和物证书证的统一认定。

2. 辨认实施的程序及规则

实施辨认之前，检察人员要进行认真的研究和周密的准备，确定辨认对象、辨认人和辨认的时间、处所。要详细询问辨认人有关被辨认对象的具体特征和记号，特别是有那些特殊的特征和记号。问明辨认人原先是在多远的距离、什么时间和光线、什么环境条件下看到、听到、闻到和接触辨认对象的。其记忆、听觉、视觉、触觉功能如何，辨认人与被辨认人原先是否多次接触过等，对辨认人和辨认对象的情况要有较全面的了解。即使是案发前后已对辨认人进行过询问，在实施辨认前也要再询问一次。

辨认应当在检察人员的主持下进行，主持辨认的检察人员不得少于 2 人。在组织辨认时，一要防止先入为主。在辨认开始之前，不能在辨认人面前议论有关案件情况，防止任何可能影响辨认人客观辨认的情况发生。二是要分别进行辨认，不能搞集体辨认，以防止相互串通和相互影响。三是要混杂辨认。将被辨认对象夹杂在种类相同、特征近似的人或物之中进行辨认。辨认犯罪嫌疑人、被害人时，被辨认的人数为 5 人到 10 人，照片 5 张到 10 张；辨认物品时，同类物品不得少于 5 件，照片不得少于 5 张。四是严禁暗示或诱导，无论是秘密辨认或是公开辨认，侦查人员都不能采取按时完成或诱导的方式让辨认人按照自己的主观意图作出回答。

3. 辨认记录

组织辨认应该制作辨认记录。辨认记录是证实犯罪的重要证据之一。辨认记录制作完毕后，参加辨认的人，包括辨认主持人，辨认人，掺杂辨认的人和被辨认人等，均应在辨认记录上签名或者盖章。

（七）调取、查封、扣押物证、书证和视听资料、电子数据

1996 年刑事诉讼法中没有规定查封措施，但根据有关司法解释和规范性文件的规定，侦查机关在对房地产等不动产以及一些不便提取的大型物品可以采取查封措施。最高人民检察院于 2010 年 5 月 9 日下发的《人民检察院扣押、冻结涉案款物工作规定》第 17 条规定："对于应当扣押但不便提取或者不必提取的不动产、生产设备或者其他财物，应当扣押其权利证书，经拍照或者录像后原地封存，或者交持有人或者其近亲属保管。"本次刑事诉讼法修改增加了对查封、扣押、冻结等措施进行法律监督的相关规定，并进一步修改完善了相关条文：（1）增加了该节所规定的侦查措施的种类，在原规定的基础上将查封与扣押一并写入刑事诉讼法，明确查封作为刑事侦查措施的法律地位。（2）查封、扣押措施的适用不限于"勘验、搜查"活动，而是整个"侦查活动中"，对各种侦查活动中发现的可用以证明犯罪嫌疑人有罪或者无罪的各种

财物、文件，都可以适用查封、扣押措施。（3）将可采取查封、扣押措施的对象由原来的"物品"修改为"财物"，将可用以证明犯罪嫌疑人有罪或者无罪的财产一同纳入查封、扣押的范围。同时，为了规范侦查机关的查封、扣押、冻结措施，修改后的刑事诉讼法还对公安机关、人民检察院和人民法院对于查封、扣押、冻结犯罪嫌疑人、被告人规定，人民法院作出的判决，应当对查封、扣押、冻结的财物及其孳息作出处理。人民法院作出生效判决后，有关机关应当根据判决对被查封、扣押、冻结的财产及其孳息进行处理。侦查机关侦查刑事案件，应当严格依照法律和有关规定采取搜查、扣押、冻结措施，并告知当事人及其他直接利害关系人对侦查措施不服的可以进行申诉或者控告。

　　根据刑事诉讼法修改的内容，参照相关司法解释和相关规范性文件的规定精神，《刑诉规则》对查封、扣押的具体程序、步骤及要求作了更进一步的细化规定。特别是吸收了《人民检察院扣押、冻结涉案款物工作规定》等相关规定的精神，结合办案实际需要，本次《刑诉规则》修订增加了查封、扣押贵重物品、查封、扣押易损毁、灭失、变质以及其他不宜长期保存的物品等的具体方法，完善了查封、扣押需经检察长批准，2 名以上检察人员执行的程序，增加了异地查封、扣押程序，以及对于应当查封、扣押但不便提取的不动产、生产设备或者其他财物的具体方法、程序和要求。此外，对查封单位的涉密电子设备、文件等物品以及对犯罪嫌疑人用违法所得与合法收入共同购置的不可分割的财产的查封、扣押也作了规定。需要说明的是，一些具体的操作规定，如查封、扣押财物的保管部门及方法等与本规则不矛盾冲突的，仍然依照相关规定执行。

　　1. 调取证据

　　（1）调取证据的程序。《刑诉规则》第 231 条规定："检察人员可以凭人民检察院的证明文件，向有关单位和个人调取能够证明犯罪嫌疑人有罪或者无罪以及犯罪情节轻重的证据材料，并且可以根据需要拍照、录像、复印和复制。"

本条规定包括三层含义：①检察人员可以凭人民检察院的证明文件，向有关单位和个人调取能够证实犯罪嫌疑人有罪或者无罪以及犯罪情节轻重的证据材料。调取证据，是指人民检察院根据法律规定，向有关单位和个人调查、索取能够证实犯罪嫌疑人有罪或者无罪的物证、书证和视听资料的侦查方法。"有关单位和个人"，包括一切拥有犯罪案件证据的单位和个人。②检察人员可以根据需要对调取的证据进行拍照、录像、复印和复制。这样有利于调取证据的保存、固定和使用，充分发挥证据的证明作用。③对于涉及国家秘密的证据，应当严格保守秘密。这是对办案人员的一项重要要求。在一些案件中，案件事实本身涉及国家秘密，如被犯罪分子盗窃的国家秘密文件、属于国家秘密的图纸、实物等。办案人员在调取这些证据后，必须按照国家保密法律的规定，妥善保管，不得遗失、泄露，在研究案情时，不得让不该知悉其内容的人知悉。"国家秘密"，是指关系国家安全和利益，依照法定程序确定，在一定时间内只限一定范围的人员知悉的事项。国家秘密分为秘密、机密、绝密三个等级。人民检察院应当按照法律法规对于三种密级的不同要求，进行保管。

（2）异地调取证据的规定。《刑诉规则》第 232 条规定："人民检察院办理案件，需要向本辖区以外的有关单位和个人调取物证、书证等证据材料的，办案人员应当携带工作证、人民检察院的证明文件和有关法律文书，与当地人民检察院联系，当地人民检察院应当予以协助。

必要时，可以向证据所在地的人民检察院发函调取证据。调取证据的函件应当注明取证对象的具体内容和确切地址。协助的人民检察院应当在收到函件后一个月内将调查结果送达请求的人民检察院。"

本条第1款是关于到异地实地调取证据的规定。根据本款规定，人民检察院办理案件，需要向本辖区以外的有关单位和个人调取物证、书证等证据材料的，办案人员应当携带工作证、人民检察院的证明文件和有关法律文书，及时同当地人民检察院联系，当地人民检察院应当配合、协助办案人民检察院执行任务。人民检察院需要异地调取证据，一般应实地到达，当地调取。到达后应首先及时同当地人民检察院联系，以掌握情况，争取配合、协助，保证任务的完成。当地人民检察院应积极地给予切实的配合、协助，使调取证据的工作能够顺利完成。

本条第2款是关于异地函调证据的规定。根据本款规定，必要时可以向证据所在地的人民检察院发函调取证据。调取证据的函件应当注明取证对象的具体内容和确切地址。协助函调的人民检察院应当及时派员按调查内容，进行调查取证，并且在收到函件1个月内将调查结果送达请调的人民检察院。函调是一种经济、方便的异地调取证据的方式，但只有需要调取的证据比较简单的，才可以函调；如果需要调取的证据重大、复杂，则应派员实地调取，以保证调取证据任务的完成，保障诉讼的顺利进行。接受函调的人民检察院应当按要求如期完成调查取证任务，不可贻误时机，影响案件的查处工作。

（3）调取证据的要求。《刑诉规则》第233条规定："调取物证应当调取原物。原物不便搬运、保存，或者依法应当返还被害人，或者因保密工作需要不能调取原物的，可以将原物封存，并拍照、录像。对原物拍照或者录像应当足以反映原物的外形、内容。

调取书证、视听资料应当调取原件。取得原件确有困难或者因保密需要不能调取原件的，可以调取副本或者复制件。

调取书证、视听资料的副本、复制件和物证的照片、录像的，应当书面记明不能调取原件、原物的原因，制作过程和原件、原物存放地点，并由制作人员和原书证、视听资料、物证持有人签名或者盖章。"

　　根据本条规定，调取证据时应当注意：①有关单位和个人提供的证据，以及人民检察院办案人员收集、调取的证据都必须是真实的。②调取物证应当调取原物。原物不便搬运、保存，或者依法应当返还被害人，或者因保密工作需要不能调取原物的，可以将原物拍照、录像。对原物拍照或者录像应当足以反映原物的外形、内容。③调取书证、视听资料应当调取原件。取得原件确有困难或者因保密需要不能调取原件的，可以调取副本或者复制件。④调取书证、视听资料的副本、复制件和物证的照片、录像的，应当附有不能调取原件、原物的原因、制作过程和原件、原物存放地点的说明，并由制作人员和原书证、视听资料、物证持有人签名或者盖章。

　　需要特别指出的是，凡是伪造证据、隐匿证据或者毁灭证据的，无论任何人，必须受法律追究。向有关单位或者个人收集、调取证据时要客观、全面，既要调取能够证明犯罪嫌疑人有罪或者罪重的证据，又要调取能够证明犯罪嫌疑人无罪或者罪轻的证据。

　　（4）调取证据中要注意的问题。人民检察院在办理案件过程中，需要向有关单位或者个人调取证据的，应当制作调取证据通知书。如果所调取的证据比较多，应当配合使用调取证据清单。如果调取证据较少的，可直接在调取证据通知书中写明。调取证据清单中应当将证据的名称、型号、规格、数量、质量、颜色、新旧程度和缺损特征等在清单中详细注明。调取的物证、书证、视听资料应当是原件。如果取得原件确有困难或者因保密需要不能调取原件的，可以调取副本或者复制件，但必须注明。

　　调取证据清单与扣押物品、文件清单用途不同。扣押物品、文件清单是人民检察院在勘验、搜查中发现有需要扣押的物品、文件时所开列的清单。对于犯罪嫌疑人或者他的家属以及有关单位和个人主动提供的与案件有关的物品、文件需要扣押的，应当开列扣押物品、文件清单。邮电部门、网络服务机构根据人民检察院扣押邮件、电报通知书要求向人民检察院检交的犯罪嫌疑人的邮件、电报需要扣押的，也应当制作扣押物品、文件清单。

调取证据清单是人民检察院在向有关单位或者个人调取证据时所开列的单据。需要将依法调取的与案件有关的物品、文件退还原持有人时，应当使用退还、返还扣押（调取）物品、文件决定书，同时使用退还、返还扣押（调取）物品、文件清单。

2. 查封、扣押

（1）查封、扣押财物、文件范围的一般规定。《刑诉规则》第234条第1款规定："在侦查活动中发现的可以证明犯罪嫌疑人有罪、无罪或者犯罪情节轻重的各种财物和文件，应当查封或者扣押；与案件无关的，不得查封或者扣押。""可以证明犯罪嫌疑人有罪、无罪或者犯罪情节轻重的各种财物和文件"，是指能够证明犯罪嫌疑人有罪或者无罪、罪重或罪轻的物证、书证和视听资料。对需要扣押的文件、资料和财物，可以凭勘验的证明文件或者搜查证查封或扣押。如果单独查封、扣押，应当持有人民检察院的证明文件。"与案件无关的"，是指与案件事实和犯罪行为没有联系，对证明案情、证实犯罪没有价值的文件、资料和财物。"与案件无关的，不得查封、扣押"有利于保护公民的合法权益，防止滥用扣押权。

（2）查封、扣押的一般步骤和程序。修改后的《刑事诉讼法》第140条规定："对查封、扣押的财物、文件，应当会同在场见证人和被查封、扣押财物、文件持有人查点清楚，当场开列清单一式二份，由侦查人员、见证人和持有人签名或者盖章，一份交给持有人，另一份附卷备查。"根据上述规定，《刑诉规则》第236条第1款规定："对于查封、扣押的财物和文件，检察人员应当会同在场见证人和被查封、扣押物品持有人查点清楚，当场开列查封、扣押清单一式四份，注明查封、扣押物品的名称、型号、规格、数量、质量、颜色、新旧程度、包装等主要特征，由检察人员、见证人和持有人签名或者盖章，一份交给文件、资料和其他物品持有人，一份交被查封、扣押文件、资料和其他物品保管人，一份附卷，一份保存。持有人拒绝签名、盖章或者不在场的，应当在清单上记明。"

根据上述规定，查封、扣押财物、文件的一般步骤和程序包括：①查点。侦查人员应当会同在场见证人和被查封、扣押财物、文件的持有人对查封、扣押的财物、文件查点清楚。②开列清单。在查点的基础上，应当当场开列清单一式两份，在清单上写明查封、扣押财物、文件的名称、规格、特征、质量、数量，文件的编号，以及财物、文件发现的地点，查封、扣押的时间等。③签名、盖章。清单应当由侦查人员、持有人和在场见证人签名或盖章。④留存。查封、扣押清单一份交给持有人或者其家属，另一份由侦查机关附卷备查。当场开列的清单，不得涂改，凡是必须更正的，须由侦查人员、持有人和见证人共同签名或盖章，或者重新开列清单。

（3）查封、扣押的具体方法和要求。具体内容如下：

①查封、扣押可疑财物和文件。《刑诉规则》第 234 条第 2 款规定："不能立即查明是否与案件有关的可疑的财物和文件，也可以查封或者扣押，但应当及时审查。经查明确实与案件无关的，应当在三日以内解除查封或者予以退还。"根据本款规定，在侦查活动中发现的不能立即查明是否与案件有关的可疑的文件、资料和财物，也可以查封、扣押，但应当及时审查。经查明确实与案件无关的，应当在 3 日以内解除查封或者予以退还。"不能立即查明是否与案件有关的可疑的财物和文件"，是指可能与案件有关，但当时不能完全确定是否与案件有关的文件、资料和财物。"三日

以内解除查封或者予以退还",是指从查明与案件无关之日起3日以内解除查封或者予以退还。这样规定既有利于保全证据,又有利于保护公民的合法财产不受侵犯。

②强制查封、扣押。《刑诉规则》第234条第3款规定:"持有人拒绝交出应当查封、扣押的财物和文件的,可以强制查封、扣押。"在此"强制查封、扣押",是指采用强制力予以查封、扣押。查封、扣押本身即具有强制性,是否查封、扣押不以持有人的意志为转移,而是以是否与案件有关为标准。持有人拒绝查封、扣押的,予以强制查封、扣押,是国家强制力的体现,有利于保障刑事诉讼的顺利进行。

执行本条规定应当注意:a. 查封、扣押时既应查封、扣押能够证明犯罪嫌疑人有罪、罪重的各种财物和文件,又要注意查封、扣押能够证明犯罪嫌疑人无罪、罪轻的各种财物和文件。b. 对于违禁品不论是否与案件有关均应予以查封、扣押,并送交有关部门处理。c. 对于犯罪嫌疑人、被告人到案时随身携带的物品需要扣押的,可以扣押。对于与案件无关的个人用品,逐件登记,随人移交,或者退还家属。

③查封、扣押的批准程序。《刑诉规则》第235条第1款规定:"人民检察院查封、扣押财物和文件,应当经检察长批准,由两名以上检察人员执行。"

④异地查封、扣押。《刑诉规则》第235条第2、3款规定:"需要查封、扣押的财物和文件不在本辖区的,办理案件的人民检察院应当依照有关法律及有关规定,持相关法律文书及简要案情等说明材料,商请被查封、扣押财物和文件所在地的人民检察院协助执行。

被请求协助的人民检察院有异议的,可以与办理案件的人民检察院进行协商,必要时,报请共同的上级人民检察院决定。"

这是本次修订《刑诉规则》新增的关于异地查封、扣押的规定，本条在修改时吸收了2010年修改的《人民检察院扣押、冻结涉案款物工作规定》中的相关内容。实践中，检察机关跨地区扣押、冻结涉案款物的情形经常发生，而办案检察机关和被扣押、冻结地的检察机关之间如何配合、协作等缺乏相应的规定。经研究，我们认为，增加此类规定符合实践需要，有利于检察机关异地执行扣押、冻结工作。本条对办案检察机关与被扣押、冻结地的检察机关如何协助配合以及如何解决意见分歧等作出了规定。该两款规定包含三层意思：a. 当需要查封、扣押的财物和文件不在本辖区内，办理案件的人民检察院可以商请被查封、扣押财物和文件所在地的人民检察院协助执行。b. 协助执行时应当提交法律规定的文书及简要的案件材料。需要特别注意的是，各级人民检察院扣押、冻结、处理涉案款物，应当使用最高人民检察院统一制定的法律文书，并明确禁止使用"没收决定书"、"罚款决定书"等不合规定的文书。c. 当协助执行出现异议时，可以按如下程序处理：其一，与办理案件的人民检察院进行协商；其二，如果与办理案件的人民检察院经协商依然无法达成协议的，则应当报请共同的上级人民检察院作出决定。

⑤查封、扣押贵重物品。在吸收《人民检察院扣押、冻结涉案款物工作规定》中的相关内容的基础上，《刑诉规则》第236条第2款规定："查封、扣押外币、金银珠宝、文物、名贵字画以及其他不易辨别真伪的贵重物品，应当在拍照或者录像后当场密封，由检察人员、见证人和被扣押物品持有人在密封材料上签名或者盖章，根据办案需要及时委托具有资质的部门出具鉴定报告。启封时应当有见证人或者持有人在场并且签名或者盖章。"根据本款规定，查封、扣押外币、金银珠宝、文物、名贵字画以及其他不易辨别真伪的贵重物品，应当在拍照或者录像后当场密封，由检察人员、见证人和被扣押物品持有人在密封材料上签名或者盖章，根据办案需要及时委托具有资质的部门出具鉴定报告。启封时应

当有见证人或者持有人在场并且签名或者盖章。原《刑诉规则》并未规定拍照或者录像及其鉴定，本次修改时参考了前述规定中的内容，同时也为了与《刑诉规则》第 237 条所规定的查封不动产和不宜移动的其他相关财物的程序相一致，考虑到司法实践中检察机关办案收集证据时拍照、录像已十分普遍，在必要时鉴定也是解决查封、扣押贵重物品争议时的常用手段，因此本次修订《刑诉规则》时加以规定，以保证扣押的贵重物品不被调换，避免不必要的争议。

⑥查封、扣押存折、信用卡、有价证券等支付凭证和具有一定特征能够证明案情的现金。《刑诉规则》第 236 条第 3 款吸收了《人民检察院扣押、冻结涉案款物工作规定》中的相关内容，规定："查封、扣押存折、信用卡、有价证券等支付凭证和具有一定特征能够证明案情的现金，应当注明特征、编号、种类、面值、张数、金额等，由检察人员、见证人和被扣押物品持有人在密封材料上签名或者盖章。启封时应当有见证人或者持有人在场并签名或者盖章。"

⑦查封、扣押易损毁、灭失、变质以及其他不宜长期保存的物品，《刑诉规则》第 236 条第 4 款吸收了《人民检察院扣押、冻结涉案款物工作规定》中的相关内容，规定："查封、扣押易损毁、灭失、变质以及其他不宜长期保存的物品，应当用笔录、绘图、拍照、录像等方法加以保全后进行封存，或者经检察长批准后委托有关部门变卖、拍卖。变卖、拍卖的价款暂予保存，待诉讼终结后一并处理。"对于查封、扣押易损毁、灭失、变质及其他不宜长期保存的物品，为了防止被查扣物品的严重贬值或者毁损，应当及时予以处理，应当用各种方式对其加以固定后及时封存，或者经检察长批准，予以拍卖、变卖，拍卖和变卖后的价款要暂予保存，作为涉案款物，待诉讼终结后一并处理。

⑧对于应当查封但不便提取的不动产、生产设备或者其他财

物的处理。《刑诉规则》第 237 条规定："对于应查封的不动产和置于该不动产上不宜移动的设施、家具和其他相关财物，以及涉案的车辆、船舶、航空器和大型机械、设备等财物，必要时可以扣押其权利证书，经拍照或者录像后原地封存，并开具查封清单一式四份，注明相关财物的详细地址和相关特征，同时注明已经拍照或者录像及其权利证书已被扣押，由检察人员、见证人和持有人签名或者盖章。持有人拒绝签名、盖章或者不在场的，应当在清单上注明。

人民检察院查封不动产和置于该不动产上不宜移动的设施、家具和其他相关财物，以及涉案的车辆、船舶、航空器和大型机械、设备等财物，应当在保证侦查活动正常进行的同时，尽量不影响有关当事人的正常生活和生产经营活动。必要时，可以将被查封的财物交持有人或者其近亲属保管，并书面告知保管人对被查封的财物应当妥善保管，不得转移、变卖、毁损、出租、抵押、赠与等。

人民检察院应当将查封决定书副本送达不动产、生产设备或者车辆、船舶、航空器等财物的登记、管理部门，告知其在查封期间禁止办理抵押、转让、出售等权属关系变更、转移登记手续。"

本条规定包括两层含义：a. 对于应当查封但是不便提取的不动产、生产设备或者其他财物，经拍照或者录像原地封存。需要说明的是，原《刑诉规则》对应当查封但不便提取的物品的处理方式是交被扣押物品持有人保管，修改后的《刑事诉讼法》根据侦查需要增加了查封措施，《刑诉规则》在此作出了相应修改。b. 对应当扣押但是不便提取的物品应单独开具查封物品清单，在清单上注明该物品的详细地址和相关特征，同时注明拍照或者录像、权利证书扣押情况。清单一式四份，其中一份交持有人或者保管人保管。"开具查封清单"，是指对不便提取的本应扣押的物品，在扣押物品清单外单独开列查封清单，以防止有关人员混淆物品或者予以转移、变卖、损毁。查封清单中的内容包括物品的详细地址和相关特征，由检察人员、见证人和持有人签名或者盖章。持有人拒绝签名、盖章或者不在场的，应当在清单上注明。

执行本条规定应当注意，检察人员应当书面告知保管人转移、变卖、毁损被查封物品所负的法律责任，其中主要是刑事责任。对于有关人员违反规定转移、变卖、毁损被扣押物品的，应依法处理；构成犯罪，依法追究其刑事责任。

人民检察院应当将查封决定书副本送达不动产、生产设备或者车辆、船舶、航空器等财物的登记、管理部门，告知其在查封期间禁止办理抵押、转让、出售等权属关系变更、转让登记手续。

⑨查封、扣押视听资料、电子证据。《刑诉规则》第238条规定："扣押犯罪嫌疑人的邮件、电报或者电子邮件，应当经检察长批准，通知邮电部门或者网络服务单位将有关的邮件、电报或者电子邮件检交扣押。

不需要继续扣押的时候，应当立即通知邮电部门或者网络服务单位。

对于可以作为证据使用的录音、录像带、电子数据存储介质，应当记明案由、对象、内容，录取、复制的时间、地点、规格、类别、应用长度、文件格式及长度等，妥为保管，并制作清单，随案移送。"

本条第1款是关于查封、扣押邮件、电报、电子邮件的程序的规定。根据本款规定，查封、扣押犯罪嫌疑人的邮件、电报或者电子邮件，应当经检察长批准，通知邮电机关或者网络服务单位将有关的邮件、电报或者电子邮件检交扣押。这里的"邮件"除包括各种信函外，还包括传真、邮寄包裹、汇款通知等。"犯罪嫌疑人的邮件、电报或者电子邮件"，包括犯罪嫌疑人寄发的，寄给犯罪嫌疑人的，寄给他人转交犯罪嫌疑人的，寄给犯罪嫌疑人转交他人的等。本款规定充分体现了我国公民通信自由和通信秘密受国家保护的原则。我国宪法明确规定，除因国家安全或者追查刑事犯罪的需要，由公安机关或者检察机关依照法律规定的程序对通信进行检查外，任何组织或者个人不得以任何理由侵犯公民的通信自由和通信秘密。

本条第 2 款是关于解除查封、扣押的规定。根据本款规定，对扣押的邮件、电报或者电子邮件不需要继续扣押的时候，应当立即通知邮电机关或者网络服务机构。"不需要继续扣押的时候"，主要是指案件发生变化或者邮件、电报、电子邮件所涉及的犯罪事实已经查清，所扣物品不作为证据使用，扣押的邮件、电报、电子邮件已失去继续扣押意义的时候。

本条第 3 款是关于对于可以作为证据使用的录音、录像带、电子数据存储介质的查封扣押。视听资料、电子证据与其他证据形式相比，具有实证性强、信息量大、精密度高、动作、形态具有连续性等优点和易被伪造、剪辑、篡改等缺点。实践中对被查封、扣押的视听资料、电子证据，为保证其证据价值一般可以进行"同一认定"，即对被查封、扣押的视听资料、电子证据，记明案由、对象、内容，录取、复制的时间、地点、规格、类别、应用长度、文件格式及长度等，侦查部门可以复制一份，待被查封、扣押人表示两份内容完全一致后，将复制份封存，由被查封、扣押人、见证人和侦查人员签名或者盖章。如果在以后的诉讼过程中，对原件有疑问的，可用复制份验证核查。

执行本条规定应当注意：a. 只有在侦查中为了追究犯罪嫌疑人的刑事责任的需要，即通过邮件、电报、电子邮件认定犯罪事实或者查明犯罪人，才能扣押犯罪嫌疑人的邮件、电报、电子邮件。扣押的邮件、电报、电子邮件必须与案件有关，与案件无关的不得扣押。b. 在侦查中只能扣押犯罪嫌疑人的邮件、电报、电子邮件，对其他人员，包括证人、犯罪嫌疑人家属等的邮件、电报、电子邮件不得扣押。

⑩查封单位的涉密电子设备、文件等物品。《刑诉规则》第
239条第1、2款规定："查封单位的涉密电子设备、文件等物品，
应当在拍照或者录像后当场密封，由检察人员、见证人、单位有
关负责人签名或者盖章。启封时应当有见证人、单位有关负责人
在场并签名或者盖章。

对于有关人员拒绝按照前款有关规定签名或者盖章的，人民
检察院应当在相关文书上注明。"

⑪对使用违法所得与合法收入共同购置的不可分割财产的查
封、扣押。《刑诉规则》第239条第3款规定："对犯罪嫌疑人使
用违法所得与合法收入共同购置的不可分割的财产，可以先行查
封、扣押、冻结。对无法分割退还的财产，应当在结案后予以拍
卖、变卖，对不属于违法所得的部分予以退还。"本款系本次修订
《刑诉规则》的新增内容，吸收了《人民检察院扣押、冻结涉案款
物工作规定》第19条的内容，规定如何扣押犯罪嫌疑人用违法所
得与合法收入共同购置的不可分割的财物。实践中，办案机关经
常会遇到犯罪嫌疑人使用违法所得与合法收入共同购置的房产、
汽车等不可分割的财物。对于这类财物，检察机关在查封、扣押、
冻结时经常会与当事人或者其家属产生争议。对此，《刑诉规则》
规定可以先行查封、扣押、冻结，对于查明部分财产确实与案件
无关的，应当依法解除或退还。但对于无法分开退还的财产，应
当在案件办结后予以拍卖、变卖，对不属于违法所得的部分予以
退还。

（八）查询、冻结存款、汇款、债券、股票、基金份额等财产

修改后的《刑事诉讼法》第142条对原查询、冻结增加规定，
除可以查询犯罪嫌疑人的存款、汇款外，还可以查询债券、股票、
基金份额等财产。

《刑诉规则》与之相应做了修改。同时，根据《人民检察院扣

押、冻结涉案款物工作规定》等相关规定，结合办案实际需要，进一步完善了查询、冻结存款、汇款、债券、股票、基金份额等财产的具体程序和要求。尤其是考虑债券、股票、基金份额等财产的特征，其保值、增值等价值变化较大，增加规定了冻结债券、股票、基金份额等财产的具体方法，规定扣押、冻结债券、股票、基金份额等财产，应当书面告知当事人或者其法定代理人、委托代理人有权申请出售。权利人申请出售被冻结的债券、股票、基金份额等财产，经审查认为不损害国家利益、被害人利益，不影响诉讼正常进行的，以及扣押、冻结的汇票、本票、支票的有效期即将届满的，经检察长批准，可以依法出售，所得价款由检察机关指定专门的银行账户保管，并及时告知当事人或者其近亲属。对冻结的存款、汇款、债券、股票、基金份额等财产，经查明确实与案件无关的，应当在 3 日以内解除冻结，并通知被冻结存款、汇款、债券、股票、基金份额等财产的所有人。

1. 查询、冻结存款、汇款、债券、股票、基金份额等财产的程序和要求

（1）查询、冻结犯罪嫌疑人的存款、汇款、债券、股票、基金份额等财产。《刑诉规则》第 241 条规定："人民检察院根据侦查犯罪的需要，可以依照规定查询、冻结犯罪嫌疑人的存款、汇款、债券、股票、基金份额等财产，并可以要求有关单位和个人配合。"

本条是关于人民检察院查询、冻结犯罪嫌疑人的存款、汇款、债券、股票、基金份额等财产的规定。

查询、冻结存款、汇款、债券、股票、基金份额等财产，是指司法机关根据侦查犯罪的需要，向金融机构、邮电机构依法查询、冻结犯罪嫌疑人的存款、汇款、债券、股票、基金份额等财产的侦查措施。查询、冻结，是人民检察院在查处贪污贿赂犯罪中经常使用的一种侦查措施。在贪污贿赂犯罪案件中，行为人常常以真名、化名或他人名字将赃款存入金融机构，或者邮汇转移。通过查询、

冻结犯罪嫌疑人的存款、汇款、债券、股票、基金份额等财产，可以查获赃款，取得罪证，使犯罪分子不能在经济上占便宜，挽回国家、集体或公民损失。根据本条规定，人民检察院根据侦查犯罪的需要，可以依照规定采取查询、冻结措施。"侦查犯罪的需要"包括三层含义：①所要查询、冻结的存款、汇款、债券、股票、基金份额等财产必须与犯罪嫌疑人及犯罪有关，即属于犯罪嫌疑人或者与其涉嫌的犯罪有牵连的人的存款、汇款、债券、股票、基金份额等财产。②通过查询、冻结，防止赃款转移，挽回和减少损失。③发现新的犯罪线索，扩大侦查战果。"依照规定"，是指依照有关法律、司法解释及司法机关与有关部门的联合通知的规定。

（2）查询、冻结犯罪嫌疑人的存款、汇款、债券、股票、基金份额等财产的程序。《刑诉规则》第 242 条规定："查询、冻结犯罪嫌疑人的存款、汇款、债券、股票、基金份额等财产，应当经检察长批准，制作查询、冻结财产通知书，通知银行或者其他金融机构、邮电部门执行。"

根据本条规定，向银行或者其他金融机构、邮电部门查询或者要求冻结犯罪嫌疑人的存款、汇款、债券、股票、基金份额等财产，应当经检察长批准，通知银行或者其他金融机构、邮电部门执行。查询、冻结犯罪嫌疑人的存款、汇款、债券、股票、基金份额等财产是人民检察院为侦查犯罪的需要而依法享有的一项权力。但向银行或者其他金融机构、邮电部门查询或者要求冻结犯罪嫌疑人的存款、汇款、债券、股票、基金份额等财产应当经检察长批准，以防止滥用这一权力，保证正确地行使这一权力。人民检察院在查询、冻结存款、汇款、债券、股票、基金份额等财产时，应尽量提供犯罪嫌疑人存款、汇款、债券、股票、基金份额等财产的线索，并且制作查询或者冻结犯罪嫌疑人存款、汇款、债券、股票、基金份额等财产通知书送达银行或者其他金融机构、邮电部门执行。

（3）不得重复冻结。《刑诉规则》第 243 条规定："犯罪嫌疑人的存款、汇款、债券、股票、基金份额等财产已冻结的，人民检察院不得重复冻结，但是应当要求有关银行或者其他金融机构、邮电部门在解除冻结或者作出处理前通知人民检察院。"

本条规定包括两层含义：①犯罪嫌疑人的存款、汇款、债券、股票、基金份额等财产已经被冻结的，人民检察院不得重复冻结。实践中经常出现犯罪嫌疑人多次作案，多地作案，由不同地区的人民检察院或不同部门立案查处的情况。犯罪嫌疑人的存款、汇款已经被其他人民检察院或司法部门冻结的，人民检察院不得重复再行冻结，以保障法律的严肃性。这里的"已经被冻结"包括犯罪嫌疑人的存款、汇款、债券、股票、基金份额等财产因为民事、行政或者经济案件已被冻结的情况。②犯罪嫌疑人的存款、汇款已经被冻结的，人民检察院应当要求有关银行或者其他金融机关、邮电部门在解除冻结或者作出处理前通知人民检察院。这样可以确保冻结存款、汇款、债券、股票、基金份额等财产的法律效果，防止出现漏洞，保障追究犯罪的顺利进行。

（4）申请出售被扣押、冻结的债券、股票、基金份额。《刑诉规则》第 244 条规定："扣押、冻结债券、股票、基金份额等财产，应当书面告知当事人或者其法定代理人、委托代理人有权申请出售。

对于被扣押、冻结的债券、股票、基金份额等财产，在扣押、冻结期间权利人申请出售，经审查认为不损害国家利益、被害人利益，不影响诉讼正常进行的，以及扣押、冻结的汇票、本票、支票的有效期即将届满的，经检察长批准，可以在案件办结前依法出售或者变现，所得价款由检察机关指定专门的银行账户保管，并及时告知当事人或者其近亲属。"

本条是本次《刑诉规则》修订的新增条款，对冻结的股票、债券、基金等如何处理作出了规定。股票、债券、基金、权证、期货、仓单、黄金等属于特殊财产，国家有专门的交易场所，且市场价格波动较大，增值、贬值的可能性都很大。《刑诉规则》修订时在 2010 年发布的《人民检察院扣押、冻结涉案款物工作规定》的基础上，增加了上述规定。

（5）查询、冻结单位存款、汇款、债券、股票、基金份额的程序和要求。①确定与案件有关的单位的存款、债券、股票、基金份额。其中，有的属于犯罪嫌疑人的存款、汇款、债券、股票、基金份额，如单位犯罪中的存款、汇款、债券、股票、基金份额，通过单位转账的犯罪嫌疑人的款项；有的不属于犯罪嫌疑人的存款、汇款、债券、股票、基金份额但与案件有关，如贪污、私分扣押款等犯罪案件，都需要查询。②因侦查职务犯罪案件需要，向银行或有关金融机构查询企事业单位、机关、团体与案件有关的银行存款、债券、股票、基金份额或者查询有关会计凭证、账簿、债券、股票、基金份额等资料时，查询人应出示工作证和人民检察院《协助查询存款、债券、股票、基金份额通知书》，银行或其他金融机构应予配合，并由行长或其他负责人签字后，指定银行或其他金融机构有关业务部门派专人接待，提供有关情况和资料。对原件可以进行抄录、复制、照相，并经银行或其他金融机构盖章和查询人签字，作为证据资料使用。③需冻结企事业单位、机关、团体与案件直接有关的银行存款的，应出具人民检察院《协助冻结通知书》及工作证或执行公务证明，银行或其他金融机构应立即按照应冻结资金的性质，冻结当日单位银行账户上的同额存款。如遇被冻结单位存款不足冻结数额时，银行应在 6 个月的冻结期内冻结该单位银行账户上可以冻结的存款，直至需冻结的数额。被冻结的款项在冻结期内如需解除，应制作《解除冻结存款通知书》送达银行执行。④如果冻结债券、股票、基金份额等财产，人民检察院应当书面告知当事人或者其法定代理人、委托代理人有权申请出售。权利人书面申请出售被冻结的债券、股票、基金份额等财产，不损害国家利益、被害人利益，不影响诉讼正常进行的，经检察长批准，可以依法出售，所得价款由检察机关在银行指定专门账户保管。扣押、冻结汇票、本票、支票的，应当在有效期限内作出处理。经检察长批准或者检察委员会决定，在案件终结前依法变现的，所得价款由管理部门保管，并及时书面告知当事人。⑤作出查询、冻结、扣划决定的人民检察院如与协助执行的银行不在同一辖区，不受辖区范围的限制。

2. 解除冻结的规定

《刑诉规则》第 245 条规定："对于冻结的存款、汇款、债券、股票、基金份额等财产，经查明确实与案件无关的，应当在三日以内解除冻结，并通知被冻结存款、汇款、债券、股票、基金份额等财产的所有人。""查明确实与案件无关"是指经过侦查，询问证人，讯问犯罪嫌疑人，调查核实证据，查明冻结的款项、债券、股票、基金份额等并非违法所得，也不具有证明犯罪嫌疑人是否犯罪、罪轻、罪重的作用，与犯罪行为无任何牵连，不能作为证据使用。"三日以内解除冻结"指自确定该冻结款项债券、股票、基金份额等财产与犯罪行为无关之日起 3 日以内应当解除冻结。

本条在执行中要注意三点：（1）冻结款项、债券、股票、基金份额后，必须及时调查核实，弄清被冻结物与案件及犯罪嫌疑人的关系，不能冻而不查。（2）对冻结的债券、股票、基金份额一时难以查清的，应当书面告知当事人或者其法定代理人、委托代理人有权申请出售。权利人书面申请出售被冻结的债券、股票、基金份额等财产，不损害国家利益、被害人利益，不影响诉讼正常进行的，经检察长批准，可以依法出售，所得价款由检察机关在银行指定专门账户保管。扣押、冻结汇票、本票、支票的，应当在有效期限内作出处理。经检察长批准或者检察委员会决定，在案件终结前依法变现的，所得价款由管理部门保管，并及时书面告知当事人或者其近亲属。（3）经查明确实与案件无关的，应当尽快解冻，不得以任何借口留置或者拖延解冻。

（九）鉴定

1. 鉴定的概念

鉴定是指司法机关为了查明案情，解决案件中某些专门性问题，指派或聘请有专门知识的人对专门性问题进行鉴别和判断的一种侦查措施。鉴定的任务就是运用现代科学的理论和方法对与案件有关的专门性问题进行鉴别、判断，作出合乎科学的鉴定意见，为查明案件提供证据。

鉴定是检察机关查明案情，揭露和证实犯罪不可缺少的一项侦查措施。检察机关受理侦查的案件所涉及的科学技术性问题或其他专门性问题是各种各样、纷繁复杂的，需要鉴定的问题很多。如贪污贿赂犯罪案件，需要对犯罪手段、犯罪金额作出会计鉴定等。这些技术性、专门性问题能否得到科学的解释和正确的回答，直接关系到案件能否查清。鉴定在检察机关侦查工作中的作用是：

（1）查获犯罪人。对于少数犯罪行为实施人不明确的案件，通过鉴定意见，可以在诸多的嫌疑对象中，作为一项证据确认犯罪人。

（2）确认案件中的某一事实是否存在，揭示某种犯罪事实的形成原因，从而正确认定案情。

（3）判明犯罪嫌疑人或被害人、证人精神状态是否正常，确认其有无刑事责任能力或作证能力。

（4）运用鉴定结论可以制服罪犯，迫使犯罪分子供认犯罪事实，促进侦查工作的深入。

2. 鉴定的种类及鉴定方法

在案件侦查过程中，凡是与犯罪行为有关的物品、痕迹、人身、尸体等，都可以对其进行鉴定。根据鉴定所解决的专门性问题和所运用的专业知识及手段的不同，鉴定可以分为多种。检察机关在侦查工作中经常运用的鉴定主要有下列五种：

（1）法医鉴定

法医鉴定包括尸体鉴定、活体鉴定和法医物证鉴定。尸体鉴定的任务是就死亡的性质、原因，致死的工具、手段，死亡的时间等作出判断意见。活体鉴定的任务是就伤害部位、伤害程度、致伤原因等作出判断意见。法医物证鉴定主要是对与案件有关的人体组织、液体分泌物、排泄物、斑痕等进行鉴定，以确定这些物证的特征、属性。如血液的血型，呕吐物含有的物质成分等。在检察机关侦查的案件中，如重大责任事故、玩忽职守、刑讯逼供、非法拘禁、报复陷害及其他侵犯公民民主权利、人身权利的案件中，凡是造成伤、残、死亡后果的，都应当进行法医鉴定。

对尸体和活体进行法医鉴定时，应当按照尸体检验和人身检查的规则进行。

（2）文件鉴定

文件鉴定是指运用文字语言、生理、心理、物理、化学等有关科学知识和技术手段，对文件物证进行检验、分析和判断，对所要解决的问题作出鉴定意见。文件鉴定也是检察机关经常运用的侦查手段之一。例如，贪污案件中的票据是何人所伪造、涂改，印章是真是假等，都需要通过文件鉴定加以解决。

文件鉴定包括文字鉴定和文件技术鉴定。文字鉴定也叫书法鉴定、笔迹鉴定。它是通过对文书物证和嫌疑人书写的样本材料反映的书写习惯进行分析、比较，确定文字的书写人。文字鉴定是一项复杂的工作，这是由文字书写特征的复杂性决定的。对于没有改变书法特征的文书物证进行鉴定，一般来说是容易得出肯定或否定的确切意见。对于改变了书法特征的文书物证进行鉴定，情况较复杂，不易得出确切的意见。例如，书写能力较高的人，对同一个字往往能写出几种不同的写法；有的人因为受书写时间、环境、条件、精神因素、心理因素、病理因素的影响，其书写特征也自然会引起变化；有的人通过有意识地改变字体、字形、书写速度，以临摹、描摹等手段掩盖原来的书写特征。因此，文字鉴定所得出的意见有两种：一种是肯定性的意见，即在有充分根据的基础上作出肯定或者否定是某人所写的意见；另一种是倾向性的意见，即在没有充分把握的情况下作出的倾向认定是某人所写或不是某人所写的意见。对于倾向性的意见不能作为证据使用，只能作为参考。

为了准确进行文字鉴定，给出科学意见，检察人员必须按要求收集文字样本。所收集的样本应当有足够数量的与文书物证上面相同的单字和词；在时间上，样本上文字的书写时间应与文书物证书写时间相接近；样本的书写工具、用纸、字体也应与文书物证相近似。

文件技术鉴定的目的是鉴别文件的真伪及其伪造方法。例如，文件、票据上的印章、商标是否伪造，怎样伪造等。为了保证文件技术鉴定的准确性，送检文件的人员不能在所要鉴定的文件上写字、做记号，也不能留下自己的指纹，不能弄脏，要保持文件的原貌。

（3）司法精神病鉴定

司法精神病鉴定就是通过对案件的犯罪嫌疑人、被害人、证人的精神状态是否正常进行专门检验，以确定是否有精神方面疾病的活动。它的任务是判断犯罪嫌疑人在实施犯罪行为时是否有精神病发作，确定其有无刑事责任能力；判断被害人被犯罪行为侵害以后是否患有精神病，或原有精神病是否加重，确定犯罪行为造成的危害后果；判断被害人、证人在案件发生和案件发生之后作证时有无精神病，确定其有无作证的能力。

司法精神病鉴定应当在省级人民政府指定的精神病医院进行。鉴定时，应当在侦查案件的检察人员或检察刑事技术人员或者法医的参加下，由医生进行。

（4）技术鉴定

技术鉴定通常是用来确定事故发生的原因以及造成机器、设备等物品损坏的后果。

由于技术鉴定所涉及的专门技术问题繁多、复杂，因此，一般来说都应当聘请有关方面的专家和技术人员进行，以保证技术鉴定的科学性和准确性。

（5）会计鉴定

会计鉴定是指运用会计、审计等专门方法，对与案件有关的经济、财产、物资收支活动等财务事实资料所进行的鉴定活动。会计鉴定的对象主要是财务活动中的账簿、报表、凭证、单据、现金、物资以及其他表明财务盈亏数目的资料。检察机关在侦查活动中进行会计鉴定，主要是确认作案手段，准确认定贪污、贿赂、挪用救灾款物的犯罪数额，确认重大玩忽职守犯罪所造成的经济损失数额以及确认有关国家工作人员在财务管理等方面是否渎职、失职。会计鉴定可以由受指派的检察机关内部的司法会计人员进行，也可以根据需要，聘请有专门经验的会计人员进行。

3. 鉴定人的条件

鉴定意见是刑事诉讼的重要证据。鉴定意见是否真实、可靠，在鉴定材料准确、充分的前提下，鉴定人的技术水平、专门知识水平、技术手段和科学的实事求是的工作态度起到决定性作用。

《刑诉规则》第248条规定，鉴定由检察长批准，由人民检察院技术部门有鉴定资格的人员进行。必要的时候，也可以聘请其他有鉴定资格的人员进行，但是应当征得鉴定人所在单位的同意。

具有《刑事诉讼法》第28条、第29条规定的应当回避的情形的，不能担任鉴定人。

所谓"鉴定资格"，是指具有解决侦查中具体专门性问题的专门知识，即具有某一专门研究领域的理论和实践经验，如法医学、弹道研究、指纹研究等。不具有鉴定资格的人，不能被指聘为鉴定人。

　　根据《刑事诉讼法》第 28 条的规定，不能担任鉴定人的法定情形包括：（1）是本案的当事人或者是当事人的近亲属。（2）本人或者他的近亲属和本案有利害关系。（3）担任过本案的证人、辩护人、诉讼代理人。（4）与本案当事人有其他关系，可能影响公正处理案件的。《刑事诉讼法》第 29 条规定的情形是：（1）接受当事人及其委托的人的请客送礼。（2）违反规定会见当事人及其委托的人。具有上述情形的人，不能担任鉴定人，有利于保证鉴定活动的正常进行，确保鉴定意见的客观性、科学性、正确性，保障其证明力。

　　执行本条规定应当注意，刑事诉讼中的鉴定人只能是自然人，不能是单位。

　　4. 鉴定的程序

　　根据《刑事诉讼法》和《刑诉规则》的有关规定，鉴定应当按照下列程序进行：

　　（1）提起鉴定。案件有专门性问题需要进行技术鉴定时，应当由案件承办人提出，经本部门负责人审核同意，报检察长批准。

　　（2）指定或聘请鉴定人。进行鉴定应当由人民检察院技术部门有鉴定资格的人员进行。必要的时候，也可以聘请其他具有鉴定资格的人员进行。聘请其他人担任鉴定人，人民检察院应征得被聘请的鉴定人所在单位的同意，并向鉴定人颁发《聘请书》。

　　（3）向鉴定人说明其权利和义务。检察人员在决定聘请的鉴定人以后，应当告知鉴定人有权查阅案卷及有关资料，有权向犯罪嫌疑人、被害人或单位、证人提出与鉴定内容有关的问题。人民检察院应当为鉴定人进行鉴定提供必要的条件，及时向鉴定人送交有关检材和对比样本等原始材料，介绍与鉴定有关的情况，并且明确提出鉴定要解决的问题，但是不得暗示或者强迫鉴定人作出某种鉴定意见。人民检察院应当告诉鉴定人应当实事求是地进行鉴定，故意作虚假鉴定应当承担法律责任。

（4）鉴定人进行鉴定后，应当出具鉴定意见、检验报告，同时附上鉴定机构和鉴定人的资质证明，由鉴定人签名或盖章。鉴定意见包括下列内容：

①委托鉴定的单位和人员；

②要求鉴定的问题；

③提供鉴定的资料；

④鉴定地点和鉴定起止时间；

⑤鉴定意见所依据的科学根据；

⑥鉴定意见；

⑦鉴定人对检察人员所提出的其他问题所作的回答。

如果聘请若干人对同一个专门性问题进行鉴定，鉴定人的鉴定意见不一致时，应当在鉴定意见上写明分歧的内容和理由，并且分别签名或盖章。

（5）审查和鉴别鉴定意见。运用现代科学技术手段进行鉴定所作出的意见，一般来说是科学的、可靠的。但是，由于需要鉴定的问题是复杂的，以及鉴定人可能受主观或客观条件的限制和影响，所作的鉴定意见难免有不准确、不完全，甚至可能是错误的情况。因此，检察人员对鉴定意见必须进行认真细致的审查和鉴别。审查的内容包括：

①给鉴定人提供的鉴定材料是否充分、可靠。

②鉴定人是否具有解决这一专门性问题的知识水平和业务能力。

③鉴定的方法是否科学，鉴定意见的科学根据是否充分。

④鉴定意见是否合乎逻辑，合乎规律。前后几次鉴定意见是否矛盾，鉴定意见同其他证据材料是否一致，有无矛盾。

⑤鉴定人是否受外界影响，故意作出违反事实和科学的意见。

（6）对于鉴定意见的审查和补充、重新鉴定。对于鉴定意见，检察人员应当进行审查。鉴定意见尽管具有科学性强的特点，但仍需进行司法审查，判断正误，以正确认定案情。《刑诉规则》第252条规定："对于鉴定意见，检察人员应当进行审查，必要的时候，可以提出补充鉴定或者重新鉴定的意见，报检察长批准后进行补充鉴定或者重新鉴定。检察长也可以直接决定进行补充鉴定或者重新鉴定。"

"必要的时候"，是指认为鉴定意见违反一般规律、鉴定意见与其他证据存在重大矛盾，鉴定人意见严重分歧等情形。"补充鉴定"，是指对鉴定意见遗漏的问题、鉴定意见中有疑点的问题、鉴定人意见分歧的问题等，补充进行鉴定。"重新鉴定"，是指对已有鉴定意见的专门性问题，重新指聘鉴定人进行鉴定。实践中经常需要补充鉴定或者重新鉴定，以切实解决专门性问题，正确认定案情，保证刑事诉讼的顺利进行。

（7）当事人申请补充鉴定或者重新鉴定。《刑诉规则》第253条规定："用作证据的鉴定意见，人民检察院办案部门应当告知犯罪嫌疑人、被害人；被害人死亡或者没有诉讼行为能力的，应当告知其法定代理人、近亲属或诉讼代理人。

犯罪嫌疑人、被害人或被害人的法定代理人、近亲属、诉讼代理人提出申请，经检察长批准，可以补充鉴定或者重新鉴定，鉴定费用由请求方承担，但原鉴定违反法定程序的，由人民检察院承担。

犯罪嫌疑人的辩护人或者近亲属以犯罪嫌疑人有患精神病可能而申请对犯罪嫌疑人进行鉴定的，鉴定费用由请求方承担。"

本条包括三层意思：①用作证据的鉴定意见，人民检察院办案部门应当告知犯罪嫌疑人、被害人；被害人死亡或者没有诉讼行为能力的，应当告知其法定代理人、近亲属或诉讼代理人。"用作证据的鉴定意见"，是指经过专门人员进行鉴定后形成的专门性问题的鉴定意见，经侦查机关审查核实后认为可以作为证据使用的鉴定意见。因为用作证据的鉴定意见直接关系到对案件事实的认定，对犯罪嫌疑人和被害人有着直接的利害关系，所以将鉴定意见告知犯罪嫌疑人、被害人或者被害人的法定代理人、近亲属、诉讼代理人，使其有机会申请补充鉴定或者重新鉴定，体现了对犯罪嫌疑人、被害人诉讼权利的保障。②如果犯罪嫌疑人、被害人或被害人的法定代理人、近亲属、诉讼代理人提出申请，经检察长批准，可以补充鉴定或者重新鉴定，但应由请求方承担鉴定费用。对被害人或者犯罪嫌疑人提出的申请，人民检察院应当进行审查，认为原鉴定意见正确，不存在申请人提出的补充鉴定、重新鉴定的情形的，应当驳回申请，维持原鉴定意见并说明理由。根据申请人申请补充鉴定或者重新鉴定，体现了对当事人权利的保护，由申请人承担鉴定费用，体现了权利与义务的统一。③以犯罪嫌疑人患有精神病可能为由申请鉴定的，鉴定费用由请求方承担。

执行本条规定应当注意，办案人员应及时将鉴定意见告知犯罪嫌疑人、被害人等，切实保障其正当的诉讼权利。对犯罪嫌疑人、被害人等提出补充鉴定或者重新鉴定的申请，应认真对待，及时核查，并将结果及时告知申请人。

（8）另行指聘鉴定人。《刑诉规则》第254条规定："人民检察院决定重新鉴定的，应当另行指派或者聘请鉴定人。"

"人民检察院决定重新鉴定的"，包括人民检察院自行决定重新鉴定的，也包括人民检察院根据犯罪嫌疑人、被害人或者被害人的法定代理人、近亲属、诉讼代理人的申请决定重新鉴定的情况。"另行指派或者聘请鉴定人"，是指在原鉴定人之外指派或者聘请鉴定人，不能仍由原鉴定人对有关专门性问题进行重新鉴定。

实践中执行本条规定应当注意：①本条只是针对重新鉴定而言的，对补充鉴定的，不要求必须另行指派或者聘请鉴定人。②对于需要多个鉴定人参加鉴定的，所有原来参加鉴定的人，均不能参与重新鉴定。这样可以达到重新鉴定的目的，保证鉴定意见的客观性和说服力。

（9）精神病鉴定的期限。《刑诉规则》第 255 条规定："对犯罪嫌疑人作精神病鉴定的期间不计入羁押期限和办案期限。"

刑事诉讼中，认定罪犯在实施犯罪行为时是否有精神病，对决定是否追究刑事责任起到至关重要的作用。根据我国刑法第 18 条的规定，精神病人在不能辨认或者不能控制自己行为的时候造成危害结果，经法定程序鉴定确认的，不负刑事责任；间歇性的精神病人在精神正常的时候犯罪，应当负刑事责任；尚未完全丧失辨认或者控制自己行为能力的精神病人犯罪的，应当负刑事责任，但是可以从轻或者减轻处罚。所以在刑事诉讼中，有时需要对犯罪嫌疑人作精神病医学鉴定。鉴于这种鉴定的特殊性，往往需要经过相当长时间才能得出鉴定意见。为了保证必要的办案时间，根据本条规定，对犯罪嫌疑人作精神病鉴定的期间不计入羁押期限和办案期限。这里"鉴定的时间"，是指犯罪嫌疑人及其法定代理人、辩护人提出确定犯罪嫌疑人在实施犯罪行为过程中精神状态的申请，或者人民检察院认为需要对犯罪嫌疑人作精神病鉴定时，在省级人民政府指定的医院开始对犯罪嫌疑人进行鉴定到得出鉴定意见的期间。实践中应注意既不能轻率作出结论，又不能久拖不决。

《刑诉规则》第 256 条规定："对于因鉴定时间较长，办案期限届满仍不能终结的案件，自期限届满之日起，应当依法释放被羁押的犯罪嫌疑人或者变更强制措施。"

刑事诉讼中，有时需要鉴定的时间较长、办案期限全部届满仍难以对案件作出终结结论的，在这种情况下，为了保障犯罪嫌疑人的诉讼权利，应当依法释放被羁押的犯罪嫌疑人或者变更强制措施。

三、强制措施

（一）强制措施的概念

强制措施是指人民法院、人民检察院和公安机关在办理刑事案件中，为了防止犯罪嫌疑人逃匿、毁灭罪证或继续犯罪，保证刑事诉讼的顺利进行，依法对犯罪嫌疑人采取的限制人身自由的方法。它是同刑事犯罪分子作斗争的不可缺少的手段。

强制措施具有以下几个主要特征：

第一，强制性。这是强制措施的首要特征。强制措施的适用是有关国家机关行使国家刑事司法权的表现，是以国家强制力为后盾的，适用强制措施的直接后果是使犯罪嫌疑人或者被告人的人身自由受到不同程度的限制或者剥夺。

第二，法定性。强制措施作为限制或者剥夺人身自由的强制方法，其适用不是随意的，必须依照刑事诉讼法和其他有关法律的规定进行。强制措施的法定性主要表现在四个方面：（1）强制措施种类的法定性，即只有拘传、取保候审、监视居住、拘留、逮捕五种，五种强制措施各有其独特的法律含义；（2）强制措施适用对象的法定性，即只能适用于犯罪嫌疑人或者被告人，对其他诉讼参与人不能适用强制措施；（3）强制措施适用主体的法定性，即只有人民检察院、人民法院、公安机关等法律规定的特定机关才有权决定采取强制措施；（4）强制措施适用程序的法定性，决定采取强制措施以及执行强制措施都必须严格依照法律规定的程序进行。

第三，保障性。适用强制措施的目的是保障刑事诉讼活动的顺利进行，它是一种保障机制，是刑事诉讼活动中的辅助活动，适用强制措施产生的限制或者剥夺犯罪嫌疑人、被告人人身自由的结果不具有刑罚处罚的性质。因此适用强制措施仅具有程序性效力，而不是对案件进行实体处理。

第四，暂时性。强制措施是为了保障刑事诉讼的顺利进行而采取的临时性措施，如果发现不应当追究犯罪嫌疑人或者被告人的刑事责任，或者没有必要采取强制措施，或者强制措施的期限届满，或者诉讼终结的，应当撤销、解除或者变更强制措施。

采取强制性措施，是一项政策性很强的工作，关系到维护社会主义法制和保护公民人身自由的权利问题，因而必须采取严肃慎重的态度，而不能滥用。正确运用强制措施，一要准确，二要及时，三要依法。所谓准确，就是要根据犯罪嫌疑人的罪行和对社会危险性的大小，确定应当采取何种强制措施。各种强制措施都是有条件采用的，违背这些条件，就可能发生错误。所谓及时，就是要行动迅速，不要拖延。否则，贻误时机，也会给侦查工作带来损失。所谓依法，就是严格依照法律规定的条件履行批准手续。

刑事诉讼中强制措施的种类有拘传、取保候审、监视居住、拘留和逮捕五种。

（二）拘传

拘传是指刑事诉讼中对未予逮捕、拘留的犯罪嫌疑人，采取强制方式将其带到指定地点进行讯问的强制措施。

法律对适用拘传的条件未作具体规定，根据侦查工作的需要，拘传既可以在传唤不到的情况下使用，也可以不经传唤直接使用。

需要对犯罪嫌疑人适用拘传措施的，应由案件承办人制作《采取强制措施审批表》，经侦查部门负责人审核同意后，报检察长批准。检察长批准同意后，案件承办人制作拘传证。

执行拘传，检察人员应持有拘传证，并向被拘传人出示。被拘传人抗拒拘传的，执行人可以采取适当的强制方法，可以对被拘传人使用戒具，强制犯罪嫌疑人到案接受讯问。

执行拘传，检察人员不得少于2人。

犯罪嫌疑人被拘传到案后，应当立即讯问。一次拘传持续的时间最长不得超过12小时；案情特别重大、复杂，需要采取拘留、逮捕措施的，传唤、拘传的时间不得超过 24 小时。不得以连续拘传形式变相拘禁犯罪嫌疑人。拘传犯罪嫌疑人，应当保证犯罪嫌疑人的饮食和必要的休息时间。

拘传持续的时间从犯罪嫌疑人到案时开始计算。到案之前的路途时间不计算在内。犯罪嫌疑人到案后，应当责令其在《拘传证》上填写到案时间，并在拘传证上签名、捺指印或者盖章，然后立即讯问。讯问结束后，应当责令犯罪嫌疑人在拘传证上填写讯问结束时间。犯罪嫌疑人拒绝填写的，检察人员应当在《拘传证》上注明。

《刑诉规则》第 81 条规定，人民检察院拘传犯罪嫌疑人，应当在犯罪嫌疑人所在市、县内的地点进行。犯罪嫌疑人的工作单位与居住地不在同一市、县的，拘传应当在犯罪嫌疑人的工作单位所在的市、县进行；特殊情况下，也可以在犯罪嫌疑人居住地所在的市、县内进行。

第 82 条规定，需要对被拘传的犯罪嫌疑人变更强制措施的，应当经检察长或者检察委员会决定，在拘传期限内办理变更手续。在拘传期间内决定不采取其他强制措施的，拘传期限届满，应当结束拘传。

（三）取保候审

1. 取保候审的概念

取保候审是刑事诉讼中，以保证人或保证金形式，保证犯罪嫌疑人、被告人随传随到候审不误的一种强制措施。

2. 取保候审的适用对象和条件

根据我国刑事诉讼法的有关规定，人民检察院对于有下列情形之一的犯罪嫌疑人，可以取保候审：

（1）可能判处管制、拘役或者独立适用附加刑的；

（2）可能判处有期徒刑以上刑罚，采取取保候审不致发生社会危险性的；

（3）患有严重疾病、生活不能自理，怀孕或者正在哺乳自己婴儿的妇女，采取取保候审不致发生社会危险性的；

（4）羁押期限届满，案件尚未办结，需要采取取保候审的。

取保候审由公安机关执行。人民检察院对于严重危害社会治安的犯罪嫌疑人，以及其他犯罪性质恶劣、情节严重的犯罪嫌疑人不得取保候审。

3. 保证人的条件和义务

采取保证人担保方式的，保证人必须符合以下条件：

（1）与本案无牵连；

（2）有能力履行保证义务；

（3）享有政治权利，人身自由未受到限制；

（4）有固定的住处和收入。

人民检察院对案件决定取保候审，应当告知保证人履行以下义务：

（1）监督被保证人遵守《刑事诉讼法》规定的保证义务；

（2）发现被保证人可能发生或者已经发生违反《刑事诉讼法》规定的保证义务的行为的，应当及时向执行机关报告。

保证人保证承担上述义务后，应当在取保候审保证书上签名或者盖章。

4. 取保候审的程序

被羁押的犯罪嫌疑人及其法定代理人、近亲属和委托的律师申请取保候审，经审查符合取保候审条件的，经检察长决定，可以对犯罪嫌疑人取保候审。

被羁押的犯罪嫌疑人及其法定代理人、近亲属和辩护人向人民检察院申请取保候审，人民检察院应当在3日以内作出是否同意的答复。经审查符合取保候审条件的，对被羁押的犯罪嫌疑人依法办理取保候审手续；经审查不符合取保候审条件的，应当告知申请人，并说明不同意取保候审的理由。

对犯罪嫌疑人取保候审，应当由办案人员提出意见。人民检察院决定对犯罪嫌疑人取保候审，责令犯罪嫌疑人提出保证人或者交纳保证金。经部门负责人审核，由检察长决定。

《刑诉规则》第 92 条第 1 款规定，人民检察院决定对犯罪嫌疑人取保候审的，应当制作取保候审决定书，载明取保候审的期间、担保方式、被取保候审人应当履行的义务和应当遵守的规定。

取保候审决定书应当向取保候审的犯罪嫌疑人宣读，由犯罪嫌疑人签名、捺指印或者盖章，并责令犯罪嫌疑人遵守《刑事诉讼法》第 69 条规定，告知其违反规定应负的法律责任；以保证金方式担保的，应当同时告知犯罪嫌疑人一次性将保证金存入公安机关指定银行的专门账户。

《刑事诉讼法》第 69 条规定，被取保候审的犯罪嫌疑人应遵守下列规定：

（1）未经执行机关批准不得离开所居住的市、县；

（2）住址、工作单位和联系方式发生变动的在 24 小时以内向执行机关报告；

（3）在传讯的时候及时到案；

（4）不得以任何形式干扰证人作证；

（5）不得毁灭、伪造证据或者串供。

人民检察院应当将执行取保候审通知书送达公安机关执行。要告知公安机关在执行期间拟批准犯罪嫌疑人离开所居住的市、县的，应当征得人民检察院同意。以保证人方式担保的，应当将取保候审保证书同时送达公安机关。

采取保证金担保方式的，人民检察院可以根据犯罪嫌疑人的社会风险性，案件的性质、情节、危害后果，可能判处刑罚的轻重，犯罪嫌疑人的经济状况等，责令犯罪嫌疑人交纳 1000 元以上的保证金。对于未成年犯罪嫌疑人可以责令交纳 500 元以上的保证金。采取保证金担保方式的，被取保候审人拒绝交纳保证金或交纳保证金数额不足时，人民检察院应当作出变更取保候审措施、变更保证方式或者变更保证金数额的决定，并将变更情况通知公安机关。

采取保证人保证方式的，如果保证人在取保候审期间不愿继续担保或者丧失担保条件的，人民检察院在收到保证人不愿继续担保的申请或发现其丧失担保条件后的 3 日以内应当责令犯罪嫌疑人重新提出保证人或者变更为保证金担保方式，并将变更情况通知公安机关。

公安机关在执行取保候审期间向人民检察院征询是否同意批准犯罪嫌疑人离开所居住的市、县时，人民检察院应当根据案件的具体情况及时作出决定，并通知公安机关。

人民检察院发现保证人没有履行刑事诉讼法规定的义务，对被保证人违反刑事诉讼法规定的行为未及时报告的，应当通知公安机关，要求公安机关对保证人作出罚款决定。构成犯罪的，依法追究保证人的刑事责任。

人民检察院决定对犯罪嫌疑人取保候审，最长不得超过 12 个月。在取保候审期间，不得中断对案件的侦查。

取保候审期限届满或者发现不应当追究犯罪嫌疑人的刑事责任的，应当及时解除或者撤销取保候审。

解除或者撤销取保候审，应当由办案人员提出意见，部门负责人审核，检察长决定。

解除或者撤销取保候审的决定，应当及时通知执行机关，并将解除或者撤销取保候审的决定书送达犯罪嫌疑人；有保证人的，还应当通知保证人解除保证义务。

犯罪嫌疑人在取保候审期间没有违反规定，或者发现不应当追究犯罪嫌疑人刑事责任的，变更、解除或者撤销取保候审时，应当告知犯罪嫌疑人可以凭变更、解除或撤销取保候审的通知或有关法律文书到银行领取退还的保证金。

犯罪嫌疑人及其法定代理人、近亲属或者犯罪嫌疑人委托的律师及其他辩护人认为取保候审期限届满，向人民检察院提出解除取保候审要求，人民检察院应当在3日以内审查决定。经审查认为期限届满的，经检察长批准应当及时解除取保候审；经审查未超过法定期限的，应当书面答复申请人。

5. 对违反取保候审有关规定的处罚

对取保候审的保证人是否履行了保证义务，一般由公安机关认定。对违反取保候审保证义务的保证人的处罚也由公安机关作出，并将执行情况通知原决定取保候审的人民检察院。

对被取保候审人违反规定的，由公安机关决定没收保证金，并将执行情况通知原决定取保候审的人民检察院。人民检察院发现犯罪嫌疑人违反规定的，已交纳保证金的，应当通知收取保证金的公安机关予以没收。人民检察院根据案件情况需要，可以责令犯罪嫌疑人具结悔过，重新交纳保证金、提出保证人或予以监视居住、逮捕。

对犯罪嫌疑人继续取保候审的，取保候审的时间应当累计计算。

（四）监视居住

1. 监视居住的概念

监视居住是指刑事诉讼中，人民法院、人民检察院或公安机关为了防止犯罪嫌疑人、被告人逃避侦查，限定犯罪嫌疑人、被告人在其住处或指定的居所内活动，并对其行动加以监视的强制措施。是一种非关押的强制措施。对犯罪嫌疑人、被告人采取监视居住措施的主要目的是防止犯罪嫌疑人、被告人逃跑、串供、毁灭、伪造证据，保证犯罪嫌疑人随传随到，保证诉讼活动的顺利进行。

2. 监视居住的适用对象和条件

根据刑事诉讼法的有关规定，人民检察院对符合逮捕条件，有下列情形之一的犯罪嫌疑人，可以监视居住：

（1）患有严重疾病、生活不能自理的；

（2）怀孕或者正在哺乳自己婴儿的妇女；

（3）系生活不能自理的人的唯一扶养人；

（4）因为案件的特殊情况或者办理案件的需要，采取监视居住更为适宜的；

（5）羁押期限届满，案件尚未办结，需要采取监视居住措施的。

3. 监视居住的程序

人民检察院侦查直接受理的案件过程中，需要对犯罪嫌疑人采取监视居住措施的，应当由承办人员提出意见并制作《采取强制措施审批表》，经部门负责人审核后，报检察长批准决定。检察长批准后，案件承办人应制作《监视居住决定书》，并加盖院印。

人民检察院应当向被监视居住的犯罪嫌疑人宣读监视居住决定书，由犯罪嫌疑人签名、捺指印或者盖章，并责令犯罪嫌疑人遵守以下规定，告知其违反规定应负的法律责任：

（1）未经执行机关批准不得离开执行监视居住的处所；

（2）未经执行机关批准不得会见他人或者通信；

（3）在传讯的时候及时到案；

（4）不得以任何形式干扰证人作证；

（5）不得毁灭、伪造证据或者串供；

（6）将护照等出入境证件、身份证件、驾驶证件交执行机关保存。

人民检察院应当将监视居住执行通知书送达公安机关执行并告知公安机关在执行期间，拟批准犯罪嫌疑人离开住处、居所或者会见、通信其他人员的，批准前应当征得人民检察院同意。

在监视居住期间，不得中断对案件的侦查。人民检察院决定对犯罪嫌疑人监视居住的，最长不得超过 6 个月。

监视居住期限届满或者发现不应当追究犯罪嫌疑人刑事责任的，应当解除或者撤销监视居住。解除或者撤销监视居住，应当由办案人员提出意见，并制作《撤销（变更）强制措施审批表》，经部门负责人审核，报检察长决定。检察长批准后，案件承办人应制作《解除监视居住决定书》。

解除或者撤销监视居住的决定应当通知执行机关，并将解除或者撤销监视居住的决定书送达犯罪嫌疑人。

犯罪嫌疑人及其法定代理人、近亲属或者犯罪嫌疑人委托的律师及其他辩护人认为监视居住法定期限届满，向人民检察院提出解除监视居住要求，人民检察院应当在 3 日内审查决定。经审查认为法定期限届满的，经检察长批准后，应当及时解除监视居住；经审查未超过法定期限的，应当书面答复申请人。

人民检察院对违反监视居住规定的犯罪嫌疑人，情节严重，符合逮捕条件的，予以逮捕。

（五）拘留

1. 拘留的概念

拘留是在紧急情况下，对现行犯或重大嫌疑分子采取的一种临时性剥夺人身自由的强制措施。1996 年首次修改刑事诉讼法后赋予检察机关拘留决定权，这对于侦查工作是十分必要的。

2. 拘留的适用条件

按照刑事诉讼法的规定，检察机关对于犯罪嫌疑人，如果有下列情形之一的，可以拘留：（1）犯罪后企图自杀、逃跑或者在逃的；（2）有毁灭、伪造证据或者串供可能的。实践中，只要有证据证明犯罪嫌疑人有企图自杀、逃跑迹象或在逃的；具有毁灭、伪造证据或串供可能的，对犯罪嫌疑人即可使用拘留措施。犯罪嫌疑人企图自杀、逃跑、在逃，或者串供、毁灭、伪造证据，既是对犯罪嫌疑人决定拘留的条件，也证明犯罪嫌疑人具有犯罪重大嫌疑。侦查活动中，注重获取犯罪嫌疑人串供、毁灭、伪造证据，以及企图逃跑、自杀的证据，对于拘留措施的运用具有非常重要的意义。

3. 拘留的程序

人民检察院在侦查直接受理的案件中，需要对犯罪嫌疑人采取拘留措施的，应当由办案人员提出意见，制作《采取强制措施审批表》，经部门负责人审核后，报检察长决定。检察长批准同意对犯罪嫌疑人采取拘留措施的，案件承办人制作《拘留决定书》，并加盖院印。

人民检察院作出拘留决定后，应当送达同级公安机关执行。公安机关应当立即执行。必要时，人民检察院可以派员协助公安机关执行。

拘留犯罪嫌疑人应当向被拘留人出示拘留证，并责令被拘留人在拘留证上签名或者盖章。被拘留人拒绝签名或者盖章的，应当记录在案。拘留后，应当立即将被拘留人送看守所羁押，至迟不得超过 24 小时。

担任县级以上人民代表大会代表的犯罪嫌疑人因现行犯被拘留的，人民检察院应立即向该代表所属的人民代表大会主席团或者常务委员会报告；因为其他情形需要拘留的，人民检察院应当报请该代表所属的人民代表大会主席团或者常务委员会许可。

人民检察院拘留担任本级人民代表大会代表的犯罪嫌疑人，应当制作《拘留人大代表报告书》，直接向本级人民代表大会主席团或者常务委员会报告或者报请许可。

拘留担任上级人民代表大会代表的犯罪嫌疑人，应当立即层报该代表所属的人民代表大会的同级人民检察院。由该同级人民检察院向同级人民代表大会主席团或者常务委员会报告或者报请许可。

拘留担任下级人民代表大会代表的犯罪嫌疑人，可以直接向该代表所属的人民代表大会主席团或者常务委员会报告或者报请许可，也可以委托该代表所属的人民代表大会同级的人民检察院向人民代表大会主席团或者常务委员会报告或者报请许可。

拘留担任乡、民族乡、镇的人民代表大会代表的犯罪嫌疑人，由县级人民检察院报告乡、民族乡、镇的人民代表大会。

拘留担任两级以上人民代表大会代表的犯罪嫌疑人，应分别向该犯罪嫌疑人所在的人民代表大会报告或者报请许可。

拘留担任办案单位所在省、市、县（区）以外的其他地区人民代表大会代表的犯罪嫌疑人，应当委托该代表所属的人民代表大会同级的人民检察院向人民代表大会常委会报告或者报请许可；担任两级以上人民代表大会代表的，应当分别委托该代表所属的人民代表大会同级的人民检察院向人民代表大会或者常委会报告或者报请许可。

对犯罪嫌疑人拘留后，除无法通知的以外，人民检察院应当在 24 小时以内，通知被拘留人的家属。

无法通知的，应当向检察长报告，并将原因写明附卷。无法通知的情形消除后，应当立即通知其家属。

对被拘留的犯罪嫌疑人，应当在拘留后的 24 小时以内进行讯问。

对被拘留的犯罪嫌疑人，人民检察院发现不应当拘留的，案件承办人应提出意见，制作《撤销（变更）强制措施审批表》，经部门负责人审核后，报检察长批准。经检察长批准同意的，制作《决定释放通知书》，通知公安机关立即释放。依法需要对犯罪嫌疑人采取监视居住或者取保候审的，可以依照规定对犯罪嫌疑人决定监视居住或者取保候审。需要逮捕的，可以决定逮捕；决定不予逮捕的，应当及时变更强制措施。

人民检察院拘留犯罪嫌疑人的羁押期限为 14 日，特殊情况下可以延长 1 日至 3 日。

犯罪嫌疑人及其法定代表人、近亲属或者犯罪嫌疑人委托的律师及其他辩护人认为人民检察院对拘留的犯罪嫌疑人羁押期限届满，向人民检察院提出释放犯罪嫌疑人或者变更拘留措施要求的，由人民检察院侦查部门审查，侦查部门应当在 3 日内审查完毕。

侦查部门经审查认为羁押期限届满的，应当提出释放犯罪嫌疑人或者变更拘留措施的意见，经检察长批准后，通知公安机关执行。经审查认为未满法定期限的，书面答复申诉人。

侦查部门应当将审查结果同时书面通知本院监所检察部门。

（六）逮捕

（详见第二章"审查批准逮捕和决定逮捕"）

四、技术侦查措施

新刑事诉讼法增设了技术侦查措施，对采取技术侦查的范围、适用条件和程序、延长及所收集到的材料的证据效力作了规定。具体包括：（1）人民检察院在立案后，对重大的贪污、贿赂犯罪案件以及利用职权实施的严重侵犯公民人身权利的重大犯罪案件，根据侦查犯罪的需要，经过严格的批准手续，可以采取技术侦查措施，按照规定交有关机关执行。追捕被通缉或者批准、决定逮捕的在逃的犯罪嫌疑人、被告人，经过批准，可以采取追捕所必需的技术侦查措施。（2）规定经公安机关负责人决定，可以由有关人员隐匿身份实施侦查。对涉及给付毒品等违禁品或者财物的犯罪活动，公安机关根据侦查犯罪的需要，可以依照规定实施控制下交付。（3）明确采取技术侦查措施、隐匿身份实施侦查、控制下交付所收集的材料可以作为证据使用。（4）规定技术侦查批准决定的有效期。《刑事诉讼法》第 149 条规定批准决定应当根据侦查犯罪的需要，确定采取技术侦查措施的种类和适用对象。批准决定自签发之日起 3 个月以内有效。对于不需要继续采取技术侦查措施的，应当及时解除；对于复杂、疑难案件，期限届满仍有必要继续采取技术侦查措施的，经过批准，有效期可以延长，每次不得超过 3 个月。（5）规定了技术侦查适用的要求。从《刑事诉讼法》第 150 条第 1 款至第 3 款规定，采取技术侦查措施，必须严格按照批准的措施种类、适用对象和期限执行。侦查人员对采取技术侦查措施过程中知悉的国家秘密、商业秘密和个人隐私，应当保密；对采取技术侦查措施获取的与案件无关的材料，必须及时销毁。采取技术侦查措施获取的材料，只能用于对犯罪的侦查、起诉和审判，不得用于其他用途。（6）规定有关单位和个人的配合和保密义务。《刑事诉讼法》第 15 条第 4 款规定，公安机关依法采取技术侦查措施，有关单位和个人应当配合，并对有关情况予以保密。

根据上述规定，对于技术侦查的适用主体，除了公安机关是适用技术侦查的主体之外，特别规定人民检察院可以使用技术侦查措施。

按照上述规定，《刑诉规则》对检察机关使用技术侦查措施作了如下规定：

（一）技术侦查的案件范围

《刑诉规则》第 263 条规定了采取技术侦查手段的案件范围，包括：一是涉案数额超过 10 万元以上、采取其他方法难以收集证据的重大贪污、贿赂犯罪案件。在《刑诉规则》修订过程中关于此处的重大贪污、贿赂犯罪案件的范围，有的地方建议予以明确，因此，第 263 条第 2 款明确规定："本条规定的贪污、贿赂犯罪包括刑法分则第八章规定的贪污罪、受贿罪、单位受贿罪、行贿罪、对单位行贿罪、介绍贿赂罪、单位行贿罪、利用影响力受贿罪。"

二是利用职权实施的严重侵犯公民人身权利的重大犯罪案件，包括有重大社会影响的、造成严重后果的或者情节特别严重的非法拘禁、非法搜查、刑讯逼供、暴力取证、虐待被监管人、报复陷害等案件。

另外，需要注意的是，《刑诉规则》第 264 条规定："人民检察院办理直接受理立案侦查的案件，需要追捕被通缉或者批准、决定逮捕的在逃的犯罪嫌疑人、被告人的，经过批准，可以采取追捕所必需的技术侦查措施，不受本规则第二百六十三条规定的案件范围的限制。"这类案件不同于前述依据罪名进行划分的案件分类标准，而是以追捕对象作为案件范围划定的依据。适用于两类人，一是已经发布通缉令，正在被通缉的人；二是虽然尚未被通缉，但已经批准或者决定逮捕而在逃的犯罪嫌疑人、被告人。上述两类人的涉嫌犯罪行为不属于轻微犯罪，而且可能妨碍侦查甚至继续危害社会，需要缉拿并进行羁押，为了便于追捕，对于两类人员采取技术侦查措施，有利于及时掌握其行踪和发现其藏身处所。

（二）适用技术侦查的程序要求

一是人民检察院在侦查中采取技术侦查措施必须是在立案以后。这里的"立案"指根据《刑事诉讼法》第 107 条的规定，发现犯罪事实或者犯罪嫌疑人，按照管辖范围立案侦查。二是人民检察院采取技术侦查措施是在采取其他方法难以达到侦查目的的情况下，即难以收集到关键犯罪证据证实犯罪等。三是要经过严格的批准手续。"经过严格的批准手续"是《人民警察法》第 16 条、《国家安全法》第 10 条的表述。由于实际情况复杂，针对不同的适用对象、不同的犯罪情况采取的技术侦查措施种类是不同的，要经过的批准程序也不尽相同，在实际中的使用，人民检察院应当根据其他规范性文件明确规定的规则和程序要求进行报批。

技术侦查的种类主要包括监听、技术追踪（如 GPS 定位）、音频视频监控、互联网监控等手段。监听是通过电信技术手段，对于犯罪嫌疑人的信息来往进行探听和记录。技术追踪包括运用特定的技术装备进行技术跟踪和定位，如手机 GPS 定位以及追踪找人等。音频视频监控是运用监视器等设备对于一定对象的行为或声音进行动态拍摄、录制以掌握有关该人行为的信息和获取证据。

互联网监控是运用电脑网络技术对一定对象进行监视和获取信息。

在侦查中采取哪一种技术手段，依据何种标准来决定是否采取措施以及采取哪一种措施，或者对哪些对象采取措施。修改后的刑事诉讼法将采取技术侦查的依据确定为"侦查犯罪的需要"，即以侦查活动的实际需要来确定要不要采取技术侦查措施、采取何种技术侦查措施以及这些技术侦查措施适用于哪些人。由于技术侦查手段对于个人隐私、居住安全、通信自由等自由权利有很大的限制作用，必须减少不法侵害和过度适用的问题。

对如何掌握"侦查犯罪的需要"这一标准，有学者指出，可以参照比例原则进行理解和判断。比例原则包含适当性原则、必要性原则，其基本精神是指公权力机关在行使权力的时候，除了遵循法制原则（即有法律授权作为依据）之外，还必须选择对侦查对象侵害最小的方式进行，避免对侦查对象和其他人员的权益造成不必要的损害，将这种损害限制在尽可能小的范围和限度之内。

（三）关于技术侦查措施执行的主体

《刑事诉讼法》第 148 条以及国家安全法、人民警察法的相关规定，公安机关和国家安全机关是有权执行技术侦查措施的主体，技术侦查措施的执行由公安机关、国家安全机关负责，其他机关或部门不得自行使用技术侦查措施。人民检察院决定采取技术侦查措施，应当按照相关规范性文件规定的报批程序和要求经批准后，交由公安机关执行，必要时也可以交由国家安全机关执行。

（四）技术侦查的期限

《刑诉规则》第 265 条规定："人民检察院采取技术侦查措施应当根据侦查犯罪的需要，确定采取技术侦查措施的种类和适用对象，按照有关规定报请批准。批准决定自签发之日起三个月以内有效。对于不需要继续采取技术侦查措施的，应当及时解除；对于复杂、疑难案件，期限届满仍有必要继续采取技术侦查措施的，应当在期限届满前十日以内制作呈请延长技术侦查措施期限报告书，写明延长的期限及理由，经过原批准机关批准，有效期可以延长，每次不得超过三个月。

采取技术侦查措施收集的材料作为证据使用的，批准采取技术侦查措施的法律决定文书应当附卷，辩护律师可以依法查阅、摘抄、复制。"

技术侦查是在一定时间内持续进行的，如对特定对象的监听，需要在相当时间跨度内才能获得预期的信息，时间过短不易捕捉到侦查所需要掌握的犯罪动向、犯罪人的行踪以及获取相应的证据。因此，批准决定采取技术侦查，意味着在较长的时间内持续采取这一措施。对于进行技术侦查的期限，根据修改后的《刑事诉讼法》第 149 条的规定，批准决定自签发之日起 3 个月内有效。对于复杂、疑难案件，期限届满仍有必要继续采取技术侦查措施的，经过批准，有效期可以延长，每次不得超过 3 个月。

（五）技术侦查获取信息和事实材料的使用、保密与销毁

《刑诉规则》第 267 条规定："检察人员对采取技术侦查措施过程中知悉的国家秘密、商业秘密和个人隐私，应当保密；对采取技术侦查措施获取的与案件无关的材料，应当及时销毁，并对销毁情况制作记录。

采取技术侦查措施获取的证据、线索及其他有关材料，只能用于对犯罪的侦查、起诉和审判，不得用于其他用途。"

《刑事诉讼法》第 150 条第 3 款规定了技术侦查获得信息的用途：采取技术侦查措施获取的材料，只能用于对犯罪的侦查、起诉和审判，不得用于其他用途。

侦查机关进行技术侦查，重要目的之一是获取有关案件的信息和事实材料，对于与案件有关的材料，侦查机关才能保存和记录，并且只能用于对犯罪的侦查、起诉和审判，作为证据使用或者用于其他正当的诉讼用途，不得作为个人或单位背景调查、权力倾轧的手段，更不能出卖以牟利，也不能用于其他与办案无关

的用途。在技术侦查过程中，如监听，可能会获得大量与案件无关的信息，其中有些信息可能涉及国家秘密、商业秘密和个人隐私，应当保守秘密，以免损害国家利益，危及国家安全，损害商家经济利益和个人的隐私权。在技术侦查中，对于获取的与案件无关的信息和事实材料，属于录制或记录下来的，应当及时销毁，以防止被人利用或使个人权利受侵害。

（六）使用技术侦查措施获取证据的程序要求及其采用

《刑诉规则》第266条规定："采取技术侦查措施收集的物证、书证及其他证据材料，侦查人员应当制作相应的说明材料，写明获取证据的时间、地点、数量、特征以及采取技术侦查措施的批准机关、种类等，并签名和盖章。

对于使用技术侦查措施获取的证据材料，如果可能危及特定人员的人身安全、涉及国家秘密或者公开后可能暴露侦查秘密或者严重损害商业秘密、个人隐私的，应当采取不暴露有关人员身份、技术方法等保护措施。在必要的时候，可以建议不在法庭上质证，由审判人员在庭外对证据进行核实。"

《刑事诉讼法》第152条明确了采取技术侦查措施所收集的材料在刑事诉讼中可以作为证据使用，并对保证侦查人员、技术侦查方法和过程的安全作了特殊规定。《刑诉规则》在修订时吸收了刑事诉讼法的上述内容，规定了采取不暴露有关人员身份、技术方法等保护措施。"必要的时候"主要是指以下两种情况：一种是采取不暴露有关人员身份、技术方法不足以使法官确信这些证据材料的真实性、可靠性，无法作出判决；另一种是采取不暴露有关人员身份、技术方法等保护措施还是无法防止严重后果的发生。

五、侦查终结

（一）侦查终结的概念

侦查终结是指人民检察院对直接受理的刑事案件，经过侦查，认为犯罪事实清楚，证据确实、充分，或者发现不应当对犯罪嫌疑人追究刑事责任时，作出终止侦查的一种活动。

侦查终结是侦查程序的结束。但并不表明侦查活动的结束。在案件进入审查起诉环节以后，如果发现证据不足，仍可以补充侦查。

（二）侦查终结的时限规定

依照刑事诉讼法的规定，对犯罪嫌疑人逮捕后的侦查羁押期限不得超过2个月。基层人民检察院，分、州、市人民检察院和省级人民检察院直接受理立案侦查的案件，案情复杂、期限届满不能终结的案件，应当由承办案件的检察院在羁押期限届满7日前，制作《提请延长侦查羁押期限报告书》，写明对犯罪嫌疑人立案、羁押的时间，期限届满不能侦查终结的原因和提请批准延长羁押期限的起止时间，报上一级人民检察院审查批准延长1个月。上一级人民检察院应当在羁押期限届满前作出是否批准延长的决定，并制作《批准延长侦查羁押期限决定书》或《不批准延长侦查羁押期限决定书》，通知提请的人民检察院。

基层人民检察院和分、州、市人民检察院直接受理立案侦查的案件，属于交通十分不便的边远地区的重大复杂案件、重大的犯罪集团案件、流窜作案的重大复杂案件和犯罪涉及面广、取证困难的重大复杂案件，依照《刑事诉讼法》第156条规定的侦查羁押期限届满不能侦查终结的，承办案件的人民检察院应当在期限届满15日前，制作《提请批准延长侦查羁押期限报告书》，经部门负责人审核，本院检察长批准后，层报省、自治区、直辖市人民检察院批准，可以延长2个月。省、自治区、直辖市人民检察院应当在羁押期限届满前作出是否批准延长的决定，并制作《批准延长侦查羁押期限决定书》或《不批准延长侦查羁押期限决定书》，通知提请的检察院执行。

基层人民检察院和分、州、市人民检察院直接受理立案侦查的案件，对犯罪嫌疑人可能判处10年有期徒刑以上刑罚，依法延长羁押期限届满，仍不能侦查终结的，承办案件的检察院应当在期限届满 15 日前，制作《提请批准延长羁押期限报告书》，经部门负责人审核，检察长批准后，层报省、自治区、直辖市人民检察院批准可以再延长 2 个月。省、自治区、直辖市人民检察院应当在羁押期限届满前作出是否批准延长的决定，并制作《批准延长侦查羁押期限决定书》或《不批准延长侦查羁押期限决定书》，通知提请的检察院执行。

省级人民检察院和最高人民检察院直接立案侦查的案件，具有上述情形，依照刑事诉讼法的规定需要延长侦查羁押期限的，直接决定延长侦查羁押期限。

因为特殊原因，在较长时间内不宜交付审判的特别重大复杂的案件，由最高人民检察院报请全国人民代表大会常务委员会批准延期审理。

人民检察院在侦查期间发现犯罪嫌疑人另有重要罪行的，由案件承办人提出意见，制作《提请重新计算侦查羁押期限报告》，经部门负责人审查，报检察长决定，自发现之日起重新计算侦查羁押期限。重新计算侦查羁押期限应制作《重新计算侦查羁押期限决定书》。

人民检察院重新计算侦查羁押期限，应当由侦查部门提出重新计算侦查羁押期限的意见，移送本院侦查监督部门审查。侦查监督部门审查后应当提出是否同意重新计算侦查羁押期限的意见，报检察长决定。

对公安机关重新计算侦查羁押期限的备案，由侦查监督部门审查。侦查监督部门认为公安机关重新计算侦查羁押期限不当的，应当提出纠正意见，报检察长决定后，通知公安机关纠正。

人民检察院直接立案侦查的案件，不能在法定侦查羁押期限内侦查终结的，案件承办人应提出依法释放犯罪嫌疑人或者对犯罪嫌疑人变更强制措施的意见，制作《撤销（变更）强制措施审批表》，经部门负责人审核后，报检察长批准。释放犯罪嫌疑人的，应制作并发给犯罪嫌疑人《释放证》，同时通知公安机关执行。变更强制措施的，在决定释放的同时，应按照刑事诉讼法的规定，办理相应的法律手续。

（三）侦查终结的条件和侦查终结处理意见

《刑事诉讼法》第 160 条规定，侦查终结的案件"应当做到犯罪事实清楚，证据确实、充分。"《刑事诉讼法》第 166 条规定："人民检察院侦查终结的案件，应当作出提起公诉、不起诉或者撤销案件的决定。"对于侦查部门来讲，决定侦查终结的案件应该是：对犯罪嫌疑人指控的犯罪事实已经查清，证据确实、充分的案件。侦查部门侦查终结的案件依照法律可以作出以下三种决定：一是对经过侦查，认为犯罪事实清楚、证据确实、充分，足以证实犯罪嫌疑人有罪的案件，提出侦查终结、移送起诉的意见。侦查终结报告和移送起诉意见，经侦查部门负责人同意后，报检察长决定。二是对经过侦查，认为犯罪事实清楚，证据确实、充分，但犯罪情节轻微，依照刑法规定不需要判处刑罚或者免除刑罚的，提出侦查终结、移送不起诉的意见，经侦查部门负责人同意后，报检察长决定。三是对侦查过程中，发现不应当对犯罪嫌疑人追究刑事责任的，应当终止侦查，由侦查人员写出撤销案件意见书，经侦查部门负责人同意后，报请检察长或者检察委员会决定。

侦查过程中，发现具有下列情形之一的，应当由检察人员写出撤销案件意见书，经侦查部门负责人审核后，报请检察长或者检察委员会决定撤销案件：

（1）具有《刑事诉讼法》第 15 条规定情形之一的；

（2）没有犯罪事实的，或者依照刑法规定不负刑事责任或者不是犯罪的；

（3）虽有犯罪事实，但不是犯罪嫌疑人所为的。

对于共同犯罪的案件，如有符合本条规定情形的犯罪嫌疑人，应当撤销对该犯罪嫌疑人的立案。

撤销案件的决定应当分别送达犯罪嫌疑人所在单位和犯罪嫌疑人。犯罪嫌疑人死亡的，应当送达犯罪嫌疑人原所在单位。如果犯罪嫌疑人在押，应当制作决定释放通知书，通知公安机关依法释放。

人民检察院撤销案件时，对犯罪嫌疑人的违法所得应当区分不同情形，作出相应处理：

（1）因犯罪嫌疑人死亡而撤销案件的，如果被冻结的犯罪嫌疑人的存款、汇款应当予以没收或者返还被害人，可以申请人民法院裁定，通知冻结机关上缴国库或者返还被害人；因其他原因撤销案件的，直接通知冻结机关上缴国库或者返还被害人。

（2）对扣押在人民检察院的犯罪嫌疑人的违法所得需要没收的，应当提出检察建议，移送有关主管机关处理；需要返还被害人的，直接决定返还被害人。

对于犯罪情节轻微，依照刑法规定不需要判处刑罚的或免除刑罚的，不能适用撤销案件，而只能移送不起诉。这样做：一是因为撤销案件与适用不起诉的条件不同。适用不起诉可以对犯罪嫌疑人作出犯罪情节轻微的定性。另一个原因是，适用不起诉可以较好地与行政处罚、行政处分结合起来，解决好与行政处罚、处分手段的结合问题。

上级人民检察院侦查终结的案件，依照刑事诉讼法的规定，应当由下级人民检察院提起公诉或者不起诉的，应当将检察委员会的决定、侦查终结报告连同案卷材料、证据移送下级人民检察院，由下级人民检察院按照上级人民检察院检察委员会的决定交侦查部门制作起诉意见书或者不起诉意见书，移送本院审查起诉部门审查。下级人民检察院审查起诉部门认为应当对案件补充侦查的，可以退回本院侦查部门补充侦查，同时，上级人民检察院侦查部门应当协助进行。下级人民检察院认为上级人民检察院的决定有错误的，可以向上级人民检察院提请复议，上级人民检察院维持原决定的，下级人民检察院应当执行。

人民检察院直接受理立案侦查的共同犯罪案件，如果同案犯罪嫌疑人在逃，但在案犯罪嫌疑人犯罪事实清楚、证据确实、充分的，对本案犯罪嫌疑人应当根据《刑诉规则》第 286 条的规定分别移送审查起诉或者移送审查不起诉。

由于同案犯罪嫌疑人在逃，在案犯罪嫌疑人的犯罪事实无法查清的，对在案犯罪嫌疑人应当根据案件的不同情况分别报请延长侦查羁押期限、变更强制措施或者解除强制措施。

侦查过程中，犯罪嫌疑人长期潜逃，采取有效追捕措施仍不能缉拿归案的，或者犯罪嫌疑人患有精神病及其他严重疾病不能接受讯问，丧失诉讼行为能力的，经检察长决定，中止侦查。中止侦查的理由和条件消失后，经检察长决定，应当恢复侦查。

中止侦查期间，如果犯罪嫌疑人在押，对符合延长侦查羁押期限条件的，应当依法延长侦查羁押期限；对侦查羁押期限届满的，应当依法变更为取保候审或者监视居住措施。

人民检察院直接立案侦查的案件，对犯罪嫌疑人没有采取取保候审、监视居住、拘留或者逮捕措施的，侦查部门应当在立案后 2 年以内提出移送审查起诉、移送审查不起诉或者撤销案件的意见；对犯罪嫌疑人采取取保候审、监视居住、拘留或者逮捕措施的，侦查部门应当在解除或者撤销强制措施后 1 年以内提出移送审查起诉、移送审查不起诉或者撤销案件的意见。

人民检察院直接受理立案侦查的案件，撤销案件以后，又发现新的事实或者证据，认为有犯罪事实需要追究刑事责任的，可以重新立案侦查。

(四) 侦查终结报告

侦查终结报告是检察人员在侦查直接受理的刑事案件终结时制作的，关于对犯罪嫌疑人涉嫌犯罪问题查处经过；认定的犯罪事实和证据；否定涉嫌犯罪问题的事实和证据；对犯罪嫌疑人的处理意见的一种工作文书。

侦查终结报告的主要内容包括：

1. 犯罪嫌疑人的基本情况。包括犯罪嫌疑人的姓名、性别、年龄、民族、籍贯、文化程度、政治面貌、工作单位、职务、现住址、是否受过刑事处罚等。

2. 案由和案件来源。

3. 查证结果。

4. 结论和处理意见。包括起诉意见、不起诉意见和撤销案件意见三种。

侦查终结报告经检察长或检察委员会批准通过后，报上一级人民检察院备案。

案件承办人根据批准通过后的侦查终结报告，分别制作《起诉意见书》、《不起诉意见书》、《撤销案件意见书》。承办人应将《起诉意见书》或《不起诉意见书》连同案卷材料一并送交审查起诉部门审查。

决定撤销案件的，撤销案件的决定，应当分别送达犯罪嫌疑人所在单位和犯罪嫌疑人。犯罪嫌疑人死亡的，应当送达犯罪嫌疑人原所在单位。如果犯罪嫌疑人在押，应当制作决定释放通知书，送达公安机关，依法释放。

思考题：

一、简述直接受理案件侦查的意义和特点。

二、如何理解直接受理案件的立案条件？

三、简述直接受理刑事案件侦查的一般程序。

四、简述侦查的基本方法及其适用目的。

第二章　审查批准逮捕和决定逮捕

第一节　审查批准、决定逮捕的概念和意义

一、审查批准、决定逮捕的概念

我国《宪法》第 37 条第 2 款规定："任何公民，非经人民检察院批准或者决定或者人民法院决定，并由公安机关执行，不受逮捕。"《刑事诉讼法》第 3 条、第 78 条、第 163 条和《人民检察院组织法》第 12 条对此都作出了具体规定。由此可见，批准和决定逮捕，是人民检察院的一项重要职权，也是宪法和法律赋予的法律监督职能的重要体现。

审查批准逮捕，是指人民检察院对于公安机关、国家安全机关、监狱（以下简称公安机关）提请批准逮捕的案件进行审查后，依据事实和法律，作出是否逮捕犯罪嫌疑人的决定的一种诉讼活动。审查批准逮捕，简称审查逮捕或审查批准。审查逮捕是人民检察院的一项重要的法律监督职权，也是人民检察院开展侦查监督的有效途径之一。根据《刑事诉讼法》第 88 条的规定："人民检察院对于公安机关提请批准逮捕的案件进行审查后，应当根据情况分别作出批准逮捕或者不批准逮捕的决定。"这就是说，即使是需要补充侦查的案件，如果不符合逮捕的条件，也要作出不批准逮捕的决定。

审查决定逮捕，是指人民检察院在直接受理的刑事案件的侦查过程中，依照事实和法律，作出是否逮捕犯罪嫌疑人决定的一

种诉讼活动。

二、审查批准、决定逮捕的意义

人民检察院审查批准、决定逮捕犯罪嫌疑人，对于保障刑事诉讼的顺利进行，及时有效地收集证据，惩罚犯罪，保护公民的人身自由不受侵犯，发现和纠正侦查活动中的违法行为都具有重要的意义。

（一）保障刑事诉讼活动的顺利进行

我国司法制度的特点决定了检察机关的逮捕权具有司法权的性质。为了保障检察机关依法、慎重、准确地行使这项权力，法律规定了审查批准、决定逮捕的必经程序，这是行使逮捕权的必然要求和前提条件。通过审查批准、决定逮捕，确保了逮捕活动严格执行法定条件，保证了逮捕这种暂时剥夺人身自由的最严厉的强制措施的严肃性、权威性和准确性，从实质上保证了刑事诉讼活动的顺利进行。

（二）保障犯罪嫌疑人的人权

由于审查批准、决定逮捕所特有的审核、把关功能，在保障人权方面发挥了积极的作用。通过检察机关的审查批准、决定逮捕，使不符合逮捕条件的犯罪嫌疑人不被逮捕，从而有利于保证其合法权益。对罪行较轻、人身危险性小的犯罪嫌疑人，比如对可能宣告缓刑、免予刑事处分、不起诉的犯罪嫌疑人适用逮捕并且长期羁押，就有可能侵犯其人权。通过审查批准、决定逮捕，能避免这种情形的发生，从而使犯罪嫌疑人的人权依法得到保障。

（三）及时发现漏罪和漏犯，防止打击不力

实践中，有些公安机关由于立案侦查开始不久，调查工作尚未深入展开，有时在提请批准逮捕犯罪嫌疑人时，难免遗漏犯罪嫌疑人的罪行或者应当追究刑事责任的同案犯；有些情况下因对法律条文的误解或者其他原因，而未提请批准该逮捕的同案犯。

人民检察院通过审查批捕，可以及时发现和批捕漏犯，或者要求公安机关进一步查清和补充认定犯罪嫌疑人的罪行。此外，人民检察院通过审查批捕，还可将其发现的犯罪案件线索移交公安机关立案侦查。可见，人民检察院通过审查批捕工作能及时发现漏罪和漏犯，从而保证了公安机关侦查工作的质量，有力地打击犯罪，切实维护国家和人民的利益，充分体现了分工负责、互相配合、互相制约的原则。

（四）有利于发现和纠正侦查活动中的违法行为

人民检察院通过审查批准、决定逮捕工作，查阅公安机关或者侦查部门移送的案卷材料，调查核实有关证据，甚至提前介入侦查活动，可以及时发现和纠正侦查活动中存在的刑讯逼供、诱供，对被害人、证人以体罚、威胁、诱骗等非法手段搜集证据，伪造、隐匿、销毁、调换或者私自涂改证据，贪污、挪用、调换所扣押、冻结的款物及其孳息等违法行为，从而保证侦查活动依法进行，发挥检察机关法律监督的作用，维护国家法制的统一和尊严。

第二节　审查批准、决定逮捕的条件

人民检察院审查批准、决定逮捕犯罪嫌疑人，必须严格依照法律规定的逮捕条件，只有符合逮捕条件的犯罪嫌疑人，才能依法批准或者决定逮捕；对于不符合逮捕条件的犯罪嫌疑人，则不能批准或者决定逮捕。这是严格依法办事，建设社会主义法治国家的基本要求。

我国《刑事诉讼法》第79条规定："对有证据证明有犯罪事实，可能判处徒刑以上刑罚的犯罪嫌疑人、被告人，采取取保候审尚不足以防止发生下列社会危险性的，应当予以逮捕。"这是实践中绝大部分案件适用的一般逮捕条件。

一、一般逮捕条件

逮捕犯罪嫌疑人的条件由三个方面组成，即有证据证明有犯罪事实；可能判处徒刑以上刑罚；有社会危险性。这三个方面是一个有机的整体，必须同时具备，缺一不可。为了充分理解逮捕的三个条件，现分述如下：

（一）有证据证明有犯罪事实

这是逮捕犯罪嫌疑人的前提条件和事实基础。"有证据证明有犯罪事实"，是指同时具备下列情形：

1. 有证据证明发生了犯罪事实；

2. 有证据证明犯罪事实是犯罪嫌疑人实施的；

3. 证明犯罪嫌疑人实施犯罪行为的证据已有查证属实的。

这里的"犯罪事实"既可以是单一犯罪行为的事实，也可以是数个犯罪行为中任何一个犯罪行为的事实。

在实践中要注意不能用起诉的标准来要求逮捕工作。应当看到，逮捕只是侦查措施之一，逮捕后还应进一步收集证据。对于有的侦查机关或部门在侦查案件中采取一旦批准或决定逮捕就意味着结案的做法应当予以纠正。因为逮捕与起诉的条件不同，逮捕后如不继续收集证据，难以具备事实清楚、证据确实、充分的起诉条件，往往使案件不能起诉，由于丧失了收集证据的时机和条件，往往造成疑案，不利于及时有效地打击犯罪和保护公民的合法权益。

（二）可能判处徒刑以上刑罚

这是人民检察院在具备前一个条件的情况下，在是否批准或者决定逮捕之间作出选择的法律尺度，是捕与不捕的分水岭之一。

根据这一条件，人民检察院在审查公安机关提请批准逮捕的犯罪嫌疑人或者直接受理侦查案件的犯罪嫌疑人应否逮捕时，不能无视犯罪嫌疑人所犯罪行的严重程度如何，一概批准或决定逮捕，而应当根据犯罪嫌疑人所犯罪行和刑法的规定，分析判断是否有可能判处徒刑以上刑罚。如果犯罪嫌疑人不可能判处徒刑以上刑罚，就不应当批准或决定逮捕。但是，虽然有可能判处徒刑以上刑罚，但根据犯罪嫌疑人的犯罪情节和悔罪表现，符合缓刑条件的，一般也不宜批准或者决定逮捕。

需要指出的是，这一条件所要求的只是对犯罪嫌疑人"可能"判处徒刑以上刑罚。所谓"可能"只是一种不确定的判断。何况这种判断又往往是在侦查阶段甚至侦查初期，根据当时的证据证明的犯罪事实作出的，显然，这就难免出现批准或者决定逮捕时的判断与人民法院审理后实际判处的刑罚不相一致的情形。应当说，出现这种情形是正常的，不能由此便认为批准或决定逮捕错误。因为审判时的量刑是综合全案的各种情况，即犯罪事实、法定情节、酌定情节而作出的判决，尤其犯罪嫌疑人被捕后的侦查、起诉、审判过程中可能有其他立功表现而获减轻刑罚的处罚。况且审查批准、决定逮捕的时间有限，往往只能对有证据证明的犯罪事实及应处的刑罚作出初步评估，而并非最后确定。

（三）有社会危险性

《刑事诉讼法》规定的"社会危险性条件"与1996年《刑事诉讼法》规定的"逮捕必要性条件"的精神内核是一致的，都是考虑犯罪嫌疑人对社会造成危害的可能性和妨碍诉讼进行的可能性。鉴于原法律对"逮捕必要性"的规定过于原则，司法实践中检察人员把握起来容易产生思想困惑，容易造成不同地方、不同办案人员存在不同理解，进而作出不同裁量的情形，因此刑事诉讼法对这一条件予以了细化：一是可能实施新的犯罪的；二是有危害国家安全、公共安全或者社会秩序的现实危险的；三是可能毁灭、伪造、隐匿证据，干扰证人作证或者串供的；四是可能对被害人、举报人、控告人实施打击报复的；五是企图自杀或者逃跑的。细化为五种情形的目的，是检察人员在进行逮捕的社会危险性裁量时，予以一定方向的指引，既检察人员作出逮捕决定与否提供了具有可操作性的依据，也有利于进一步统一法律适用，减少个案差异和干扰，维护司法统一。实践中，检察机关一直都致力于探索对逮捕必要性审查的规范化、具体化、相对明确化，致力于指导检察人员对逮捕必要性的准确理解与正确把握。修改后的刑事诉讼法对社会危险性条件予以细化的立法考虑以及细化的五种具体情形，正是立法机关对多年来司法实践探索与工作经验的总结提炼，吸收上升为法律的体现。《刑诉规则》修订过程中，很多地方提出，希望对这五种社会危险性再进行明确，进一步指导办案，对此我们予以采纳，在《刑诉规则》第 139 条第 1 款中作出了进一步解释。

二、径行逮捕条件

《刑事诉讼法》第 79 条第 2 款规定了径行逮捕的情形：一是有证据证明有犯罪事实，可能判处 10 年有期徒刑以上刑罚的；二是有证据证明有犯罪事实，可能判处徒刑以上刑罚，曾经故意犯罪的；三是有证据证明有犯罪事实，可能判处徒刑以上刑罚，身份不明的。法律认为这三种情形的犯罪嫌疑人，或者主观恶性较大，或者犯罪恶习较深，或者缺乏不予羁押的基本条件，认为均体现了较大的社会危险性，因此无须再另行审查其社会危险性条件，而应当直接予以逮捕。《刑诉规则》第 140 条就是对径行逮捕条件的规定。

一是有证据证明有犯罪事实，可能判处 10 年有期徒刑以上刑罚的。"可能判处十年有期徒刑以上刑罚"，指根据案件证据和犯罪嫌疑人的犯罪事实、情节综合判断，其宣告刑可能被判处 10 年有期徒刑以上重刑的。如前所述，刑罚轻重与其社会危险性、妨碍诉讼的可能性存在正向性关系。从刑法规定看，能够判处 10 年有期徒刑以上刑罚的犯罪都属于严重犯罪，通常其妨碍诉讼的可能性较轻微犯罪大，因此法律规定"可能判处十年有期徒刑以上刑罚"的犯罪嫌疑人即认为其已经具有社会危险性，不再适用一般逮捕条件中的社会危险性条件进行判断了。此外，未决羁押的期限将折抵刑期，对于可能判处 10 年以上刑罚的重罪来说，未决羁押通常不会出现审前羁押期限超出所判处刑期的情形，并最终将折抵刑期，直接逮捕保障诉讼的意义更凸显，当然，如果最终对犯罪嫌疑人判决无罪，应当依法对其进行国家赔偿。审查逮捕中，如果认为判处 10 年有期徒刑以上刑罚的证据有欠缺，或者有证据证明不可能判处 10 年有期徒刑以上刑罚的，则不能适用此条件直接予以逮捕，但还应当以一般逮捕条件对案件进行审查，对于符合了一般逮捕条件的犯罪嫌疑人，应当作出逮捕决定。

二是有证据证明有犯罪事实，可能判处徒刑以上刑罚，曾经故意犯罪的。"曾经故意犯罪"是这次刑事诉讼法的新增表述，是指犯罪嫌疑人曾经犯过被人民法院依法判决确定为有罪的罪刑，且该罪刑为故意犯罪。该表述的法律内涵比较明确，并没有留出进一步解释的空间。应当认为，只要法院曾经对实施故意犯罪的犯罪嫌疑人、被告人判决确定为有罪，无论判处什么刑罚，包括曾经被判处实刑、缓刑、免予刑事处罚等，都属于曾经故意犯罪的范畴。同时，遵循未经法院依法判决任何人不得确定为有罪的无罪推定原则，凡是没有被法院依法判决为有罪的人，不能认定为"曾经故意犯罪"，包括检察机关作出不起诉决定以及撤销案件的情形，这里不仅包括法定不起诉、证据不足不起诉，还包括酌定不起诉；也包括被侦查机关立案侦查、采取强制措施、通缉而尚未归案的情形。值得注意的还有两点：一是本款对前后两罪的间隔时间没有作出限制，即无论前一次犯罪过去多久，都属于"曾经"的范畴；二是要求曾经所犯罪刑的主观方面是故意，但对本次涉嫌犯罪的主观方面是属于故意还是过失则没有作出限制。

三是有证据证明有犯罪事实，可能判处徒刑以上刑罚，身份不明的。"身份不明"，指不讲真实姓名、住址等身份信息，导致身份无法查明的，这种情形缺乏不予羁押的基本条件。绝大多数身份不明的犯罪嫌疑人、被告人为主观上拒绝提供身份信息，这本身就表明其具有逃避侦查和刑事处罚的心理，并且身份不明还导致不具备采取取保候审等非羁押措施的条件，因此为保障诉讼的进行，有必要对其进行羁押，所以法律对"身份不明"的犯罪嫌疑人规定为直接予以逮捕。当然，如果逮捕后随着侦查活动的进展，犯罪嫌疑人、被告人身份已经查明，且不具有社会危险性，不符合逮捕条件的，则应当及时予以变更或解除逮捕措施。

三、违反取保候审、监视居住规定可以转为逮捕的条件

《刑事诉讼法》第 79 条第 3 款规定："被取保候审、监视居住的犯罪嫌疑人、被告人违反取保候审、监视居住规定，情节严重的，可以予以逮捕。"针对实践中对违反取保候审、监视居住规定是否可以批准逮捕的问题予以了明确。违反了取保候审、监视居住的规定，说明犯罪嫌疑人、被告人的社会危险性发生了变化，危险性程度提高了，采取较轻的取保候审、监视居住强制措施就有可能无法达到保障诉讼顺利进行的目的，因此应当重新对犯罪嫌疑人的社会危险性进行考虑，结合其情节的严重程度，考虑是否采取更严厉的逮捕措施。

法律规定违反取保候审、监视居住规定可以进行逮捕。违反取保候审和监视居住规定的行为有些非常严重，已经达到了应当逮捕的程度，有些则相对轻微，只是违反一般禁止性规定，对此，《刑诉规则》在第 100 条和第 121 条中进行了分层次的规定。对严重违反取保候审、监视居住规定，具有社会危险性的，则"应当"逮捕；对违反取保候审、监视居住规定但情节较轻的，则应进行全面审查、综合判断，既"可以"予以逮捕也可以继续适用取保候审或监视居住措施。《刑诉规则》第 141 条通过转引的方式在内容上对此作出了规定，并在体例上与前述两个逮捕条件一起保持了逮捕条件结构的完整性。

第三节　审查批准、决定逮捕的程序和方法

一、审查批准、决定逮捕的权限

在审查批准、决定逮捕犯罪嫌疑人、被告人时，首先就遇到一个权限划分的问题，只有正确解决了这个问题，才能使审查批准、决定逮捕的程序和方法有效地、准确地进行。我国《宪法》第 37 条、《刑事诉讼法》第 78 条明确规定，逮捕犯罪嫌疑人、被告人，必须经过人民检察院批准或者人民法院决定，由公安机关执行。由此可见，在我国只有公安机关、人民检察院和人民法院有逮捕犯罪嫌疑人、被告人的权力，其他任何机关、团体、企事业单位和公民个人均无此权力。严格执行宪法和刑事诉讼法关于逮捕权的上述规定，就可以保证司法权力的正确行使，避免滥捕乱抓、侵犯公民人身自由现象的发生，维护公民的合法权益。

根据宪法和刑事诉讼法的规定，公安机关侦查案件的批准逮捕权、人民检察院直接受理侦查案件的决定逮捕权由人民检察院行使，人民法院审判的案件的决定逮捕权由人民法院行使，公安机关为逮捕的执行机关。从司法实践来看，人民法院只有在审理没有逮捕羁押被告人的公诉案件和在审理自诉案件的过程中，认为有逮捕被告人必要的，才作出逮捕决定，而且这种逮捕决定有三个特点：一是对象只限于被告人不包括犯罪嫌疑人（因为根据刑事诉讼法的有关规定，刑事诉讼中被追诉的人在起诉前称犯罪嫌疑人，起诉后称被告人）。二是诉讼阶段仅限于审判阶段，审判前的批准或者决定逮捕的工作由人民检察院来承担。三是逮捕的数量与人民检察院批准或决定逮捕的数量相比要少得多。绝大多数刑事案件的逮捕都是由人民检察院批准或者决定的。所以说，人民检察院的批准、决定逮捕，在我国刑事追诉工作中占有重要地位，起着十分重要的作用。

就人民检察院审查批准、决定逮捕的权限而言，除了刑事诉讼法作出了上述的一般规定以外，为了保证人民检察院更好地行使这一权力，我国全国人民代表大会和地方各级人民代表大会代表法、最高人民检察院制定的《刑诉规则》等，对检察机关如何行使批准、决定逮捕权限，作出了较为具体的规定，对此，人民检察院在审查批准、决定逮捕工作中应当认真执行。

（一）如果该逮捕的犯罪嫌疑人是县以上人民代表大会的代表，人民检察院在审查批准或者决定逮捕之前应当报请人民代表大会主席团或者常务委员会许可

具体说来：（1）人民检察院对担任本级人民代表大会代表的犯罪嫌疑人批准或者决定逮捕，应当报请本级人民代表大会主席团或者常务委员会许可。（2）对担任上级人民代表大会代表的犯罪嫌疑人批准或者决定逮捕，应当层报该代表所属的人民代表大会同级的人民检察院，再由同级的人民检察院报请本级人民代表大会主席团或者常务委员会许可。（3）对担任下级人民代表大会代表的犯罪嫌疑人批准或者决定逮捕，可以直接报请该代表所属的人民代表大会主席团或者常务委员会许可，也可以委托该代表所属的人民代表大会同级人民检察院报请本级人民代表大会主席团或者常务委员会许可。（4）对担任两级以上的人民代表大会代表的犯罪嫌疑人批准或者决定逮捕，分别由人民检察院直接报请或者层报或委托相应的人民检察院报请本级人民代表大会主席团或者常务委员会许可。（5）对担任所在省、市、区、县以外的其他地区人民代表大会代表的犯罪嫌疑人批准或者决定逮捕，应当委托该代表所属的人民代表大会同级的人民检察院报请本级人民代表大会主席团或者常务委员会许可；对担任两级以上人民代表大会的代表的，应当分别委托该代表所属的人民代表大会同级的人民检察院报请本级人民代表大会主席团或者常务委员会许可。（6）对担任乡、民族乡、镇的人民代表大会代表的犯罪嫌疑人批

准或者决定逮捕，由县级人民检察院报告乡、民族乡、镇的人民代表大会。

（二）对于中国人民解放军现役军人中的犯罪嫌疑人，需要逮捕的，应当由主管的军事检察院审查批准或者决定逮捕

根据 1982 年 11 月 25 日最高人民法院、最高人民检察院、公安部、总政治部《关于军队和地方互涉案件几个问题的规定》第 1 条的规定："现役军人（含在编职工）在地方作案被当场抓获，当地公安机关可以将其拘留，移交其所在部队保卫部门处理。"这说明现役军人和在编职工的逮捕权统统归军事检察院。根据 1987 年 2 月 17 日最高人民法院、最高人民检察院、公安部、司法部《关于中国人民武装警察部队人员犯罪案件若干问题的规定》第 1 条的规定："对于中国人民武装警察部队人员中的犯罪嫌疑人，需要逮捕的，应当由地方县以上人民检察院审查批准、决定逮捕。"

（三）对于作案后逃到外地的犯罪嫌疑人的逮捕，一般仍应由其犯罪地人民检察院审查批准逮捕

但是如果遇有特殊情况，犯罪地公安机关来不及报经当地人民检察院审查批捕时，也可以凭犯罪嫌疑人的犯罪事实材料和证据，直接通过犯罪嫌疑人所在地公安机关向同级人民检察院提请批准逮捕，由该检察机关审查批准逮捕。

二、审查批准逮捕的程序和方法

《刑事诉讼法》第 85 条至第 90 条，规定了人民检察院审查批准逮捕犯罪嫌疑人的程序和方法。为了增强审查批捕工作的可操作性，规范审查批捕工作，最高人民检察院制定的《刑诉规则》，具体规定了审查批准逮捕的程序。人民检察院在审查批准逮捕犯罪嫌疑人时，必须严格遵守这些规定，以保证审查批准逮捕工作的质量，充分发挥逮捕措施在保障刑事诉讼顺利进行和保护人权方面的重要作用。

根据《刑事诉讼法》和《刑诉规则》的规定，人民检察院审查批准逮捕犯罪嫌疑人的具体程序和主要方法如下：

（一）受理案件

《刑事诉讼法》第 85 条规定："公安机关要求逮捕犯罪嫌疑人的时候，应当写出提请批准逮捕书，连同案卷材料、证据，一并移送同级人民检察院审查批准。必要的时候，人民检察院可以派人参加公安机关对于重大案件的讨论。"由此可见，公安机关提请批准逮捕并向人民检察院移送案卷材料和证据，是人民检察院审查批准逮捕犯罪嫌疑人的前提和基础。如果公安机关不向人民检察院移送提请批准逮捕书和移送案卷材料和证据，人民检察院则无从审查批准逮捕犯罪嫌疑人，因此，受理提请逮捕案件是人民检察院审查批准逮捕的基础性工作，是第一道工序。

对于公安机关提请逮捕犯罪嫌疑人的案件，人民检察院审查批捕部门首先应当检查其所移送的案卷材料和证据等是否齐全，法律手续是否齐备。具体说来，应当检查移送的案卷材料和证据中下列法律手续和证据材料是否齐备：

1. 《提请批准逮捕书》一式三份。

2. 提请批准逮捕书认定的犯罪事实是否有相应的证据证明，该证据是否随卷移送。

3. 应当随卷移送的物证。

4. 犯罪嫌疑人已被采取其他强制措施的种类及其相应的法律文书。

5. 已经搜查的，应当有搜查证和搜查笔录；扣押物证、书证的，应有扣押物品清单；已将收缴的赃款赃物退还失主的，应有失主领取被发还赃款赃物的收据等。

6. 应当有《接受刑事案件登记表》、《刑事案件立案报告书（表）》、《破案报告》。

人民检察院审查批捕部门依法对公安机关提请批准逮捕的案

件进行初步审查，符合上述条件的应当受理并进行实体审查。如果发现公安机关提请批准逮捕的案件，未按刑事诉讼法的规定移送案卷材料和证据的，应当将案件退回公安机关或者要求公安机关补充移送；如果公安机关提请批准逮捕的案件，只缺少部分法律文书的，可要求公安机关补充移送。如果公安机关拒绝补充移送案件的有关材料的，而现有的证据材料不足以证明有犯罪事实的，人民检察院应当依法作出不批准逮捕的决定。

（二）审查案件

人民检察院依法受理公安机关提请批准逮捕犯罪嫌疑人的案件后，应当指定专人进行认真审查。

1. 审查的内容

（1）公安机关提请批准逮捕书认定的犯罪嫌疑人的行为是否构成犯罪；

（2）公安机关所认定的犯罪性质和罪名是否正确；

（3）犯罪嫌疑人是否可能判处有期徒刑以上刑罚；

（4）犯罪嫌疑人有无逮捕的必要；

（5）是否符合有证据证明有犯罪事实这一逮捕条件；

（6）有无遗漏应当逮捕的共同犯罪嫌疑人和犯罪事实；

（7）公安机关的侦查活动有无违法情形。

2. 审查的具体方法

（1）审阅案卷材料。办理审查批捕案件的承办人首先必须认真审阅案卷材料，这是基本的工作方法。人民检察院在受理案件之前，承办人通常对于案件事实及证据是不了解的（提前介入的除外）。所以，受理案件后，只有通过查阅案卷材料，才能了解公安机关提请逮捕的犯罪嫌疑人涉嫌犯罪的事实、罪名及其证据情况。

承办人在审阅案卷材料时，可以在全面阅卷的基础上，围绕审查的内容，采取六对比的审查方法。即一是将公安机关认定的犯罪事实与案卷中的证据材料相对比，看是否能对应证明；二是将犯罪嫌疑人的多次口供以及与同案其他犯罪嫌疑人的口供和其他证据相对比，看是否一致；三是将犯罪事实与确定的犯罪性质、罪名和刑法的规定相对比，看犯罪的性质和罪名认定的是否正确；四是将犯罪嫌疑人的罪行、认罪态度及悔罪表现、生理、身体状况与法律规定相对比，看是否应当逮捕；五是将诉讼中的诉讼行为与相应的法律文书相对比，看侦查中的诉讼行为是否具有合法依据，如搜查应有搜查证；六是将扣押清单与赃款赃物相对比，看有无挪用、侵吞、损毁赃款赃物的违法行为。

审阅案卷材料时，若有一人犯数罪或者一罪数次实施的情况，只要有一罪或数次中有一次行为构成犯罪的，承办人就可以围绕此罪来审查，可不拘泥于对全案所有罪行的审查，因为审查批准逮捕的时间有限，只要有符合逮捕条件的事实存在即可。

审阅案卷的情况，应当制作阅卷笔录。阅卷笔录可以采取一事一证法，并将证据按其种类分别摘录，即将证人证言放在一类来摘录。制作阅卷笔录应当注意：重点摘要证明犯罪的证据和否定犯罪的证据，指出案件中的矛盾点并分析判断能否排除。如果不抓住案件的关键，则阅卷笔录可能成为一本"糊涂账"，理不出头绪。另外，对一些较关键的言词证据和书证也可以复印存卷。

（2）审查逮捕中讯问犯罪嫌疑人、询问诉讼参与人和听取律师意见。《刑事诉讼法》第86条对审查逮捕阶段的讯问工作提出以下要求：一是人民检察院审查批准逮捕，可以讯问犯罪嫌疑人；二是明确规定有法定四种情形之一的（对未成年人的讯问要求规定在《刑事诉讼法》第269条），人民检察院应当讯问犯罪嫌疑人；三是规定人民检察院审查批准逮捕，可以询问证人等诉讼参与人；四是规定人民检察院审查批准逮捕，可以听取辩护律师的意见；辩护律师提出要求的，应当听取辩护律师的意见。审查逮捕阶段讯问犯罪嫌疑人的规定，从全国总体情况考虑，法律只确定了讯问的最低要求和原则性规定，司法改革中确立的有些要求比刑事诉讼法的规定更加严格，程序更加具体、完善。因此在《刑诉规则》中结合了司法改革的规定，设置了更加严格的要求并进一步具体化了讯问程序。《刑诉规则》用了五个条文对上述要求进行了细化：第305条规定了审查逮捕时应当讯问的情形；第306条规定了不讯问要听取犯罪嫌疑人意见的要求；第307条对审查逮捕阶段讯问犯罪嫌疑人的地点、方式与要求进行了规定；第308条是对询问诉讼参与人的规定；第309条规定了听取律师意见。关于讯问时聘请翻译、制作笔录等内容可以参见侦查阶段有关讯问的规定，审查逮捕时对此没有特殊要求，出于条文简洁的考虑，没有重复规定。

①讯问犯罪嫌疑人的规定。刑事诉讼法对人民检察院审查逮捕可以讯问犯罪嫌疑人首先进行了一般授权性规定，即检察机关审查逮捕时，只要认为有必要，都可以讯问犯罪嫌疑人。《刑诉规则》第305条与刑事诉讼法一致首先进行了授权性规定。其次明确规定了六种应当讯问的情形：一是对是否符合逮捕条件有疑问的；二是犯罪嫌疑人要求向检察人员当面陈述的；三是侦查活动可能有重大违法行为的；四是案情重大疑难复杂的；五是犯罪嫌疑人系未成年人的；六是犯罪嫌疑人是盲、聋、哑人或者是尚未完全丧失辨认或者控制自己行为能力的精神病人的。对"重大疑难复杂案件和盲、聋、哑及尚未完全丧失辨认或者控制自己行为能力的精神病人"，出于对犯罪嫌疑人人权保障的考虑，即使对逮捕条件没有异议，也要求必须讯问，增加程序性保障。应当讯问犯罪嫌疑人的规定比刑事诉讼法中的规定范围更广、要求更高，对检察机关提出了更加严格的要求。这六项规定属于刚性的义务性规定，即检察机关审查逮捕时，遇有这六种情形之一的，都必须进行讯问，没有自由裁量的余地。根据法律规定，所列六种应当讯问情形之外的犯罪嫌疑人，检察机关不是必须讯问，但认为

需要的也可以讯问，检察机关享有主动讯问的权力。目前一些地方检察机关要求每案必讯，并不与刑事诉讼法的规定相冲突，而是对逮捕程序的更严格要求，是审查逮捕程序诉讼化构造的方向。

按照《刑事诉讼法》第 116 条第 2 款的规定，讯问已被拘留的犯罪嫌疑人，应当在看守所内进行。对于未采取拘留措施的犯罪嫌疑人，进行讯问必须做好办案安全风险评估预警工作，并事先征求侦查机关的意见，这样可以有效避免未被拘留的犯罪嫌疑人逃跑、自杀等情形出现，切实防止因讯问不当发生办案安全事故或者妨碍诉讼事件。

此外，鉴于目前确实有一些地方因案多人少矛盾突出，难以做到每案必问，也考虑有些案件事实证据简单清楚，可以不再当面讯问，因此结合审查逮捕工作实际，《刑诉规则》第 306 条规定了"在审查逮捕中对被拘留的犯罪嫌疑人不予讯问的，应当送达听取犯罪嫌疑人意见书"的内容。这也是弥补未做到每案必讯可能存在漏洞的必要措施，这样规定也确保了无论是通过当面讯问还是书面听取意见的形式，检察人员在审查逮捕时都能够听到犯罪嫌疑人的意见，保证审查逮捕案件质量。

②询问证人等诉讼参与人的规定。《刑诉规则》第 308 条规定可以询问的范围包括证人、被害人、鉴定人等在内的诉讼参与人。审查逮捕阶段询问证人等诉讼参与人的目的，主要在于复核证据，及时发现和纠正侦查活动中的违法行为，依法排除以暴力、威胁等非法方法收集的证人证言、被害人陈述等非法证据，严把逮捕适用关。

③听取律师意见的规定。《刑事诉讼法》第 86 条第 2 款规定："人民检察院审查批准逮捕，可以询问证人等诉讼参与人，听取辩护律师的意见；辩护律师提出要求的，应当听取辩护律师的意见。"刑事诉讼法的规定，既有对检察机关"可以听取"的授权性规定，为检察机关根据案件具体情况决定是否听取律师意见提供

了可能性，又有在辩护律师要求的情况下"应当听取"的义务性要求，以充分发挥律师在审查逮捕阶段的辩护作用。《刑诉规则》第 309 条对此进行了相应规定。审查逮捕时，检察人员应当首先了解犯罪嫌疑人是否委托了律师，认为必要时，可以主动与辩护律师进行联系，听取其意见。如果辩护律师提出了要求，则应当听取辩护律师意见，并应当对辩护律师的意见制作笔录附卷。由于律师具备专门的法律知识，对犯罪嫌疑人是否涉嫌犯罪、有无社会危险性、是否适宜羁押、侦查取证活动是否违法等方面能够从不同于侦查机关的角度提出专业性意见。特别是《刑事诉讼法》明确了律师在侦查阶段的辩护人身份并完善了会见权、调取已收集证据权等相应的诉讼权利，为律师充分发挥辩护作用、进行有效辩护提供了更大空间，因此，检察机关审查逮捕时听取律师意见，就显得尤为重要。对律师提出的意见如何处理，刑事诉讼法没有具体规定，《刑诉规则》第 309 条第 2 款规定："辩护律师提出不构成犯罪、无社会危险性、不适宜羁押、侦查活动有违法犯罪情形等书面意见的，办案人员应当审查，并在审查逮捕意见书中说明是否采纳的情况和理由。"司法解释要求对待辩护律师的意见特别是可能影响到作出逮捕决定的书面意见，要在审查逮捕意见书中专门作出说明，以督促检察人员对辩护律师意见的重视和认真对待，有利于准确认定案件事实、正确作出逮捕决定，也是律师进行有效辩护的保障。应当指出的是，刑事诉讼法关于"辩护律师提出要求的，应当听取辩护律师的意见"的规定，比目前试行中的《关于审查逮捕阶段讯问犯罪嫌疑人的规定》中"必要时，可以当面听取受委托律师的意见"更加刚性，即将是否应当听取律师意见的决定权授予律师，这一规定，充分体现和落实了保障犯罪嫌疑人辩护权的要求，也体现了尊重与保障人权的精神。

办案人员在审阅案卷材料、制作阅卷笔录、调查核实证据的基础上，应当依据事实和法律提出审查意见。首先，案件承办人应当写出《逮捕案件审查报告》。该报告主要写清以下问题：第一，案件的来源；第二，犯罪嫌疑人的基本情况；第三，本案揭发和破案的简要经过；第四，经审查认定的本案犯罪事实及证据；第五，本案各犯罪嫌疑人据以逮捕的犯罪事实、证据，是否应当逮捕及其理由。其次，填写《逮捕案件审批表》。该表以每个犯罪嫌疑人为单位分别填写，归入检察内卷。

3. 审查的时间

审查逮捕的时间长短不仅反映了一种工作效率，也体现了检察人员的执法水平。根据《刑诉规则》第 316 条的规定："对公安机关提请批准逮捕的犯罪嫌疑人，已被拘留的，人民检察院应当在接到提请批准逮捕书后的 7 日以内作出是否批准逮捕的决定；未被拘留的，应当在接到提请批准逮捕书后的 15 日以内作出是否批准逮捕的决定，重大、复杂的案件，不得超过 20 日。"由此可见，审查批捕的时间是以犯罪嫌疑人是否被拘留和案件本身的复杂程度来决定的，凡是拘留案件，审查批捕的时间是 7 日；凡是未拘留的案件，审查批捕的通常时间是 15 日；只有重大、复杂的案件，审查批捕的时间才是 20 日，这里的时间是最长时间，即不能突破，不能超过，当然在这个期限之内作出审查决定的都是符合法定期限要求的。因此，认真执行审查逮捕时间的规定，不仅有利于提高刑事诉讼效率，而且有利于保护犯罪嫌疑人的合法权益。

（三）作出决定

根据《刑诉规则》第 304 条的规定，办案人员在审查案件后，应当依照事实和法律，提出是否批准逮捕的处理意见，经审查逮捕部门负责人审核后，报请检察长批准；重大案件应当经检察委员会讨论决定。

1. 批准逮捕

对于公安机关提请批准逮捕的犯罪嫌疑人，经审查，凡符合

《刑事诉讼法》第 79 条规定的逮捕条件的，人民检察院即应作出批准逮捕的决定，并制作《批准逮捕决定书》，经检察长签发后，加盖院印，连同案卷材料、证据，一并移送提请批准逮捕的公安机关执行逮捕。

人民检察院办理审查批捕案件时，发现应当逮捕而公安机关未提请批准逮捕的犯罪嫌疑人，人民检察院应当制作《应当逮捕犯罪嫌疑人意见书》送交公安机关，建议公安机关提请批准逮捕。如果公安机关不提请批准逮捕的理由不能成立的，人民检察院可以直接作出逮捕决定，制作《逮捕决定书》，送达公安机关执行。

2. 不批准逮捕

刑事诉讼法对逮捕条件进行调整后，关于不捕的分类已不能适应新的逮捕条件的划分，因此《刑诉规则》对此进行了必要调整。从完善不捕类型和规范检察人员自由裁量权的角度，提出了具有一定约束性和指引性的规定条款，与上述划分有所区别又有所联系。《刑诉规则》第 143 条沿用了原来"应当不捕"的规定；第 144 条是新增条款，列举了可以认为无社会危险性不捕的情形；第 145 条是根据刑事诉讼法对监视居住条件的调整而增设的符合监视居住条件不捕的规定。

（1）应当不捕

从逻辑上说，符合逮捕条件的犯罪嫌疑人、被告人应当逮捕，反之不符合逮捕条件的犯罪嫌疑人、被告人，则属于不应当逮捕的情形，包括不符合一般逮捕条件、径行逮捕条件和转捕条件对于不需要追究刑事责任的人，法律上不认为是犯罪或者明确规定不再追究刑事责任，强制措施丧失了其适用的前提，因此也属于应当不捕的情形。

（2）无社会危险性不捕

刑事诉讼法将社会危险性条件细化为五项，就是为了审查逮捕时便于操作和把握，防止对社会危险性裁量的随意性。《刑诉规则》秉承这一立法初衷，对五项社会危险性情形作出了进一步细化，此外，为了让社会危险性条件更加清晰明确，更好地审查认定，《刑诉规则》还从不具备社会危险性的角度进行了规定。根据检察机关多年来对逮捕必要性的探索，对逮捕质量的要求，总结实践经验，吸收《人民检察院审查逮捕质量标准》中的有关内容，在《刑诉规则》第 144 条中，从犯罪嫌疑人的主观恶性、行为程度、悔罪表现、赔偿情况、年龄等多个方面，列举了可以认为不具有社会危险性的情形。第 144 条和第 139 条对五种社会危险性的界定，从正反两方面构成了判断"社会危险性"条件的条文体系，进一步引导和规范审查逮捕中对"社会危险性"条件的审查判断，更有利于准确作出捕与不捕的决定，减少羁押，保障人权。

应当说明的是，第 144 条所列六种情形的出现通常都可以作为不具有社会危险性进行考虑，进而作出不捕决定，但并非必然的应当认为犯罪嫌疑人不具有社会危险性。此条文的作用在于对办案人员的提示和指引，而非要求，最终犯罪嫌疑人是否具有社会危险性、是否需要逮捕，还要根据案件具体情况比照第 139 条中社会危险性条件进行判断。

（3）符合监视居住条件的不捕

《刑诉规则》第 145 条规定："对符合刑事诉讼法第七十二条第一款规定的犯罪嫌疑人，人民检察院经审查认为不需要逮捕的，可以在作出不批准逮捕或者不予逮捕决定的同时，向侦查机关提出监视居住的建议。"此条是新增加的"符合监视居住条件不捕"的规定，这一条文的增加是由刑事诉讼法第 72 条监视居住条件的变化而引起的。鉴于原来对监视居住的适用条件、对象规定不明确和监视居住居所不易选定，在实践中对监视居住措施很少适用，更有些则将监视居住异化为变相羁押的实际执行情况，刑事诉讼法对监视居住重新定位，变更了监视居住的适用条件，定位于逮捕的替代措施。即适用监视居住措施的前提为符合逮捕条件，而由于犯罪嫌疑人、被告人自身或案件的特殊情况或办案需要，不宜采取逮捕措施羁押的，可以采取监视居住措施。

从上述监视居住条件的修改和适用情况看，监视居住措施适用的主体为法院、检察院、公安三机关，也即虽然适用监视居住措施要以对案件是否符合逮捕条件进行判断为前提，但这种判断公、检、法三机关都可以直接行使。公安机关对认为符合逮捕条件，又符合《刑事诉讼法》第72条所列五种情形之一的犯罪嫌疑人，可以直接决定采取监视居住措施，也可以出于保障侦查进行或者认为犯罪嫌疑人社会危险性大，采取监视居住无法保障诉讼正常进行等考虑而对符合监视居住条件的犯罪嫌疑人提请逮捕。对于侦查机关提请逮捕的案件，检察机关应当作出是否逮捕的决定。这种情况下，检察机关将再次对犯罪嫌疑人是否符合逮捕条件以及是否应当适用监视居住措施进行审查。经审查，认为犯罪嫌疑人确实社会危险性大，应当予以逮捕的，则可以作出逮捕决定；认为犯罪嫌疑人不羁押不致发生社会危险性而不需要逮捕的，也可以作出不捕的决定。此时不捕决定的理由并非是认为犯罪嫌疑人不符合逮捕条件，而是认为对其采取不羁押的措施更适合。因此，由于不捕理由的不同，增设了第145条。相对应地，《刑诉规则》第304条第2款，取消了侦查监督部门不能直接提出采取监视居住措施意见的规定，与侦查监督部门作出"符合监视居住条件的不捕"保持了一致。

（四）复议、复核

《刑事诉讼法》第90条规定："公安机关对人民检察院不批准逮捕的决定，认为有错误的时候，可以要求复议，但是必须将被拘留的人立即释放。如果意见不被接受，可以向上一级人民检察院提请复核。上级人民检察院应当立即复核，作出是否变更的决定，通知下级人民检察院和公安机关执行。"刑事诉讼法的这一规定，是公安机关与人民检察院在刑事诉讼中互相配合、互相制约的具体体现，有利于防止该捕不捕而放纵该逮捕的犯罪嫌疑人，保证人民检察院所作的不批捕决定的正确性，保证国家法律准确、有效地实施。

1. 复议

复议，是指人民检察院根据公安机关的要求，对于本院所作的不批捕决定依法重新进行审议，以决定是否改变原决定的一种诉讼活动。

根据《公安机关办理刑事案件程序规定》第 137 条第 1 款的规定，公安机关认为人民检察院的不批准逮捕决定有错误而要求复议的，应当在收到《不批准逮捕决定书》后的 5 日以内制作《要求复议意见书》，报经县级以上公安机关负责人批准后，送交同级人民检察院复议。《刑诉规则》第 323 条规定，对公安机关要求复议的不批准逮捕的案件，人民检察院侦查监督部门应当另行指派办案人员复议，并在收到提请复议书和案卷材料后的 7 日以内作出是否变更的决定，通知公安机关。对于复议后维持原不批准逮捕决定的，人民检察院应当制作《复议决定书》，连同案卷材料一并退回提请复议的公安机关执行。对于复议后改变原不批准逮捕决定的，人民检察院除制作《复议决定书》之外，还应制作《撤销不批准逮捕决定书》和《批准逮捕决定书》，连同案卷材料一并送提请复议的公安机关执行。根据《刑诉规则》第 325 条的规定，人民检察院作出不批准逮捕决定，并且通知公安机关补充侦查的案件，公安机关在补充侦查后又提请复议的，人民检察院应当告知公安机关重新提请批准逮捕。公安机关坚持复议的，人民检察院不予受理。公安机关补充侦查后应当提请批准逮捕而不提请批准逮捕的，按照本《刑诉规则》第 321 条的规定办理。这是因为公安机关补充侦查获得新的证据而要求复议不符合复议的本质要求，道理很简单，复议应当在原事实和证据不变的基础上进行。补充侦查的案件只能走重新报捕的程序，因为原不批捕决定是因为有需要补充侦查之处，补充完毕应当再报捕。

2. 复核

复核，是指人民检察院根据下级公安机关的提请，对下级人民检察院所作的不批捕决定进行审查，以决定是否改变下级人民检察院的不批捕决定的一种诉讼活动。

根据《公安机关办理刑事案件程序规定》第 137 条第 2 款的规定，公安机关在收到同级人民检察院的《复议决定书》后，如果认为同级人民检察院维持原不批准逮捕的决定有再议必要的，应当在收到人民检察院的《复议决定书》后 5 日内制作《提请复核意见书》，报经县级以上公安机关负责人批准后，连同同级人民检察院的《复议决定书》和案卷材料，一并提请上一级人民检察院复核。为了保证上一级人民检察院及时有效地进行复核，《刑诉规则》第 324 条规定，对公安机关提请上一级人民检察院复核的不批准逮捕的案件，上一级人民检察院侦查监督部门应当在收到提请复核意见书和案卷材料后的 15 日以内由检察长或者检察委员会作出是否变更的决定，通知下级人民检察院和公安机关执行。如果需要改变原决定，应当通知作出不批准逮捕决定的人民检察院撤销原不批准逮捕决定，另行制作批准逮捕决定书。必要时，上级人民检察院也可以直接作出批准逮捕决定，通知下级人民检察院送达公安机关执行。在实践中，上一级人民检察院审查批捕部门应当指定专人审查公安机关提请复核的案件，根据事实和法律提出是否变更下级人民检察院不批准逮捕决定的审查意见，经部门负责人审核后报检察长审批，重大复杂的案件应当经检察委员会讨论决定，并及时作出是否变更下级人民检察院不批准逮捕决定的《复核决定书》，通知下级人民检察院和公安机关。如果上级人民检察院改变了下级人民检察院的不批准逮捕决定，下级人民检察院在收到上级人民检察院的《复核决定书》后，应当及时制作《撤销不批准逮捕决定通知书》或《批准逮捕决定书》，送交公安机关执行逮捕；在必要的时候，上级人民检察院也可以直接作出批准逮捕决定，通知下级人民检察院填写《撤销不批准逮捕决定通知书》或《批准逮捕决定书》，由公安机关执行。下级人民检察院对上级人民检察院的复核决定必须执行，如有不同意见的，可在执行的同时，向上级人民检察院反映。如果上级人民检察院维持下级人民检察院不批准逮捕决定的，应当在《复核决定书》中写明："本院决定维持××人民检察院×号《复议决定书》关于对××犯罪嫌疑人不批准逮捕的决定。"分别送达下级公安机关和下级人民检察院执行。

三、审查决定逮捕的程序和方法

根据《刑事诉讼法》第 163 条的规定，人民检察院直接受理的案件中符合逮捕条件，需要逮捕、拘留犯罪嫌疑人的，由人民检察院作出决定，由公安机关执行。

（一）报请审查逮捕程序

《刑诉规则》规定，省级以下（不含省级）人民检察院直接受理立案侦查的案件，需要逮捕犯罪嫌疑人的，应当报请上一级人民检察院审查决定。监所、林业等派出人民检察院立案侦查的案件，需要逮捕犯罪嫌疑人的，应当报请上一级人民检察院审查决定。除了最高人民检察院和省级人民检察院直接受理的案件外，人民检察院直接立案侦查的案件均适用上一级人民检察院审查决定逮捕的模式，最高人民检察院和省级人民检察院直接受理的案件仍维持原自侦自捕模式。

《刑诉规则》第 328 条规定了报请审查逮捕程序，报捕程序取消了下级人民检察院的"同级审查"，报请中还需注意：一是报请审查逮捕的主体是下级人民检察院，具体报请部门是侦查部门，案卷材料应由下级人民检察院侦查部门报送。该规定与公安机关提请逮捕程序相一致，也符合对报请逮捕主体的职责要求。二是报送的材料除案卷材料外，还包括讯问犯罪嫌疑人的录音、录像，应当一并报上一级人民检察院审查。《刑诉规则》中要求报请或移送审查逮捕的同时应当移送讯问犯罪嫌疑人的录音、录像。并明确规定，对未移送或移送不全的，侦查监督部门应当要求侦查部门补充移送，经要求仍未移送或未全部移送的，应当将案件退回侦查部门。三是侦查机关在提请逮捕时，除了要向检察机关移送证明犯罪嫌疑人已涉嫌犯罪、可能判处徒刑以上刑罚的证据外，还应移送证明犯罪嫌疑人具有法定社会危险性的证据材料。社会危险性条件是逮捕条件之一，对这一条件要求要有证据予以证明，证明犯罪嫌疑人社会危险性的证据是审查逮捕的重要依据。经审查，认为证据不能证明犯罪嫌疑人具有社会危险性的，应当不予逮捕，并按照加强侦查监督说理工作的相关规定，向侦查机关阐明不捕的理由和依据。以往侦查部门往往只针对有无犯罪事实进行侦查取证，对证明社会危险性的证据收集注意不够，新刑事诉讼法特别对社会危险性条件进行了修改细化，表明对逮捕的三个条件要同等重视。《刑诉规则》第328条对侦查部门的报请逮捕书中应当说明犯罪嫌疑人的社会危险性并附相关证据材料提出了明确要求。

（二）审查决定逮捕程序

1.《刑诉规则》第331条、第332条规定，上一级人民检察院经审查，对符合法律规定情形的，应当讯问犯罪嫌疑人。对未被拘留的犯罪嫌疑人，讯问前应当征求下级人民检察院侦查部门的意见。讯问犯罪嫌疑人，可以当面讯问，也可以通过视频讯问。通过视频讯问的，上一级人民检察院应当制作笔录附卷。下级人民检察院应当协助做好提押、讯问笔录核对、签字等工作。

因交通、通信不便等原因，不能当面讯问或者视频讯问的，上一级人民检察院可以拟定讯问提纲，委托下级人民检察院侦查监督部门进行讯问。下级人民检察院应当及时将讯问笔录报送上一级人民检察院。

对已被拘留的犯罪嫌疑人，上一级人民检察院拟不讯问的，应当向犯罪嫌疑人送达听取犯罪嫌疑人意见书。因交通不便等原因不能及时送达的，可以委托下级人民检察院侦查监督部门代为送达。下级人民检察院应当及时回收意见书，并报上一级人民检察院。经审查发现应当讯问犯罪嫌疑人的，应当及时讯问。

在审查逮捕阶段，每个案件无论以何种形式，都可以听到犯罪嫌疑人的意见，有利于检察机关加强证据审查，防止错捕漏捕。

2.《刑诉规则》第 333 条规定，上一级人民检察院决定逮捕的，应当将逮捕决定书连同案卷材料一并交下级人民检察院，由下级人民检察院通知同级公安机关执行。必要时，下级人民检察院可以协助执行。

下级人民检察院应当在公安机关执行逮捕三日以内，将执行回执报上一级人民检察院。

3.《刑诉规则》第 334 条增设了"不予逮捕决定书"。该条规定，上一级人民检察院决定不予逮捕的，应当将不予逮捕决定书连同案卷材料一并交下级人民检察院，同时书面说明不予逮捕的理由。犯罪嫌疑人已被拘留的，下级人民检察院应当通知公安机关立即释放，并报上一级人民检察院；案件需要继续侦查，犯罪嫌疑人符合取保候审、监视居住条件的，由下级人民检察院依法决定取保候审或者监视居住。上一级人民检察院作出不予逮捕决定，认为需要补充侦查的，应当制作补充侦查提纲，送达下级人民检察院侦查部门。

（三）追捕程序

对应当逮捕而下级人民检察院未报请逮捕的犯罪嫌疑人，上一级人民检察院应当通知下级人民检察院报请逮捕犯罪嫌疑人。下级人民检察院不同意报请逮捕犯罪嫌疑人的，应当说明理由。经审查理由不成立的，上一级人民检察院可以依法作出逮捕决定。该规定体现了上级人民检察院对下级人民检察院的监督制约和有错必纠的精神，也与对公安机关提请逮捕案件的追捕规定一致。

（四）下级人民检察院报请重新审查程序

下级人民检察院认为上一级人民检察院作出的不予逮捕决定有错误的，应当报请上一级人民检察院重新审查，上一级检察院应当在规定时间内作出是否变更的决定。报请重新审查机制能够使下级检察院通过程序性手段制约上级检察院的逮捕权，使捕与不捕的决定更为谨慎和公正，从而提高逮捕案件质量。

（五）审查逮捕人大代表犯罪嫌疑人程序

根据《刑诉规则》第341条的规定，下级人民检察院按照法律规定先向人大代表所在的人民代表大会主席团或者常务委员会报请许可，获得许可同意后，再向上级人民检察院报请逮捕。即对需要逮捕担任人大代表的犯罪嫌疑人，先由负责侦查的下级检察院按照规定程序报请人大许可，然后报请上级检察院决定逮捕。逮捕犯罪嫌疑人前侦查部门通常要报请人大许可采取拘留措施，建议此时同时报请许可逮捕，以减少提请人大许可的程序和手续，在操作上更为便捷，能够有效地解决在拘留期限内难以同时报请许可拘留和逮捕的问题。

四、审查逮捕案件的备案审查

为了提高办案质量，保证审查批准、决定逮捕犯罪嫌疑人的准确性，防止和及时纠正错捕、漏捕现象，在总结实践经验的基础上，最高人民检察院制定的《刑诉规则》中规定了审查逮捕案件的备案审查制度。

（一）备案审查的概念和意义

备案审查，是指上级人民检察院通过对下级人民检察院办理的审查批准、决定逮捕犯罪嫌疑人案件的备案材料的审查，及时了解下级人民检察院审查批准、决定逮捕工作情况，发现和纠正错捕和漏捕问题，确保办案质量，进行业务指导的一项工作制度。

实施备案审查制度，有利于上级人民检察院及时发现和纠正下级人民检察院审查批准、决定逮捕工作中的错误。下级人民检察院由于执法水平和执法环境复杂等因素，可能出现该捕不捕、不该捕而捕等错捕、漏捕问题，有了备案审查制度，可以使上级人民检察院通过审查纠正这些错误，以保证国家法律的统一正确实施。

实施备案审查制度，有利于加强上级人民检察院与下级人民检察院之间的业务联系。尽管上下级检察院之间可以通过请示与答复、工作部署与实施等方式互相联系，但是备案审查不失为一种有效的业务联系，上级检察院可以直接具体地了解下级检察院在审查批准、决定逮捕工作情况，以便搞好业务指导。

实施备案审查制度，有利于上级人民检察院总结审查批准、决定逮捕工作的经验和教训，分析审查批准、决定逮捕工作的规律和特点，以便有针对性开展指导工作。另外，在涉外批捕工作中搞好备案审查工作，有利于正确处理涉外案件，维护我国的司法主权，正确处理与其他国家的关系，促进国际交流的健康发展。

（二）备案审查的范围

备案审查的范围体现了上级人民检察院对下级人民检察院审查逮捕工作监督领导的范围。从有利监督，防错防漏角度看，备案审查应掌握在适度的范围内。《刑诉规则》第 313 条规定："人民检察院办理下列审查逮捕案件，应当报上一级人民检察院备案。上一级人民检察院对报送的备案材料经审查发现错误的，应当依法及时纠正。"目前，需要备案审查的案件，为以下三种：（1）批准逮捕的危害国家安全的案件；（2）批准逮捕的涉外案件；（3）作出逮捕或不逮捕决定的检察机关直接立案侦查的案件。其中前两种只限于批准逮捕的案件，而后一种则包括逮捕和不逮捕的案件。

（三）审查的程序和方法

1. 审查的权限

根据《刑诉规则》的规定，备案审查的案件，按是否涉外划分为涉外案件和非涉外案件，两类案件的审查权限是不同的。

首先，非涉外案件的备案审查由上一级人民检察院负责。

其次，涉外案件，除依法由最高人民检察院审查批捕的以外，均由分、州、市人民检察院报省级人民检察院审查。省级人民检察院征求同级政府外事部门的意见后，决定是否批准逮捕，对于决定批准逮捕的，应同时报最高人民检察院备案。简而言之，涉外批捕案件均由最高人民检察院备案审查。

2. 审查的内容和方法

有备案审查权限的人民检察院，首先，应当审查备案材料是否报送齐备。根据有关规定，涉外案件的备案材料应当包括：（1）《批准逮捕外国籍犯罪嫌疑人备案报告书》；（2）《逮捕案件审查报告》；（3）《逮捕案件审批表》。非涉外案件的备案材料应当包括：（1）《逮捕案件审批表》；（2）《提请批准逮捕书》或《逮捕犯罪嫌疑人意见书》。其次，应当指定专人对上述备案材料进行审查，并填写《逮捕案件备案审查表》。经审查，如果发现下级人民检察院所作的决定有错误，应当立即进行纠正，制作《纠正案件决定错误通知书》，送达下级人民检察院执行。

此外，有备案审查权限的人民检察院，还要定期对备案审查的材料进行综合分析，肯定工作成绩、指出存在的问题，分析产生问题的原因，提出改进工作的意见，加强对下级人民检察院审查批准、决定逮捕工作的指导。

五、审查逮捕案件的复查

审查逮捕案件的复查，是指各级人民检察院对于所办理的审查逮捕犯罪嫌疑人的案件，定期或不定期进行复查，以发现和纠正错误的审查逮捕决定的一项工作制度。

　　审查逮捕案件的复查重点是：（1）检察机关与公安机关在认定事实和适用法律上有分歧的案件；（2）适用法律较为疑难的案件；（3）群众对处理决定有意见提出申诉控告的案件；（4）一定时期内比较突出的犯罪案件。实践中，检察机关往往根据工作情况，有针对性地复查某些案件，如针对不批捕率高的问题，集中对不批捕案件进行复查，看有无应捕而不捕的问题。又如对自侦案件审查逮捕工作情况进行复查；或者对批捕案件进行复查，看有无错捕、漏捕的情况等。

　　复查案件，除应充分肯定成绩，总结经验以外，应当注意发现和纠正错捕、漏捕和案件质量不高等问题。根据刑事诉讼法的有关规定，结合审查逮捕的工作实际，审查逮捕案件质量标准应当作相应的调整。目前，应当参照以下标准来把握：

　　（一）错捕

　　错捕就是将没有证据证明有犯罪事实，或者行为不构成犯罪，以及依法不应当追究刑事责任的人，批准或决定逮捕。一般说来，对有下列情形之一的犯罪嫌疑人批准或决定逮捕，视为错捕：

　　1. 没有犯罪事实或者犯罪行为不是犯罪嫌疑人实施的；

　　2. 没有查证属实的证据证明犯罪嫌疑人实施犯罪行为的；

　　3. 法律没有明确规定为犯罪的；

　　4. 属于《刑法》第 16 条规定的"不可抗力"，第 20 条第 1款、第 3 款规定的"正当防卫"，第 21 条第 1 款规定的"紧急避险"等不负刑事责任情形的；

　　5. 应由民事、行政、经济等法律法规调整的或者有其他违法行为尚未构成犯罪的；

　　6. 情节显著轻微，危害不大，不认为是犯罪的；

　　7. 犯罪已过追诉时效期限的；

　　8. 据以逮捕的犯罪事实已经追究犯罪嫌疑人的刑事责任，未发现漏罪或者新罪的；

9. 在案件事实、证据无变化的情况下，本院或者上级检察院撤销逮捕决定的；

10. 在案件事实、证据无变化的情况下，撤销案件、根据《刑事诉讼法》第 173 条第 1 款、第 2 款不起诉或者根据《刑事诉讼法》第 195 条第 2 项宣告无罪的。

（二）漏捕

漏捕是指犯罪嫌疑人具备逮捕条件，应当批准、决定逮捕，而未作出批准、决定逮捕的。具体说来，不批准、决定逮捕案件中，有下列情形之一的为漏捕：

1. 已有证据证明犯罪嫌疑人有犯罪事实，具备逮捕条件，应当批准或者决定逮捕，而作不批准或者决定不予逮捕的。

2. 对有必要逮捕的犯罪嫌疑人，而以无逮捕必要不捕，造成社会实际危害或者影响刑事诉讼正常进行的。对应当逮捕的，已有证据证明有犯罪事实的共同犯罪案件中的其他犯罪嫌疑人未依法逮捕的。

3. 经复议、复核，在案件事实、证据无变化的情况下将原不批准逮捕改为批准，经证明是正确的。

4. 上级人民检察院发现不批准逮捕错误改为批准逮捕的。

5. 其他应当逮捕而作不捕决定的。

（三）案件质量不高

案件质量不高，是指在审查批准、决定逮捕时，掌握的逮捕标准不准确，办理案件的程序不规范等。主要有下列几种情形：

1. 犯罪嫌疑人患有严重疾病或者系正在怀孕、哺乳自己婴儿的妇女，可以采取取保候审或者监视居住措施，而批准或者决定逮捕的，但罪行严重或者流窜作案确有逮捕必要的除外；

2. 对未成年犯罪嫌疑人依照有关规定不应当逮捕而批准或者决定逮捕的；

3. 依照《刑法》第 17 条关于刑事责任年龄、第 18 条关于刑事责任能力的规定不负刑事责任因审查不认真而批准或者决定逮捕，经侦查、起诉或者审判查明属于不负刑事责任的；

4. 应当发现立案监督线索而未发现的；或者发现后未采取立案监督措施的；

5. 应发现遗漏犯罪嫌疑人而未发现的；发现后应建议侦查机关或者部门提请批准逮捕或者移送审查逮捕而未提出建议的；经建议，侦查机关不予采纳，而未报请检察长决定是否直接作出批准逮捕决定的；

6. 对公安机关执行批准或者决定逮捕的情况、执行不批准逮捕或者决定不予逮捕的情况未及时了解、对执行过程中的违法情况应当提出纠正意见而未提出纠正意见的；

7. 发现侦查机关或者部门在侦查中有违法情况而未提出纠正意见，或者严重违法情况应当发现而未发现的；

8. 审结案件超过法定时限、或者诉讼程序不合法的；

9. 法律文书制作不准确、不规范的；

10. 诉讼卷宗装订不及时，装订顺序不符合要求的。

（四）不认为是错捕的情况

有些案件在审查批捕的时候符合逮捕条件，但是随着诉讼的深入，由于发现了新证据或者发生了法定的事由而使案件作了无罪处理。在这种情况下，对已作出的逮捕决定如何认识呢？我们认为应当实事求是地认定为不属于错捕。因此，有下列情形之一的，不认为是错捕：

1. 批准或者决定逮捕时的案件事实、证据符合逮捕条件，但随着案件的进一步侦查、审查起诉或者审判，原认定的案件事实、证据发生了变化，或者因特赦令免除处罚而撤案、不起诉或者宣告无罪的；

2. 在对同一事实、证据或者同一法律适用上，有关执法部门认识有分歧，形成疑案，导致作无罪处理的；

3. 被取保候审、监视居住的犯罪嫌疑人因违反取保候审、监视居住的规定而被逮捕，经侦查、审查起诉或者审判，原认定的案件事实、证据发生了变化，因而导致撤案、不起诉或者宣告无罪的。

4. 已经逮捕的犯罪嫌疑人、被告人，在刑事诉讼过程中因丧失诉讼行为能力或者死亡，而终止诉讼的。

经过复查，发现错捕的，应当及时报请检察长决定或者经检察委员会讨论决定，撤销原批准、决定逮捕的决定，通知公安机关放人。发现漏捕的，应当及时报请检察长决定或者经检察委员会讨论决定，及时作出逮捕决定，通知公安机关执行。对案件质量不高的，应当注意总结经验教训、研究整改措施。必要时，可将复查情况作一通报，使案件复查工作达到纠正错误，不断提高批准、决定逮捕质量，保证国家法律统一正确实施的目的。对于不认为是错捕的，也应当实事求是地予以认定，提高广大审查批捕干部的工作积极性。

六、羁押期限的延长

侦查中的羁押期限的延长，通常是由人民检察院审查批捕部门审查批准的。因此，在研究审查批准、决定逮捕问题时，有必要对延长羁押期限的有关问题一并予以阐述。

（一）首次羁押期限

《刑事诉讼法》第154条规定："对犯罪嫌疑人逮捕后的侦查羁押期限不得超过2个月。"这是对一般刑事案件中的犯罪嫌疑人羁押的期限。该期限仅指对犯罪嫌疑人逮捕后的期限，不包括逮捕前的拘留期限。

（二）羁押期限的延长

1. 《刑诉规则》第276条规定："基层人民检察院和分、州、市人民检察院直接受理立案侦查的案件，对犯罪嫌疑人可能判处十年有期徒刑以上刑罚，依照本规则第二百七十五条的规定依法延长羁押期限届满，仍不能侦查终结的，经省、自治区、直辖市人民检察院批准，可以再延长二个月。

省级人民检察院直接受理立案侦查的案件，属于上述情形的，可以直接决定再延长二个月。"

本条包含如下两层意思：

（1）基层人民检察院和分、州、市人民检察院对符合法定条件的案件再延长侦查羁押期限的规定。适用该规定的案件必须符合两个条件：①属于《刑诉规则》第275条规定的4种特殊案件之一；②对犯罪嫌疑人可能判处10年有期徒刑以上刑罚，这是指根据当时掌握的事实、证据情况对可能判处刑罚情况的推测，而不是指事实上判处的刑罚。对这类案件规定可以再延长侦查羁押期限，是因为这类案件本身就属于交通十分不便的边远地区的重大复杂案件、重大的犯罪集团案件、流窜作案的重大复杂案件和犯罪涉及面广、取证困难的重大犯罪案件，加之根据犯罪嫌疑人主要犯罪行为以及取得的证据判定可能判处犯罪嫌疑人10年有期徒刑以上刑罚。对本规定的案件再延长侦查羁押期限的批准权在省级人民检察院，基层人民检察院和分、州、市人民检察院办理此类案件需要延长侦查羁押期限的都要由省级人民检察院批准。本款规定的"再延长二个月"，是指依照《刑诉规则》第274条规定延长1个月后和依照《刑诉规则》第275条规定延长2个月后，再延长2个月。

（2）省级人民检察院对特殊案件延长侦查羁押期限。省级人民检察院直接立案侦查的案件，属于《刑诉规则》第275条规定的4种特殊案件之一，以及对犯罪嫌疑人可能判处10年有期徒刑以上刑罚，依照《刑诉规则》第275条的规定依法延长羁押期限届满，仍不能侦查终结的，可以直接决定再延长2个月。

2. 最高人民检察院直接立案侦查的案件侦查羁押期限的延长

《刑诉规则》第277条规定："最高人民检察院直接受理立案

侦查的案件，依照刑事诉讼法的规定需要延长侦查羁押期限的，直接决定延长侦查羁押期限。"修改后的《刑事诉讼法》第154条规定："案情复杂、期限届满不能终结的案件，可以经上一级人民检察院批准延长一个月。"根据《刑事诉讼法》第156条、第157条的规定，对符合法定条件的案件延长侦查羁押期限，要由省级人民检察院批准或者决定。对最高人民检察院直接立案侦查的案件需要延长侦查羁押期限的，不可由上一级人民检察院或由省级人民检察院决定，因此，本条规定，最高人民检察院直接立案侦查的案件，依照刑事诉讼法的规定需要延长侦查羁押期限的，直接决定延长侦查羁押期限。这一规定包括以下含义：（1）最高人民检察院延长侦查羁押期限也要符合刑事诉讼法规定的条件和期限；（2）最高人民检察院直接立案侦查的案件，无论属于哪种需要延长侦查羁押期限的情形，都由最高人民检察院自行决定。

3. 特别重大复杂案件的延期审理

《刑诉规则》第280条规定："因为特殊原因，在较长时间内不宜交付审判的特别重大复杂的案件，由最高人民检察院报请全国人民代表大会常务委员会批准延期审理。"本条规定的"因为特殊原因，在较长时间内不宜交付审判"，不是指一般的因案情复杂在羁押期限内不能办结，而是指由于政治上的及涉及国家、社会重大利益的原因在一定时期内不宜交付审判，或者具有其他特殊的原因，在相当长的时期内不宜交付审判。所谓特别重大复杂的案件，是指案件涉及的是全国性的犯罪或者是在全国乃至国外将产生重大影响的案件。"特别重大复杂"是这类案件的必要限定条件，其中"重大"是关键条件。对于此类案件，需要延期审理的，由最高人民检察院报请全国人民代表大会常务委员会批准。凡不属于此类案件，即使案情复杂，在侦查羁押期限内不能办结的，也不能按本条办理。

在执法中应当注意以下几个问题：（1）对因特殊原因，不宜交付审判的案件一定要慎重对待，此类案件只有全国人大常委会有权批准延期审理；（2）本条规定的特殊原因是指关系国家政治、外交等方面，涉及整个国家安全、利益的重大问题，这种案件是极少的，不能随意扩大解释，应严格控制。

（三）重新计算羁押期限

《刑诉规则》第281条规定："人民检察院在侦查期间发现犯罪嫌疑人另有重要罪行的，自发现之日起依照本规则第二百七十四条的规定重新计算侦查羁押期限。

另有重要罪行是指与逮捕时的罪行不同种的重大犯罪和同种的影响罪名认定、量刑档次的重大犯罪。"

本条规定的"发现"既包括犯罪嫌疑人的主动交代，也包括侦查人员采用侦查手段得到的线索。本条规定自发现之日起依照《刑诉规则》第274条的规定重新计算侦查羁押期限，是指自发现犯罪嫌疑人另有重要罪行之日起，侦查羁押期限不得超过2个月，如果符合《刑诉规则》第274、275、276条规定的延长侦查羁押期限的条件的，可以延长侦查羁押期限。

本条第2款关于"另有重要罪行"的含义。本款规定，另有重要罪行，是指与逮捕时的罪行不同种的重大犯罪和同种的将影响罪名认定、量刑档次的犯罪。由于侦查羁押期限是从逮捕开始计算的，羁押的目的是更好地查清逮捕时发现的犯罪事实，因此，将"另有重要罪行"规定为与逮捕时的罪行不同的犯罪，是比较合理的。这里的"不同种的重大犯罪"，是指新发现的犯罪行为与逮捕时发现的罪行性质不同，触犯不同的刑法条文，应定不同的罪名，并且新发现的犯罪行为重大，如逮捕时发现了贪污罪，逮捕后又发现了徇私舞弊罪；"同种的影响罪名认定的重大犯罪"，是指新发现的犯罪行为与逮捕时发现的罪行性质一样或有关联，但由于新发现的罪行，可能导致罪名的变化和适用刑法条文的变化。刑法修改后，人民检察院直接立案侦查的案件中，属于这种情况的极少。根据《刑法》第 399 条第 4 款的规定，司法工作人员收受贿赂，有前三款行为的，同时又构成《刑法》第 385 条规定的受贿罪的，依照处罚较重的规定定罪处罚。实践中，在个别情况下，可能会出现检察机关以徇私枉法罪决定逮捕，但在侦查过程中发现与之关联的受贿行为，将侦查重点放在受贿行为上，从而重新计算侦查羁押期限的情况。"同种的影响量刑档次的重大犯罪"，是指新发现的罪行与逮捕时发现的罪行性质一样，但由于新发现的罪行，可能导致量刑档次的变化。例如，逮捕时发现犯罪嫌疑人有贪污行为，数额不满 1 万元，适用《刑法》第 383 条第 1 款第 3 项量刑，但在侦查过程中发现犯罪嫌疑人另有重要贪污行为，数额在 10 万元以上，应适用《刑法》第 383 条第 1 款第 1 项量刑。这里需要注意的是，本款规定的是影响"量刑档次"，而不是影响"量刑"，发现犯罪嫌疑人有新的犯罪行为，一般都要影响量刑，但却不一定达到量刑时适用不同档次的法定刑的程度，二者是不同的概念。

适用本条应特别注意的问题是，在侦查羁押期间发现犯罪嫌疑人另有重要罪行的，"可以"重新计算侦查羁押期限，而不是"应当"重新计算。人民检察院在办案中遇到上述情况，首先应当抓紧办案，争取在侦查羁押期限内办结。

（四）羁押措施的变更

根据《刑诉规则》的规定，人民检察院直接立案侦查的案件，不能在法定侦查羁押期限内侦查终结的，应当依法释放犯罪嫌疑人或者变更强制措施。

七、核准追诉

（一）核准追诉的条件

法定最高刑为无期徒刑、死刑的犯罪，已过 20 年追诉期限的，不再追诉。如果认为必须追诉的，须报请最高人民检察院核准。

《刑诉规则》第 353 条规定，报请核准追诉的案件应当同时符合下列条件：（1）有证据证明存在犯罪事实，且犯罪事实是犯罪嫌疑人实施的；（2）涉嫌犯罪的行为应当适用的法定量刑幅度的最高刑为无期徒刑或者死刑的；（3）涉嫌犯罪的性质、情节和后果特别严重，虽然已过二十年追诉期限，但社会危害性和影响依然存在，不追诉会严重影响社会稳定或者产生其他严重后果，而必须追诉的；（4）犯罪嫌疑人能够及时到案接受追诉的。

（二）核准追诉案件报请、审批程序

1. 《刑诉规则》第354条规定侦查机关报请核准追诉的案件，由同级人民检察院受理并层报最高人民检察院审查决定。

2. 《刑诉规则》第355条规定，地方各级人民检察院对侦查机关报请核准追诉的案件，应当及时进行审查并开展必要的调查，经检察委员会审议提出是否同意核准追诉的意见，在受理案件后10日以内制作报请核准追诉案件报告书，连同案件材料一并层报最高人民检察院。对于地方各级检察机关的报送程序，曾有意见提出，地方人民检察院认为不符合核准追诉条件的，可以决定不再继续层报核准追诉。决定报请核准追诉的权力在侦查机关，而决定是否核准追诉的权力在最高人民检察院，即核准追诉的启动权在侦查机关，决定权在最高人民检察院。地方人民检察院审查核准追诉案件是为最高人民检察院核准追诉提供协助，其审查认为不符合核准追诉条件的，应当将审查意见层报至最高人民检察院，但无权代替最高人民检察院作出不予核准的决定，也无权决定不报请最高人民检察院核准，最高人民检察院行使核准追诉权包括作出核准追诉的决定和不核准追诉的决定。由最高人民检察院行使核准追诉权也体现了法律对核准追诉的审慎态度。

3. 《刑诉规则》第356条规定，最高人民检察院收到省级人民检察院报送的报请核准追诉案件报告书及案件材料后，应当及时审查，必要时派人到案发地了解案件有关情况。经检察长批准或者检察委员会审议，应当在受理案件后1个月以内作出是否核准追诉的决定，特殊情况下可以延长15日，并制作核准追诉决定书或者不予核准追诉决定书，逐级下达最初受理案件的人民检察院，送达报请核准追诉的侦查机关。最高人民检察院收到报请核准追诉案件的材料后，应当及时审查，必要时可以派人到案发地对案件有关情况进行调查、核实、了解。承办人审查后提出是否核准的意见，经部门负责人审核后，经检察长批准或者检察委员会审议，作出是否核准追诉的决定，逐级下达最初受理案件的人民检察院，送达报请核准追诉的侦查机关。最高人民检察院审查核准追诉案件的办案期限为 1 个月，特殊情况下可以延长 15 日。

4. 最高人民检察院决定核准追诉的案件，最初受理案件的人民检察院应当监督侦查机关的侦查工作。最高人民检察院决定不予核准追诉，侦查机关未及时撤销案件的，同级人民检察院应当予以监督纠正。犯罪嫌疑人在押的，应当立即释放。

为了防止侦查机关对最高人民检察院已核准的案件无故久拖不决甚至不了了之，或者对最高人民检察院不予核准的案件仍不及时撤案或释放犯罪嫌疑人，最高人民检察院决定核准追诉后，侦查机关未及时启动追诉程序或者未及时开展侦查的，或者最高人民检察院决定不予核准追诉后，侦查机关未及时撤销案件的，同级人民检察院应当予以监督纠正。这是检察机关履行法律监督职能的体现。

思考题：

一、审查批准逮捕和决定逮捕有何异同？

二、如何理解"有证据证明有犯罪事实"？

三、审查批准、决定逮捕的意义。

四、逮捕的条件。

五、逮捕人大代表应当注意什么？

六、如何认定错捕、漏捕和批捕案件质量不高？

第三章　审查起诉和出庭公诉

第一节　公诉的概念和意义

一、公诉的概念和意义

公诉是相对于自诉的一种控诉方式，是指国家授权专门机关代表国家向法院提起的控诉。我国宪法和法律规定，检察机关是履行公诉权的职能机关，代表国家行使公诉权。我国《刑事诉讼法》第 167 条规定："凡需要提起公诉的案件，一律由人民检察院审查决定。"《人民检察院组织法》第 15 条规定："人民检察院提起公诉的案件，由检察长或者检察员以国家公诉人的身份出席法庭，支持公诉，并且监督审判活动是否合法。"因此，在我国，公诉是指人民检察院代表国家对被认为是犯罪的人提出控诉，要求人民法院对所指控的犯罪事实予以确认并追究犯罪人刑事责任的一种诉讼行为。

规范公诉活动的有关法律制度是公诉制度。我国公诉制度包括三方面的内容：（1）人民检察院代表国家向人民法院提起追究犯罪嫌疑人刑事责任的要求。（2）人民检察院是法定的、唯一的公诉职能机关。公安机关、国家安全机关依法侦查终结的案件，以及人民检察院按照管辖分工自行侦查终结的案件，必须经过人民检察院审查，认为必须对犯罪嫌疑人追究刑事责任时，由检察长或由他指定的检察员代表国家向人民法院提起公诉，并出席法庭支持公诉。（3）属于公诉案件的诉权，法律规定只赋予人民检察院，人民法院对人民检察院提起诉讼的被告人及其犯罪事实进行审判。

根据我国刑事诉讼法规定，我国实行以公诉为主、自诉为辅的控诉制度，除了人民法院直接受理的少数自诉案件以外，对绝大多数刑事犯罪案件都实行公诉。自诉是刑事案件被害人及其法定代理人、近亲属，以个人名义对刑事被告人提起诉讼，要求审判机关进行审判。自诉案件包括下列案件：一是告诉才处理的案件；二是人民检察院没有提起公诉，被害人有证据证明的轻微刑事案件，根据案件情况对被告人可以判处 3 年有期徒刑以下刑罚的其他案件；三是被害人有证据证明被告人侵犯自己人身、财产权利的行为应当依法追究刑事责任，而公安机关或者人民检察院不予追究的案件。

公诉是我国追诉犯罪的主要形式，是维护国家利益、落实国家刑罚权的司法保障之一，也是现代刑事诉讼制度发展的主流。公诉制度在我国刑事诉讼中具有重要的地位和作用。

第一，为人民法院的审判工作提供前提和基础。通过公诉主动追诉犯罪、阐明犯罪事实和证据、揭露犯罪，以使法院通过审判确认犯罪并追究犯罪人的刑事责任，从而保证刑法的正确实施，达到惩罚犯罪、保护人民、维护国家利益的目的。

第二，有利于保障刑事控诉的质量。通过公诉程序，保障无罪的人不受追诉，使依法不应追究刑事责任或不需要判处刑罚、免除刑罚的人不受审判；保证国家对犯罪人予以及时、主动、准确地追究。

第三，有利于保障诉讼程序得到正确、有效地执行。通过审查起诉、提起公诉和出庭支持公诉，可以及时发现和纠正侦查、审判工作中的违法情形，从而保证刑事诉讼程序的依法进行。

二、公诉的目的和任务

人民检察院代表国家行使公诉权，其目的是使国家的刑罚权得以实现，即通过提请对具体案件的审理以确认国家刑罚权在该案中是否存在及其实施范围，并请求法院在确认存在刑罚权时对犯罪人处以相应的刑罚，从而维护国家利益和公民的合法权益，维护公共安全和社会秩序。

我国刑事诉讼的任务是准确、及时地查明犯罪事实，正确应用法律，惩罚犯罪分子，保障无罪的人不受刑事追究，以维护社会主义法制，保护公民的人身权利、财产权利、民主权利和其他权利不受非法侵犯，保障社会主义建设事业的顺利进行。公诉是刑事诉讼中的一个重要环节，公诉的根本任务就是实现刑事诉讼的目的和任务。

公诉活动由审查起诉、提起公诉和出席法庭支持公诉等具体的诉讼活动所组成。提起公诉是人民检察院公诉活动的核心内容，审查起诉是提起公诉的准备和基础，出席法庭支持公诉则是提起公诉在人民法院审判阶段的延伸。公诉的任务决定了审查起诉、提起公诉、出庭支持公诉的具体任务。公诉的任务是：对侦查机关侦查终结后移送起诉的案件，以及人民检察院自行侦查终结需要提起公诉或者不起诉的案件，从认定事实到适用法律进行全面审查并依法作出提起公诉或者不起诉的决定；对侦查机关的侦查工作进行监督，发现有违法情况时，及时通知其予以纠正，以保障侦查活动严格依法进行；复查被害人、被不起诉人的申诉；对侦查机关认为人民检察院的不起诉决定有错误而要求复议、提请复核的，应及时进行复议、复核；对因作不起诉决定而被害人向人民法院起诉的，接到人民法院立案通知后，应将有关案件材料移送人民法院。

第二节　审查起诉

一、审查起诉的概念和作用

审查起诉是我国刑事诉讼中的一个独立的诉讼阶段，是指人民检察院对侦查终结的案件进行全面审查，作出提起公诉或不起诉的审查决定的诉讼活动。

审查起诉是人民检察院参与刑事诉讼，正确履行检察职能十分重要的基础环节。《刑事诉讼法》第167条规定："凡需要提起公诉的案件，一律由人民检察院决定。"《刑事诉讼法》第171条和第173条又规定了三种情况，人民检察院可以或应当作出不起诉决定。法律的这些规定，要求人民检察院在作出提起公诉或不起诉的决定之前，应当全面认真审查案件事实、证据，审查移送起诉时原适用的法律是否恰当。这样就决定了人民检察院审查起诉的任务是：按照实事求是的诉讼原则，以事实为根据，以法律为准绳，就案件在认定事实，收集与运用证据，适用法律等方面，是否符合法律的要求，进行全面、细致的审查，为提起公诉或者作出不起诉的决定，做好充分的准备和打下良好的基础。

审查起诉在刑事诉讼中具有重要的作用：（1）把好防错防漏关，保证办案质量。人民检察院通过审查起诉，全面审查案件的事实和证据，可以及时发现和纠正侦查程序中在认定案件事实和运用法律方面存在的错误，从而防止错诉，使无辜的人不被刑事法律追诉，保障公民的民主权利不受侵犯，保证刑事追诉的准确性；人民检察院在审查起诉时，还可以发现侦查工作中遗漏的刑事犯罪分子或罪行，以及发现其他犯罪案件的线索，根据案件具体情况及时提出追诉，或退回侦查机关补充侦查，或者自行补充侦查，从而防止放纵该起诉的犯罪分子，保证追诉犯罪的全面性。（2）为作出提起公诉或不起诉的决定做好充分的准备。人民检察院的审查起诉，就是通过全面、细致地审查案件的全部事实和证据，为准确适用法律，正确作出提起公诉或不起诉的决定准备了充分的依据，保证人民检察院以事实为依据，以法律为准绳，正确地作出提起公诉或不起诉的决定。（3）为出庭支持公诉打下良好的基础。人民检察院审查起诉的过程，也是具体承办案件的检察员熟悉和掌握案件事实、证据和有关法律、法规、政策的过程。通过审查起诉，不仅能够保证提起公诉的准确性，而且还可以保证在出庭支持公诉时，能够熟练地、准确地运用法律，证实被告人的犯罪行为，取得较好的公诉效果。（4）人民检察院通过审查起诉，可以及时发现和纠正侦查机关在侦查活动中的违法情况，保证刑事诉讼活动的合法性。

二、受理审查起诉

受理审查起诉，是指人民检察院按照刑事诉讼法的有关规定，接受并初步审查侦查机关侦查终结和人民检察院自行侦查终结移送起诉的案件，决定是否受理的过程。

人民检察院受理审查起诉应初步审查以下情况：

（1）起诉意见书及案卷材料是否齐备；

（2）移送审查起诉的实物与物品清单是否相符；

（3）犯罪嫌疑人是否在案以及采取强制措施的情况；

（4）是否属于与本院同级的人民法院管辖的案件。

人民检察院在受理审查起诉案件时，如果发现应该具备的法律文书、案卷材料不齐全，或者移送的实物与物品清单不相符的，应当要求侦查机关补充后移送审查起诉；发现犯罪嫌疑人或共同犯罪的部分犯罪嫌疑人在逃的，应当要求公安机关采取必要措施，保证犯罪嫌疑人到案后移送审查起诉，共同犯罪的部分犯罪嫌疑人可另案移送审查起诉；发现如果不属本院管辖的案件，按照刑事诉讼法的管辖规定，认为应当由上级人民检察院或者同级其他人民检察院起诉的，应当将案件移送有管辖权的人民检察院审查起诉。

经初步审查，对于具备受理条件的，人民检察院审查起诉部门应填写受理审查起诉案件登记表，并指定专人对案件进行审查。

人民检察院受理审查起诉案件后，还应当履行以下义务：

1. 告知犯罪嫌疑人、被害人、附带民事诉讼的当事人等，有权委托律师等为其提供法律服务。人民检察院收到移送审查起诉的案件材料之日起 3 日以内必须履行以下告知义务：（1）告知犯罪嫌疑人有权委托辩护人；（2）告知被害人及其法定代理人或者其近亲属、附带民事诉讼的当事人及其法定代理人有权委托诉讼代理人。

2. 接待犯罪嫌疑人委托的辩护律师、其他辩护人。人民检察院受理审查起诉后，告知犯罪嫌疑人有权委托辩护人，如果犯罪嫌疑人委托了辩护律师、其他辩护人为其提供法律服务的，人民检察院应依法接待。如果受犯罪嫌疑人委托的辩护律师提出书面申请的，人民检察院就可以让他查阅、摘抄、复制本案的诉讼文书，案卷材料或同在押、被监视居住的犯罪嫌疑人会见和通信；如果受犯罪嫌疑人委托的其他辩护人具备辩护人资格并提出书面申请的在押被监视居住的犯罪嫌疑人会见和通信，人民检察院就应许可让他查阅、摘抄、复制本案的诉讼文书、案卷材料或同在押、被监视居住的犯罪嫌疑人会见和通信。人民检察院接到律师以外的其他辩护人的申请，须在 3 日内对申请人是否具备辩护人资格进行审查并作出是否许可的决定，书面通知申请人。申请人不具备辩护人资格的，人民检察院应当不许可；具有以下情形之一的，人民检察院可以不许可：（1）同案犯罪嫌疑人在逃的；（2）案件事实不清，证据不足，或者遗漏罪行、遗漏同案犯罪嫌疑人需要补充侦查的；（3）涉及国家秘密的或商业秘密；（4）有事实表明存在串供、毁灭、伪造证据或者危害证人人身安全可能的。

允许被委托的辩护人查阅、摘抄、复制本案的案卷材料，包括诉讼文书和证据材料。

允许被委托的辩护人查阅、摘抄、复制本案的诉讼文书，包括立案决定书、拘留证、批准逮捕决定书、逮捕决定书、逮捕证、搜查证、起诉意见书等；为采取强制措施和其他侦查措施，以及立案和提请审查起诉而制作的程序性文书。

　　受犯罪嫌疑人委托的其他辩护人，如果要同在押的犯罪嫌疑人会见和通信，要经人民检察院许可。但是，受犯罪嫌疑人委托的辩护律师如果要同在押的犯罪嫌疑人会见和通信，不必经人民检察院许可。受委托的辩护律师和其他辩护人会见在押的犯罪嫌疑人时，人民检察院不派人在场。

三、审查起诉的主要内容和基本要求

（一）审查起诉的主要内容

人民检察院审查移送起诉的案件，应当查明：

（1）犯罪嫌疑人身份状况是否清楚，包括姓名、性别、国籍、出生年月日、职业和单位等；单位犯罪的，单位的相关情况是否清楚。

（2）犯罪事实、情节是否清楚；实施犯罪的时间、地点、手段、犯罪事实、危害后果是否明确。

（3）认定犯罪性质和罪名的意见是否正确；有无法定的从重、从轻、减轻或者免除处罚的情节及酌定从重、从轻情节；共同犯罪案件的犯罪嫌疑人在犯罪活动中的责任的认定是否恰当。

（4）证明犯罪事实的证据材料包括采取技术侦查措施的决定书及证据材料是否随案移送；证明相关财产系违法所得的证据材料是否随案移送；不宜移送的证据的清单、复制件、照片或者其他证明文件是否随案移送。

（5）证据是否确实、充分，是否依法收集，有无应当排除非法证据的情形。

（6）侦查的各种法律手续和诉讼文书是否完备。

（7）有无遗漏罪行和其他应当追究刑事责任的人。

（8）是否属于不应当追究刑事责任的。

（9）有无附带民事诉讼；对于国家财产、集体财产遭受损失的，是否需要由人民检察院提起附带民事诉讼。

（10）采取的强制措施是否适当，对于已经逮捕的犯罪嫌

人，有无继续羁押的必要。

（11）侦查活动是否合法。

（12）涉案款物是否查封、扣押、冻结并妥善保管，清单是否齐备；对被害人合法财产的返还和对违禁品或者不宜长期保存的物品的处理是否妥当，移送的证明文件是否完备。

（二）审查起诉的基本要求

人民检察院按下述要求做好审查起诉工作：

1. 认真审查证据，全面查明被告人的犯罪事实和情节。人民检察院办理案件，必须以事实为依据。因此，审查起诉时，首先应通过查阅侦查机关移送的案件材料，核对证据，研究侦查终结的案件的犯罪事实、情节是否清楚，是否有充分的证据证明，适用的法律是否正确，只有这样才能依法正确作出提起公诉或不起诉的决定。

由于审查起诉是对已侦查终结的案件的审查，关系到决定是否将犯罪嫌疑人提交给人民法院审判，是否要求人民法院认定犯罪嫌疑人有罪并判处相应的刑罚，因此，与审查批捕不同，它要求全面查明被告人的犯罪事实和从重或从轻的情节，是共同犯罪的要分清个人的地位、作用以及相应承担的责任，要将每件犯罪事实的时间、地点、手段、原因、结果以及因果关系、动机、目的等查清楚。总之，凡影响对犯罪嫌疑人行为定性及处理的都必须细致查明。查明案件事实，最重要的是审查和运用证据，只有证据确实、充分的，才能确认犯罪嫌疑人的犯罪事实和情节清楚，符合提起公诉的法定条件。审查证据是否确实、充分，应从以下几个方面严格审查：

（1）真实性。证据是客观存在的事实。因此，只有反映事情的本来面目，能够证明案件真实情况的，才是真实的证据，才能作为定案的依据。因此审查证据，首先应该审查其真实性，这是查清案件事实的前提和基础。对于证据的真实性可从三方面审查：

一是证据的来源是否可靠；二是证据是不是原件；三是言词证据是否稳定、肯定。

（2）关联性。侦查机关侦查过程中收集的证据必须是与本案有关，这就是证据的关联性。世界上的事情是十分复杂的，侦查机关在侦查过程中是针对疑点来收集证据的，收集的证据是否与本案有关，就需要经过审查，只有那些能够证明犯罪是否发生、犯罪行为是否为本案犯罪嫌疑人所实施，以及犯罪情节如何等的客观事实，才能作为本案的证据使用。反之，则不能作为本案的证据使用。如从单个证据来看是不能直接证明本案的事实真相，但是，将数个间接证据连接起来后，能证明本案的事实真相的，则不能否定这些间接证据与本案事实的关联性，应作为本案的证据使用。

（3）系统性。证据的系统性即是证明案件事实所需证据是否齐全，是否环环紧扣构成证据链条。在刑事诉讼中，侦查机关收集的证据是多种多样的，有直接证据，有间接证据；有肯定证据，有否定证据。在审查证据的真实性的基础上，就必须审查肯定的证据是否形成体系，是否环环紧扣构成证据链条。如果证据之间不存在矛盾，无懈可击，对否定的证据及疑点亦能排除，这样就能认为事实清楚，证据充分。

（4）合法性。证据的合法性，即是否严格依照刑事诉讼法的规定进行证据的收集，也是证据能否作为刑事诉讼中对案件定性处理的法律基础。按照法律规定，对证据的合法性，应从三方面进行审查：

①证据的来源是否合法。对于公诉案件，法律规定必须经过侦查，因此，公诉案件的证据必须是有侦查权的机关收集的，否则就是不合法的。例如，单位领导人向犯罪嫌疑人问话时记录的材料，如果未经侦查核实，就不能作为证据使用，因为缺乏合法性，只能作为线索供办案参考。另一种是按照刑事诉讼法的规定，

受委托的辩护律师按照三种方法收集的：一是经证人或者其他有关单位和个人同意，可以向他们收集与本案有关的材料；二是申请人民检察院收集、调取的证据；三是经人民检察院许可，并且经被害人或者其近亲属、被害人提供的证人同意收集的证据。

对于辩护律师申请人民检察院收集、调取证据，人民检察院认为需要调查取证的，应当由人民检察院收集、调取证据，不应当向律师签发准许调查决定书，让律师收集调取证据。

②收集证据的方法是否合法。按照刑事诉讼法的规定，采取下列五种方法收集的证据不具有合法性：

第一，采取刑讯逼供和以威胁、引诱、欺骗方法收集的证据。

第二，讯问犯罪嫌疑人时，只有一名办案人员讯问并记录的讯问笔录。

第三，讯问聋、哑的犯罪嫌疑人时，没有通晓聋、哑手势的人参加，没有将这种情况记明的笔录。

第四，没有将笔录交犯罪嫌疑人或证人、被害人核对的讯问笔录、证人证言、被害人陈述。

第五，没有犯罪嫌疑人或证人、被害人签名或者盖章以及侦查人员签名的讯问笔录、证人证言、被害人陈述。

人民检察院刑事诉讼规则规定，人民检察院侦查的案件，询问证人、被害人时，侦查人员不得少于2人。

③提供证据的人是否有法律规定的作证资格。《刑事诉讼法》第60条第1款规定："凡是知道案件情况的人，都有作证的义务。"但该条文第2款又规定："生理上、精神上有缺陷或者年幼，不能辨别是非、不能正确表达的人，不能作证人。"因此这些人提供的证据不具有合法性。

审查证据的合法性是十分关键的，如果收集的证据没有合法性，这些证据就没有证明的作用和意义。在当前的办案工作中，一些检察机关的办案人员在审查起诉时，对证据合法性的审查不重视甚至忽视，导致在法庭上举证失败。因此，人民检察院审查起诉时，一定要加强对证据的合法性的严格审查。审查起诉中发现以非法的方法收集物证、书证，经审查核实能够证明案件真实情况的，就应当依法转为合法性证据，作为指控犯罪的依据。但非法收集证据的手段严重损害犯罪嫌疑人及其他有关公民的合法权益的除外。人民检察院应当对非法取证行为提出纠正意见，构成犯罪的应当按有关规定立案侦查，依法追究其刑事责任。

2. 通过讯问犯罪嫌疑人、询问被害人及证人核实证据。《刑事诉讼法》第 170 条规定："人民检察院审查案件，应当讯问犯罪嫌疑人，听取辩护人、被害人及其诉讼代理人的意见，并记录在案。辩护人、被害人及其诉讼代理人提出书面意见的，应当附卷。"人民检察院对证人证言笔录存在疑问或者认为原侦查机关对证人的询问不够具体全面的，应该对证人进行询问并且制作笔录。讯问犯罪嫌疑人或询问被害人时，还应当告知其有申请回避的权利。

3. 通过审查技术鉴定意见核实证据。技术性鉴定材料，是一种十分重要的证据，特别是对于贪污、杀人、伤害、强奸等案件，往往在区分罪与非罪，认定罪责轻重方面起着关键的作用，因此，在审查起诉时，一定要重视对技术鉴定意见的审查，并与其他证据进行核对，以查明案件的证据是否确实、充分。但是，审查技术性鉴定材料，需要有较强的专门知识，这是办案人员一般都不具备的。因此，办案人员应与检察技术人员联系，一起审查技术性鉴定意见，核对证据。如发现较大和复杂的疑点，应聘请其他单位有专门知识的人进行审查，需要时还应进行重新勘验、检查、鉴定，以排除疑点，使证据符合确实、充分的要求。

4. 以法律为准绳，衡量是否应对犯罪嫌疑人提起公诉。经过对侦查机关移送审查起诉案件的审查，以及需要时退回原侦查机关补充侦查或者自行补充侦查，在全面审查证据，核实证据，查清案件的事实后，就应研究正确适用法律问题。

根据刑法关于犯罪基本特征的有关规定，审查犯罪嫌疑人的行为是否构成犯罪。具体应从下列三方面进行审查：

（1）审查犯罪嫌疑人的行为是否具有社会危害性。任何犯罪都是危害社会的行为。因此在审查犯罪嫌疑人的行为是否属于犯罪行为时，首先必须审查这种行为对社会有无危害。当前应特别注意的是，审查改革开放中发生的一些案件的社会危害性时，应透过表面看实质，通过局部看全面，以党的最新政策、法律的最新规定来对照，判断犯罪嫌疑人的行为是否有社会危害性。

（2）审查犯罪嫌疑人的行为是否触犯了刑法的规定。危害社会的行为一般都是违法的行为，但并非都构成犯罪。只有触犯了刑法的行为，才有可能认定为犯罪行为。所以，人民检察院在审查起诉时，应查明犯罪嫌疑人的行为是否触犯了我国刑法的规定。

（3）审查犯罪嫌疑人的行为是否应受刑事处罚。一些犯罪嫌疑人的行为虽触犯了刑法的规定，但是，依照刑法规定，不应受刑罚处罚、不需要判处刑罚或者免除刑罚的可不作犯罪处理。因此，审查起诉时就应该结合刑法的这些规定，审查犯罪嫌疑人的行为是否应受刑事处罚。

5. 根据刑法分则条文，审查侦查机关所认定的犯罪性质和罪名是否正确。人民检察院审查起诉时，应当按照刑法和最高人民检察院有关刑法罪名的司法解释将审查认定的犯罪事实，与侦查机关移送审查起诉所认定的犯罪性质和罪名相对照，审查侦查机关所认定的犯罪性质和罪名是否正确，正确的可按原来的认定，错误的就要准确适用法律，重新正确认定犯罪性质和罪名。

6. 查明有无附带民事诉讼。根据《刑事诉讼法》第99条的规定："被害人由于被告人的犯罪行为而遭受物质损失的，在刑事诉讼过程中，有权提起附带民事诉讼。被害人死亡或者丧失行为能力的，被害人的法定代理人、近亲属有权提起附带民事诉讼。如果是国家财产、集体财产遭受损失的，人民检察院在提起公诉的时候，可以提起附带民事诉讼。"

人民检察院在审查起诉时，认为案件应提起公诉的同时，就应查明有无附带民事诉讼。具体的做法是：

（1）如果是犯罪嫌疑人的行为致使国家、集体财产造成损失的，人民检察院在提起公诉的同时，可以主动提起附带民事诉讼。

（2）在询问被害人时，应该了解被害人是否有提起附带民事诉讼的要求。经审查，认为被害人提出的附带民事诉讼的要求是有理的，人民检察院可进行调解，使当事人双方达成协议，如果被害人坚持向法院提起附带民事诉讼的，人民检察院就应支持。

四、作出审查决定

对移送审查起诉的案件，人民检察院应当在 1 个月内作出决定；重大、复杂的案件，1 个月内不能作出决定的，审查起诉部门报经检察长批准，可以延长 15 日。

审查起诉案件的承办人对全案事实、证据、适用法律情况审查完毕后，应制作案件审查意见书，经审查起诉部门负责人审核后，报检察长或者检察委员会作出是否起诉的决定。需要根据《刑事诉讼法》第 171 条第 4 款、第 173 条第 1 款和第 2 款作出不起诉决定的案件，必须经由检察委员会讨论并由检察委员会作出决定。其他案件，可以由检察长作出决定，也可以根据案件实际情形，由检察长提交检察委员会讨论决定。检察长办理审查起诉案件的，除需要根据《刑事诉讼法》第 171 条第 4 款、第 173 条第 1 款和第 2 款作出不起诉决定的以外，可以自行决定起诉或者不起诉。需要指出的是，实行主诉检察官办案责任制后，有些地方把决定起诉的权力赋予主诉检察官行使，但不起诉决定权仍由检察长或检察委员会行使。部门负责人可以对主诉检察官的审查意见提出建议，但无权改变主诉检察官的意见。在办理审查起诉案件中，主诉检察官对哪些案件具有决定权，主诉检察官与部门负责人和检察长的关系如何界定，有待于进一步研究。

第三节　提起公诉

一、提起公诉的条件

提起公诉是人民检察院代表国家将犯罪嫌疑人提交人民法院审判的一种刑事诉讼活动。《刑事诉讼法》第 172 条规定："人民检察院认为犯罪嫌疑人的犯罪事实已经查清，证据确实、充分，依法应当追究刑事责任的，应当作出起诉决定，按照审判管辖的规定，向人民法院提起公诉，将案卷材料、证据移送人民法院。"按照这一规定，人民检察院提起公诉的案件，应当具备下列三方面的条件：

（一）犯罪嫌疑人的犯罪事实清楚

犯罪的时间、地点、动机、目的、手段、后果等都已查清，没有遗漏的罪行和其他应当追究刑事责任的人。然而，在司法实践中，刑事案件是各种各样、千差万别的，在具体办理案件时，按照法律规定及办案经验，具有下列情形之一的，可以确认犯罪事实已查清：

1. 属于单一罪行的案件，查清的事实足以定罪量刑或者与定罪量刑有关的事实已经查清，不影响定罪量刑的事实无法查清的；

2. 属于数个罪行的案件，部分罪行已经查清并符合起诉条件，其他罪行无法查清的（应当以已经查清的罪行起诉）；

3. 无法查清作案工具、赃物去向，但有其他证据足以对被告人定罪量刑的；

4. 证人证言、犯罪嫌疑人供述辩解、被害人陈述的内容中主要情节一致，只有个别情节不一致且不影响定罪的。

（二）证据确实、充分

对于犯罪嫌疑人的犯罪事实和情节，均有真实的、足够的证据加以证实，不存在任何矛盾和疑点。

（三）依法应当追究犯罪嫌疑人的刑事责任

犯罪嫌疑人的行为已经构成犯罪并且应当处以刑罚，没有不应当追究刑事责任的情况。

人民检察院经过对案件进行审查，认为符合上述条件，就应当及时作出起诉的决定，向有管辖权的人民法院提起公诉。

二、提起公诉的规范要求

按照刑事诉讼法的规定，人民检察院向人民法院提起公诉的规范要求是：

（一）制作《起诉书》

提起公诉应制作《起诉书》。《起诉书》是人民检察院代表国家向人民法院提起公诉，要求对被告人进行审判的法律文书，是人民法院对公诉案件开展审判活动的依据。起诉书叙述的犯罪事实的必备要素应当明晰、准确。起诉书各部分的内容要简繁适度。其中，对案件事实，特别是对检察机关直接受理立案侦查的案件、重大案件、具有较大影响的案件的事实，一般要予以列举、详细叙述，但对作案多起但犯罪手段、危害后果等方面相同的一般刑事案件，可以先对相同的情节进行概括叙述，然后再逐一列举出每起事实的具体时间、结果等情况，而不必详细叙述每一起犯罪事实的过程。在证据方面，既包括指控犯罪事实以及表明罪行严重等对犯罪嫌疑人不利的证据，也包括从轻、减轻处罚情节等对犯罪嫌疑人有利的证据。

（二）向有管辖权的同级人民法院提起公诉

根据刑事诉讼法的规定，人民检察院起诉案件，应当按照审判管辖的规定，向有管辖权的同级人民法院提起公诉。如果人民检察院对于公安机关移送审查起诉的案件，审查后认为属于上级或者下级人民法院第一审管辖的，应当及时报送上级人民检察院或者移交下级人民检察院向其同级人民法院提起公诉。人民检察院认为可能判处无期徒刑、死刑而向中级人民法院提起公诉的普通刑事案件，中级人民法院受理后，认为不需要判处无期徒刑以上刑罚的，可以依法审理，不再交基层人民法院审理。但是，基层人民检察院向基层人民法院提起公诉的普通刑事案件，基层人民法院认为可能判处无期徒刑、死刑的，经合议庭报请院长决定后，移送中级人民法院审判，中级人民法院审查后，按以下情形分别处理：（1）认为不够判处无期徒刑、死刑的案件，决定不同意移送；（2）认为可能判处无期徒刑、死刑的案件，决定同意移送。这时，原提起公诉的人民检察院的上一级人民检察院，就要作为提起公诉的人民检察院承办此案并出庭支持公诉。

（三）按照法律规定向人民法院移送必需的法律文书及材料

1. 案卷材料包括案件的诉讼文书和证据材料，证据材料指的是全部证据材料，既包括指控犯罪事实以及表明罪行严重等对犯罪嫌疑人不利的证据，也包括有从轻、减轻处罚情节等对犯罪嫌疑人有利的证据。尤其需要注意的是，对于被告人或者证人等翻供、翻证的材料以及有利于被告人的其他证据材料，如不予采信的证明被告人无罪的证据，也应当移送人民法院。当然，对于人民检察院不采信的证据，在法庭审理中，公诉人没有出示该证据的义务，辩护人提出该证据的，公诉人可以发表不予采信的意见和理由，由法庭决定是否采信。

2. 对作为证据使用的实物不宜移送的，应当移送其清单、照片或者其他证明文件。

3. 关于被害人姓名、住址、联系方式、被告人被采取强制措施的种类、是否在案及羁押处所等问题，人民检察院应当在起诉书中列明，不再单独移送材料；对于涉及被害人隐私或者为保护证人、鉴定人、被害人人身安全，而不宜公开证人、鉴定人、被害人姓名、住址、工作单位和联系方式等个人信息的，可以在起诉书中使用化名等替代证人、鉴定人、被害人的个人信息，但是应当另行书面说明使用化名等情况，并标明密级。辩护律师在审查起诉阶段要求查阅对证人、鉴定人、被害人使用化名等情况的，应当要求辩护律师签署保密承诺书。

4. 除起诉书、案卷材料和证据以外，还应当移送证人、鉴定人、需要出庭的有专门知识的人的名单，需要保护的被害人、证人、鉴定人的名单。证人、鉴定人、有专门知识的人的名单应当列明姓名、性别、年龄、职业、住址、联系方式等。

5. 起诉书还应当附被告人现在处所、涉案款物情况、被害人（单位）附带民事诉讼情况以及其他需要附注的情况。

6. 人民检察院提起公诉后，人民法院向人民检察院提出书面意见要求补充移送材料，人民检察院认为有必要移送的，应当自收到通知之日起 3 日以内补送。需要注意的是，2012 年修改后的刑事诉讼法第 181 条规定，人民法院对提起公诉的案件进行审查后，对于起诉书中有明确的指控犯罪事实的，应当决定开庭审判。这一条规定了人民法院决定开庭审判提起公诉案件的条件，也是对 1996 年刑事诉讼法案卷移送制度的重大修改，只要起诉书中有明确的指控犯罪事实的，人民法院就应当决定开庭审判。当然，如果人民法院向人民检察院提出书面意见要求补充移送材料的，人民检察院认为有必要移送时，则应当在收到通知之日起 3 日以内补送，认为没有必要移送时，可以告知人民法院。实践中，补充移送材料一般来说有利于检察机关指控犯罪，故一般应当尽量补充移送。

7. 提起公诉后，在人民法院宣告判决前补充收集的证据材料，人民检察院应当及时移送人民法院。人民检察院取得证据材料，既可能是工作中发现的证据材料，自行补充收集的证据材料，也可能是公安机关补充提供的材料，还可能是被害人、证人等提供的证据材料，对于这些证据材料，都应当及时移送人民法院。

第四节　不起诉

　　不起诉是人民检察院在审查起诉后作出不将案件移送人民法院进行审判而终止诉讼的决定。

　　按照刑事诉讼理论，不起诉属于起诉便宜主义原则的范畴。起诉便宜主义是调整公诉制度的一项重要原则，其含义是：对于犯罪嫌疑人的行为已构成犯罪的案件，鉴于该犯罪嫌疑人及其犯罪的具体情况，不将其交付审判和处以刑罚更符合诉讼经济的要求和政策目的时，法律赋予检察机关在权衡利弊后有决定不起诉的自由裁量权。从刑事诉讼法规定的不起诉的范围来看，已包含了由起诉便宜主义原则而主张的不起诉的内容，但是又不完全等同。因为刑事诉讼法规定的不起诉，已是一种内容丰富，具有中国刑事诉讼特点的制度，既包含了起诉便宜主义的部分；又包括了对经过侦查认为确实不构成犯罪的犯罪嫌疑人终止诉讼的决定；也包括了对经过侦查以及补充侦查后，人民检察院经过审查仍然认为事实不清、证据不足的案件，决定暂时不能对犯罪嫌疑人提起公诉的情形。

　　我国刑事诉讼法律制度中的不起诉制度，是与有中国特色检察制度相适应的。这就是：（1）当前的中国地广人多，经济还不发达，并且刑事案件较多，实行诉讼便宜主义原则更符合诉讼经济的国情要求；（2）人民检察院是法律监督机关，有权决定对确实不构成犯罪的以及犯罪情节轻微的犯罪嫌疑人不追究刑事责任，以有利于真正和充分体现我国刑法教育与惩罚相结合的目的；（3）人民检察院是代表国家提起公诉的职能部门，对事实不清、证据不足的案件，应决定不提起公诉，以保证公诉的质量。

一、不起诉类型

　　按照刑事诉讼法的规定，不起诉分为：依法不追究刑事责任的不起诉，依法不需要判处刑罚或免除刑罚的不起诉，证据不足的不起诉。这三种不同情形的不起诉的性质、适用条件是不同的。

（一）依法不追究刑事责任的不起诉

这种不起诉是人民检察院对符合法定情形的犯罪嫌疑人必须作出的不起诉决定，又称法定不起诉或绝对不起诉。即根据《刑事诉讼法》第 173 条第 1 款的规定，犯罪嫌疑人有《刑事诉讼法》第 15 条规定的情形之一的，依法不再追究行为人的刑事责任。这些情形包括：

1. 情节显著轻微、危害不大，不认为是犯罪的。行为构成犯罪，是决定犯罪嫌疑人应负刑事责任的前提。因此，如果犯罪嫌疑人的行为情节显著轻微，危害不大，不认为是犯罪的，就不应追究其刑事责任。属于触犯治安管理处罚条例的，可由公安机关依据治安管理处罚条例给予行政处罚；属于违反其他行政法规的，由行政执法部门依据行政法规的规定进行处理；属于违反党纪政纪的，由纪委、监察部门给予党纪政纪处分。对这类案件，人民检察院没有诉权，不能向人民法院提起公诉。

2. 犯罪已过追诉时效期限的。犯罪已过法定追诉时效期限，则人民检察机关已丧失诉权，不能再向人民法院提起公诉。我国《刑法》第 87 条对追诉时效期限作了明确的规定。一般来说，如果超过法定期限而仍未追究犯罪分子的刑事责任，就不能再对其进行追究，而应作出不起诉决定。但是，有法律规定的三种情况例外：一是法定最高刑为无期徒刑、死刑的，经过 20 年以后，经最高人民检察院核准仍可追诉；二是在人民检察院、公安机关、国家安全机关立案侦查或在人民法院受理案件以后，逃避侦查、审判的，不受追诉期限的限制；三是被害人在追诉期限内提出控告，人民法院、人民检察院、公安机关应当立案而不予立案的，不受追诉期限的限制。

3. 经特赦令免除刑罚的。根据我国《宪法》第 67 条的规定，全国人民代表大会常务委员会有权决定特赦。特赦令经国家主席颁布后具有特别法效力，经特赦令免除刑罚的罪犯，人民检察院就不能再提起公诉追究其刑事责任。

4. 依照刑法告诉才处理的。我国刑法规定的告诉才处理的犯罪，以被害人及其法定代理人、近亲属告诉作为追究刑事责任的前提条件，这类案件属于自诉案件的范围，人民检察院对自诉案件没有诉权。

5. 犯罪嫌疑人死亡的。根据我国刑法所确立的罪责自负的原则，犯罪嫌疑人死亡，意味着失去了追究刑事责任的对象，人民检察院的诉权就不再存在，刑事追诉活动就不能再继续进行下去，人民检察院应当作出不起诉决定，终止诉讼。

6. 其他法律规定免予追究刑事责任的。这主要适用于对无刑事责任能力的人，也包括特别法中规定可免予追究刑事责任的情况。

（二）依法不需要判处刑罚或免除刑罚的不起诉

根据《刑事诉讼法》第 173 条第 2 款的规定："对于犯罪情节轻微，依照刑法规定不需要判处刑罚或者免除刑罚的，人民检察院可以作出不起诉决定。"因此，这种不起诉是指人民检察院对案件的法定情形进行分析，认为其符合可以不起诉的条件，而作出的不起诉决定，又称酌定不起诉或相对不起诉。与法定不起诉相比较，酌定不起诉是拥有诉权而予以放弃，不提起公诉；后者是没有或者丧失诉权而不能提起公诉。酌定不起诉，是人民检察院拥有一定的起诉自由裁量权、在刑事诉讼中实现诉讼便宜主义原则的体现。

根据《刑事诉讼法》第 173 条第 2 款的规定，依法不需要判处刑罚或免除刑罚的不起诉必须具备下列三个条件：

1. 犯罪嫌疑人的行为已经构成了犯罪，应当负刑事责任。在这方面，酌定不起诉的案件与提起公诉的案件是一致的，即人民检察院认为犯罪嫌疑人的行为已构成犯罪，应当负刑事责任，不存在法定不起诉案件的依法不应追究犯罪嫌疑人刑事责任的情况。

2. 该犯罪行为情节轻微。即从犯罪嫌疑人实施犯罪行为的动机、目的、手段、危害后果等情况以及年龄、一贯表现等综合考虑，认为确属情节轻微。

3. 依照刑法规定不需要判处刑罚或者免除刑罚的。按照我国刑法规定，主要是指有下列情形之一的：

（1）犯罪嫌疑人在中华人民共和国领域外犯罪，依照我国刑法应当负刑事责任，但在外国已经受过刑事处罚的；

（2）犯罪嫌疑人又聋又哑，或者是盲人犯罪的；

（3）犯罪嫌疑人因防卫过当而犯罪的；

（4）犯罪嫌疑人因紧急避险超过必要限度而犯罪的；

（5）为犯罪准备工具，制造条件的；

（6）在犯罪过程中自动中止或自动有效地防止犯罪结果发生的；

（7）在共同犯罪中，起次要或者辅助作用的人员；

（8）被胁迫、诱骗参加犯罪的胁从人员；

（9）犯罪以后自动投案，如实供述自己罪行的自首人员；

（10）犯罪后有重大立功表现的人员。

（三）证据不足的不起诉

证据不足的不起诉是人民检察院对证据不足，不符合起诉条件的案件的犯罪嫌疑人作出的不起诉的决定，又称存疑不起诉。按照《刑事诉讼法》第 171 条第 4 款的规定，证据不足的不起诉的条件是：

1. 人民检察院认为证据不足、不符合起诉条件。在办案中，发现案件具有以下情形之一的，属于证据不足、不符合起诉条件：（1）据以定罪的证据存在疑问，无法查证属实的；（2）犯罪构成要件事实缺乏必要的证据予以证明的；（3）据以定罪的证据间的矛盾不能合理排除的；（4）根据证据得出的结论有其他可能性，不能排除合理怀疑的；（5）根据证据认定案件事实不符合逻辑和经验法则，得出的结论明显不符合常理的。

2. 经过了二次补充侦查的。按照《刑事诉讼法》第 171 条的规定，人民检察院在审查起诉中的补充侦查分为两种情形：一种是由人民检察院自行补充侦查。是对一些只有某些次要的犯罪事实、情节不清，证据不足，使用一般的调查手段可查清的案件，可以由人民检察院自行补充侦查。另一种是由于主要犯罪事实、情节不清，证据不足，或者有遗漏罪行或者犯罪嫌疑人，补充侦查的工作量大或者需要使用技术性较强的专门侦查手段才能查清的案件，应当退回公安机关、国家安全机关补充侦查。"经过二次补充侦查"是指经过两次退回公安机关、国家安全机关补充侦查。

对于二次补充侦查的案件，人民检察院仍然认为证据不足，不符合起诉条件的，应当作出不起诉的决定。人民检察院作出不起诉决定后，在发现新的证据，符合起诉条件时，可以提起公诉。

二、不起诉的适用程序

根据刑事诉讼法的规定，不起诉的适用程序包括：

1. 审查。对案件的全部事实、情节和证据进行审查，查明犯罪事实、情节是否清楚，证据是否充分。

2. 决定。人民检察院根据案件事实、情节、证据和法律规定作出决定。人民检察院作出的依法不追究刑事责任的不起诉决定，人民检察院作出的依法不需要判处刑罚或免除刑罚的不起诉决定和证据不足的不起诉决定，要经检察长或者检察委员会讨论决定。人民检察院作出不起诉决定后，应制作不起诉决定书。

3. 宣布和送达。人民检察院应当公开宣布不起诉决定，并将不起诉决定书分别送达被不起诉人及其所在单位、公安机关、被害人。

下级人民检察院应当将不起诉决定书副本以及案件审查报告

报送上一级人民检察院备案。

4. 立即释放在押的被不起诉人。

5. 解除在侦查中扣押、冻结的财物。

6. 对被不起诉人需要给予行政处罚、行政处分或者需要没收其违法所得的，移送有关主管机关处理。

7. 复议、复核。公安机关认为不起诉决定有错误的时候，可以要求复议，如果意见不被接受，可以向上一级人民检察院提请复核。

8. 申诉和复查。被害人不服不起诉决定，可以自收到不起诉决定书后 7 天内向上一级人民检察院申诉，请求提起公诉。人民检察院应当将复查决定告知被害人，对于人民检察院依照《刑事诉讼法》第 173 条第 2 款的规定作出的不起诉决定，被不起诉人如果不服，可以在收到决定书后 7 日内向人民检察院申诉。人民检察院应当作出复查决定，通知被不起诉的人，同时抄送公安机关。

《刑事诉讼法》第 176 条规定："对人民检察院维持不起诉决定的，被害人可以向人民法院起诉。被害人也可以不经申诉，直接向人民法院起诉。人民法院受理案件后，人民检察院应当将有关案件材料移送人民法院。"法律的这一规定，是对人民检察院不起诉权的制约，是诉讼民主科学的高度体现。因此，人民检察院的不起诉决定一定要严格依法，保证质量。绝不能因为不起诉决定而终止了诉讼，没有追究犯罪嫌疑人的刑事责任而放松对案件事实和证据的审查。

第五节　出席法庭支持公诉

一、出席法庭支持公诉的任务和作用

出席法庭支持公诉，是指人民检察院在人民法院开庭审理公诉案件时，派员出席法庭，进一步阐述和表示支持公诉的意见，

并通过举证、质证和辩论，使法庭确认人民检察院对被告人的指控，依法作出被告人有罪并处以相应刑罚的判决。刑事诉讼法和人民检察院组织法均规定，人民法院审判公诉案件，人民检察院应当派员出席法庭支持公诉。

国家公诉人的法律地位决定其在刑事审判活动中既不是诉讼当事人，也不是其他诉讼参与人，而是一种特别的诉讼主体，国家公诉人出席法庭支持公诉是站在维护社会主义法制的立场，代表国家和人民的利益参加诉讼。因此，国家公诉人出席法庭有四个方面的任务：（1）代表国家指控犯罪，要求人民法院对被告人依法审判；（2）揭露犯罪和证实犯罪；（3）通过法庭辩论全面阐述诉讼主张，要求法庭同意人民检察院对被告人的指控，依法作出被告人有罪和处以恰当刑罚的判决；（4）维护诉讼参与人的合法权益。

人民检察院派员出席法庭支持公诉具有四方面的作用：（1）通过讯问被告人以及出示证据，使法庭充分了解被告人的犯罪事实、情节及有关证据的情况；（2）通过质证和辩论，驳斥被告人及其辩护人对公诉的反驳和辩解；（3）通过发表出庭意见和参加法庭辩论，起到宣传法律的作用，使诉讼参与人以及旁听群众受到法律教育，增强法制观念。

二、出席法庭支持公诉的基本要求

出庭支持公诉，对于人民检察院及其指派出庭支持公诉的公诉人，是非常重要的一项职能活动。公诉人在出庭支持公诉的过程中，通过举证、质证，使法庭确认人民检察院对被告人的指控；通过出庭支持公诉的全部活动，树立人民检察院和国家公诉人的良好形象。因此，公诉人要善于运用法律，利用案件事实和证据，揭露犯罪，证实犯罪，伸张正义，惩恶扬善，向法庭陈述公诉的主张和依据，使法庭确认人民检察院对被告人的指控；向旁听群众和被告人、证人以及其他诉讼参与人进行法制宣传教育，以争取最佳的办案效果。

公诉人应当忠实于事实，忠实于法律，忠实于国家，忠实于职守，忠实于社会主义，忠实于人民利益。归纳起来，公诉人出席法庭支持公诉的基本要求主要是"八讲"：

（一）讲政治

出庭支持公诉，是代表国家与犯罪分子面对面公开进行的较量，是对犯罪分子实施的犯罪行为指控、揭露和证实，因此，公诉人必须要有明确的打击犯罪，保护人民，维护国家、集体和公民合法权益的高度政治责任感，要有战胜犯罪、维护安定的勇气、决心和精神，要有忠实于中国共产党和社会主义事业的坚定立场。

（二）讲法律

法庭审判是一项非常严肃的司法活动，受人民检察院指派出席法庭支持公诉的公诉人，是国家以及法律监督机关的代表，因此一切行为都要以法律为依据，要依法出庭、依法讯问、依法举证、依法质证、依法辩论。要遵守法庭的规则，尊重审判长主持审判活动的法律地位。总之，应事事处处讲法律，以法取胜，以法服人。

（三）讲事实

受人民检察院指派出席法庭支持公诉的公诉人的任务之一，就是要通过在法庭上的活动，查实被告人的犯罪事实，使法庭认为人民检察院对被告人的指控事实清楚，同意人民检察院的要求，依法认定被告人有罪和判处相应的刑罚。因此，公诉人出席法庭支持公诉一定要以事实为根据，不论是在认定事实上，还是在适用法律上，都必须采取实事求是的态度，不能随意夸大或缩小，也不能以感情代替法律。如果人民检察院提起公诉时认定的被告人的犯罪事实，由于在法庭上查证过程中发生了变化，公诉人一定要以实事求是的态度去面对和处理这些变化。在法庭辩论时，被告人或者辩护人对人民检察院指控的事实提出的辩解和辩护意见，公诉人都要认真听取。对正确的辩解和辩护意见，公诉人应当接受。

（四）讲证据

出庭支持公诉要以证据为中心，讯问被告人以及向证人、鉴定人发问，出示证据，都要紧紧围绕着核实指控犯罪的证据，使证据构成体系，达到用证据证明犯罪的目的。对于被告人的辩解和辩护人的辩护意见，应当依靠确实充分的证据说明事实真相，反驳对事实的歪曲。

（五）讲文明

文明是人的精神面貌的良好表现。作为代表国家和法律监督机关的公诉人，在法庭上要通过文明的言谈举止，向人们展示国家公诉人和法律监督机关的良好精神面貌。要文明讯问，不能粗暴甚至无视被告人的人格；要文明辩论，不能互相进行人身攻击；要尊重法官，不能以法律监督者自居。

（六）讲形象

这里指的是公诉人出庭支持公诉时的外表形象。受人民检察院指派出庭支持公诉的公诉人，出庭支持公诉时，首先在外表上要有好的形象，这样就能给出庭的法官、律师、旁听群众甚至被告人一个良好的印象。这也是树立人民检察院、国家公诉人良好形象的一个重要方面。公诉人出庭支持公诉时的形象要求是：（1）服装要整洁；（2）声音要洪亮；（3）语言表达要准确；（4）精神要集中；（5）态度要严肃；（6）姿势要端正。公诉人在法庭上，应按这些要求规范自己的言行举止。

（七）讲策略

出庭支持公诉，是对人民检察院办案水平和质量的公开检验，作为人民检察院代表的公诉人，在出庭支持公诉时，一定要讲究策略和技巧，这样才能使法庭清楚地了解本案的事实和证据，从而确认人民检察院的指控，认定被告人有罪和判处恰当的刑罚。对不同的犯罪应有不同的证明方法，对不同的被告人的讯问应有不同的策略，对不同的证据特点的案件的举证应有不同的举证技巧，等等。这样，才能使出庭支持公诉达到预期的结果。

（八）讲效果

在法庭上证实犯罪，使法庭认为本案事实清楚、证据确实充分，确认人民检察院的指控，依法认定被告人有罪和判处恰当的刑罚，是人民检察院参与刑事诉讼活动所希望的结果。受人民检察院指派的公诉人出席法庭支持公诉时，要紧紧围绕这个结果而努力，并且要达到通过出庭支持公诉，树立人民检察院以及国家公诉人的良好形象和向群众宣传法制的目的，这也是法律、国家、人民和人民检察机关对公诉人的要求和期望。因此，出庭支持公诉的公诉人，在出庭支持公诉时，必须十分注意自己的每个行为、每句言语与效果之间的关系，通过自己的努力，取得出庭支持公诉的良好效果。

三、出庭前的准备工作

公诉人认真做好出庭前的准备工作，是保证出庭支持公诉能顺利进行和取得成功的有效措施。公诉人出庭前应做好以下的准备工作：

（一）进一步研究案情和证据

从审查起诉终结到出庭支持公诉，往往经过了一段较长的时间，在这段时间里，承办这件案件的检察人员往往又接办了另外的案件，思想已集中在新承办的案件上。因此，公诉人出庭支持公诉前，有必要对将出庭的案件的事实、证据再研究一遍，做到心中有数。

（二）深入了解被告人、证人、被害人的思想动态

根据实践经验，很多被告人、证人、被害人在临出庭前思想会发生较大的变化。比较容易发生变化的人员和情况是：（1）一些被告人原来思想状况和认罪态度就不稳定的，受其他一些因素的影响后，出于逃避惩罚的心理，往往容易翻供或避重就轻；

（2）一些在本案中有过错的证人、被害人在临出庭时往往会出于掩饰过错或爱面子的心理而使作证指证犯罪的思想发生动摇，改变以前的证言、陈述；（3）共同犯罪的各个被告人，往往会在发生了串供的情况下，一些人推诿罪责，一些人包揽全部责任。因此，公诉人应在临出庭前通过再次的讯问、询问，了解清楚被告人、证人、被害人最新的思想动态，对确实发生了变化的，可以调整出庭策略，确定应变措施，做到有备无患。

（三）掌握辩护律师以及其他辩护人的辩护趋向

按照法律的规定，辩护律师以及其他辩护人可以依法取证以及向人民检察院、人民法院申请收集、调取证据。公诉人出庭前应掌握辩护律师以及其他辩护人在这方面的活动情况，从中分析辩护律师以及其他辩护人的举证和辩护趋向。这样能知己知彼，有针对性地做好质证和答辩准备。

（四）了解证人出庭作证情况

出庭前，公诉人应向审理此案的法官了解可能出庭作证的证人的情况，以针对出庭证人、不出庭证人，做好不同的举证、质证的准备。

（五）制作出庭提纲

出庭提纲是公诉人出庭讯问被告人以及举证、质证顺序、重点和出庭规范用语的准备。出庭提纲应详细，应包括的内容是：（1）讯问被告人的重点和策略；（2）向证人、鉴定人发问的顺序和要点、方法；（3）出示证据的顺序；（4）质证的重点和方法；（5）过渡性用语和表达。

（六）制作出庭意见书

在法庭审理中，证据调查结束后，公诉人应发表总结性意见。因此，受人民检察院指派出庭支持公诉的公诉人，庭前应根据阅卷，讯问被告人，询问证人和被害人，以及了解掌握的与出庭有关的情况制作出庭意见书。出庭意见书一般包括两部分内容：一是对本案事实证据情况进行综述，对质证情况进行总结和评论；二是对本案被告人犯罪的情节和认罪态度，以及适用法律定罪和从重或从轻、减轻处罚的量刑的意见。

（七）拟定答辩提纲

受指派出庭支持公诉的公诉人，庭前应通过阅卷、提审被告人以及了解辩护律师和其他辩护人的辩护趋向，预测庭上辩论的焦点，然后有针对性地做好答辩准备。

（八）拟定应变方案

庭上的情况往往会与庭前预测的情况发生较大的变化，出庭支持公诉的公诉人为了争取主动，努力使出庭支持公诉取得更好的效果，庭前还应拟定应变方案。应变方案主要包括：对被告人、证人、被害人，甚至鉴定人在庭上的陈述、作证情况发生变化时的应变措施，以及怎样正确地向法庭提出延期审理的建议；对庭上辩论的焦点未在庭前预测和准备答辩的范围时的应变答辩方法等。

（九）庭前会议

在开庭以前，审判人员可以召集公诉人、当事人和辩护人、诉讼代理人，对回避、出庭证人名单、非法证据排除等与审判相关的问题，了解情况，听取意见。

四、出席法庭支持公诉的程序和内容

根据刑事诉讼法的规定，受人民检察院的指派出席法庭支持公诉的公诉人，应当按照法律规定的庭审程序，在审判长的主持下，进行以下几项活动：

（一）宣读《起诉书》

审判长宣布开庭，查明公诉人、当事人、证人及其他诉讼参与人是否到庭进行必要的程序性宣布、告知、询问后，宣布法庭调查开始，首先由公诉人宣读《起诉书》。

公诉人宣读《起诉书》应当站立进行。宣读时要集中精神，严肃认真，声音洪亮，速度适中，吐字清楚，坚定有力，努力使所有出席法庭的审判人员、诉讼参与人和旁听群众都能听清楚，以充分体现出国家公诉人的精神面貌和与犯罪作斗争的必胜信心。

（二）在审判长的主持下进行证据调查

1. 讯问被告人。公诉人讯问被告人，应根据不同情况，采取不同的方法，讲究策略。根据实践经验，可按以下方法进行：

（1）根据认罪态度的不同采取不同方法。对认罪态度好的被告人，公诉人讯问时，主要是对被告人陈述中遗漏的关键问题进行讯问，一般可以让被告人主动陈述，讲清其实施的犯罪行为的过程、后果及情节等。对认罪态度不好、不认罪或翻供的被告人应对犯罪事实中的每个重要问题，采取一事一问的办法进行讯问，讯问要具体、清楚。

在对证据调查的过程中，还应做好证据的质证和辩论。对证据的质证，是在辩护律师以及其他辩护人出示了新的证据，当被告人、证人、被害人等作了前后不一致的陈述时，公诉人应从证据的真实性、关联性、合法性等方面进行质疑，以核实证据；对证据的辩论，是在辩护律师以及其他辩护人、被告人，对公诉人出示的证据以及证人、被害人的陈述和鉴定结论提出否定意见时，公诉人应从证据的真实性、关联性、合法性等方面进行反驳和论证，以核实证据。

（2）根据被告的不同特点，如个性、素质及其犯罪性质的不同采取不同的讯问方法。

（3）对共同犯罪与非共同犯罪案件采取不同方法，目的是要分清共同犯罪案件各被告人的具体罪责。

2. 对被害人、证人、鉴定人发问。首先要问清楚被害人、证人与被告人的关系，鉴定人受指派、委托情况和进行鉴定的过程、依据等，然后对被害人、证人、鉴定人陈述中遗漏的关键问题进行发问。

3. 宣读未到庭证人的证言笔录。

4. 出示、宣读物证、书证等。在法庭调查中，公诉人讯问被告人、询问被害人、证人、鉴定人、出示物证、宣读书证和未到庭证人的证言笔录，应当查清以下情况：（1）指控的犯罪事实是否存在，是否为被告人所实施；（2）实施犯罪行为的时间、地点、方法、手段、结果，被告人犯罪后的表现等；（3）犯罪集团或者一般共同犯罪案件参与犯罪人员的各自地位和应负的责任；（4）被告人有无刑事责任能力，有无故意或者过失，行为的动机目的；（5）有无依法不应当追究刑事责任的情况，有无法定从重、加重或者从轻、减轻以及免除处罚的情节；（6）犯罪对象、作案工具的主要特征，与犯罪有关的财物的来源、数量以及去向；（7）被告人全部或者部分否认起诉书指控的犯罪事实的，否认的根据和理由能否成立；（8）与定罪量刑有关的其他事实。

应该注意的是，被告人在庭审中的陈述与在侦查、审查起诉中的陈述不一致，足以影响定罪量刑的，可以宣读被告人原来陈述的笔录，并针对笔录中被告人的陈述内容对被告人进行讯问，或者提出其他证据进行证明。

（三）发表出庭意见

证据调查结束时，应发表总结性意见。具体方法和内容应分两种情况：（1）如果法庭进行证据调查时，核实的证据与庭前的证据情况没有发生变化的，公诉人可按庭前的准备发表出庭意见；（2）如果法庭进行证据调查时，证据发生了变化的，特别是辩护律师以及其他辩护人出示了新的证据的，公诉人应根据证据的变化情况，特别是针对新出示的证据进行评论和综述，并在此基础上发表对本案情节、定性、适用法律意见和量刑建议。

（四）进行法庭辩论

经过了法庭的证据调查，对所有证据已进行了质证和辩论，这时法庭辩论的焦点应是对被告人犯罪情节和性质的认定以及怎样正确适用法律，建议如何量刑等。公诉人在辩论时应掌握好：
（1）应答辩的问题。公诉人在发表出庭意见时，对案件事实、证据、情节、定性、适用法律，建议量刑等已作了阐述，辩护律师以及其他辩护人对这些意见、观点发表的辩护意见，公诉人在答辩时不必有问必答，有辩必驳，对已经阐述清楚的不应再重复，对不影响对情节认定和定性、适用法律的辩护意见不必逐一答辩，可以对辩护意见进行综合性的答辩，重点是答辩辩护方新提出的主要辩护意见。经过综合答辩后，一般就可以结束法庭辩论。（2）答辩的技巧。法庭辩论，是公诉人充分发挥自己的水平、智慧的时候，熟练和恰当地运用答辩技巧，就会使出庭支持公诉取得更好的效果。根据经验，公诉人在法庭辩论时可运用"五言答辩法"的技巧进行答辩：一是"直言驳回"，就是对被告人、辩护人提出的问题，公诉人确有证据，又有法律依据的，就要依法据理地给予直接驳回，一针见血，不能退让；二是"婉言驳回"，即辩护人提出的辩护理由有一定道理，但仍不能作为从轻、减轻处罚理由的，不能绝对地否定或者不加分析地驳回，一般是先采取合理的肯定，然后经过多方面的论证、比较，再阐明不能从轻、减轻的理由；三是"借言驳回"，就是被告人、辩护人提出辩护意见后，公诉人先不作肯定或者否定的回答，而是引用被告人或其同案人在法庭上的陈述，把辩护理由驳回；四是"预先发言"，就是在出庭前预测被告人、辩护人在法庭上可能提出的问题，这些问题又是合乎事实、法律的，公诉人发表出庭意见时，预先承认；五是"合理纳言"，就是对被告人、辩护人在法庭上提出的合理辩护，公诉人应予以采纳。

五、正确地向法庭要求延期审理

根据《刑事诉讼法》第 198 条的规定，在法庭审判过程中，遇有下列情形之一，影响审判进行的，可以延期审理：（1）需要通知新的证人到庭，调取新的物证，重新鉴定或者勘验的；（2）检察人员发现提起公诉的案件需要补充侦查，提出建议的；（3）由于申请回避而不能进行审判的。

根据刑事诉讼法的规定以及司法实践的需要，修订后的《刑诉规则》进一步完善了要求人民法院延期审理的情形。具有下列情形之一的，公诉人可以建议法庭延期审理：

（1）发现事实不清、证据不足，或者遗漏罪行、遗漏同案犯罪嫌疑人，需要补充侦查或者补充提供证据的。

（2）被告人揭发他人犯罪行为或者提供重要线索，需要补充侦查进行查证的。

（3）发现遗漏罪行或者遗漏同案犯罪嫌疑人，虽不需要补充侦查和补充提供证据，但需要补充、追加或者变更起诉的。

（4）申请人民法院通知证人、鉴定人出庭作证或者有专门知识的人出庭提出意见的。实践中，可能出现鉴定人经法院通知但由于不能抗拒的原因或者有其他正当理由无法出庭的情形，对于此种情形，也可以建议法庭延期审理。

（5）需要调取新的证据，重新鉴定或者勘验的。

（6）公诉人出示、宣读开庭前移送人民法院的证据以外的证据，或者补充、变更起诉，需要给予被告人、辩护人必要时间进行辩护准备的。

（7）被告人、辩护人向法庭出示公诉人不掌握的与定罪量刑有关的证据，需要调查核实的。

（8）公诉人需要对证据收集的合法性进行证明，需要调查核实的。

（9）适用简易程序审理的案件转为普通程序审理，公诉人需要为出席法庭进行准备的，可以建议人民法院延期审理。

需要注意的是，延期审理包括开庭审理过程中的延期审理和开庭前的延期审理即推迟开庭，故在人民法院开庭审理前发现具有上述情形之一的，人民检察院也可以建议人民法院延期审理。

当然，上述有些情形，只会在开庭审理过程中才出现，在开庭审理前要求延期审理的只是其中的部分情形。

法庭宣布延期审理后，人民检察院应当在补充侦查的期限内提请人民法院恢复法庭审理或者撤回起诉。公诉人在法庭审理过程中建议延期审理的次数不得超过二次，每次不得超过一个月。

六、简易程序案件的出庭

根据刑事诉讼法规定，对一些简单、清楚，被告人的罪行较轻的案件，人民法院可以适用简易程序，由审判员一人独任审判。适用简易程序审理公诉案件，人民检察院应当派员出席法庭。公诉人在出庭支持公诉时应注意，发现以下情形之一的，应要求法庭中止审理，按照公诉案件的第一审普通程序重新审理：（1）被告人的行为可能不构成犯罪的；（2）被告人可能不负刑事责任的；（3）被告人当庭翻供，对于起诉指控的犯罪事实予以否认的；（4）案件事实不清或者证据不充分的；（5）其他依法不应当或者不适宜适用简易程序的。

思考题：

一、试论公诉的概念及其意义。

二、简述审查起诉应当注意的事项。

三、提起公诉应具备哪些条件？

四、简述不起诉的几种类型。

第四章　刑事立案监督

第一节　刑事立案监督概述

一、刑事立案监督的概念

刑事立案监督是指人民检察院对刑事立案主体的立案活动是否合法所进行的法律监督。这是检察机关法律监督职能的重要组成部分，是法律赋予检察机关的一项重要职权。

我国《刑事诉讼法》第111条规定："人民检察院认为公安机关对应当立案侦查的案件而不立案侦查，或者被害人认为公安机关对应当立案侦查的案件而不立案侦查，向人民检察院提出的，人民检察院应当要求公安机关说明不立案的理由。人民检察院认为公安机关不立案理由不能成立的，应当通知公安机关立案，公安机关接到通知后应当立案。"这一规定是人民检察院依法对刑事诉讼实行法律监督的基本原则在刑事立案阶段的具体体现。根据该规定以及刑事诉讼的基本原则，《刑诉规则》第553条规定："被害人及其法定代理人、近亲属或者行政执法机关，认为公安机关对其控告或者移送的案件应当立案侦查而不立案侦查，或者当事人认为公安机关不应当立案而立案，向人民检察院提出的，人民检察院应当受理并进行审查。人民检察院发现公安机关可能存在应当立案侦查而不立案侦查情形的，应当依法进行审查。"

第554条规定："人民检察院控告检察部门受理对公安机关应

当立案而不立案或者不应当立案而立案的控告、申诉，应当根据事实和法律进行审查，并可以要求控告人、申诉人提供有关材料，认为需要公安机关说明不立案或者立案理由的，应当及时将案件移送侦查监督部门办理。"

第563条规定："人民检察院侦查监督部门或者公诉部门发现本院侦查部门对应当立案侦查的案件不报请立案侦查或者对不应当立案侦查的案件进行立案侦查的，应当建议侦查部门报请立案侦查或者撤销案件；建议不被采纳的，应当报请检察长决定。"从这里我们可以看出，刑事立案监督的主体是人民检察院，刑事立案监督的对象即刑事立案主体，主要是公安机关，同时还包括人民检察院侦查部门。

二、刑事立案监督在刑事诉讼监督中的地位

刑事立案监督职能作为检察机关的法律监督职能，在这次修改后的刑事诉讼法明确规定了下来。它作为人民检察院的一项重要职权，和侦查活动监督、审判监督、执行监督、民事行政监督一起，构成了我国检察机关法律监督职能的基本体系，是我国检察监督职能的重要组成部分。在刑事诉讼法修改以前，检察机关的刑事立案监督工作仅限于对少数影响重大的案件直接立案侦查。这在实践中，虽然一度取得了较为可喜的成绩，但是其弊端也日益突出地表现出来。这在实践中表现为其他大量的有案不立、有罪不究、以罚代刑案件不能进入刑事司法程序。在法律监督理论上表现为还没能形成完整的检察机关法律监督体系，刑事诉讼程序中的立案环节还缺乏全面、有效的法律监督。因此进一步完善刑事立案监督制度，把刑事立案监督制度作为检察机关的一项重要职能明确规定下来，既是长期以来司法实践的要求，也是建立、健全我国的法律监督制度的要求和建立、健全检察机关法律监督体系的要求。可见，检察机关的刑事立案监督制度的建立与规范，不仅直接关系到检察监督体系的健全与完善问题，直接关系到刑

事诉讼法律监督体系的健全与完善问题，而且直接关系到我国整个法律监督制度的健全与完善问题。近年来的实践也充分证明，刑事立案监督制度，已成为我国法律监督制度的重要内容之一，成为我国检察监督体系乃至整个法律监督体系中不可缺少的重要组成部分。与侦查活动监督、审判监督、执行监督一样，具有重要的法律地位。

三、刑事立案监督的基本原则

原则，即人们观察事物，处理问题的准则。刑事立案监督的基本原则，即人民检察院在开展刑事立案监督工作中，所必须遵守的行为准则。根据我国刑事诉讼法的规定，人民检察院在开展刑事立案监督中，应当遵守以下基本原则：

（一）人民检察院独立行使检察权、法律监督权原则

我国《刑事诉讼法》第 3 条第 1 款规定："对刑事案件的侦查、拘留、执行逮捕、预审，由公安机关负责。检察、批准逮捕、检察机关直接受理案件的侦查、提起公诉，由人民检察院负责。审判由人民法院负责。除法律特别规定的以外，其他任何机关、团体和个人都无权行使这些权利。""人民检察院依法对刑事诉讼实行法律监督"，这即是人民检察院独立行使检察权和法律监督权原则的法律根据。根据我国刑事诉讼法的规定，对刑事立案进行监督，是检察权的重要内容，也是法律监督权的重要组成部分，这一权利只能由人民检察院行使。人民检察院在刑事立案监督工作中，必须遵守这一原则。只有坚持这一原则，才能排除一切干扰，做到以事实为根据，以法律为准绳。

（二）严格遵守法定程序原则

我国《刑事诉讼法》第 3 条第 2 款规定："人民法院、人民检察院和公安机关进行刑事诉讼，必须严格遵守本法和其他法律的有关规定。"这是严格遵守法定程序原则的法律基础。我国刑事诉讼法对刑事立案监督的程序、内容作出了明确规定，人民检察院

在开展刑事立案监督工作中，必须严格遵守这些程序，依法监督，保证刑事立案活动的准确性、合法性、及时性。

（三）依靠群众原则

我国《刑事诉讼法》第 6 条规定："人民法院、人民检察院和公安机关进行刑事诉讼，必须依靠群众……"这是刑事诉讼依靠群众原则的法律根据。人民检察院进行立案监督，必须坚持群众路线，坚持群众观点，注意依靠群众，接受群众监督，借助群众的力量和智慧，采取向群众进行调查研究等方法，完成刑事立案监督任务。

（四）以事实为根据，以法律为准绳原则

我国《刑事诉讼法》第 6 条规定："人民法院、人民检察院和公安机关进行刑事诉讼，……必须以事实为根据，以法律为准绳。"这是以事实为根据，以法律为准绳原则的法律根据。人民检察院在刑事立案监督工作中，必须坚持这一原则。所谓以事实为根据，即人民检察院在刑事立案监督工作中，不论作出什么决定，采取什么措施，都必须以查证属实的证据和凭借这些证据认定的事实为基础，不能任凭主观猜测、想象。所谓以法律为准绳，即人民检察院在刑事立案监督工作中，必须以刑法、刑事诉讼法以及其他有关的法律规定作为标准，无论是要求公安机关说明不立案理由还是通知公安机关立案，在每一个环节，都必须有充分的法律根据。以事实为根据，以法律为准绳，二者相辅相成，缺一不可。

（五）一切公民在适用法律上一律平等原则

我国《宪法》第 33 条第 2 款规定："中华人民共和国公民在法律面前一律平等。"我国《刑事诉讼法》第 6 条规定："……对于一切公民，在适用法律上一律平等，在法律面前，不允许有任何特权。"人民检察院在刑事立案监督工作中，贯彻这一原则，有利于全面保证立案的合法性；有利于全面保证当事人的合法权益；

有利于广泛调动人民群众同犯罪作斗争的积极性；有利于维护法律的尊严，维护社会主义法制。

（六）分工负责，互相配合，互相制约原则

我国《刑事诉讼法》第 7 条规定："人民法院、人民检察院和公安机关进行刑事诉讼，应当分工负责，互相配合，互相制约，以保证准确有效地执行法律。"这即是这一原则的法律根据。在刑事立案监督工作中，人民检察院、公安机关均有其明确的分工，二者必须根据法律规定的职权，各负其责，各司其职。共同完成惩治犯罪，保护人民的任务。

此外，人民检察院在刑事立案监督工作中，还应当坚持保障当事人合法权益原则，公民有使用本民族语言文字进行诉讼原则。

四、刑事立案监督的意义

我国刑事诉讼法确定的刑事立案监督制度，不仅使我国的刑事法律监督制度进一步完善，而且适应了依法治国的要求，是我国刑事立法史上的一大进步。这对于解决司法实践中有案不立，有罪不究，以罚代刑等现象，纠正打击不力，对于维护国家司法机关以及司法机关工作人员的形象，维护国家法律的尊严，保证国家法律的统一正确实施具有重要意义。

具体说来，其意义主要表现为两个方面，其一是直接意义；其二是社会意义。直接意义主要表现为：通过刑事立案监督制度的建立，规范了立案监督的范围，规范了立案监督案件线索的来源，规范了立案监督的程序，规范了立案监督的方式、方法，从而使立案监督工作有了较为充分的法律根据，使立案监督工作步入了法制化、程序化的轨道。

社会意义主要表现为：

1. 刑事立案监督制度的确立，是我国刑事诉讼法律和法律监督制度进一步完善的重要标志。我国宪法明确规定，人民检察院是我国的法律监督机关。对刑事诉讼进行监督，是人民检察院法律监督职能的重要组成部分。刑事诉讼法作为程序法，为了实现这一职能，全面完善检察机关的法律监督制度，明确规定了刑事立案监督制度。这不仅使我国宪法的规定在刑事诉讼中得以充分体现，而且使人民检察院对公安机关的刑事立案活动进行监督有了充分的法律根据，从而使我国的刑事诉讼活动从立案始至执行止整个刑事诉讼过程全面置于法律监督的范围之内，促进了我国法律监督体系的进一步完善。

2. 完善和加强立案监督工作，是完成刑事诉讼任务的必然要求。我国《刑事诉讼法》第 1 条明确规定，刑事诉讼的任务是："为了保证刑法的正确实施，惩罚犯罪，保护人民，保障国家安全和社会公共安全，维护社会主义社会秩序。"为了实现这一任务，必须对刑事诉讼的全过程进行监督。刑事立案作为刑事诉讼的第一环节，是决定是否把案件交付侦查，案件是否能够进入刑事诉讼，犯罪嫌疑人能否受到惩处的前提。只有对这一环节进行监督，才能保障涉嫌犯罪的人及时交付侦查，才能保障犯罪的人及时受到惩处，同时也保障没有犯罪的人免受刑事追究，保护当事人的合法权益。从而完成刑事诉讼的根本任务。

3. 对刑事立案活动进行监督，可以有效地发现和惩治司法人员徇私舞弊犯罪。实践证明，检察机关通过对刑事立案活动进行监督，通过对应当立案而公安机关不立案侦查以及不应当立案而立案侦查案件的审查，可以有效地发现公安人员徇私舞弊故意包庇犯罪或者故意放纵犯罪案件线索，可以有效地发现公安人员贪赃枉法犯罪案件。并通过与有关部门的密切配合，及时、有力地促进对徇私枉法犯罪案件的查处，清除司法队伍中的腐败分子，从而维护社会主义法治。

4. 通过对立案活动进行监督，可以有效地解决有案不立、有罪不究问题，可以有效地保护被害人的合法权益。保障被害人的合法权益，是修改后的刑事诉讼法的一个突出特点。这一特点在立案监督工作中也得到了突出的体现。根据《刑事诉讼法》第111条的规定，被害人认为公安机关对应当立案侦查的案件而不立案侦查，向人民检察院提出的，人民检察院应当受理，并且要求公安机关说明不立案理由。如果公安机关说明的不立案理由不能成立，人民检察院应当通知公安机关立案。公安机关接到通知后应当立案。这对于保护被害人的合法权益具有非常重要的意义。同时，对于保护报案人、控告人、举报人的合法权益，同样具有重要的现实意义。

5. 刑事立案监督制度的确立，有利于提高人们的法律意识，有利于鼓励人们同犯罪分子作斗争的积极性。

第二节　刑事立案监督的内容

根据我国《刑事诉讼法》第18条、第111条的规定，人民检察院对公安机关的刑事立案活动进行监督的主要内容是公安机关应当立案侦查而不立案侦查的案件。为了进一步完善刑事立案监督制度，全面保障刑事立案活动的及时、合法，最高人民检察院根据《刑事诉讼法》第8条、第111条的规定，在《刑诉规则》第553条规定："被害人及其法定代理人、近亲属或者行政执法机关，认为公安机关对其控告或者移送的案件应当立案侦查而不立案侦查，或者当事人认为公安机关不应当立案而立案，向人民检察院提出的，人民检察院应当受理并进行审查。

人民检察院发现公安机关可能存在应当立案侦查而不立案侦查情形的，应当依法进行审查。"

第554条规定："人民检察院控告检察部门受理对公安机关应当立案而不立案或者不应当立案而立案的控告、申诉，应当根据事实和法律进行审查，并可以要求控告人、申诉人提供有关材料，认为需要公安机关说明不立案或者立案理由的，应当及时将案件移送侦查监督部门办理。"

第563条规定："人民检察院侦查监督部门或者公诉部门发现本院侦查部门对应当立案侦查的案件不报请立案侦查或者对不应当立案侦查的案件进行立案侦查的，应当建议侦查部门报请立案侦查或者撤销案件；建议不被采纳的，应当报请检察长决定。"可见，刑事立案监督的内容应当包括三个方面的内容：其一，公安机关应当立案而不立案侦查的案件；其二，公安机关不应当立案而立案侦查的案件；其三，人民检察院侦查部门应当立案侦查而不报请立案侦查的案件。

一、公安机关应当立案侦查而不立案侦查的案件

公安机关应当立案侦查而不立案侦查的案件是人民检察院刑事立案监督的主要内容。所谓公安机关应当立案侦查的案件，是指根据案件情况或者现有证据，经审查认为符合我国刑事诉讼法规定的立案条件的案件。我国《刑事诉讼法》第107条、第110条规定："公安机关或者人民检察院发现犯罪事实或者犯罪嫌疑人，应当按照管辖范围，立案侦查。""人民法院、人民检察院或者公安机关对于报案、控告、举报和自首的材料，应当按照管辖范围，迅速进行审查，认为有犯罪事实需要追究刑事责任的时候，应当立案；认为没有犯罪事实，或者犯罪事实显著轻微，不需要追究刑事责任的时候，不予立案，并且将不立案的原因通知控告人。控告人如果不服，可以申请复议。"根据该规定，公安机关应当立案的案件包括三种情况：

（1）公安机关发现犯罪事实时，应当立案；

（2）公安机关发现犯罪嫌疑人时，应当立案；

（3）公安机关对于报案、控告、举报和自首的材料，经审查认为有犯罪事实，需要追究刑事责任的时候，应当立案。

对于符合上述条件之一的案件，公安机关决定不立案侦查的，即属于公安机关应当立案侦查而不立案侦查的案件。人民检察院在刑事立案监督工作中，对于发现的或者被害人提出的公安机关应当立案侦查而不立案侦查的案件，首先应当查明该案件是否符合刑事诉讼法规定的立案条件，是否属于公安机关应当立案的情形。如果符合刑事诉讼法规定的立案条件而公安机关决定不立案侦查的，则应当依法通过刑事立案监督程序予以监督。

二、公安机关不应当立案侦查而立案侦查的案件

所谓公安机关不应当立案侦查而立案侦查的案件，是指公安机关对不符合刑事诉讼法规定的立案条件而决定立案侦查的案件。

此类案件可以是检察机关在办案中发现，也可以是被立案的当事人及其近亲属、或者其他控告人、举报人控告、举报的案件。

此类案件作为刑事立案监督案件，应当注意监督的主要内容是立案活动本身。即公安机关的立案是否符合刑事诉讼法规定的立案条件。检察机关通过刑事立案监督程序，纠正立案环节中的违法立案问题。对于立案后的侦查活动是否合法，则要通过侦查活动监督来解决。这也正是刑事立案监督与侦查活动监督的重要区别之一。

三、人民检察院侦查部门对应当立案侦查而不报请立案侦查的案件

人民检察院侦查部门对应当立案侦查的案件而不报请立案侦查，是指人民检察院侦查部门对于发现或者受理的案件线索，符合刑事诉讼法规定的立案条件，但是不报请检察长决定立案侦查的案件。

对此类案件进行立案监督，第一，这是刑事诉讼法规定的基本原则的必然要求，是全面保证刑事立案活动准确、合法的必然要求。人民检察院立案侦查的案件，主要是国家机关工作人员职务犯罪案件，此类案件在刑事诉讼中占有重要地位。只有对此类案件也进行立案监督，才能保障全部公诉案件立案活动的合法性、准确性、及时性。第二，这是人民检察院多年来"内部制约"经验的总结。加强检察机关内部各部门之间的相互监督与制约，是检察机关多年来总结出来并行之有效的重要经验之一，是诉讼程序公正的重要保障机制，这对于及时发现检察机关在执法中存在的问题，避免错误程序的延续，最大限度地保障当事人的合法权益，具有极为重要的意义。正因为此，最高人民检察院根据刑事诉讼的基本原则，确立了对检察机关侦查部门的立案活动进行监督的制度。第三，进一步丰富了刑事立案监督的内容，并必将对进一步完善我国的刑事立案监督制度起到重要的推动作用。

人民检察院在刑事立案监督工作中，要准确把握刑事立案监督的内容和范围。对此，应当注意以下几个方面的问题：

第一，要明确刑事立案监督制度的宗旨。刑事诉讼法之所以明确规定了刑事立案监督制度，其宗旨就是从根本上解决有案不立、有罪不究、以罚代刑问题，解决人民群众告状无门的问题，保护当事人的合法权益，保障刑事立案活动的合法性，保障国家法律的统一正确实施。因此，人民检察院在刑事立案监督工作中，必须认真接待被害人的申诉，对被害人提出的案件要认真审查，及时要求公安机关说明不立案理由。同时，注意主动挖掘案源，要注意从审查批准逮捕、审查起诉、贪污贿赂犯罪检察、渎职侵权犯罪检察以及监所检察中发现案件线索。

第二，要划清"没立案"和"不立案"的界限。"没立案"是指公安机关没有发现或者虽然已经发现，但是正在审查，还没有作出是否立案决定的案件。"不立案"是指公安机关对发现的案件线索或者报案、控告、举报和自首的材料，经审查决定不立案的案件。根据我国刑事诉讼法的规定，公安机关没有发现或者还没有决定不立案的案件不属于刑事立案监督的内容。其中，如果是公安机关还没有发现的案件，检察机关发现后，如果属于公安机关管辖，则应当按照《刑事诉讼法》第108条的规定，移送到公安机关办理。只有公安机关决定不立案的案件，才属于检察机关刑事立案监督的范畴。

第三，要明确刑事立案监督与侦查活动监督的界限。刑事立案监督针对的是公安机关应当立案侦查而不立案侦查的案件、不应当立案侦查而立案侦查的案件以及人民检察院侦查部门应当报请立案侦查而不报请立案侦查的案件。其解决的是符合刑事诉讼法规定的立案条件的案件能否进入刑事诉讼程序问题，以及不符合刑事诉讼法规定的立案条件的案件违法进入刑事诉讼程序问题。根本目的是保障立案活动的合法性。侦查活动监督是针对已经进入刑事诉讼程序的案件，其解决的是立案后的侦查活动是否合法的问题。根本目的是保障侦查活动的合法性。因此，对于已经进入刑事诉讼程序的案件，检察机关经审查，认为需要追捕、追诉的，不宜通过刑事立案监督程序办理，而应当建议公安机关移送审查批准逮捕或者移送审查起诉。对于经建议仍不移送审查批准逮捕而又符合逮捕条件的，可以直接作出批准逮捕决定，送达公安机关执行。而不宜通过刑事立案监督程序，通知公安机关对应当追捕或者追诉的犯罪嫌疑人、被告人立案。

第三节 刑事立案监督的案源

刑事立案监督的案源，即刑事立案监督案件的线索。及时获取刑事立案监督案件线索，是做好刑事立案监督工作的首要前提和条件，也是刑事立案监督工作的难点之一。尤其是在刑事立案监督工作开展初期，在刑事立案监督工作开展得还比较薄弱的地区，这一问题就更加突出。实践证明，解决好刑事立案监督的案源问题，既关系到刑事立案监督工作能否全面开展的问题，也关系到刑事立案监督工作能否持续深入的问题。因此必须解决好这一问题。实践中，主要通过以下几种方法解决刑事立案监督案件的来源问题。

一、积极受理被害人、控告人、举报人以及其他报案人的情况反映和举报

受理被害人、控告人、举报人以及其他报案人的情况反映和举报，是刑事立案监督案件线索的重要来源。尤其是受理被害人的举报，既是刑事立案监督案件线索重要来源，也是刑事立案监督制度根本目的的必然要求。1996年全国人大常委会对刑事诉讼法的修订，其主要特点之一就是提高被害人的诉讼地位，保护被害人的合法权益。确立刑事立案监督制度的根本目的之一，也就是要解决被害人告状无门的问题。因此，人民检察院在开展刑事立案监督工作中，必须把受理被害人的举报放在重要地位，对被害人认为公安机关应当立案而不立案侦查的案件，必须认真地进行审查，及时要求公安机关说明不立案理由。同样，对于被害人的问题，对于其他控告人、举报人反映的公安机关应当立案而不立案或者不应当立案而立案侦查的问题，也要认真审查。认为需要公安机关说明不立案理由或者需要纠正违法立案的，要及时通过刑事立案监督程序予以监督、纠正。

二、注意在履行审查批准逮捕、审查起诉、反贪污贿赂、渎职侵权犯罪检察以及其他检察工作中发现案件线索

实践证明，人民检察院在履行法定职责中，注意从中发现公安机关有案不立，有罪不究，以罚代刑案件以及不应当立案而立案案件线索，是解决刑事立案监督案件来源问题的又一重要途径。对此，有的地方摸索总结出了很多行之有效的经验。如在审查批准逮捕工作中，注意从以下几个方面发现案件线索：一是在审查案情发生重大变化的案件时，注意审查引起案情发生变化的原因；二是在审查证据之间产生重大矛盾的案件时，注意发现人为地制造矛盾的蛛丝马迹；三是在审查团伙犯罪案件、系列犯罪案件中，在深挖余罪漏犯的同时，注意发现相关犯罪案件线索。如从盗窃犯罪中发现销赃、窝赃犯罪线索；四是在审查涉及另案处理、在逃、边缘责任年龄、刑事责任能力等案件时，注意查明真伪；五是讯问犯罪嫌疑人时，注意对其进行政策教育，促使其坦白自己罪行的同时，鼓励其检举、揭发他人犯罪。

三、通过对劳教以及其他治安处罚等行政处罚案件进行审查，从中发现刑事立案监督案件线索

实践表明，有案不立、以罚代刑的主要表现就是把刑事案件作为行政违法案件处理，致使部分刑事案件应当立案而公安机关不予立案。因此，注意审查劳动教养、行政拘留等行政处罚案件，从中发现公安机关应当立案而不立案案件，同样是解决刑事立案监督案源的重要途径之一。

此外，通过加强内外联系、建立监督网络，与人大、信访、海关、工商、税务等行政执法机关、部门加强信息沟通，通过参与社会治安综合治理等方法，都可以从中发现刑事立案监督案件线索，解决刑事立案监督的案源问题。

四、受理行政执法机关提出的投诉

实践中，由于行政执法机关与公安机关的认识角度不尽一致，加之由于其他种种原因，行政执法机关移送公安机关立案侦查的案件，公安机关不会一一全部立案侦查。行政执法机关认为公安机关对其移送的案件应当立案侦查而不立案侦查，往往会向检察机关提出，建议检察机关监督公安机关立案侦查。其一，从立法精神上看，刑事诉讼法仅规定了被害人向检察机关提出投诉的情形，是从更加有利于保护被害人合法权益，赋予被害人刑事救济权的角度考虑的，并不是限制其他人员和组织向检察机关提出刑事立案监督投诉或者请求。其二，根据近年来开展的加强行政执法与刑事司法衔接工作总结的重要经验，以及有关方面达成的共识，公安机关不受理行政执法机关移送的案件，或者未在法定期限内作出立案或者不立案决定的，行政执法机关可以建议人民检察院进行刑事立案监督。因此，对于行政执法机关认为公安机关对其移送的案件应当立案侦查而不立案侦查，向人民检察院提出的，人民检察院应当受理并进行审查。

此外，为了进一步加强行政执法与刑事司法的衔接，健全刑事立案监督工作机制，《刑诉规则》规定，人民检察院接到控告、举报或者发现行政执法机关不移送涉嫌犯罪案件的，应当向行政执法机关提出检察意见，要求其按照管辖规定向公安机关或者人民检察院移送涉嫌犯罪案件。

第四节　刑事立案监督的程序、方法

一、刑事立案监督案件的受理

根据我国刑事诉讼法及最高人民检察院《刑诉规则》的有关规定，人民检察院负责刑事立案监督的职能部门是侦查监督部门和控告检察部门。对于刑事立案监督案件的受理，其主管部门同样是侦查监督部门和控告检察部门。实践中，对于刑事立案监督案件的受理，主要有三种形式：

（一）受理被害人的申诉

受理被害人的申诉是人民检察院发现刑事立案监督案件线索的重要途径。根据我国刑事诉讼法和最高人民检察院《刑诉规则》的规定，被害人认为公安机关应当立案侦查的案件而不立案侦查，向人民检察院提出申诉的，应当由人民检察院控告检察部门受理。控告检察部门受理后，应当填写《受理被害人提出公安机关应当立案而不立案侦查案件登记表》。

（二）受理其他有关人员的报案、控告和举报

对于其他报案人、控告人、举报人的报案、控告和举报，人民检察院应当依法受理。其程序应当按照受理被害人申诉案件程序办理。由控告检察部门受理后予以登记。

（三）人民检察院发现的刑事立案监督案件的受理

人民检察院侦查监督部门在办案中发现刑事立案监督案件线索的，应当填写《对公安机关应当立案而不立案案件审查表》或者《对公安机关不应当立案而立案案件审查表》，予以登记。发现本院侦查部门对应当立案侦查案件不报请立案侦查的，应当填写《人民检察院侦查部门应当立案侦查不报请立案侦查案件审查表》，予以登记。人民检察院审查起诉部门、贪污贿赂犯罪检察部门、渎职侵权犯罪检察部门、监所检察部门等发现刑事立案监督案件线索的，应当移送侦查监督部门，由侦查监督部门填写有关审查表，予以登记。

人民检察院对于发现或者收到的刑事立案监督案件线索，应当作出是否受理的决定。

二、刑事立案监督案件的审查与调查

（一）刑事立案监督案件的审查

1. 被害人认为公安机关应当立案侦查而不立案侦查案件的审查

根据我国刑事诉讼法和最高人民检察院《刑诉规则》的规定，人民检察院在受理被害人提出的公安机关应当立案而不立案侦查案件后，应当由控告检察部门指定专人进行审查。审查的主要内容一般包括以下几个方面：是否存在应当立案侦查而公安机关不立案侦查的事实；是否符合刑事诉讼法规定的刑事立案条件；是否属于相应的公安机关管辖；公安机关是否决定不立案。

人民检察院控告检察部门在审查时，可以要求被害人提供有关材料，如认为公安机关应当立案的事实证据材料，公安机关不立案的有关证据材料。必要时，人民检察院也可以进行调查。

人民检察院控告检察部门经审查，认为应当要求公安机关说明不立案理由的，应当将案件移送侦查监督部门办理。

2. 人民检察院发现的刑事立案监督案件的审查

人民检察院侦查监督部门发现的以及其他部门发现后移送到侦查监督部门的公安机关应当立案侦查而不立案侦查案件，应当由侦查监督部门进行审查。审查的主要内容与前述相同。必要时，侦查监督部门也可以就有关问题进行调查。经审查，认为需要公安机关说明不立案理由的，按照有关规定要求公安机关说明不立案理由。

人民检察院发现的公安机关不应当立案侦查而立案侦查的案件，应当由侦查监督部门进行审查。人民检察院其他部门发现的此类案件线索，应当移送侦查监督部门。侦查监督部门应当指定专人进行审查。审查的内容应当包括：公安机关据以决定立案的事实或者犯罪嫌疑人是否存在；是否符合刑事诉讼法规定的立案条件；是否需要追究犯罪嫌疑人的刑事责任等。必要时，可以进行调查。

对于人民检察院侦查部门应当立案侦查而不报请立案侦查的案件，侦查监督部门发现后，应当填写《刑事立案监督案件线索登记表》，报部门负责人审核后，指定专人进行审查。审查起诉部门发现的，应当移送侦查监督部门，由侦查监督部门指定专人进行审查。审查的内容主要包括：是否存在应当立案侦查的犯罪事实或者犯罪嫌疑人；是否符合刑事诉讼法规定的立案条件；是否属于本院管辖；是否属于不报请立案侦查的情形。侦查监督部门在审查时，也可以进行必要的调查。

3. 报案人、控告人、举报人等提出的刑事立案监督案件的审查

对于报案人、控告人、举报人等提出的刑事立案监督案件线索，由人民检察院控告申诉检察部门进行审查。实践中，报案人、控告人、举报人等提出的刑事立案监督案件线索，包括两个方面的内容：（1）认为公安机关应当立案侦查而不立案侦查的案件。

对于此类案件，控告检察部门审查的内容、方式应当对被害人提出的公安机关应当立案而不立案侦查案件的审查内容、方式进行。（2）认为公安机关不应当立案侦查而立案侦查的案件。对于此类案件，人民检察院控告检察部门受理后，应当指定专人进行审查。审查的内容与人民检察院发现的公安机关不应当立案而立案的案件审查内容相同。必要时，也可以进行必要的调查。经审查，认为需要纠正的，应当移送侦查监督部门。

（二）刑事立案监督案件的调查

刑事立案监督调查，是人民检察院受理刑事立案监督案件线索后，经审查，认为有必要时，对公安机关是否存在应当立案侦查而不立案侦查，或者不应当立案而立案侦查的事实和证据；对人民检察院侦查部门是否存在应当报请立案侦查而不报请立案侦查的事实和证据进行的了解和查证性活动。刑事立案监督调查，可以在受理刑事立案监督案件线索后，要求公安机关说明不立案理由之前进行，也可以在审查公安机关说明的不立案理由时或者在通知公安机关立案前进行。

刑事立案监督的调查与侦查比较起来，有以下几点不同：一是主体不同。行使侦查权的主体既包括人民检察院，也包括公安机关。刑事立案监督调查的主体只能是人民检察院；二是性质不同。侦查是指公安机关、人民检察院在办理刑事诉讼过程中，依照法律进行的专门调查工作和有关强制措施。是一种专门的刑事诉讼活动，具有刑事司法性质。刑事立案监督的调查则不属于专门的刑事诉讼活动；三是二者所处的阶段不同。侦查是刑事立案后的专门诉讼活动；刑事立案监督的调查一般是在立案前所进行的了解和查证性活动。对不应当立案而立案的调查也仅限于立案活动本身是否合法进行调查；四是直接目的不同。侦查和刑事立案监督的调查尽管在根本目的上，都是依法惩治犯罪，维护国家法律的统一、正确实施。但是，二者的直接目的不同。侦查是为了查明案件的全部真实情况，搜集有关证据证实案件真实情况，是为正确查明案件事实，最终实现国家刑罚权提供基础，创造条件。刑事立案监督的调查则是为了查明案件是否应当进入刑事诉讼程序，是否合法进入了刑事诉讼程序，是为了保证刑事立案活动正确、合法；五是手段不同。侦查既可以采用一般的调查手段，也可以使用强制措施。刑事立案监督的调查则不能使用强制措施。这也反映出二者的第六点不同，即强制性程度不同。侦查活动因其手段和目的的特殊性，决定了其在本质上具有强制性。而刑事立案监督的调查则不具有强制性。凡是剥夺或者限制当事人人身自由，或者财产权利的措施在调查中均不得适用，这是在开展刑事立案监督工作中必须注意的问题。

刑事立案监督的调查方法主要包括：（1）调取、审查有关书面材料。（2）询问。即对有关当事人、证人就是否存在公安机关应当立案而不立案或者不应当立案而立案的事实进行了解。对人民检察院侦查部门是否存在应当报请立案而不报请立案的事实进行了解。（3）勘验、检查。即对与犯罪有关的场所、物品、尸体等进行勘查和检验、检查，以发现和收集证明应当立案或者不应当立案的事实和证据。包括现场勘验、物证检验、尸体检验、人体检查等。（4）鉴定。是指委托有关具有专业知识的人员对有关专门问题进行分析研究和鉴别的行为。借此获取能够证明应当立案或者不应当立案的事实证据。

三、要求公安机关说明不立案理由

人民检察院发现的公安机关应当立案侦查的案件而不立案侦查的，经审查，认为符合刑事诉讼法规定的立案条件，公安机关应当立案，需要通知公安机关说明不立案理由的，由承办人提出意见，经部门负责人审核后，报检察长批准。

对于被害人认为公安机关应当立案侦查而不立案侦查的案件，向人民检察院提出的，人民检察院经审查，发现公安机关确实作出不立案决定的，应当报检察长批准，要求公安机关说明不立案理由。

　　人民检察院要求公安机关说明不立案理由，应当填写《说明不立案理由通知书》，送达公安机关。要求公安机关 7 日内书面说明不立案理由。

　　应当说明的是，根据《刑事诉讼法》第 111 条的规定，被害人认为公安机关应当立案侦查的案件而不立案侦查，向人民检察院提出的，人民检察院应当要求公安机关说明不立案理由。这里规定的是"应当"，不是"可以"或者"认为需要"等，是一种指令性规定。之所以如此规定，就是为了从根本上解决人民群众告状无门的问题，保护被害人的合法权益，从而对被害人以特殊的司法保护。这也正是刑事诉讼法确立刑事立案监督的主要目的之一。因此，对于此类案件，只要被害人认为公安机关应当立案，向人民检察院提出，人民检察院受理后，经审查发现公安机关已作出不立案决定的，就应当要求公安机关说明不立案理由，并把对公安机关说明的不立案理由审查意见通知被害人。这既是法律的规定，也是对被害人权益进行保护的必然要求。

　　四、通知公安机关立案侦查

　　对于公安机关应当立案侦查而不立案侦查的案件，人民检察院要求公安机关说明不立案理由，公安机关说明不立案理由后，人民检察院应当对说明的理由是否成立进行审查。人民检察院审查公安机关说明的不立案理由，应当制作《审查公安机关不立案理由报告》。

　　人民检察院在审查公安机关说明的不立案理由时，应当把公安机关说明的不立案理由与刑事诉讼法规定的立案条件结合起来。如果认为公安机关的不立案理由不能成立，应当通知公安机关立案侦查。所谓不立案理由不能成立，是指犯罪嫌疑人的行为已经触犯了我国刑法，构成犯罪，且不具备我国法律规定的不追究刑事责任的情形，符合我国刑事诉讼法规定的立案条件。公安机关说明的不立案理由不能证明不立案案件不属于上述情形时，则不立案理由不能成立。对于不立案理由不能成立的，人民检察院应当依法通知公安机关立案侦查。

人民检察院通知公安机关立案侦查，应当由检察长决定。对于重大、复杂、疑难的案件，由检察长提交检察委员会决定。通知公安机关立案侦查，应当向公安机关发出《通知立案书》，并将有关证明应当立案的材料同时移送公安机关。公安机关收到《通知立案书》后，应当在15日内决定立案，并将《立案决定书》送达人民检察院。

对于接到《说明不立案理由通知书》后7日内既不说明不立案理由，也不决定立案的，如果人民检察院认为应当立案的，可以直接发出《通知立案书》，通知公安机关立案侦查。如果确须公安机关说明不立案理由的，可以向公安机关发出《纠正违法通知书》，纠正公安机关不说明不立案理由的违法情形。对于公安机关在接到《说明不立案理由通知书》后7日内，虽然不说明不立案理由，但是决定立案侦查的，则不宜再发《纠正违法通知书》及《通知立案书》，而应当要求公安机关把《立案决定书》副本送达人民检察院。

对于被害人认为公安机关应当立案侦查而不立案侦查的案件，向人民检察院提出的，人民检察院认为公安机关说明的不立案理由不能成立，通知公安机关立案时，应当同时填写《不立案理由审查意见通知书》，把通知公安机关立案的结果通知被害人。如果公安机关说明的不立案理由成立的，应当直接填写《不立案理由审查意见通知书》，把同意公安机关不立案理由的情况通知被害人。同时，也可以告知被害人，如果不同意公安机关说明的不立案理由和人民检察院的同意意见时，可以直接向人民法院起诉。

对于同意公安机关说明的不立案理由的案件，人民检察院在把结果通知被害人的同时，应当把同意意见通知公安机关。文书格式可以参照通知被害人的《不立案理由审查意见通知书》。

人民检察院通知公安机关立案侦查，应当注意以下几个问题：

1. 人民检察院通知公安机关立案侦查，具有指令性。因此，人民检察院在通知公安机关立案时，必须严肃、认真、准确，严格按照刑事诉讼法规定的立案条件，严格掌握通知公安机关立案的标准。应当明确，刑事诉讼法规定的立案条件是人民检察院通知公安机关立案侦查的重要依据，但是不是唯一的依据。要全面把握通知公安机关立案侦查的条件，必须把《刑事诉讼法》第107条、第110条规定的立案条件与第111条关于刑事立案监督的规定结合起来。实践中，通知公安机关立案侦查，一般应符合以下条件：

（1）有犯罪事实，或者有犯罪嫌疑人，需要追究犯罪嫌疑人的刑事责任；

（2）证据有查证属实的；

（3）属于相应的公安机关管辖；

（4）应当立案侦查而公安机关决定不立案侦查。

符合上述条件的，人民检察院应当通知公安机关立案侦查。

2. 根据我国《刑事诉讼法》第111条的规定，人民检察院通知公安机关立案侦查的案件，必须首先要求公安机关说明不立案理由。只有公安机关说明的不立案理由不能成立或者在规定期限内不说明不立案理由又不立案的，才应当通知公安机关立案侦查。不能在不要求公安机关说明不立案理由的情况下，直接通知公安机关立案侦查。

五、人民检察院审查决定直接立案侦查

根据我国《刑事诉讼法》第18条第2款的规定，人民检察院对于属于公安机关管辖的国家机关工作人员利用职权实施的重大犯罪案件，需要由人民检察院直接受理的，经省级以上人民检察院决定，可以直接立案侦查。

人民检察院在刑事立案监督工作中，对于属于公安机关管辖的一定范围内的案件，经过法定程序，由人民检察院直接立案侦查，目的是充分发挥人民检察院在法律监督中的作用，强化刑事立案监督的效果，保障一切犯罪，特别是国家机关工作人员利用职权实施的重大犯罪依法受到惩处。人民检察院通过这种方式对一些个案实施侦查权，并不是包揽其他侦查机关的侦查权，而是通过这种方式加强执法监督，促进严格执法，维护国家法律的统一、正确实施。

（一）人民检察院决定直接立案侦查的案件的范围

我国《刑事诉讼法》第18条规定："刑事案件的侦查由公安机关进行，法律另有规定的除外。贪污贿赂犯罪，国家工作人员的渎职犯罪，国家机关工作人员利用职权实施的非法拘禁、刑讯逼供、报复陷害、非法搜查侵犯公民人身权利的犯罪，以及侵犯公民民主权利的犯罪，由人民检察院立案侦查。对于国家机关工作人员利用职权实施的其他重大犯罪案件，需要由人民检察院直接受理的时候，经省级以上人民检察院决定，可以由人民检察院立案侦查。自诉案件，由人民法院直接受理。"

根据该规定，人民检察院在刑事立案监督工作中，可以直接决定立案侦查的案件是指同时具备下列条件的案件：

1. 国家机关工作人员利用职权实施的犯罪案件

所谓国家机关工作人员，根据我国《刑法》第93条的规定，是指在国家机关中从事公务的人员。这里的国家机关包括：

（1）国家各级党政机关（如中共中央、国务院及各部、委、局；地方各级党委、人民政府及其职能部门）；

（2）各级权力机关（如全国人民代表大会及其常务委员会；地方各级人民代表大会及其常务委员会）；

（3）司法机关（如最高人民法院、地方各级人民法院以及专门人民法院；最高人民检察院、地方各级人民检察院以及专门人民检察院）。

在上述机关从事公务的人员即国家机关工作人员。

所谓利用职权，是指利用本人职务范围内的权力。如利用职务上主管、分管某种公共事务所形成的便利条件。

2. 属于公安机关管辖的案件

人民检察院在刑事立案监督工作中，可以直接受理立案侦查的案件，是指根据我国刑事诉讼法规定由公安机关管辖的案件，经过法定程序，并经省级以上人民检察院批准，由检察机关直接立案的案件。对于我国刑事诉讼法规定由人民检察院管辖的案件，不属于这方面的"可以直接受理"立案侦查的案件。这类案件，人民检察院在立案时，不适用刑事立案监督工作程序。由法院直接受理的自诉案件，同样也不适用刑事立案监督工作程序。

3. 重大犯罪案件

根据有关规定和司法实践，一般情况下，重大案件是指具有下列情形之一的案件：

（1）依照法律和有关规定达到重大标准以上的案件；

（2）一案数罪，既有人民检察院管辖的，又有公安机关或者其他机关管辖的，由人民检察院管辖更为适宜或者后者坚持不受理，且影响重大的案件；

（3）对案件管辖发生争执，而有管辖权的机关拒不侦查或者长期拖延不予立案侦查，且影响重大的案件；

（4）与徇私舞弊相关联，且影响重大的案件；

（5）县（处）级以上国家工作人员犯罪案件；

（6）在特殊情况下，由特定组织交由人民检察院立案侦查的案件；

（7）其他危害严重、影响重大而且不宜由公安机关立案侦查，或者公安机关建议人民检察院立案侦查的案件。

对于重大案件的范围，在实践中应当从严掌握，不能为地方利益或者部门利益任意扩大人民检察院直接立案侦查的范围。

（二）人民检察院审查决定直接立案侦查的程序

人民检察院在刑事立案监督工作中，在审查决定是否直接立案侦查前，除由特定组织交由人民检察院立案侦查的案件以及其他危害严重、影响重大、不宜由检察机关立案侦查的案件以外，首先应当按照《刑事诉讼法》第111条的规定，经过要求公安机关说明不立案理由，通知公安机关立案等程序。如果公安机关坚持不立案，并且属于前述的人民检察院直接受理立案侦查的案件的范围的，人民检察院可以依照刑事诉讼法的规定，通过立案监督程序，并经省级以上人民检察院批准，决定直接立案侦查。

人民检察院审查决定是否直接立案侦查，应当坚持承办人审查，提出审查意见，报部门负责人审核，检察长提请检察委员会决定的制度。

县级人民检察院发现案件线索，认为应当直接立案的，应当制作《提请批准直接受理书》，连同案件有关材料，层报省级人民检察院审查决定。

分州市级人民检察院在接到县级人民检察院《提请批准直接受理书》后10日内，应当提出是否同意直接受理的意见，连同有关材料，报省级人民检察院决定。

分州市级人民检察院发现案件线索，认为应当由人民检察院直接受理的，应当制作《提请批准直接受理书》，连同有关材料，报省级人民检察院决定。省级人民检察院在接到《提请批准直接受理书》后15日内，由侦查监督部门提出意见，报检察长提请检察委员会讨论决定是否同意直接受理。省级人民检察院批准直接受理，并决定由本院直接立案侦查的，填写《批准直接受理书》，交本院相应的侦查部门执行。决定由提请的分州市级人民检察院直接受理立案侦查的，将《批准直接受理书》交分州市级人民检察院，由其交相应的侦查部门执行。决定由提请批准直接受理的县级人民检察院直接立案侦查的，将《批准直接受理决定书》交分州市级人民检察院转送县级人民检察院，由县级人民检察院交本院相应侦查部门执行。

省级人民检察院发现的案件线索，认为应当直接受理的，可以由省级人民检察院自行决定，也可以填写《提请批准直接受理书》，连同案件材料，报最高人民检察院决定。

省级人民检察院经审查，决定不批准直接受理立案侦查的，填写《不批准直接受理决定书》，通知提请批准直接受理的人民检察院。

省级人民检察院在审查决定是否直接受理时，对于特别疑难、复杂的案件，或者影响特别重大的案件，在提出审查意见后，可以报请最高人民检察院审查决定。一般情况下，对于符合下列情形之一的案件，省级人民检察院可以报请最高人民检察院决定：

（1）在全国范围内影响重大的案件；

（2）犯罪行为、犯罪结果跨两个或者两个以上省、市、自治区，且影响重大的案件；

（3）省级以上人民检察院检察委员会有重大分歧的案件；

（4）省级人民检察院直接发现的案件；

（5）其他特别重大、复杂、疑难的案件。

省级人民检察院在报请最高人民检察院审查决定批准直接受理时，应当同时报请《提请批准直接受理书》、省级检察院检察委员会意见和案件其他有关材料。最高人民检察院侦查监督部门经审查，认为需要直接受理的，报检察长提请检察委员会讨论决定。批准直接受理的，制作《批准直接受理书》，通知提请批准直接受理的省级人民检察院。不同意直接受理的，制作《不批准直接受理决定书》，通知提请批准直接受理的省级人民检察院。

最高人民检察院决定直接受理的案件，可以由最高人民检察院直接立案侦查，也可以交由下级人民检察院立案侦查。

六、对公安机关不应当立案而立案侦查案件的监督

根据我国刑事诉讼法和最高人民检察院《刑诉规则》的规定，对公安机关不应当立案而立案侦查的案件进行监督，是人民检察院刑事立案监督工作的内容之一。

人民检察院在刑事立案监督工作中，对于控告人、报案人、举报人等提出的公安机关不应当立案而立案侦查的案件，控告检察部门审查后，认为需要纠正的，移送侦查监督部门。人民检察院其他部门发现的公安机关不应当立案侦查而立案侦查的案件，在登记后也要移送侦查监督部门。侦查监督部门经审查，认为确属不符合刑事诉讼法规定的立案条件而立案侦查的，可以建议公安机关撤案，已采取拘留、取保候审、监视居住等强制措施的，应当建议解除强制措施。对于拒不撤案的，可以提出纠正违法意见。也可以直接向公安机关提出纠正违法意见。公安机关仍不纠正的，应当向上一级人民检察院报告。上一级人民检察院认为不应当立案的，通知同级公安机关督促下级公安机关撤销案件。认为公安机关立案正确的，通知下一级人民检察院撤回纠正违法意见。

应当说明的是，对于此类案件的监督，主要是指在公安机关移送审查逮捕前或者直接移送审查起诉前发现的案件。如果公安机关对于此类案件已经移送审查批准逮捕或者直接移送起诉，或者经提出纠正意见仍不纠正，继续移送审查逮捕或者直接移送审查起诉的，则应当通过不批准逮捕或者不起诉手段予以解决。

七、对人民检察院侦查部门应当报请立案侦查而不报请立案侦查案件的监督

人民检察院侦查监督部门发现本院侦查部门对应当立案侦查的案件而不报请立案侦查的，应当指定专人进行审查。承办人提出审查意见，报部门负责人审核。部门负责人同意承办人提出的应当立案侦查的意见的，制作《建议报请立案侦查书》，移送本院相应的侦查部门。建议不被采纳的，应当报请检察长决定。

审查起诉部门发现本院侦查部门对应当立案侦查的案件不报请立案侦查的，应当在登记后移送侦查监督部门，由侦查监督部门进行审查。侦查监督部门审查后，应当将意见通知审查起诉部门。

八、刑事立案监督案件的备案

人民检察院通知公安机关立案或者建议公安机关撤案、纠正公安机关不应当立案而立案的案件，应当向上一级人民检察院备案。备案的材料一般包括案件来源、《说明不立案理由通知书》、《审查公安机关不立案理由报告》、《通知立案书》以及公安机关的立案情况、不应当立案而立案案件的撤案情况、纠正违法情况等。

上一级人民检察院对于下级人民检察院备案的案件，要认真进行审查。认为下级人民检察院通知公安机关立案或者建议公安机关撤案错误时，应当通知作出决定的人民检察院纠正，也可以直接撤销下级检察院的《通知立案书》或者《建议撤案意见书》，通知公安机关，并通知作出决定的人民检察院。

人民检察院侦查监督部门发现或者审查的本院侦查部门应当立案而不报请立案侦查的案件，对《建议报请立案侦查书》等案件材料，应当报请上一级人民检察院备案。

思考题：

一、什么是刑事立案监督，刑事立案监督有什么法律意义和现实意义？

二、刑事立案监督在保护被害人合法权益方面的作用如何？

三、试论通知公安机关立案的条件与刑事立案条件的关系。

四、试论刑事立案监督的主要程序。

第五章　刑事侦查活动监督

第一节　刑事侦查活动监督的概念和意义

一、刑事侦查活动监督的概念

刑事侦查活动监督是检察机关刑事诉讼监督的重要内容之一。我国《刑事诉讼法》第 8 条规定："人民检察院依法对刑事诉讼实行法律监督。"第 98 条规定："人民检察院在审查批捕工作中，如果发现公安机关的侦查活动有违法情况，应当通知公安机关纠正，公安机关应当将纠正情况通知人民检察院。"第 168 条规定："人民检察院在审查案件的时候，必须查明：……（五）侦查活动是否合法。"此外，刑事诉讼法还在回避、强制措施、侦查等有关章节明确规定了侦查活动应当遵守的一系列规定。上述规定确立了我国检察机关对侦查活动违法情况的监督制度，是检察机关对刑事侦查活动实施监督的法律依据。

刑事侦查活动监督是指人民检察院对公安机关（含国家安全机关）的侦查活动是否合法所实行的专门法律监督。对于这一定义，可以从以下几个方面进行理解：

（一）侦查活动监督是人民检察院实行的专门法律监督

人民检察院是国家的法律监督机关，检察机关的性质决定了其法律监督的性质。检察机关的法律监督是一种专门机关所实施的专门监督。这种专门监督主要体现在：（1）监督主体的特定性。即侦查活动监督的主体只能是人民检察院，其他任何机关、团体和个人都不具有这项职权。（2）监督手段的强制性。这种监督是以国家法律作后盾的，具有法律的强制性。被监督者必须接受监督，否则就要承担相应的法律责任。（3）监督程序的法律性。这种监督有其特定的法律程序和方式，必须依法进行。上述特点决定了侦查活动监督是一种专门的法律监督，其他部门或形式的监督都不具有这种性质。

（二）侦查活动监督的对象主要是但不限于公安机关

侦查活动监督的对象主要是公安机关，此外还包括国家安全机关、军队保卫部门、监狱侦查部门、海关走私犯罪侦查机关及人民检察院的自侦部门实施的侦查活动。修改后的《刑事诉讼法》第3条规定："对刑事案件的侦查、拘留、执行逮捕、预审，由公安机关负责。"第4条规定："国家安全机关依照法律规定，办理危害国家安全的刑事案件，行使与公安机关相同的职权。"第290条规定："军队保卫部门对军队内部发生的刑事案件行使侦查权。对罪犯在监狱内犯罪的案件由监狱进行侦查。军队保卫部门、监狱办理刑事案件，适用本法的有关规定。"同时，有关法律也赋予海关走私犯罪侦查机关依法享有侦查权，并适用刑事诉讼法的有关规定。

《刑事诉讼法》第18条第1款规定："刑事案件的侦查由公安机关进行，法律另有规定的除外。"公安机关负责侦查的刑事案件占绝大多数，与检察机关审查案件接触最为密切，因此，侦查活动监督的主要对象是公安机关所实施的侦查活动。国家安全机关、海关走私犯罪侦查机关、军队保卫部门、监狱机关所实施的侦查活动，同属检察机关的监督范围，但实际数量较少。检察机关的侦查部门，其侦查活动也应受到必要的监督和约束。人民法院在审理刑事案件中，可以对证据进行调查核实，但这种调查活动与侦查活动有着本质的区别，因此人民法院的调查活动不属于侦查活动监督的对象。

（三）侦查活动监督的内容是侦查活动的合法性

侦查是由一系列侦查活动组成的。侦查活动具有法定的内容和形式。根据法律规定，侦查活动的内容和形式是专门调查工作和有关的强制性措施。侦查活动具有很强的强制性，一旦违法行使，就会侵犯公民的合法权益。因此，侦查活动必须依法进行。所谓依法进行，是指侦查活动只能由法定的机关和人员依照法定程序和方式进行。只有这样，才能既有利于发现和收集证据，查明案情，又有利于保护公民的合法权益不受侵犯。侦查活动监督就是对上述专门调查工作和有关的强制性措施是否合法所实行的监督。侦查活动之外的其他活动，不属于侦查活动监督的内容。

二、刑事侦查活动监督的意义

刑事侦查活动监督是检察机关法律监督的重要内容之一，是刑事诉讼过程中不可缺少的活动。它对于保证及时、准确地惩罚犯罪，保护公民合法权益，促进严格执法等都具有重要意义。

（一）有利于保护公民的合法权益

我国是人民民主专政的社会主义国家，人民是国家的主人，享有广泛的民主和自由。特别是公民的人身权利，更是受到法律的严格保护。即使是犯罪嫌疑人，其合法权益同样受法律保护。侦查活动具有很强的强制性，直接涉及公民的人身自由、健康、人格等各项权利。违法进行侦查活动，必然侵犯公民的合法权益。如刑讯逼供、逼证就会侵犯犯罪嫌疑人、证人的自由和健康权利；违法扣押邮件、电报就会侵犯公民的通信自由和通信秘密权利；违法搜查他人住宅就侵犯了公民的居住安全；等等。通过侦查活动监督，就能及时发现和纠正侦查活动中的各种违法情况，使无罪的人不受刑事追究，使诉讼参与人的诉讼权利不受侵犯，从而保护公民的合法权益。

（二）有利于准确及时地惩罚犯罪

准确、及时地查明犯罪事实，依法惩罚犯罪分子是刑事诉讼的重要任务。刑事诉讼法关于侦查活动的一系列规定，同样是保证诉讼活动正常进行，及时查处和惩治犯罪的需要。违法进行侦查活动，不仅会侵犯公民的合法权益，而且会使侦查活动偏离正确的方向，延误侦查工作的时机，甚至使侦查工作陷入困境和僵局，从而影响侦查工作的质量。侦查工作质量如何，往往又影响起诉和审判的质量。通过侦查活动监督，可以及时发现和纠正侦查活动中的违法情况，弥补侦查工作中的漏洞和不足，从而保证起诉和审判工作的正常进行，使犯罪的人及时受到刑事追究。那种认为对侦查活动进行监督只会束缚手脚的观点是不正确的。

（三）有利于促进侦查人员严格执法

严格执法是社会主义法制建设的必然要求，也是顺利完成侦查工作任务的重要保证。侦查人员作为国家的执法人员，应带头规范地执行国家法律，执法工作人员执法违法，是司法腐败的表现之一，有着极为严重的社会危害性。通过侦查活动监督，及时纠正侦查活动中的各种违法行为，对构成犯罪的依法追究刑事责任。这对于侦查人员进一步树立严格执法的思想观念无疑有着积极的意义。

第二节　刑事侦查活动监督的内容

侦查活动监督的内容取决于侦查活动的内容。根据我国刑事诉讼法的规定，侦查活动的内容包括专门调查工作和有关的强制性措施。因此，侦查活动监督的内容也就包括对专门调查工作是否依法进行实施的监督和对有关的强制性措施是否依法进行实施的监督。

侦查活动监督贯穿于侦查活动的全过程。根据《人民检察院刑事诉讼规则（试行）》的有关规定，侦查活动监督的重点是发现和纠正以下违法行为：（1）采用刑讯逼供以及其他非法方法收集犯罪嫌疑人供述的；（2）采用暴力、威胁等非法方法收集证人证言、被害人陈述，或者以暴力、威胁等方法阻止证人作证或者指使他人作伪证的；（3）伪造、隐匿、销毁、调换、私自涂改证据，或者帮助当事人毁灭、伪造证据的；（4）徇私舞弊，放纵、包庇犯罪分子的；（5）故意制造冤、假、错案的；（6）在侦查活动中利用职务之便谋取非法利益的；（7）非法拘禁他人或者以其他方法非法剥夺他人人身自由的；（8）非法搜查他人身体、住宅，或者非法侵入他人住宅的；（9）非法采取技术侦查措施的；（10）在侦查过程中不应当撤案而撤案的；（11）对与案件无关的财物采取查封、扣押、冻结措施，或者应当解除查封、扣押、冻结不解除的；（12）贪污、挪用、私分、调换、违反规定使用查封、扣押、冻结的财物及其孳息的；（13）应当退还取保候审保证金不退还的；（14）违反刑事诉讼法关于决定、执行、变更、撤销强制措施规定的；（15）侦查人员应当回避而不回避的；（16）应当依法告知犯罪嫌疑人诉讼权利而不告知，影响犯罪嫌疑人行使诉讼权利的；（17）阻碍当事人、辩护人、诉讼代理人依法行使诉讼权利的；（18）讯问犯罪嫌疑人依法应当录音或者录像而没有录音或者录像的；（19）对犯罪嫌疑人拘留、逮捕、指定居所监视居住后依法应当通知而未通知的；（20）在侦查中有其他违反刑事诉讼法有关规定的行为的。

由于侦查活动的具体内容不同，侦查活动监督在具体侦查活动中的侧重点也就有所不同。因此，有必要分别予以讨论。

一、关于采用刑讯逼供以及其他非法方法收集犯罪嫌疑人供述

"刑讯逼供"，是指使用肉刑或变相使用肉刑，使犯罪嫌疑人在肉体上或者精神上遭受剧烈疼痛或者痛苦而不得不供述的行为，如殴打、电击、冻、晒、烤、饿等。"其他非法方法"是指刑讯逼供以外的违法程度和对当事人的强迫程度达到与刑讯逼供或者暴力、威胁相当，使其不得不违背自己意愿陈述的方法。根据刑事诉讼法的规定，司法人员必须依照法定程序收集各种证据，严禁刑讯逼供和以威胁、引诱、欺骗以及其他非法方法收集证据，不得强迫任何人证实自己有罪。在司法实践中，有的侦查人员为了获取犯罪嫌疑人的口供，对犯罪嫌疑人进行刑讯逼供或者以其他非法方法逼取口供。这种违法行为，不仅侵犯了犯罪嫌疑人的合法权益，干扰了刑事诉讼活动的顺利进行，而且极易罪及无辜，造成冤、假、错案。虽然这类违法情况的发生数量极少，但造成的影响非常恶劣，教训非常深刻。为从制度上进一步遏制刑讯逼供和其他非法收集证据的行为，维护司法公正和诉讼参与人的合法权利，修改后的刑事诉讼法根据近年来司法改革取得的成功经验，总结司法解释的有关规定，设置了非法证据排除制度，采用刑讯逼供等非法方法收集的犯罪嫌疑人、被告人供述应当予以排除。如果侦查人员刑讯逼供情节严重或者致人重伤、死亡的，则要按照刑法有关规定追究责任人的刑事责任。所以，人民检察院在侦查活动监督工作中，应当把发现、纠正刑讯逼供等违法获取口供的行为作为监督的重点。

二、关于采用暴力、威胁等非法方法收集证人证言、被害人陈述，或者以暴力、威胁等方法阻止证人作证或者指使他人作伪证

被害人陈述、证人证言是刑事诉讼中运用得最多的两种证据。根据刑事诉讼法的规定，公安机关必须保证一切与案件有关或者了解案件的公民，有客观地、充分地提供证据的条件。严禁对被害人、证人采用暴力、威胁等非法方法获取证言、收集证据。公安机关在办案过程中，只有严格按照法律规定，为被害人、证人提供客观、充分的安全保障，消除他们的恐惧心理和可能受到的威胁、损害，才能使他们提供客观、真实的证言。相反，侦查人员使用暴力、威胁等非法手段获取了证言，也会因为这些证言是迫于侦查人员的压力或在被欺骗的情况下提供的，而存在虚假的可能性。

另外,《刑法》第 307 条规定:"以暴力、威胁、贿买等方法阻止证人作证或者指使他人作伪证的,处三年以下有期徒刑或者拘役;情节严重的,处三年以上七年以下有期徒刑。帮助当事人毁灭、伪造证据,情节严重的,处三年以下有期徒刑或者拘役。司法工作人员犯前两款罪的,从重处罚。"根据该规定,《刑诉规则》规定了以暴力、威胁等方法阻止证人作证或者指使他人作伪证的情形。

三、关于伪造、隐匿、销毁、调换和私自涂改证据,或者帮助当事人毁灭、伪造证据

要正确认定案件事实,不仅对证据有数量的要求,更有质量上的要求。证据是否充分、确实是对犯罪嫌疑人能否追究刑事责任的关键。如果侦查人员在收集证据过程中,出于各种动机、目的,伪造、隐匿、销毁、调换和私自涂改有罪证据或者无罪证据,会使证据真假难辨,甚至会造成犯罪分子得以逃避法律制裁,或者使无辜的人受到怀疑而无法洗清,并可能被追究刑事责任。这里的"伪造"包括变造的情况。侦查人员帮助当事人毁灭、伪造证据,与自己毁灭、伪造证据,其危害后果是一样的,也应当作为监督的重点。

四、关于徇私舞弊,放纵、包庇犯罪分子

按照我国刑法规定,侦查人员在侦查活动中徇私舞弊,放纵、包庇犯罪分子,是一种严重的犯罪行为。对犯罪分子该查的事实不查,该逮捕的也不提请批准逮捕,甚至为他们通风报信,致使犯罪分子逍遥法外,得不到及时的刑事追究,这种违法犯罪行为不仅对刑事诉讼危害性非常大,而且对整个社会有很大的危害性。因此,人民检察院在侦查活动监督中一定要注意发现和纠正这种违法行为,对构成犯罪的要及时移送有关侦查部门查处。

五、关于故意制造冤、假、错案

故意制造,是指行为人出于私利,或出于泄私愤、情绪,甚

至为了报复等非法目的，有意制造冤、假、错案。"以事实为依据，以法律为准绳"是刑事诉讼的基本原则。但在办案过程中，还往往有极个别的侦查人员出于个人的私利，或者出于对他人的不满和私愤以及报复陷害等目的，明知他人没有犯罪，也没有实施过犯罪行为，却故意捏造犯罪事实，伪造证据，意图使他人受到刑事追究；有的对犯罪事实有意张冠李戴，制造冤、假、错案。这是一种严重侵犯公民合法权益、破坏社会主义法制的违法犯罪行为。

六、关于在侦查活动中利用职务之便谋取非法利益

公正、廉洁执法是国家法律对一切执法司法人员包括侦查人员执法的基本要求。侦查人员在办案过程中，利用查办案件的职务便利，谋取非法利益，严重背离了公正执法的要求，违反法律规定，甚至可能触犯刑法，构成犯罪。这里的"非法利益"既包括物质性利益，如贪赃受贿等，也包括非物质性利益，如提职晋级等。

七、关于非法拘禁他人或者以其他方法非法剥夺他人人身自由

非法拘禁，是指以拘押、禁闭或者其他强制方法，非法剥夺他人人身自由的行为。在侦查监督工作实践中，要注意划清违法拘留、逮捕与非法拘禁罪的界限。违法拘留、逮捕是违反拘留、逮捕法规的行为，一般是指侦查人员违反法律规定的有关程序、手续和时限，并不具有非法拘禁的动机和目的。如一般的超时限报捕、批捕；未及时办理、出示拘留、逮捕证；未依法及时通知犯罪嫌疑人家属或单位；未先办理延期手续而超期羁押人犯的等，都不构成非法拘禁罪。因各种客观因素造成错拘、错捕的，也不构成犯罪。司法工作人员依照法定程序拘留或者逮捕，后经查明无罪，立即予以释放的，这种情况属于错拘错捕，不是非法拘禁。但是，如果已经检察机关或者人民法院依法决定解除强制措施，仍拒不释放或者拖延释放的，则应视为非法拘禁的行为。要特别说明的是，违法拘留、逮捕和非法拘禁均属于侦查活动监督的内容，二者只是违法程度轻重不同而已。

八、关于非法搜查他人身体、住宅，或者非法侵入他人住宅

搜查，是指侦查人员在侦查过程中，为收集证据，查获犯罪嫌疑人，对犯罪嫌疑人以及可能隐藏罪犯和罪证的人的身体、物品、住处、工作地点和其他有关场所进行搜索和检查的一种侦查活动。搜查的任务是收集犯罪证据，查获犯罪嫌疑人。搜查应当依法进行，不得滥用搜查权。搜查直接涉及公民的人身、物品、居住等基本权利，必须依法慎重进行。检察机关也应当将搜查作为侦查活动监督的重要内容。根据修改后的刑事诉讼法的规定，搜查应当由侦查人员持侦查机关签发的搜查证进行，执行搜查时，侦查人员不得少于二人。搜查时必须向被搜查人出示搜查证，在搜查时应有被搜查人或者他的家属、邻居或其他见证人在场，搜查妇女的身体应由女工作人员进行。"非法侵入他人住宅"则强调的是未经允许或者未经依法批准强行进入他人住宅。侦查人员在侦查过程中有此行为的，也应当进行监督。

九、关于非法采取技术侦查措施

技术侦查措施是修改后的刑事诉讼法增加规定的重要内容。由于技术侦查措施对公民权利的损害较大，与其他侦查措施相比，执法风险最大，因此在各国都属于法律严格控制使用的侦查措施。为了规范技术侦查措施的使用，将其风险和负面效果降到最低，修改后的刑事诉讼法对使用技术侦查措施的案件范围作了严格限定，并设置了十分严格的批准和使用程序。根据《刑事诉讼法》第148条的规定，技术侦查措施只能用于公安机关在立案侦查的危害国家安全犯罪、恐怖活动犯罪、黑社会性质的组织犯罪、重大毒品犯罪或者其他严重危害社会的犯罪案件，以及人民检察院立案侦查的重大的贪污、贿赂犯罪案件以及利用职权实施的严重侵犯公民人身权利的重大犯罪案件。非法采取技术侦查措施，既包

括超出法律允许使用的案件范围使用，也包括未经批准使用，还包括超出批准的措施种类、适用对象和期限使用。

十、关于侦查过程中不应当撤案而撤案

撤案即撤销案件，是发生在侦查过程中的一种非常重要的诉讼行为。撤案不但具有程序上的意义，而且有很重要的实体意义。根据《刑事诉讼法》第15条的规定，在侦查过程中，发现不应当对犯罪嫌疑人追究刑事责任时，应当撤销案件，终止侦查。"发现不应当对犯罪嫌疑人追究刑事责任"是撤销案件的必要条件，其适用情形包括：情节显著轻微、危害不大，不认为是犯罪的；犯罪已过追诉时效期限的；经特赦令免除刑罚的；依照刑法告诉才处理的犯罪，没有告诉或者撤回告诉的；犯罪嫌疑人死亡；其他法律规定免予追究刑事责任的。在办案过程中如果没有出现上述应当撤销案件的法定情形而撤销案件，就会放纵犯罪分子，给国家、社会和公民的合法权益造成损害。

十一、关于对与案件无关的财物采取查封、扣押、冻结措施，或者应当解除查封、扣押、冻结不解除

这是依据《刑事诉讼法》第115条第3、4项作出的规定。根据该规定，司法机关及其工作人员对与案件无关的财物采取查封、扣押、冻结措施的，或者应当解除查封、扣押、冻结不解除的，当事人和辩护人、诉讼代理人、利害关系人有权向该机关申诉或者控告，对处理不服的，可以向人民检察院申诉。这是检察机关对这类违法行为进行监督的直接法律依据。根据规定，人民检察院应当对申诉及时进行审查，情况属实的，通知有关机关予以纠正。

十二、关于贪污、挪用、私分、调换、违反规定使用查封、扣押、冻结的款物及其孳息

扣押、冻结犯罪嫌疑人的款物和孳息是公安机关在办案过程中依法使用的一种侦查手段。它只是对被扣押、冻结的款物及其孳息进行暂时性的保管，而不是最终的处理。根据刑事诉讼法的规定，公安机关对于扣押、冻结犯罪嫌疑人的财物及其孳息，应当妥善保管，以备核查。任何单位和个人不得挪用或者自行处理。贪污、挪用或者私自处理、调换扣押、冻结的犯罪嫌疑人的财物及其孳息的，要依法追究刑事责任，未构成犯罪的，要给予行政处分。人民检察院在侦查活动监督中发现侦查人员在办案过程中有贪污、挪用、调换扣押、冻结的款物及其孳息的，应当坚决纠正。构成犯罪的要及时移送侦查部门查处；未构成犯罪的，也要建议公安机关进行行政处分。

十三、关于对违反刑事诉讼法关于决定、执行、变更、撤销强制措施规定的监督

决定、执行、变更、撤销强制措施是公安机关在侦查过程中的重要诉讼行为。根据刑事诉讼法的规定，公安机关在侦查活动中，为了查明案情，证明案件事实，有权对犯罪嫌疑人采取拘传、取保候审、监视居住、拘留等强制措施；对检察机关批准逮捕或者决定逮捕、决定拘留的犯罪嫌疑人，公安机关又是法定的执行者。为了确保各种强制措施的正确行使，保障刑事诉讼的顺利进行，刑事诉讼法对决定、执行强制措施以及变更、撤销强制措施规定了明确的条件和十分严格的实施程序，必须严格依法进行，不得自行其是。人民检察院应当将此列入侦查活动监督的内容，发现违法应当纠正。

十四、关于对违反侦查羁押期限规定的监督

为了及时处理刑事案件，防止案件久拖不决，保障犯罪嫌疑人的合法权益，刑事诉讼法不但对公安机关侦查的一般刑事案件的侦查羁押期限作出明确规定，而且对案情复杂、犯罪涉及面广、取证困难等案件，在法定的办案期限内不能侦查终结，需要延长侦查羁押期限的也作出了明确、严格的规定。公安机关应当严格遵守这些规定，在法定羁押期限内对所办案件侦查终结，加快案件的处理。否则，超过法定期限仍不能对案件侦查终结，不但会使犯罪嫌疑人被违法羁押，人身权益受到侵害，而且会使正常的刑事诉讼因此而受到不必要的影响。所以，人民检察院应当加强对公安机关侦查及羁押期限的监督，发现违反法律规定的情形，应当及时依法纠正。

十五、关于对其他违反刑事诉讼法有关规定的行为的监督

其他违反刑事诉讼法有关规定的行为，是指公安机关在侦查活动中除以上情形之外，违反刑事诉讼法有关规定的行为，如公安机关收集、获取证据讯问犯罪嫌疑人，询问被害人、证人的方法是否合法；勘验、检查、扣押物证、书证是否合法；追缴赃款物品、辨认、鉴定、通缉等是否严格依法实施。公安机关在侦查活动中采取以上侦查措施，如果不按照法律规定的程序和形式实施，也是违法行为。人民检察院发现公安机关的这类违法行为，也要及时予以纠正。

第三节　刑事侦查活动监督的程序和方法

一、侦查活动监督的程序

侦查活动监督的程序，这里主要是指检察机关实行侦查活动监督的途径和方式。实践证明，完备的监督程序，对于保证监督活动的顺利进行，有效地实现监督的目的，有着极为重要的意义。

（一）侦查活动监督的承办部门

侦查活动监督由人民检察院哪一个部门具体承办，直接影响到监督工作的开展和效果。因此，确定承办部门，应从有利于保证监督工作的顺利开展和确保监督效果等方面来考虑。有人认为，侦查监督部门和公诉部门在监督职责上应明确分工，侦查监督部门承担侦查活动监督的任务，审查起诉部门承担审判监督的任务，这样有利于集中精力完成监督任务，避免推诿和扯皮。我们认为，对检察机关承担的法律监督任务进行合理分工是必要的，有利于明确责任，更好地完成监督任务。但对于侦查活动监督来说，不宜由侦查监督一个部门承担，而应由侦查监督和公诉两个部门共同承担。因为，无论是侦查监督部门还是公诉部门，都可以通过介入公安机关的侦查活动、审查案卷材料等发现侦查活动中的违法情况，而且公诉部门还可以通过提审犯罪嫌疑人、接待犯罪嫌疑人委托的律师等全面了解侦查活动中的违法情况，如果公诉部门不承担侦查活动监督的任务，而是将有关情况转交侦查监督部门办理，势必影响监督的效果，不利于监督工作的及时进行。因此，侦查活动监督的承办部门不应只是侦查监督部门，而应是侦查监督和公诉两个部门。

侦查监督部门和公诉部门具体承担侦查活动监督的任务。但由于这项工作的任务十分繁重，侦查活动监督工作的具体情况又有一定的复杂性，如发现侦查活动的违法情况，有时案件可能尚在侦查环节，有时可能处于批捕环节，有时可能处于起诉环节，有时案件可能已经法院审判。因此，对监督任务进行适当的分工是十分必要的。我们认为，这种分工应本着既有利于监督工作的进行，又要考虑到不同部门承担任务的多少。由于公诉部门还要同时承担审判监督的任务，因此，其不应再承担过多的侦查活动监督任务，侦查活动监督任务应主要由侦查监督部门承担。具体说来，公诉部门只承担起诉环节的侦查监督任务。如在审查起诉工作中发现违法情况的；诉讼参与人对于公安机关侦查活动中的违法行为提出控告，而案件处于起诉环节的等。除此之外的对侦查活动监督任务，一律由侦查监督部门承担。

（二）侦查活动监督的途径

侦查活动监督的途径，是指人民检察院以何种方式发现公安机关侦查活动中的违法行为。根据有关法律规定，结合司法实践，侦查活动监督的途径主要有：

1. 通过审查批捕、审查起诉进行。《刑事诉讼法》第 98 条规定："人民检察院在审查批捕工作中，如果发现公安机关的侦查活动有违法情况，应当通知公安机关纠正，公安机关应当将纠正情况通知人民检察院。"《刑事诉讼法》第 168 条也明确规定，人民检察院在审查起诉案件时，必须查明公安机关的侦查活动是否合法。因此，人民检察院在审查批捕、审查起诉时，应当审查公安机关的侦查活动是否合法，发现违法情况，应当通知公安机关纠正。审查批捕、审查起诉是法律赋予检察机关的一项重要职权，是一种重要的刑事诉讼活动，也是检察机关对侦查活动实行监督的重要的、有效的途径和方式。具体包括以下几种方式：（1）审查案卷材料。审查案卷材料，是指审阅、核查公安机关提请批准逮捕、移送审查起诉时所报送的全部案件材料。通过审查公安机关侦查过程中所形成的案件材料，可以对公安机关的侦查活动进行全面的监督。主要是审查各种证据之间是否存在矛盾，特别是要注意审查犯罪嫌疑人口供和其他证据之间的矛盾，从中发现违法的疑点和线索。（2）提审犯罪嫌疑人。审查批捕阶段不要求必须提审犯罪嫌疑人，审查起诉阶段必须提审犯罪嫌疑人。通过提审犯罪嫌疑人，可以及时发现侦查活动中的各种违法情况，特别是刑讯逼供、徇私舞弊等重大违法行为。实践证明，犯罪嫌疑人出于其自身利益，对有关违法情况的反映不一定都是真实的，但不能因此不重视犯罪嫌疑人的反映。对犯罪嫌疑人反映的违法情况，要注意结合其他有关情况进行分析和判断，从中发现侦查活动中的违法行为。（3）询问证人。询问证人，既是复核证据，查明案情的重要方法，也是发现侦查活动违法情况的一种方式。通过询问证人，既可以发现侦查活动中违法情况的线索，也可以及时核实犯罪嫌疑人或其他公民提供的有关违法情况。

2. 通过介入公安机关的侦查活动进行。介入公安机关的侦查活动，即通常所说的"提前介入"，是指检察机关根据需要派员参加公安机关对于重大案件的讨论和其他侦查活动。适时介入公安机关的侦查活动，既可以及时了解案情，掌握证据，依法从快批捕、起诉，又可以及时对公安机关侦查活动中的违法情况实行监督，是一种行之有效的办案制度和监督途径。主要包括以下几种方式：（1）参加公安机关对于重大案件的讨论。《刑事诉讼法》第85条规定："必要的时候，人民检察院可以派员参加公安机关对于重大案件的讨论。"这是实践中经常采用的一种监督方式。通过参加讨论，可以及时发现和纠正侦查活动中的违法情况。因此，检察人员参加公安机关的案件讨论，必须克服单纯为提高办案效率的片面认识，树立依法监督的思想观念。（2）参与讯问犯罪嫌疑人、询问证人活动。检察人员参与上述活动，并不是代替有关侦查人员进行侦查活动，更不是干预公安机关的侦查活动，而是通过这一方式，一方面及时了解案情，为尽快批捕、起诉服务，另一方面依法履行法律监督职责。（3）提前审阅有关的案件材料。在公安机关提请批准逮捕、移送审查起诉之前审阅有关的案件材料，可以及时了解案情，发现侦查活动中的违法行为，并予以及时纠正。（4）参与现场勘验、检查。主要是参与公安机关对于重特大案件现场的勘验、检查。通过参与这些侦查活动，实行法律监督。在参与勘验、检查中，检察人员可以对公安机关的勘验计划、步骤等提出建议，对于违法情况应当提出纠正意见，但不应干预公安机关的上述活动。

3. 通过受理有关的控告、检举进行。受理控告、检举是发现侦查活动中违法行为的重要途径。对于诉讼参与人就侦查活动中的违法行为提出的控告，人民检察院应当及时受理和审查。对于公民或其他人员提出的检举、新闻媒体的报道等也应及时受理或审查。

4. 通过跟踪监督进行。跟踪监督是检察机关在实践中总结出来的一种有效的监督途径。主要是指定专人负责，对人民检察院作出的批准逮捕、不批准逮捕决定的执行以及公安机关撤销、变更强制措施的情况实行跟踪了解和监督。通过跟踪监督，可以及时发现和纠正公安机关上述活动中的违法行为。

二、侦查活动监督的方法

侦查活动监督的方法，是指人民检察院对于发现的公安机关侦查活动中的违法情况进行纠正和处理的措施和手段。有效的监督方法，对于确保监督的效果，促进公安机关在侦查工作中严格执法等，有着极为重要的意义。

对侦查活动监督的方法主要有以下几种：

（一）口头通知纠正

所谓口头通知纠正，是指履行监督职责的检察人员发现公安机关侦查活动中存在情节较轻的违法行为时，以言词的方式要求侦查人员予以纠正的一种监督方法。口头通知纠正是一种较为常见的监督方法。适用这一方法应注意以下几点：

1. 适用于情节较轻的违法行为。一般来说，轻微的违法行为对公民的人身权利造成的损失不大，也不会对侦查工作造成太大的影响。如未按规定出示有关的证件、讯问笔录未按规定签名等。但这些行为同样是违反法律规定的行为，对侦查工作有一定的危害性。因此，必须予以纠正。

2. 可以由履行监督职责的检察人员直接提出。对于情节较轻的违法行为，可以由检察人员以口头方式向侦查人员提出纠正。对于较为普遍的违法行为，也可以向公安机关负责人提出。必要时，也可以由部门负责人提出纠正意见。

3. 应及时向部门负责人汇报。检察人员口头提出纠正违法后，应作好记录，并及时向本部门负责人汇报。口头纠正违法的，一般不要求公安机关给予答复。

（二）发纠正违法通知书

发纠正违法通知书，是指人民检察院对于公安机关侦查活动中情节较重的违法行为以特定的书面形式要求纠正的一种监督方法。适用这一方法应注意以下几点：

1. 适用于情节较重的违法行为。所谓情节较重的违法行为，是指严重违反法律规定但未达到犯罪程度的行为。如严重违反诉讼程序，可能导致错误追究或放纵犯罪的；非法拘禁或刑讯逼供的；贪污、挪用赃款赃物的；不执行检察机关批准逮捕、不批准逮捕决定的；多次口头纠正仍不改正的；等等。对于情节较重的违法行为，必须以发纠正违法通知书的方式予以纠正，不应以口头纠正的方式代替。

2. 必须经检察长批准。可由承办人首先制作《纠正违法通知书》，然后经部门负责人审核，报经检察长批准后再向公安机关发出。不得由检察人员或者某一部门负责人自行决定。

3. 注意监督落实情况。发出纠正违法通知书后，应当根据公安机关的回复，监督落实情况。公安机关没有按时回复的，应当督促公安机关尽快回复。公安机关对纠正违法意见不予接受的，提出纠正意见的人民检察院应当将监督情况及时向上一级检察院报告，并抄报上一级公安机关。上级检察院认为下级检察院意见正确的，应通知同级公安机关督促下级公安机关纠正。上级检察院认为下级检察院意见错误的，应当通知下级检察院撤销纠正违法通知书，并通知同级公安机关。

（三）追究刑事责任

人民检察院发现侦查人员在侦查活动中的违法行为情节严重，构成犯罪的，应当立案侦查；对于不属于人民检察院管辖的，应当移送有管辖权的机关处理。

对于需要由人民检察院立案侦查的，审查批捕部门或审查起诉部门应当提出意见，经检察长批准后，移交检察院法纪或者反贪部门进行。审查批捕部门或审查起诉部门不应自行立案侦查。

人民检察院审查逮捕部门或者审查起诉部门对本院侦查部门侦

查或者决定、执行、变更、撤销强制措施等活动中的违法行为，应当根据情节分别处理。情节较轻的，可以直接向侦查部门提出纠正意见；情节较重或者需要追究刑事责任的，应当报告检察长决定。

思考题：

一、试述刑事侦查活动监督的概念和意义。

二、简述侦查活动监督的基本内容。

第六章　刑事审判活动监督

第一节　刑事审判活动监督的概念和意义

一、刑事审判活动监督的概念

刑事审判活动监督，是指人民检察院依法对人民法院的刑事审判活动是否违反法律规定的诉讼程序所进行的专门法律监督。《刑事诉讼法》第 203 条规定："人民检察院发现人民法院审理案件违反法律规定的诉讼程序，有权向人民法院提出纠正意见。"《人民检察院组织法》第 5 条第 4 项规定：人民检察院"对于人民法院审判活动是否合法，实行监督。"《刑诉规则》第 576 条规定："人民检察院依法对人民法院的审判活动是否合法实行监督。"根据这些规定，刑事审判活动监督具有以下特点：首先，监督的主体是人民检察院，对人民法院审理刑事案件的活动进行法律监督，是人民检察院作为国家法律监督机关的职权；其次，监督的对象是人民法院审理案件中违反刑事诉讼法规定的诉讼程序的问题；最后，监督的目的是保障人民法院依法正确地行使刑事审判权，维护刑事司法的公正和效率。

刑事审判活动监督是人民检察院法律监督职能的重要组成部分。人民检察院作为国家的法律监督机关，对刑事诉讼的各个阶段，各项活动都应当依法实行监督，全面履行法律监督职责。在刑事审判过程中，人民检察院对法律的实施负有特殊的责任。一方面代表国家对公民犯罪实行法律监督，行使公诉权；另一方面对人民法院的审判进行监督，行使刑事审判监督权。刑事审判监督既包括对人民法院刑事审判活动是否违反法律规定的诉讼程序的监督（即对"过程"的监督），也包括对法院的刑事判决、裁定是否正确的监督（即对"结果"的监督）。

二、刑事审判活动监督的意义

人民检察院对刑事审判活动的监督，是社会主义法制的内在要求，是刑事审判活动正确有效进行的重要保障。搞好刑事审判活动监督，具有十分重要的意义。

（一）保障人民法院依法进行审判活动，维护国家刑事法律的统一正确实施

从整个刑事诉讼程序来说，审判是最终从实体上处理案件，审判阶段是刑事诉讼各个阶段的关键。侦查、起诉阶段的大量工作，最终需要通过审判阶段作出案件的最后处理决定。审判的任务，是全面审核证据，查清案件事实，依照刑事法律的规定，对案件作出裁判，使犯罪分子受到应有的惩罚，保障无罪的人不受刑事追究，教育公民自觉遵守法律。为此，刑事诉讼法所规定的各项基本原则、审判制度和审理程序，在审判活动中都应全面贯彻执行，这是人民法院正确、合法、及时地处理刑事案件的重要保证。如果没有一定的监督机制，这一任务就难以实现。由于刑事审判活动监督贯穿于人民法院审判的始终，保证刑事审判活动严格按照法律规定的程序和要求进行。因而，刑事审判活动监督从程序上保证了审判机关严格执法，使国家的刑事法律能够得到普遍、统一、正确的实施。

（二）保障及时准确地惩罚犯罪分子，保障无罪的人不受刑事追究

惩罚犯罪与保护人民是国家机器的基本职能，是刑事诉讼的基本任务。刑事诉讼本质上就是国家专门机关追究犯罪、惩罚犯罪的活动，是为了实现国家对犯罪的刑罚权。由于这项活动的特

定性和严肃性，要求刑事诉讼必须严格地依法进行。人民法院的审判活动直接关系到查明犯罪事实和对被告人的定罪量刑，只有严格依照刑事诉讼法规定的程序和方式进行，才能准确及时地查清案件事实，处罚犯罪分子，使无罪的人不受刑事追究。人民检察院对人民法院的审判活动实行监督，保证法院依法查明和认定事实，防止放纵犯罪或冤及无辜。

（三）保障诉讼参与人依法享有的诉讼权利

保障诉讼参与人依法享有的诉讼权利，是刑事诉讼法所明确规定的刑事诉讼的一项基本原则。这既是社会主义民主法制的必然要求，也是刑事诉讼任务顺利完成的重要保证。公、检、法机关在依法行使各自的侦查权、检察权和审判权的时候，都必须认真贯彻这一原则。只有切实保障诉讼参与人的诉讼权利，才能使诉讼参与人的合法权益不受侵犯，才能使诉讼参与人积极参加诉讼，配合人民法院查明事实真相，保证办案质量，实现刑事诉讼的任务。刑事诉讼法对刑事案件审理程序所作的规定，是诉讼参与人诉讼权利的根本保证。人民检察院对刑事审判活动实行监督，是从刑事审判的各个方面，监督人民法院在审判活动中尊重和保护诉讼参与人的诉讼权利。对人民法院侵犯诉讼参与人诉讼权利和其他合法权利的行为，人民检察院能够及时提出纠正意见，有效地排除诉讼参与人在行使其诉讼权利过程中的障碍。

（四）促进审判人员严格执法，维护社会主义法制的权威

随着我国社会主义民主法制建设的发展，社会主义法制的基本要求与有法不依、执法不严、违法不究的现实之间的矛盾日益突出。在刑事审判过程中，一些审判人员出于种种原因，不能严格依法办案，违法现象时有发生，损害了国家利益和公民的合法权益，造成了不良的社会影响。人民检察院对人民法院的刑事审判活动是否合法实行监督，纠正审判活动中违反法定程序的行为，可以促使审判人员严格依法办案，减少和杜绝审判活动中违法行

为的发生，促进人民法院不断提高刑事审判的执法水平。

第二节　刑事审判活动监督的内容

一、刑事审判活动监督的范围

（一）按审判程序分，包括一审、二审、再审和死刑复核程序的监督

1. 对一审程序的监督。第一审程序是人民法院审判刑事案件的基本程序，是人民法院整个审判程序体系的基础环节。无论公诉案件还是自诉案件，都是从第一审开始进行实体审理。第一审程序以前的立案、侦查、起诉等，都是为一审正确审判准备条件；第一审以后的各个审判阶段，都是对第一审审判的检查和监督。因此，对一审程序的监督是刑事审判活动监督的首要环节。此外，在第一审庭审前的诉讼活动，作为庭审的准备，是第一审程序紧密相联的组成部分。人民检察院对一审的庭审活动和庭审前的各项诉讼活动，都应实行监督。对于适用简易程序的一审刑事案件的审判活动，由于人民检察院不派员出席法庭，一般只能是在庭审外进行监督。

2. 对二审程序的监督。由于我国采取两审终审制度，二审程序对全面实现刑事诉讼法的任务有重要的意义。根据《刑事诉讼法》第 223 条对二审审判方式的规定，对人民检察院抗诉的案件应一律组成合议庭开庭审理；第二审人民法院决定不开庭审理的，应当讯问被告人，听取其他当事人、辩护人、诉讼代理人的意见。对开庭审判的公诉案件，人民检察院应当派员出庭。检察人员出庭的任务，一是支持抗诉或参加上诉案件的审理；二是对法庭的审理活动是否违反法定诉讼程序实行法律监督。对人民法院所采取的调查询问方式的审理活动，人民检察院同样应当进行监督。

3. 对再审程序的监督。按照再审程序重新审判案件，是审判

程序的重新开始。根据《刑事诉讼法》第 245 条的规定："人民法院按照审判监督程序重新审判的案件，由原审人民法院审理的，应当另行组成合议庭进行。"法律规定再审案件都应当开庭审理。人民检察院应当派员出席法庭，监督人民法院的再审审理活动。

4. 死刑复核程序的监督。死刑是最严厉的刑罚，为了保证正确使用死刑，坚持少杀，防止错杀，刑事诉讼法规定了死刑复核程序。人民检察院对死刑复核实行法律监督，不仅可以促使复核死刑的法院依法核准或不核准下级法院死刑判决，而且通过对死刑复核的监督，还可以发现问题，纠正违法，提高整个刑事诉讼的质量。对死刑复核活动的监督，是由最高人民检察院和省、自治区、直辖市人民检察院（包括军事检察院）承担的，核心问题是根据事实和法律，是否应当核准原审法院作出的死刑或死缓判决。

（二）按案件性质分，包括对公诉案件和自诉案件以及附带民事诉讼审判程序的监督

人民法院审判的刑事案件，根据案件性质不同，分为公诉案件和自诉案件，以及刑事附带民事诉讼案件。为了有利于追究和惩罚犯罪，保护国家、社会和被害人的合法权益，我国对犯罪实行以公诉为主、自诉为辅的追诉机制。人民检察院刑事审判活动监督的重点是公诉案件。人民检察院对人民法院直接受理的自诉案件，也要进行审判监督。对与刑事案件一并审判的附带民事诉讼，人民检察院应在监督刑事审判活动的同时，对附带民事诉讼的审判活动实行监督。对在刑事案件审判后继续进行的附带民事诉讼，人民检察院则应按一般民事审判活动进行监督，这种监督在实质上已等同于一般的民事诉讼，理所应当是事后对民事审判结果的监督。

二、刑事审判活动监督的内容

人民法院在审理刑事案件过程中一切违反法定程序的行为，

都属于刑事审判活动监督的内容。根据刑事诉讼法的有关规定、《刑诉规则》第 577 条的规定和有关法律解释，人民检察院对刑事审判活动监督主要应当发现和纠正以下几个方面的违法行为：

（一）人民法院对刑事案件的受理活动违法的

对案件的审查受理是人民法院行使国家审判权的开始程序，其法律性质是对案件的接受和审查，任务是解决是否将被告人交付法庭审判，案件是否符合开庭审判的条件。人民检察院对于人民法院对案件的审查受理活动是否合法，应当依法实行监督。

《刑事诉讼法》第 181 条规定："人民法院对提起公诉的案件进行审查后，对于起诉书中有明确的指控犯罪事实的，就当决定开庭审判。"据此，人民法院对公诉案件的审查，基本上为程序性审查。对于人民检察院提起公诉的案件，人民法院都应当受理。人民法院对提起公诉的案件进行审查后，对于起诉书中有明确的指控犯罪事实并且附有证据材料应当决定开庭审判，不得以上述材料不充足为由而不开庭审判。如果人民检察院移送的材料中缺少上述材料的，人民法院可以通知人民检察院补充材料。人民检察院应当自收到通知之日起 3 日内补送。按照《刑诉规则》第 396 条的规定，人民法院向人民检察院提出书面意见要求移送材料，人民检察院认为有必要移送的，应当自收到通知之日起 3 日以内补送。另外，根据刑事诉讼法规定，人民法院在审查受理阶段不应进行任何庭外调查活动。对人民法院在审查受理中违反上述各项规定的，人民检察院应当依法提出纠正意见。

人民法院对自诉案件的审查受理不同于公诉案件，不仅是单纯的程序审查，也包括实体审查，即审查被害人是否有证据证明被告人的行为构成犯罪，应当依法追究刑事责任。人民检察院应当按照《刑事诉讼法》第 205 条的规定，对人民法院审查受理自诉案件的活动进行监督。

（二）人民法院对刑事案件的受理违反管辖规定的

刑事诉讼法第二章规定了刑事案件的职能管辖、级别管辖、地区管辖等。人民检察院应当注意监督人民法院是否依法确定案件管辖。实践中，涉及人民法院违反管辖规定的问题主要有：

1. 职能管辖错误的。《刑事诉讼法》第 204 条规定了人民法院可以作为自诉案件直接受理的管辖范围。对于此范围之外的应由人民检察院提起公诉的案件，被害人直接向人民法院起诉的，人民法院应当根据管辖范围，移送人民检察院受理。另外，根据有关司法解释，伪证罪、拒不执行判决裁定罪，应由公安机关管辖，而不能由人民法院直接受理。

2. 级别管辖错误的。根据刑事诉讼法规定，对于第一审刑事案件，依法应当由上级人民法院管辖的，不能指定下级人民法院管辖。二审法院对一审法院认定事实没有错误，但适用法律有错误，或者量刑不当的判决、裁定，应当改判，不得发回重审。人民检察院按照审判监督程序提出抗诉的案件，接受抗诉的人民法院应当组成合议庭重新审理，对于原判决、裁定认定事实没有错误，但适用法律有错误，或者量刑不当的，应当改判，不得指令下级人民法院再审。对按照二审程序审理的再审案件，如果认为必须判处被告人死刑的，应当发回一审重审。对于以上指定管辖和发回重审过程中的错误，人民检察院应予纠正。

（三）人民法院审理案件违反法定审理和送达期限的

刑事诉讼法对于一审、二审、再审等程序的审理期限，以及各种通知、判决、裁定等法律文书的送达期限，都作了明确规定。人民检察院应对人民法院违反以下规定的行为提出纠正：

1. 审理期限。对第一审期限，《刑事诉讼法》第 202 条规定，人民法院审理公诉案件，应当在受理后二个月以内宣判，至迟不得超过三个月。如遇"人民法院改变管辖的案件，从改变后的人民法院收到案件之日起计算审理期限。""人民检察院补充侦查的案件，补充侦查完毕移送人民法院后，人民法院可重新计算审理期限。"人民法院对提起公诉的案件进行审查的期限，应当计入人民法院的审理期限。第214条规定："适用简易程序审理案件，人民法院应当在受理后二十日以内审结；对可能判处有期徒刑超过三年的，可以延长至一个半月。"对第二审期限，《刑事诉讼法》第232条规定："第二审人民法院受理上诉、抗诉案件，应当在二个月以内审结。对于可能判处死刑的案件或者附带民事诉讼的案件，以及有本法第一百五十六条规定情形之一的，经省、自治区、直辖市高级人民法院批准或者决定，可以延长二个月；因特殊情况还需要延长的，报请最高人民法院批准。""最高人民法院受理上诉、抗诉案件的审理期限，由最高人民法院决定。"《刑事诉讼法》第247条规定了对于按照审判监督程序重新审判的案件，应当在作出提审、再审决定之日起3个月以内审结，需要延长期限的，不得超过6个月。接受人民检察院抗诉需指令下级人民法院再审的，应当自接受抗诉之日起1个月内作出决定。对超过以上审理期限的，人民检察院应当依法提出纠正意见。

2. 人民法院在刑事审判过程中的送达期限。包括是否在开庭前10日内将起诉书副本送达被告人；是否在开庭3日前将传票和通知书送达诉讼参与人；当庭宣告判决的，是否在判决后5日内将判决书送达当事人和提起公诉的人民检察院；定期宣判的，是否在判决书宣告后立即送达当事人和提起公诉的人民检察院；当事人通过原审人民法院上诉的，原审人民法院是否在3日内将上诉状及案卷移送上一级人民法院，并将上诉状副本同时送交同级人民检察院和对方当事人；当事人直接向二审法院上诉的，第二审人民法院是否在3日内将上诉状交原审人民法院送交同级人民检察院和对方当事人等。

（四）法庭组成人员不符合法律规定的

除基层人民法院适用简易程序的案件可以由审判员一人独任

审判外，人民法院对于刑事案件应当组成合议庭进行审判。有关合议庭的组成，《刑事诉讼法》第 208 条和《人民法院组织法》第 10 条分别作出了规定。基层人民法院、中级人民法院审判第一审案件，应当由审判员 3 人或者由审判员和人民陪审员共 3 人组成合议庭。高级人民法院、最高人民法院审判第一审案件，应当由审判员 3 人至 7 人或者由审判员和人民陪审员共 3 人至 7 人组成合议庭进行。人民法院审判上诉和抗诉案件，由审判员 3 人至 5 人组成合议庭进行。合议庭的组成人数应当是单数。合议庭由院长或者庭长指定审判员 1 人担任审判长。院长或者庭长参加审判案件的时候，自己担任审判长。参加法庭审理的人民陪审员应当是年满 23 岁有选举权和被选举权的公民，并不曾被剥夺过政治权利。人民陪审员在人民法院执行职务，同审判员有同等的权利。人民法院按照审判监督程序重新审判的案件，应当另行组成合议庭，重新组成的合议庭中，不得有原审判人员参加。人民检察院应当监督人民法院是否依法组成合议庭。

（五）法庭审理案件违反法定程序的

法庭审理过程中，人民检察院应着重监督人民法院的以下审判活动：

1. 是否符合公开审判案件的规定。除法定不公开审理的情形外，人民法院对其他案件的审判都应公开，否则人民检察院应予以纠正。对于公开审理的案件，人民检察院应当监督案件是否有不公开审理的情形，是否在开庭 3 日前先期公布案由、被告人姓名、开庭时间和地点，是否允许公民到法庭旁听和允许新闻记者采访，参加旁听的是否有法律规定不得参加旁听的人等。根据有关司法解释，不满 18 周岁的未成年人，精神病人和醉酒的人，被剥夺政治权利、正在监外服刑的人和被监视居住、取保候审的人，携带武器、凶器和其他危险品的人，以及其他有可能妨害法庭秩序的人，不准参加旁听。外国人要求旁听或者采访非涉外案件的公开审判，应向我主管的外事部门提出申请，由外事部门与人民法院共同商定后，凭人民法院发给的旁听证或者采访证进入法庭旁听或采访。对于不公开审理的案件，应当监督开庭时是否当庭宣布了不公开审理的理由。属于个人隐私的案件，开庭时是否有无关的人进入法庭。

2. 法庭审判活动是否合法。法庭审判是刑事审判活动的核心。人民检察院对法庭审判的开庭、法庭调查、法庭辩论、被告人最后陈述、评议和宣判等各个阶段是否合法都应进行监督。在开庭阶段的监督内容是：审判长应当查明当事人是否到庭，宣布案由；宣布合议庭的组成人员、书记员、公诉人、辩护人、诉讼代理人、鉴定人和翻译人员的名单；告知当事人有权对合议庭组成人员、书记员、公诉人、鉴定人和翻译人员申请回避；告知被告人享有辩护权利。这些活动应由审判长进行，而不能由法院书记员进行。在法庭调查阶段以后的审判活动中的监督内容是：公诉人宣读起诉书后，法庭是否允许被告人、被害人就起诉书指控的犯罪进行陈述；是否无正当理由限制辩护人甚至公诉人发言；审判人员是否告知证人要如实地提供证言和有意作伪证或者隐匿罪证要负的法律责任；是否依照法律规定由公诉人、辩护人向法庭出示物证，让当事人辨认；对未到庭的证人的证言笔录、鉴定人的鉴定结论、勘验笔录和其他作为证据的文书，是否当庭予以宣读，宣读后是否听取公诉人、当事人和辩护人、诉讼代理人的意见；对在法庭审判过程中诉讼参与人或者旁听人违反法庭秩序的，审判长是否依法进行了警告制止、责令强行带出法庭、罚款和拘留等司法处罚；在审判活动中审判人员是否有诱供、指名问供、刑讯逼供等行为。

3. 对合议庭休庭调查核实证据活动的监督。在法庭审理过程中，合议庭对证据有疑问的，可以宣布休庭，对证据进行调查核实。人民法院调查核实证据，可以进行勘验、检查、扣押、鉴定和查询、冻结，不能采取搜查的方法。对获得的证据应当在恢复庭审后当庭出示、宣读或者播放，听取控诉方和辩护方的意见，不能直接作为判决的证据。人民检察院应对合议庭庭外调查活动进行监督。

（六）侵犯当事人和其他诉讼参与人的诉讼权利和其他合法权利的

当事人和其他诉讼参与人在法庭上都享有与其诉讼地位相当的诉讼权利。人民检察院应当监督人民法院切实保护当事人和其他诉讼参与人的诉讼权利和其他合法权利，遇有人民法院侵犯当事人和其他诉讼参与人下列权利的，应当依法纠正：

1. 被告人的权利。人民法院应按时向被告人及其委托的辩护人送达起诉书、抗诉书副本，并告知没有委托辩护人的被告人有权委托辩护人；对自诉案件的被告人，应当在受理自诉案件之日起 3 日内告知被告人有权委托辩护人；公诉人出庭公诉的案件，被告人因经济困难或者其他原因没有委托辩护人的，人民法院可以为其指定承担法律援助义务的律师为其提供辩护；被告人是盲、聋、哑或者未成年人而没有委托辩护人的，或者被告人可能被判处死刑而没有委托辩护人，人民法院应当指定承担法律援助义务的律师为其提供辩护；开庭时，审判长应告知被告人有权申请回避，有权为自己辩护；对不通晓当地通用的语言文字的被告人，法庭应当为他聘请翻译；被告人在庭审过程中，对侦查人员、检察人员、审判人员侵犯其诉讼权利和人身侮辱行为提出控告的，法庭应当予以保障；在公诉人宣读起诉书后，法庭应保障被告人对指控的犯罪进行陈述；在庭审过程中，法庭还应保障被告人依法参加事实和证据的法庭调查和质证，发表意见，申请通知新的证人到庭，调取新的物证，申请重新鉴定或勘验的权利；法庭应当保障被告人参加法庭辩论，与控诉方相互辩论；被告人在审判过程中拒绝辩护人继续为他辩护或者另行委托辩护人辩护的，法庭应当准许；法庭辩论结束后，审判长应告知被告人有进行最后陈述的权利；宣告判决后，审判长应当告知被告人有权上诉，并告知上诉期限和上诉法院。对人民法院决定采取的强制措施超过法定期限的，被告人有权向法院提出解除的要求。自诉案件的被告人还有权依法对自诉人提起反诉。

2. 辩护人的权利。在法庭审判阶段，辩护律师可以查阅、摘抄、复制"本案所指控的犯罪事实的材料"，可以同在押的被告人会见和通信。其他辩护人经人民法院许可，也可以查阅、摘抄、复制上述材料，同在押的被告人会见和通信。辩护律师还可以依照《刑事诉讼法》第41条的规定向证人或者其他有关单位和个人收集与本案有关的材料，申请人民检察院、人民法院收集、调取证据，申请人民法院通知证人出庭作证。辩护律师经人民检察院、人民法院许可，并且经被害人或者其近亲属、被害人提供的证人同意，可以向他们收集与本案有关的材料。在庭审过程中，辩护律师在提供被告人无罪或者罪轻的证据时，认为在侦查、审查起诉过程中侦查机关、人民检察院收集的证明被告人无罪或者罪轻的证据材料需要在法庭上出示的，可以申请人民法院向人民检察院调取该证据材料，并可以到人民法院查阅、摘抄、复制该证据材料。辩护人在法庭调查阶段，在公诉人讯问被告人后经审判长许可，可以向被告人发问；经审判长许可，可以对证人、鉴定人发问；有权申请通知新的证人到庭，调取新的物证，申请重新鉴定或者勘验。在法庭辩论阶段，辩护人可以对证据和案件情况发表意见并且可以和控方展开辩论。一审判决宣告后，辩护人经被告人同意，可以提出上诉。人民法院对被告人采取强制措施超过法定期限的，辩护人有权要求人民法院解除强制措施。

3. 被害人的权利。被害人在庭审阶段的权利有：申请回避；出席法庭并就起诉书指控的犯罪进行陈述；向被告人发问；参加证据的调查与质证；申请通知新的证人到庭，调取新的物证，重新鉴定或勘验；对证据和案件情况发表意见，参加法庭辩论等。

4. 自诉人的权利。自诉人可以向人民法院直接提出自诉和委托诉讼代理人；申请撤回自诉；提起附带民事诉讼；同被告人自行和解；作为原告人出席法庭参加法庭审判，同被告人辩论；申请回避；提出上诉等。

5. 法定代理人、诉讼代理人的权利。法定代理人在诉讼中代表被代理人行使权利和承担义务，享有与被代理人相同的权利。但法定代理人不能代替被代理人陈述案情和作证，也不能代替被代理人承担与人身自由相关的义务。诉讼代理人依委托人授权，不同程度地享有委托人的诉讼权利。公诉案件的诉讼代理人，在法庭审理阶段享有与辩护人大体相同的权利。自诉案件的诉讼代理人享有的权利有：可以代自诉人向人民法院提起诉讼；代理律师可以依照刑事诉讼法的规定"收集、查阅与本案有关的材料"，可以到人民法院查阅人民检察院不起诉、被害人起诉后人民检察院移送给人民法院的有关案卷材料；人民法院开庭审理时代理律师有权应法院的通知到庭履行职务；经自诉人授权，有权代委托人申请回避；在法庭审理中经审判长许可可以向被告人发问，可以向证人、鉴定人发问，申请通知新的证人到庭，调取新的物证，申请重新鉴定或者勘验；可以同被告方展开辩论；有权代自诉人阅读审判笔录，请求补充或改正；对司法工作人员非法剥夺自诉人诉讼权利和人身侮辱等行为，有权提出控告；经被代理人的特别授权，可以代为承认、放弃或者变更诉讼请求、进行和解、提起反诉等。人民法院侵犯法定代理人、诉讼代理人上述各项权利，即构成程序违法。

6. 证人、鉴定人、翻译人员的权利。除享有诉讼参与人一般的权利外，证人、鉴定人、翻译人员在审判阶段还享有各自的权利。证人可以要求人民法院补偿因作证而遭受的经济损失；可以对过去的证言提出补充或改正；人民法院应当保障证人及其近亲属的安全。鉴定人有权了解与进行鉴定有关的案情材料，有权要求指定或聘请其鉴定的人民法院提供足够的鉴定材料，如果不具备作出鉴定结论的条件时，有权拒绝鉴定。鉴定人有权收取相应的鉴定费用和得到经济补偿。翻译人员有权了解有关的案情和与进行翻译有关的其他情况，有权获得相应的报酬和经济补偿。

（七）法庭审理时对有关程序问题所作的决定违反法律规定的

人民法院在案件审理过程中，依法可以针对一些程序问题的处理作出决定。决定的适用是否正确，将会影响到法庭审理能否顺利进行，案件能否得到及时准确的处理。人民检察院对于人民法院在法院审理中所作的有关程序问题的决定，应当进行监督。根据刑事诉讼法的规定，人民法院在审理案件过程中适用决定的情形主要有：

1. 解决申请回避的问题。在法庭审理过程中，当事人及其法定代理人向法庭提出有法定理由的回避申请的，法庭应当宣布休庭，由审判长依法呈报法院院长，由法院院长或审判委员会作出决定。经审查，符合法定回避条件的，应宣布延期审理；不符合法定条件的，应作出驳回回避申请的决定。如果当事人或其法定代理人申请不担任本案审判长的院长、庭长或者审判委员会委员回避的，审判长应当宣布记录在卷并继续审理。在闭庭后向院长或者审判委员会报告。人民检察院应当对人民法院有关申请回避的决定进行监督。人民检察院发现人民法院的有关人员应当回避而没有回避的，也应当主动依职权向人民法院提出纠正。

2. 适用或变更强制措施。人民法院在审理案件时，根据案件情况，对被告人可以拘传、取保候审或者监视居住，对没有逮捕的被告人可以决定逮捕。对被告人适用强制措施，应当符合刑事诉讼法规定的有关条件。在法庭审理过程中，出现撤销或变更强制措施的法定情形时，人民法院应当作出撤销或变更强制措施的决定。人民检察院应对人民法院适用或变更强制措施进行监督，既要保证刑事诉讼顺利进行，又要保障被告人的合法权利。

3. 解决当事人和辩护人、诉讼代理人申请通知新的证人到庭，调查新的物证，申请重新鉴定或勘验等问题。《刑事诉讼法》第192 条规定："法庭审理过程中，当事人和辩护人、诉讼代理人有权申请通知新的证人到庭，调取新的物证，申请重新鉴定或者勘验。"合议庭应根据案件已经审理的情况，申请人提出补充调集新证据的理由，拟证明的事实情况等，综合判断是否同意申请。

4. 延期审理。《刑事诉讼法》第198 条规定了法庭在审判过程中可以决定休庭延期审理的情况。此外，由于拒绝辩护，被告人请求另行委托或指定辩护人，合议庭同意的；在审判中公诉人或自诉人指控了起诉书以外的罪行，被告人、辩护人要求作辩护准备的；合议庭在审判过程中认为证据不充分，或者发现了新事实需要退回补充侦查的等，也应延期审理。延期审理的决定，应当及时通知公诉机关和当事人。

（八）审判人员徇私枉法的

审判人员在法庭上代表国家行使审判权，在审理案件过程中，应当严格依照国家法律的规定，根据案件事实，客观公正地作出裁判，绝不能徇私枉法。否则，不但损害国家司法机关的形象，而且往往造成冤假错案，亵渎国家法律，放纵罪犯，侵犯公民的合法权利。人民检察院应当监督审判人员严格执法，对审判过程中审判人员有徇私枉法行为的，应坚决予以制止和纠正。首先应注意审判人员是否违反规定会见当事人及其委托的人，接受当事人及其委托的人的请客、送礼。《刑事诉讼法》第29 条和《法官法》第30 条分别对此作了规定。其中所指"委托的人"是指受当事人所托的人，不单指受委托的诉讼代理人或者辩护人，还应注意审判人员是否伪造、隐匿、毁灭证据或者指使他人进行此类活动；是否诱使或迫使证人作伪证；是否挟私报复或迫害当事人；是否以各种手段包庇、掩盖被告人的犯罪行为等。

　　人民检察院发现人民法院在审判活动中有其他违反法律规定的审理程序的行为，也应当依法提出纠正意见。

第三节　刑事审判活动监督的程序和方法

一、刑事审判活动监督的途径

　　人民检察院对人民法院的刑事审判活动进行有效的监督，其前提是能够及时发现人民法院刑事审判过程中的违法行为。人民检察院只有运用各种方法，通过不同渠道，全面了解和掌握人民法院刑事审判活动的情况，才能从中发现问题，予以纠正。《刑诉规则》第 578 条规定："审判活动监督由公诉部门和刑事申诉检察部门承办，对于人民法院审理案件违反法定期限的，由监所检察部门承办。人民检察院可以通过调查、审阅案卷、受理申诉和控告等活动，监督审判活动是否合法。"人民检察院对人民法院审理刑事案件是否违反法定诉讼程序进行监督，主要有以下途径：

　　（一）出席法庭

　　人民法院的刑事审判活动主要是通过法庭进行的，开庭审理是人民法院审理刑事案件的主要形式。根据刑事诉讼法规定，除部分适用简易程序审理的案件外，人民法院开庭审理的公诉案件，人民检察院都应当派员出席法庭。《人民检察院组织法》第 15 条也规定："人民检察院提起公诉的案件，由检察长或者检察员以国家公诉人的身份出席法庭，支持公诉，并且监督审判活动是否合法。"人民检察院通过派员出席一审、二审和再审法庭，在依法行使支持公诉、支持抗诉、支持或反驳被告人上诉等职权的同时，对法庭的刑事审判活动进行监督，是人民检察院的法定权力和重要职责。人民检察院要实现对人民法院的审判活动是否违反法定程序进行监督，必须依法出席法庭，把出庭作为实现监督的基本途径，围绕出庭开展监督。随着合议庭权力的扩大，多数刑事案件将由合议庭审理并评议后作出判决，庭审在刑事诉讼中的地位和作用大大提高了，这就对出庭的公诉人提出了更高的要求。出席法庭的检察官，在法庭上既履行公诉职能，也承担法律监督职能；既要充分行使法律赋予的各项具体诉讼权力，也要注意对刑事审判活动是否合法的监督。在我国刑事诉讼体制中，支持公诉和庭审监督是不可分割的两个方面。人民检察院在出庭支持公诉的过程中，首要的职责是指控犯罪和证明犯罪，而只有加强对审判活动的监督，才能保证刑事审判顺利进行，完成追诉犯罪的任务。

（二）庭外调查

庭外调查也是发现人民法院审判活动中的违反法定诉讼程序行为、核实证据材料的重要途径。实践表明，只有充分确实地掌握违法事实和证据材料，才能发现问题，完成监督任务。除了通过参与法庭审判直接了解审判情况以外，要广泛收集和查实人民法院在审判活动中的违法事实和证据，大量的工作要在法庭审判之外进行。这是由于一方面法律规定了人民法院庭外调查取证的权力，人民法院的一些审判活动要在庭外进行；另一方面，一些违法活动往往出现在庭外。即使在参加法庭审判中发现的违法行为，在许多情况下也要经过法庭以外进一步的调查核实。人民检察院进行庭外调查的方法主要有：

1. 处理人民群众来信来访。依靠群众是司法机关做好专门工作的基础。通过认真处理人民群众来信，接待人民群众来访，可以从中了解和掌握人民法院刑事审判活动的情况，进而发现违法行为的蛛丝马迹，找出问题。对群众来信来访中所反映的情况和问题，要深入分析，细致调查，认真核实。

2. 受理当事人等诉讼参与人的申诉、控告和检举。申诉、控告和检举是宪法和法律赋予公民的一项重要权利。当事人等诉讼参与人直接参与人民法院的刑事审判活动，对人民法院在审判中的违反法定诉讼程序行为使自己的权利受到的非法侵害有着切实体验。他们的申诉、控告和检举是人民检察院发现人民法院审判活动中违反法定诉讼程序行为的重要线索。特别是对于人民检察院不派员出席法庭的适用简易程序的案件和自诉案件，当事人等诉讼参与人的申诉、控告和检举更是揭露违法行为的有效途径。对这些材料，人民检察院要以严肃慎重的态度，认真审查处理。

3. 访问、询问有关知情人和讯问被告人。在发现人民法院审判活动中违法行为的有关线索后，为进一步核实违法情况，可主动访问、询问有关知情人，讯问原案被告人，从多方面了解情况，全面掌握事实证据。

（三）检察长列席审判委员会

《刑事诉讼法》第180条规定："对于疑难、复杂、重大的案件，合议庭认为难以作出决定的，由合议庭提请院长决定提交审判委员会讨论决定。审判委员会的决定，合议庭应当执行。"这样，在合议庭对案件处理难以作出决定时，审判委员会可依职权讨论决定。由于审判委员会不参加案件审理，不接触当事人，其讨论决定的依据主要是案卷材料和合议庭成员的意见，如果审判人员对认定事实和核实证据有主观上的错误，或者审判人员偏袒一方，就会使审判委员会作出错误的决定。检察长列席审判委员会，有利于了解合议庭对案件的评议情况，有利于促使和监督审判委员会全面了解案情，对案件作出正确的处理决定。对于不开庭审理的案件，或者人民检察院未曾派员出席法庭的案件，检察长可以通过列席人民法院的审判委员会了解法庭审理情况。审判委员会在讨论决定具体案件的时候，属于审判组织，所进行的是刑事审判活动。检察长通过列席审判委员会，可以对审判委员会的审判活动实行监督，保证其程序上的合法性。

二、纠正违法的方法

人民检察院对于人民法院在刑事审判活动中违反法定诉讼程

序的行为，应当依法纠正。这既是法律赋予人民检察院的权力，也是人民检察院所承担的重要职责。在实际工作中，应当根据人民法院在刑事审判活动中出现的违反法定诉讼程序的行为的不同情况和结果，采取不同的纠正方法。

（一）对庭审活动中违反法定诉讼程序的行为的纠正方法

2012 年最高人民法院、最高人民检察院、公安部、国家安全部、司法部和全国人大常委会法制工作委员会《关于刑事诉讼法实施中若干问题的规定》第 32 条规定："人民检察院对违反法定程序的庭审活动提出纠正意见，应当由人民检察院在庭审后提出"。这就明确规定了人民检察院对人民法院庭审活动的监督，是一种事后监督，并且只能由人民检察院向人民法院提出，而不能以出席法庭的检察人员个人的名义进行。这一规定体现了人民检察院刑事审判活动监督的权威性和严肃性，同时，也有利于维护人民法院在法庭上的尊严，保证庭审活动在合议庭的统一组织指挥下进行，使得检察权和审判权都得以充分的行使。因此，《刑诉规则》第 580 条规定，出席法庭的检察人员发现法庭审判违反法律规定的诉讼程序，应当在休庭后及时向本院检察长报告。人民检察院对违反程序的庭审活动提出纠正意见，应当由人民检察院在庭审后提出。出庭支持公诉的检察人员，对人民法院审理案件违反法律规定诉讼程序的行为，不能当庭向人民法院或者审判法庭提出纠正意见，不论这种意见是口头的还是书面的。即使是检察长本人出庭支持公诉也是如此。当出庭支持公诉的检察人员发现人民法院在法庭审理活动中出现违反法律规定程序的行为时，只能待法庭审理休庭后或者法庭闭庭后，将有关情况及时向检察长汇报，由检察长或者检察委员会作出决定，以人民检察院的名义，向人民法院提出书面的纠正意见。

根据法庭审理的不同情形，人民检察院纠正庭审活动中违反法定程序的行为，主要有两种方式。一种方式是提出书面纠正意见。这种方式适用于出庭支持公诉的检察人员发现法庭庭审活动有违反法定程序的行为，而合议庭并未当庭宣判的情况。检察人员可依《刑事诉讼法》第 203 条的规定，向人民检察院汇报，以人民检察院的名义向人民法院发出《纠正审理违法意见书》，通知人民法院纠正违反法定程序的行为。人民法院收到人民检察院《纠正审理违法意见书》后，应当迅速审查，及时作出书面答复。这是人民检察院进行刑事审判活动监督的主要形式。另一种方式是抗诉。这种方式适用于违反法律规定的诉讼程序可能影响公正审判的情况。人民法院对人民检察院《纠正审理违法意见书》拒绝答复或拒不纠正并作出判决的，或者当出庭支持公诉的检察人员发现法庭审理活动有违反法定程序的行为时，合议庭已当庭作出判决的，人民检察院认为该违反诉讼程序的行为可能影响公正审判的，则可依法提出抗诉。

应当指出的是，在法庭审理过程中，控辩双方都有权对庭审程序的有关问题提出自己的意见。因而，公诉人若认为合议庭的审理活动违反法定程序，可以先从公诉人的角度向法庭当庭提出相应的建议。这种建议不同于人民检察院的纠正意见，而是公诉人对不合法或不妥当的诉讼活动提出的诉讼异议。庭审中，公诉人有权对合议庭的诉讼行为发表意见，阐明异议。这是刑事诉讼法赋予公诉人的权利，其实质是控辩双方都享有的诉讼程序的建议权。对于公诉人的建议，法庭可以根据情况决定采纳或不采纳。公诉人不应因担心影响法庭审判活动而放弃自己的公诉权。

（二）对其他违法行为的纠正方法

人民法院刑事审判活动中的违法行为不仅会出现在庭审过程中，人民检察院对人民法院刑事审判活动的监督也不仅限于庭审后发出《纠正审理违法意见书》，而是应当针对不同情况，采取相应方法。

1. 发出《检察建议书》。当人民法院在审判活动中出现不规范行为，而又尚未构成明显的违法行为时，人民检察院可向人民法院发出《检察建议书》，商请人民法院引起注意，在以后的审判活动中予以纠正、避免。而对于审判人员违法行为严重但尚未构成犯罪，需要给予党纪、政纪处分的，人民检察院除发送《纠正审理违法意见书》纠正违法行为外，也可以向人民法院有关部门发出《检察建议书》，建议给予有关责任人必要的处分。

2. 对于审判人员在审判过程中徇私舞弊、枉法裁判，情节严重，构成犯罪的，应当按照案件管辖范围，移交侦查部门，追究有关人员的刑事责任。这样，将刑事审判活动监督与职务犯罪监督有机结合起来，可以全面实现监督目的。

总之，在司法实践中，人民检察院监督和纠正刑事审判活动中违反法定程序的行为，应当坚持原则，讲究方法，注重实效。要善于透过违法行为的现象抓住本质，区别不同情况、不同性质，采取不同措施，使轻微违法得到制止和纠正，使严重违法通过抗诉得以改正，使枉法犯罪受到追究。

思考题：

一、简述人民检察院对刑事审判活动监督的意义。

二、简述刑事审判活动监督的内容。

三、试述人民检察院实现刑事审判活动监督的基本途径。

第七章　刑事抗诉

第一节　刑事抗诉制度概述

一、刑事抗诉的概念和特征

抗诉，有的国家称为抗议。我国 1979 年以前的人民检察院组织法也称抗诉为抗议。抗诉一词有作为名词和作为动词两种含义，作为名词是指抗诉要求，作为动词是指提出抗诉、出庭支持抗诉等一系列诉讼活动。我国刑事诉讼法所讲的抗诉，是指人民检察院依法通过诉讼程序要求人民法院对确有错误的刑事判决和裁定予以重新审理的一种法律监督活动。人民检察院是国家的法律监督机关，法律赋予人民检察院对人民法院确有错误的判决、裁定依法提出抗诉的权力，其他任何国家机关、团体、企事业单位都无权对人民法院的判决和裁判提出抗诉。

刑事抗诉作为刑事审判监督的重要方法，具有以下特征：

1. 刑事抗诉的监督性，即刑事抗诉是基于检察机关的监督职能而进行的一种诉讼活动；

2. 刑事抗诉的专门性，即人民检察院是行使刑事抗诉职权的专门机关，其他任何机关、团体、企事业单位和个人均无权行使；

3. 刑事抗诉的特定性，即刑事抗诉的对象只能是"确有错误的判决和裁定"；

4. 刑事抗诉的程序性，即刑事抗诉必须严格依照法定程序提出；

5. 刑事抗诉对审判的制约性，即刑事抗诉一经依法提出，必然引起案件的二审或再审，阻止判决、裁定的生效或执行。

二、刑事抗诉的意义

刑事抗诉是国家法律监督机关对国家审判机关的审判活动实行法律监督的一项重要内容。

人民检察院履行抗诉的职能，有利于保证国家法律的统一实施，保障国家刑罚权的正确行使。人民法院的刑事判决和裁定决定了案件是否适用刑罚及如何适用刑罚的实质问题，直接关系到国家刑罚权能否正确地实现。人民检察院通过对确有错误的判决、裁定提出抗诉，使人民法院依法正确适用刑罚，保障国家刑罚权的正确行使，维护国家法律的严肃性、权威性和司法机关的威信具有重要的意义。

人民检察院履行抗诉职能，有利于维护被害人和被告人的合法权益。人民检察院的抗诉，虽然针对的是人民法院确有错误的判决和裁定，但从实质上讲，直接关系到被害人、被告人的切身利益。人民检察院作为国家的法律监督机关，对刑事判决和裁定实行监督，从而保证无罪的人不受追究，有罪的人依法受到惩处；罪行的轻重与所处的刑罚相适应，以切实保护被害人、被告人的合法权益，真正实现刑事诉讼的目的。

刑事抗诉是人民检察院履行法律监督职能的有效法律手段。由于刑事案件本身具有的复杂性，以及司法人员业务素质、职业道德等方面的原因，司法实践中有可能出现错误的判决和裁定。人民检察院在审判监督活动中，若发现并确认人民法院的刑事判决、裁定确有错误，依法通过法定程序提出抗诉，必然阻断未生效的判决、裁定的执行，引起对案件的二审或再审，从而及时纠正错误的判决、裁定，使案件得以合法、正确的处理。人民检察院通过刑事抗诉的方式，履行法律监督职能，保证人民法院依法行使审判权，维护司法公正。

三、我国刑事抗诉制度的形成和发展

我国古代的司法制度不实行审检分立，当然也不可能有现代意义的刑事抗诉制度。但古代中国监察机构具有"察冤枉"的职能，受理因刑案处理不当或冤案而提出的申诉，然后向皇帝奏报，由皇帝决断或由皇帝委官进行审理。如明朝法律规定："凡监察御史、按察使辨明冤枉，须要开具所冤事迹，实封奏闻，委官追问得实，被诬之人，依律改正……"清朝也有类似制度，清朝外省对案件的申诉，如总督、巡抚不准而又审断不当，当事人可径赴都察院鸣冤，京都案件则向五城御史或向都察院申告，由都察院奏报皇帝，由皇帝决断或命重审。① 这些规定可以说具有某些"抗诉"再审的因素。

1906 年始，清政府改制修律，仿效西方"三权分立"原则，建立皇权控制下的行政、立法、司法相划分的体制。在各级审判厅内附设各级检察局，作为向审判机关提起公诉的专职机关。在中国法制史上，第一次提出检察概念，审检分离，建立了近代形式的中国检察制度。光绪 32 年（公元 1906 年）底颁布了《大理院审判编制法》，规定各级审判厅附设检察局，各检察局置检察长一人，负责刑事案件的公诉、监督审判、监视判决执行。光绪 33 年（公元 1907 年）颁布《高等以下各级审判厅试办章程》，具体规定了包括"监督预审和公判，并纠正其违误"等一系列职权。② 这一职权便是现代意义的刑事抗诉。需要指出的是，清末改制后的司法制度基本上只是个"法典"形态，还没有来得及真正推广实行，便随着辛亥革命的到来而告废除。

我国新民主主义革命时期，在人民民主政权诉讼制度的基础

---

① 周士敏著：《抗诉制度通论》，中国政法大学出版社 1992 年版，第 151—152 页。

② 王桂五主编：《中华人民共和国检察制度研究》，法律出版社 1991 年版，第 42—43 页。

上，刑事抗诉制度也得以建立，可以说处于萌芽阶段。抗诉（当时称为抗议）最早的提法见于 1932 年 6 月 9 日颁布的《裁判部暂行组织及裁判条例》和 1934 年 4 月 8 日公布的《中华苏维埃共和国司法程序》这两个法律文件。[①] 前文第 33 条规定：“省、县裁判部均设检察员。”后文第 6 条规定：“任何案件经过两审之后，不得再上诉，但是检察员认为该案经过两审后，尚有不同意见之时，还可以向司法机关抗议，再行审判一次”。再审案件的审理程序与一审案件的审理程序基本相同。抗日战争时期，各边区政府都建立了检察机构。不少革命根据地颁布的诉讼法规中都有关于刑事抗诉制度的规定。如 1941 年 10 月 15 日颁布执行的《晋冀鲁豫边区高等法院组织条例》规定：“如果对边区高等法院的判决仍有意见，检察长有权向边区政府提出控告。”[②] 解放战争时期，1946 年 10 月《东北各级司法机关暂行组织条例》规定：“各级法院均设检察员，其职能包括‘实行上诉’。”这里的“上诉”即抗诉[③]。

　　新中国成立后，与我国社会主义法治的发展相一致，刑事抗诉制度也经历了一个由简到繁，逐步发展、完善的过程。1951 年 9 月 3 日中央人民政府通过的《中央人民政府最高人民检察署暂行组织条例》第 3 条和《各级地方人民检察署组织通则》第 2 条在人民检察署的职权中均规定：“对各级审判机关之违法或不当裁判，提起抗诉”。同时通过的《中华人民共和国人民法院暂行组织条例》第 38 条也规定，“人民检察署对于人民法院的确定判决，认为确有重大错误者，得提起抗诉，请予依法再审。最高人民检察署对于最高人民法院的确定判决，亦得提起抗诉，请予依法再审。”1954 年 9 月 21 日全国人民代表大会第一次会议通过的《中

---

　　① 周士敏著：《抗诉制度通论》，中国政法大学出版社 1992 年版，第 25 页。

　　② 姜小川：《我国现行刑事再审制度的创立及发展》，载《中央政法管理干部学院学报》1998 年第 1 期。

　　③ 周士敏著：《抗诉制度通论》，中国政法大学出版社 1992 年版，第 26 页。

华人民共和国人民检察院组织法》第 16 条和《中华人民共和国人民法院组织法》第 12 条均规定，最高人民检察院对各级人民法院已经发生法律效力的判决和裁定，上级人民检察院对下级人民法院发生法律效力的判决和裁定，如果发现确有错误，有权按照审判监督程序提出抗议。1954 年两部组织法弥补了 1951 年人民检察院、人民法院暂行组织条例和通则的不足。主要表现在：（1）明确了人民检察院"对于人民法院的审判活动是否合法，实行监督"；（2）把人民检察院对错误裁判的抗议分为上诉程序的抗议和再审程序的抗议；（3）与第二点相适应，取消了地方各级人民检察院对本级法院生效裁判享有的再审抗议权；（4）统一和规范了人民检察院抗诉及人民法院提起再审的理由，即"发现在认定事实上或者在适用法律上确有错误"。以前立法规定，检察署"对人民法院违法或不当裁判提起抗诉"，最高人民法院"发现确定判决有重大错误时，得依再审程序处理"，可见这两种规定不一致。统一规定后，克服了含义模糊，不宜掌握的弊端。两部组织法对抗议的规定，初步形成了刑事抗诉的法律制度，为后来起草刑事诉讼法中的相关制度奠定了基础。

　　1979 年 7 月 1 日新中国第一部刑事诉讼法在第二审程序和再审程序中专门规定了刑事抗诉，同时，修订后的《中华人民共和国人民检察院组织法》和《中华人民共和国人民法院组织法》也对之作了相应的补充。上述规定除保留了 1954 年检察院组织法和法院组织法的原有规定外，又有以下几点新的发展：（1）将原来组织法中人民检察院的"抗议"改为"抗诉"，并在《人民检察院组织法》第 18 条中规定："按照审判监督程序审理的案件，人民检察院必须派人出席法庭。"（2）《人民检察院组织法》第 1 条规定："人民检察院是国家的法律监督机关。"从根本上明确了抗诉制度的法律监督性质。（3）对检察院按照审判监督程序抗诉引起再审（包括法院发现再审）的程序作了具体规定，即"人民法院按照审判监督程序重新审判的案件，应当另行组成合议庭进行。如果原来是第一审的案件，应当依照第一审程序进行审判，所作的判决、裁定，可以上诉、抗诉；如果原来是第二审的案件，应当依照第二审程序进行审判，所作的判决、裁定，是终审的判决、裁定。"（4）刑事诉讼法规定，当事人、被害人及其家属或者其他公民，对人民法院生效裁判不服，可以向人民检察院（或人民法院）提出申诉。这使人民检察院按照审判监督程序提出抗诉增加了一个重要渠道。即人民检察院通过认真审查当事人、被害人及其家属或者其他公民的刑事申诉后，如果认为人民法院已生效的判决、裁定确有错误，就应当按照审判监督程序提出抗诉。

1996 年 3 月和 2012 年 3 月两次修正的《刑事诉讼法》，在原有规定的基础上，总结了几十年来刑事抗诉的实践经验，进一步完善了我国的刑事抗诉制度。主要表现在以下几个方面：一是赋予被害人及其法定代理人上诉程序的请求抗诉权。1996 年《刑事诉讼法》第 218 条规定："被害人及其法定代理人不服各级人民法院第一审的判决的，自收到判决书后五日以内，有权请求人民检察院提出抗诉。人民检察院自收到被害人及其法定代理人的请求后五日以内，应当作出是否抗诉的决定并且答复请求人。"二是明确规定了抗诉案件应当开庭审理。《刑事诉讼法》第 223 条规定："对人民检察院抗诉的案件，第二审人民法院应当开庭审理。"同时规定："第二审人民法院开庭审理抗诉案件，可以到案件发生地或者原审人民法院所在地进行。"三是对审判监督程序抗诉案件的审理期限作了明确规定。《刑事诉讼法》第 247 条规定：接受抗诉的人民法院按照审判监督程序审判抗诉的案件，审理期限应当在作出"再审决定之日起三个月以内审结，需要延长期限的，不得超过六个月"；"对需要指令下级人民法院再审的，应当自接受抗诉之日起一个月以内作出决定，下级人民法院审理案件的期限适用前款规定。"抗诉程序上的完善，强化了检察机关刑事抗诉的职能，为确保公正审判，维护法律正确统一实施起到了很好的作用。

第二节　刑事抗诉的范围

一、刑事抗诉的对象和形式

（一）刑事抗诉的对象

根据《刑事诉讼法》第217条和第243条第3款的规定，人民检察院应当对人民法院确有错误的判决、裁定提出抗诉。对于人民法院确有错误的刑事判决和裁定，应当作广义的理解：它既包括未发生法律效力的，也包括已发生法律效力的；既包括量刑畸重的，也包括量刑畸轻的；既包括公诉案件，也包括自诉案件及适用简易程序的案件；既包括一、二审判决、裁定，也包括人民法院提审、再审后作出的判决、裁定；既包括定性错误，也包括量刑错误；既包括量刑中主刑部分的错误，也包括附加刑及刑事附带民事诉讼部分的错误；既包括实体问题的错误，也包括违反程序的错误；等等。

（二）刑事抗诉的形式

根据我国刑事诉讼法的规定，刑事抗诉有两种不同形式：（1）第二审程序的抗诉。按照《刑事诉讼法》第217条的规定，人民检察院对于尚未发生法律效力的判决、裁定，发现确有错误，在法定期限内向上一级人民法院提出抗诉。这种抗诉，因为是按照上诉程序提出来的，所以也称为上诉程序的抗诉。我国《刑事诉讼法》第217条规定："地方各级人民检察院认为本级人民法院第一审的判决、裁定确有错误的时候，应当向上一级人民法院提出抗诉。""应当"这一法律用语表明，这一条文不仅是一个授权性规范，同时也是一个义务性规范。对确有错误的一审判决、裁定，人民检察院不但有权力而且有义务提出抗诉。（2）审判监督程序抗诉。按照《刑事诉讼法》第243条第3款所规定的审判监督程序中的抗诉，是指人民检察院对于已经发生法律效力的判决和裁定，发现确有错误，向人民法院提出对案件重新审理的诉讼活动。因为这种诉讼活动必然引起法院的再审，所以也称为再审程序的抗诉。

　　第二审程序的抗诉和审判监督程序的抗诉，它们的共同点都是人民检察院对人民法院实行审判监督的形式，监督的对象、内容都是人民法院的判决和裁定是否确有错误，其目的都是贯彻"实事求是、有错必纠"的原则，保证法律的统一正确实施。

　　但两种形式的抗诉也是有区别的。

　　1. 抗诉对象不同。第二审程序的抗诉是针对尚未发生法律效力的判决和裁定提出的，而审判监督程序的抗诉是针对已经发生法律效力的判决和裁定提出的。根据我国刑事诉讼法律规定，已经发生法律效力的判决和裁定是指：已经超过法定上诉、抗诉期限的第一审法院的判决和裁定；第二审人民法院的判决和裁定，即终审判决和裁定；最高人民法院的判决和裁定；按照死刑复核程序，经最高人民法院核准的死刑案件；执行程序中的裁定；各级人民法院核准的死刑缓期二年执行的判决。

　　2. 抗诉权限不同。第二审程序的抗诉权限限于地方各级人民检察院，只有地方各级人民检察院有权对本级人民法院第一审判决和裁定提出抗诉。最高人民检察院对最高人民法院第一审案件的判决和裁定，无权按第二审程序提出抗诉。因为，最高人民法院为第一审的判决和裁定是发生法律效力的判决和裁定。而审判监督程序的抗诉，除最高人民检察院对各级人民法院生效的判决和裁定有权抗诉外，只有上级人民检察院对下级人民法院的生效判决和裁定才有权抗诉，地方各级人民检察院对同级人民法院或上级人民法院的判决和裁定不能按审判监督程序抗诉。地方各级人民检察院如果发现本级人民法院已经发生法律效力的判决和裁定确有错误时，应当提请上一级人民检察院审查决定是否提出抗诉。

3. 审理的程序不同。对于第二审程序的抗诉，人民法院要按照第二审程序审理，所作出的判决和裁定是终审判决、裁定，同级人民检察院不能抗诉。对于审判监督程序的抗诉，人民法院按照刑事诉讼法规定，分别不同情况，适用不同的程序。如果原来是第一审案件，应当依照第一审程序进行审判，所作的判决、裁定，同级人民检察院可以抗诉；如果原来是第二审案件，或者是上级人民法院提审的案件，应当依照第二审程序进行审判，所作的判决、裁定，是终审的判决、裁定。

4. 提出抗诉的期限不同。第二审程序抗诉的提出有一定期限的限制。《刑事诉讼法》第 219 条规定：不服判决的抗诉期限为 10日，不服裁定的抗诉期限为 5 日。而按照审判监督程序提出的抗诉，法律没有期限的限制，只要发现已经发生法律效力的判决和裁定确有错误，任何时候都可以提出抗诉。

5. 抗诉作用不同。第二审程序的抗诉，主要是为了阻断一审法院错误的判决和裁定交付执行。只要在抗诉期限内依法提出抗诉，则此后即使在抗诉期满之后，原裁判也不能视为已经生效，当然也就不能交付执行。而审判监督程序的抗诉，主要是为了纠正错误的判决和裁定，对已经交付执行的冤错案件予以纠正。

二、刑事抗诉的理由

刑事抗诉的理由，是人民检察院据以提出抗诉的根据，也是要求审判机关必须对案件进行二审或再审的依据。在我国刑事抗诉制度史上，人民检察院刑事抗诉理由的表述和界定有一个不断完善的发展历程。早在 1934 年 4 月 8 日公布的《中华苏维埃共和国司法程序》中规定："任何案件经过两审之后，不得再上诉，但是检察员认为该案经过两审后，尚有不同意见之时，还可以向司法机关抗议，再行审判一次。"1951 年 9 月 3 日通过的《中央人民政府最高人民检察署暂行组织条例》第 3 条和《各级地方人民检察署组织通则》第2条规定："对各级审判机关之违法或不当裁判，提起抗诉。"1954年9月21日通过的《中华人民共和国人民检察院组织法》第15条规定："地方各级人民检察院对于本级人民法院第一审案件的判决和裁定，认为有错误的时候，有权按照上诉程序提出抗议。"1979年通过、1996年修正的《刑事诉讼法》最终确定为："地方各级人民检察院认为本级人民法院第一审的判决、裁定确有错误的时候，应当向上一级人民法院提出抗诉。"从上述不同时期的法律规定中可以看出，对刑事抗诉理由的表述及界定是不同的。最早是"不同意见"，其后是"违法或不当裁判"，再后是"有错误"，最后是"确有错误的判决、裁定"。可以说，现行刑事诉讼法规定的"确有错误"，是在总结了几十年立法和司法实践经验的基础上确定的，是比较科学的。实践证明，能否正确地理解和准确地运用提出抗诉的理由，是抗诉成败的关键。

根据《刑事诉讼法》第217条和第243条的规定，无论第二审程序的抗诉，还是审判监督程序的抗诉，都是以人民法院的判决、裁定确有错误为前提的。也就是说，人民检察院只能在有充分根据认为人民法院的刑事判决和裁定有错误时，才能依法提出抗诉。这种确有的"错误"一般是指实质性的错误，即导致判决和裁定丧失其客观公正性的错误。按照《刑事诉讼法》第225条、第227条、第242条的规定，结合多年来司法实践的经验，《刑诉规则》规定了法院判决、裁定确有错误的几种情形：

（一）原判决和裁定认定事实不清，证据不足的

事实是正确定罪量刑的根据和基础，如果判决和裁定认定的主要事实不清；或者认定事实有错误，张冠李戴，主次颠倒；或者有新的证据证明原认定的事实确有错误；等等，必然会影响判决和裁定的正确性。根据《刑事诉讼法》第48条的规定，证据必须经过查证属实，才能作为定案的依据。如果据以定罪量刑的证

据不确实、不充分；或者证明案件的主要证据之间存在矛盾；或者判断、运用证据上有错误；或者证据本身是伪造、虚假的，等等，那么就势必影响正确地认定犯罪事实和定罪量刑。因此，当判决和裁定在认定事实和运用证据上出现上述问题时，就可以认为原判决和裁定确有错误，并以此理由提出抗诉。

（二）原判决、裁定定性错误的

原判决认定事实没有错误，但定性有错误，即在适用实体法方面存在错误，主要指在是否构成犯罪、犯罪的性质和罪名等方面的错误。如有确实、充分证据证明有罪而判无罪，或者无罪判有罪的；认定罪名不正确，一罪判数罪、数罪判一罪，影响量刑或者造成严重的社会影响的；等等。

（三）原判决、裁定适用法律错误的

主要是指适用法律不当，错误引用法律条文；不正确解释法律，与法律条款的确切含义相抵触，造成定罪量刑不当的。

（四）原判决、裁定量刑不当的

罪刑相适应是我国刑法的一条基本原则，如果人民法院的判决和裁定在认定事实、确定罪名、适用法律上并无明显错误，但由于各种情况，如错定从轻、减轻或从重、加重情节；未在法定量刑幅度内量刑；所判刑种不对；应当判处附加刑而没有判处，或不该判处附加刑却判处了；免除刑事处罚或者适用缓刑错误等等，造成重罪轻判，轻罪重判，量刑畸轻畸重的，应当提出抗诉。

司法实践中，有的情况下，第 3 种和第 4 种情形是有必然联系的。因适用法律错误，而导致量刑不当的案件不乏其例。如江西张友根利用职务之便受贿 10.6 万元一案，一审法院适用刑法不当，判处被告人有期徒刑 3 年，缓刑 5 年，属量刑畸轻。检察机关抗诉，二审维持原判。江西省人民检察院遂提请最高人民检察院抗诉。1994 年 12 月 20 日最高人民检察院向最高人民法院提出抗诉。最高人民法院于 1995 年 7 月 26 日改判被告人张友根有期徒刑

6 年。

（五）原判决、裁定严重违反诉讼程序的

刑事诉讼法对于违反法律规定的诉讼程序，可能影响公正审判的情形，明确地规定为抗诉的理由。严重违反诉讼程序包括：违反了审判公正原则；违反了回避制度；剥夺、限制了可能影响公正审判的当事人的法定诉讼权利；审判组织的组成不合法；当庭宣判的案件，合议庭不经过评议程序就直接宣判；庭审休庭期间，合议庭调查获取的证据没有再经过当庭质证，就作为定案根据等。只要有上述这些严重违反诉讼程序，可能影响公正判决的情形，人民检察院都应以"程序违法，判决或裁定无效"为由依法提出抗诉。1997 年 8 月 29 日，辽宁锦州铁路运输检察院收到锦州铁路运输法院（97）锦告裁字第 1 号裁定书，该裁定以检察机关"对被告人刘××、魏××未采取强制措施，二被告人未在案"为由，裁定不予受理此案。锦州铁路运输检察院认为，法院对公诉案件不予受理，于法无据。况且被采取了取保候审措施的二被告人并非传唤不到案。经与法院沟通无效，锦州铁路运输检察院于同年 9 月 3 日依法向沈阳铁路运输中级法院提出抗诉。后锦州铁路运输法院撤销原裁定，受理了刘××、魏××盗窃一案。此案是以违反诉讼程序为由提出抗诉的典型案例，依法保证了公诉案件的正常诉讼。

（六）审判人员在审理案件时有贪污、受贿、徇私舞弊、枉法裁判行为的

审判人员在审理案件时贪污、受贿、徇私舞弊、枉法裁判，一般情况下都必然会影响判决、裁定的正确性，但是否影响了判决、裁定的正确性并不是提出抗诉的必要条件。《刑事诉讼法》第 242 条第 5 项规定"审判人员在审理该案件的时候，有贪污受贿，徇私舞弊，枉法裁判行为的"人民法院应当重新审判。从检察机关角度而言，只要审判人员在审理案件时有贪污受贿、徇私舞弊、

枉法裁判行为，无论其作出的判决、裁定正确与否，均应提出抗诉，以示公正。

具有以上情形之一的，人民检察院应当或者有权提出抗诉。但司法实践中，在下列情形下，人民检察院一般不宜向人民法院提出抗诉。如认定事实稍有差错，但这种差错对于被告的定罪量刑没有影响的；量刑偏轻偏重，但这种偏轻或偏重并未违反法律量刑幅度等规定的；判决、裁定中的错误与案件实质结论并无关系的；等等。对于这些错误，人民检察院可以通过口头或书面形式，向人民法院提出检察建议，这也是行使法律监督职权的表现。刑事抗诉作为国家赋予人民检察院行使法律监督权的重要形式，是一种十分严肃的诉讼活动。人民检察院不能滥用，必须坚持判决、裁定"确有错误"这个前提，同时对不至于影响公正审判的一些问题，可采取其他灵活的监督方法予以解决。

三、刑事抗诉的材料来源

人民检察院审查人民法院的判决、裁定，其渠道或者说材料来源有哪些呢？

（一）审查判决、裁定是检察机关发现问题提出抗诉的首要环节

对人民法院判决书、裁定书的审查是检察机关行使审判监督权的重要内容。审查工作要及时、认真、全面，要建立一定的工作机制，保证能及时发现。如要求承办人在一定期限内审查并填写《对人民法院刑事判决、裁定审查表》，提出同意判决或提出抗诉或与法院交换意见等具体审查意见。又如上下级人民检察院建立一定的案件备案制度，上级人民检察院发现下级人民检察院应当提出抗诉而没有提出抗诉的案件，可以指令下级人民检察院依法提出抗诉。

（二）被害人抗诉请求权是人民检察院对未生效判决、裁定实施监督的新途径

修订前的刑事诉讼法规定被害人在刑事诉讼中只是一般诉讼参与人，因此当被害人对人民法院的判决、裁定不服时，只能在判决、裁定发生法律效力后，向人民法院或人民检察院提出申诉。新《刑事诉讼法》第 218 条规定："被害人及其法定代理人不服地方各级人民法院第一审的判决的，自收到判决书后五日以内，有权请求人民检察院提出抗诉。人民检察院自收到被害人及其法定代理人的请求后五日以内，应当作出是否抗诉的决定并且答复请求人。"这就明确规定了被害人依法享有刑事抗诉请求权。抗诉请求权在立法上的设置，对维护被害人的合法权益具有积极的意义。一是及时。被害人在判决生效前提出异议，有利于及时发现并纠正确有错误的判决。二是有效。被害人提出抗诉请求，经检察机关审查决定抗诉的，必然引起二审。检察机关作为抗诉主体，运用检察职能，能全面地保护被害人的合法权益，较之被害人的申诉更加有效。三是经济。被害人向检察院请求抗诉后，5 天内即可得到答复；若不具备抗诉条件，检察院会注意做好解释息诉工作。较之经过上诉、抗诉期限，再等二审、再审结束生效后的申诉，从诉讼上讲更加经济。这一新规定顺应了提高被害人在刑事诉讼中的地位，均衡国家、被害人、被告人利益等世界性的发展趋势，同时，增加了人民检察院对人民法院刑事判决实施监督的途径，将公诉人不出庭的简易程序的判决等也纳入了监督范畴。

（三）申诉是人民检察院发现已生效判决、裁定确有错误从而提出抗诉的一个重要渠道

《刑事诉讼法》第 241 条规定："当事人及其法定代理人、近亲属，对已经发生法律效力的判决、裁定，可以向人民法院或者人民检察院提出申诉。"《刑诉规则》第 583 条第 2 款规定："人民

检察院通过受理申诉、对人民法院判决、裁定的审查等活动，监督人民法院的判决、裁定是否正确。"上述规定不难得出以下结论：根据法律规定享有申诉权的人提出的申诉，是人民检察院发现已经生效判决、裁定确有错误从而提出抗诉的一个重要材料来源，也是人民检察院直接依靠群众实行法律监督的体现。检察院要认真对待和处理有申诉权的人的申诉，对应予复查的案件，要指定专人进行复查。经复查发现原生效判决、裁定确有错误需依法改判的，应报经检察长或检察委员会决定提出抗诉。

综上所述，检察院自己审查发现、被害人请求抗诉、申诉是刑事抗诉的重要材料来源，实践中还有劳改机关在执行刑罚中发现，控告、检举中发现，各级权力机关交办，检察机关通过检查工作、复查案件发现，其他机关、团体等单位反映等广泛的线索来源。这些材料来源，都是检察机关发现判决、裁定确有错误的途径和渠道，是进行刑事抗诉的最初缘由。

第三节　刑事抗诉的程序

一、有权提出抗诉的机关

（一）与原审人民法院相对应的同级人民检察院

《刑事诉讼法》第 217 条规定："地方各级人民检察院认为本级人民法院第一审的判决、裁定确有错误的时候，应当向上一级人民法院提出抗诉。"根据这一规定，有权对未发生法律效力的一审判决、裁定提出抗诉的只有与原审人民法院相对应的同级人民检察院。《刑事诉讼法》第 218 条规定："被害人及其法定代理人不服地方各级人民法院第一审的判决的，自收到判决书后 5 日以内，有权请求人民检察院提出抗诉。"这说明被害人及其法定代理人只有请求抗诉权，最终有权提出和决定抗诉的仍是与原一审人民法院相对应的同级人民检察院。抗诉是对法律的实施加以监督的产物，所以，它只能由国家的法律监督机关——人民检察院提出，其他任何机关、团体和个人均无权提出。

　　然而，原审法院的同级人民检察院并不能独立地、直接地提出抗诉，它的抗诉必须经过上一级人民检察院的审查同意，方为有效。根据《刑事诉讼法》第221条的规定，对一审判决、裁定提出抗诉的人民检察院，应将抗诉书抄送上一级人民检察院。"上级人民检察院如果认为抗诉不当，可以向同级人民法院撤回抗诉，并且通知下级人民检察院。"反之，上级人民检察院如果认为抗诉有理，则应予以支持。法律之所以这样规定，首先是由我国检察机关的领导体制决定的。根据人民检察院组织法的规定，上级人民检察院和下级人民检察院之间的关系是领导与被领导的关系，所以，上级人民检察院有权审查下级人民检察院所作出的任何决定，并有权撤销其中它认为是错误的决定。其次，根据《刑事诉讼法》第224条的规定，人民检察院提出抗诉的案件在二审法院开庭审理时，二审法院的同级人民检察院应当派员出庭。显然，下级人民检察院的抗诉只有得到上级人民检察院的审查同意，认为抗诉有理，上级人民检察院才会派员出庭支持这一抗诉。最后，抗诉是一项极其严肃的法律监督活动。正确的抗诉，对维护法律尊严，保证法律的统一、正确实施，维护司法公正，有着重要的作用；而错误的抗诉，只能带来副作用。为提高抗诉的准确性，由上级人民检察院对下级人民检察院的抗诉进行审查、把关，是十分必要的。

　　《刑诉规则》第589条规定："下级人民检察院如果认为上一级人民检察院撤回抗诉不当的，可以提请复议。上一级人民检察院应当进行复议，并将复议结果通知下级人民检察院。"上一级人民检察院在抗诉期限内，发现下级人民检察院应当提出抗诉而没有提出抗诉的案件，可以指令下级人民检察院依法提出抗诉。

（二）最高人民检察院和上级人民检察院

《刑事诉讼法》第 243 条第 3 款规定："最高人民检察院对各级人民法院已经发生法律效力的判决和裁定，上级人民检察院对下级人民法院已经发生法律效力的判决和裁定，如果发现确有错误，有权按照审判监督程序向同级人民法院提出抗诉。"根据这一规定，有权对已经发生法律效力的判决、裁定提出抗诉的是原审人民法院的上级人民检察院和最高人民检察院。改变或者撤销已经发生法律效力的判决或裁定，必须十分慎重，所以法律在程序上和权限上作了严格规定。从检察机关来讲，只有最高人民检察院对各级人民法院，上级人民检察院对下级人民法院的判决、裁定，才有权按照审判监督程序提出抗诉。按照《刑诉规则》规定，最高人民检察院和上级人民检察院，可以直接向同级人民法院提出抗诉，也可以指令作出生效判决、裁定人民法院的上一级人民检察院向同级人民法院提出抗诉。

二、提出抗诉的期限

所谓抗诉期限，是对检察机关在第二审程序中提出抗诉的时间限制。即检察机关认为法院未发生法律效力的判决和裁定确有错误，按照第二审程序提出抗诉的法定时限。在我国，人民检察院认为人民法院未发生法律效力的判决、裁定确有错误，必须在法定期限内提出抗诉。期限届满，该判决、裁定便发生法律效力，即使是错误的判决、裁定也不能按上诉程序提出抗诉，只能提请上一级人民检察院按照审判监督程序提出抗诉。根据《刑事诉讼法》第 219 条之规定，不服判决的抗诉期限为 10 日，不服裁定的抗诉期限为 5 日，从接到判决书、裁定书的第 2 日起算。

同时，《刑事诉讼法》还规定了人民检察院受理被害人及其法定代理人请求抗诉案件的提抗期限。第 218 条规定："被害人及其法定代理人不服地方各级人民法院第一审的判决的，自收到判决书后五日以内，有权请求人民检察院提出抗诉。人民检察院自收到被害人及其法定代理人的请求后五日以内，应当作出是否抗诉的决定并且答复请求人。"

法律规定第二审程序抗诉期限的目的，一方面是保证抗诉机关有必要的时间审查和提出抗诉；另一方面是促使抗诉机关及时行使抗诉权，以免诉讼过分拖延，从而使错误的裁判及时得到纠正，正确的裁判得以及时执行。

对于按审判监督程序提出抗诉的期限，法律未作具体限定。人民检察院对已经发生法律效力的判决、裁定认为确有错误，在任何时候都可以提出抗诉，包括终审判决、裁定刚刚生效，原审被告人正在服刑期间和原判执行完毕以后。只要提出抗诉，人民法院就应当另行组成合议庭进行重新审判。为了规范工作，最高人民检察院于 2001 年 2 月 5 日经第九届检委会第 81 次会议通过的《关于刑事抗诉工作的若干意见》中规定："人民检察院审查适用审判监督程序的抗诉案件，应当在六个月以内审结；重大、复杂的案件，应当在十个月以内审结。""对终审判处被告人死刑、缓期二年执行的案件，省级人民检察院认为应当判处死刑立即执行的，应当在收到终审判决书后三个月内提请最高人民检察院审查。"

三、按照第二审程序提出抗诉的程序

人民检察院接到人民法院尚未发生法律效力的第一审刑事判决书或者裁定书后，或收到被害人及其法定代理人的抗诉请求后，应指定专人（通常是本案的公诉人）及时进行审查。

审查判决书和裁定书是检察机关行使审判监督权的重要内容，也是发现问题，提出抗诉的首要环节。司法实践中，人们常说："审查是基础，抗诉是手段，维护法律公正是目的。"可见审查工作之基础地位和重要性。审查工作要及时、认真、全面。重点审查认定事实是否清楚，证据是否充分，适用法律是否正确，定罪量刑是否恰当，法院诉讼程序是否合法等方面内容。应特别注意

审查判决与起诉书及法庭审理认定的事实、适用法律等方面的不同点，弄清分歧的焦点和各自的依据。除了采用判决书和起诉书相对照的审查方法外，必要时，还可以调卷审查、作进一步核查等。承办人在审查后应当填写《对法院刑事判决、裁定审查表》，提出同意判决或提出抗诉或与法院交换意见等具体审查意见，对拟提出抗诉的案件还应写出《刑事抗诉案件审查报告》，经审查起诉部门领导审核，呈报主管检察长审批，或经检察长及检察委员会决定。对重大、复杂案件，可事先征得上级检察机关的意见。对于被害人及其法定代理人的抗诉请求，经审查决定，应填写《抗诉请求答复书》，在 5 日内答复请求人。

对作出抗诉决定的案件，必须在法定期限内制作《刑事抗诉书》，通过原审人民法院向上一级人民法院提出抗诉，并且将抗诉书副本抄送上一级人民检察院。原审人民法院应当在 3 日内将抗诉书连同案卷、证据材料移送上一级人民法院，并且将抗诉书副本送交当事人。上一级人民检察院收到下级人民检察院《刑事抗诉书》副本，经过审查并查阅案卷，认为抗诉正确的，应当作好派员出席第二审法庭的准备；认为抗诉不当时，制作《撤回抗诉决定书》，向同级人民法院撤回抗诉，同时通知提出抗诉的下级人民检察院。下级人民检察院如果认为上一级人民检察院撤回抗诉不当时，可以提请复议。上一级人民检察院应当进行复议，并将复议结果通知下级人民检察院。

上一级人民检察院在上诉、抗诉期限内，发现下级人民检察院应当提出抗诉而没有提出抗诉的案件，可以指令下级人民检察院依法提出抗诉。第二审人民法院发回原审人民法院重新按照第一审程序审判的案件，如果人民检察院认为重新审判的判决、裁定确有错误的，仍然可以按照第二审程序提出抗诉。

四、按照审判监督程序提出抗诉的程序

人民检察院认为人民法院已经发生法律效力的判决、裁定有

《刑诉规则》第591条规定情形之一的，应当按审判监督程序向人民法院提出抗诉。虽然法律没有规定审判监督程序提出抗诉的期限，但为了保证生效判决、裁定的质量，防止交付执行的判决、裁定造成难以挽回的损失，原二审承办的检察人员应当及时对第二审的判决、裁定进行审查，同时按照最高人民检察院《关于刑事抗诉工作的若干意见》的规定，在6个月内审结，重大、复杂案件在10个月内审结，"抗杀"案件在3个月内提请抗诉。

对认为确有错误的第二审的判决、裁定进行审查时，一般将判决、裁定书与引起二审的抗诉书或上诉状对照起来进行。主要审查判决、裁定是否采纳了检察机关的正确抗诉意见和上诉人的有理要求；对无理的上诉，是否驳回。另外，也要注意二审中新发现的事实和证据是否得到认真对待，能确认并影响定罪量刑的事实是否在判决、裁定中作出反应。二审改判的案件，在定罪，特别是在量刑上是否体现了公正执法等。总之，审查二审判决、裁定在认定事实上或者在适用法律上是否确有错误。司法实践中，应将判决、裁定书的审查，与阅卷审查、提讯原审被告人、复核主要证据、提取新的证据等方法综合起来使用，不能因为只是提请抗诉程序而疏于审查和核查。实践中，那种只是对判决、裁定书作一简单审查，不阅卷、不复核证据的做法，甚至不经过检察委员会讨论即提请抗诉的做法是极其不严肃的，不利于保证审判监督职责的正确履行。

承办人审查后，要写出《刑事抗诉案件审查报告》，写明并提出是否提请上级人民检察院抗诉的意见，一经审查起诉部门负责人复核同意后，报检察长提交检察委员会讨论决定。

凡是下级人民检察院审查发现同级人民法院已经生效的判决、裁定确有错误而提请上级人民检察院依法抗诉时，都要制作《提请抗诉报告书》，依次写明：原审被告人基本情况，犯罪事实；一审法院、二审法院的审判情况；判决、裁定错误之处，提请抗诉的理由和法律根据，本院检察委员会讨论情况。并将侦查、检察、法院案卷随文一起上报。

最高人民检察院及上级人民检察院在接到《提请抗诉报告书》后，应及时指定检察人员审查，尤其是一审判死刑，二审改判死缓，而下级人民检察院认为应当判处死刑立即执行的所谓"抗杀"的案件，更应及时审查、及时决定。承办人要制作阅卷笔录、复核主要证据、提讯被告人，必要时提取新的证据，并写出《刑事抗诉案件审查报告》，提出具体审查意见。如果认为已生效的判决、裁定确有错误，需要提出抗诉的，由审查起诉部门报请检察长提交检察委员会讨论决定，并由最高人民检察院或原审人民法院的上一级人民检察院制作《刑事抗诉书》，向同级人民法院提出抗诉。人民检察院应当将抗诉书副本报送上一级人民检察院。

人民检察院按照审判监督程序提出抗诉的案件，人民法院经审理作出的判决、裁定仍然确有错误的，如果案件是依照第一审程序审判的，同级人民检察院应当按照第二审程序向上一级人民法院提出抗诉；如果案件是依照第二审程序审判的，上级人民检察院应当按照审判监督程序向同级人民法院提出抗诉。

第四节　刑事抗诉案件的出庭

一、检察人员出席刑事抗诉案件法庭的法律依据

刑事抗诉案件的出庭，是指人民检察院派员出席同级人民法院公开审理刑事抗诉案件法庭的一种诉讼活动。包括按照第二审程序和审判监督程序开庭审理的刑事抗诉案件的出庭活动。出席抗诉法庭也可以说是提出抗诉的一种后续而必须的诉讼活动，实际上是支持抗诉的一种诉讼活动。

在过去的司法实践中，人民法院审理刑事抗诉案件，一般采

取书面审理的形式或书面审理和必要的调查相结合的形式，很少开庭审理。这是因为，修订前的刑事诉讼法并没有明确抗诉案件一定要开庭审理。根据修订后刑事诉讼法的规定，公开审判不仅是司法公正的基本要求，也是人民法院审判活动的一项基本原则。《刑事诉讼法》第 223 条明文规定，对人民检察院抗诉的案件，第二审人民法院应当开庭审理。同时第 224 条规定："人民检察院提出抗诉的案件……，同级人民检察院都应当派员出庭。"这些规定是加强人民检察院对二审审判活动监督的体现，也使人民检察院派员出席第二审程序刑事抗诉案件法庭有了明确的法律依据。那么，按照审判监督程序抗诉的案件是否必须开庭审理呢？刑事诉讼法没有明文规定。我们可以作如下推理：既然规定了二审人民法院对抗诉案件必须开庭审理，那么相应地，按照审判监督程序抗诉从而重新审理的案件，无论是适用第一审程序，还是适用第二审程序，也应采取同样的原则，即对抗诉案件必须开庭审理。根据《人民检察院组织法》第 18 条第 2 款的规定："按照审判监督程序审理的案件，人民检察院必须派人出席法庭。"可见，派员出席按审判监督程序抗诉案件的法庭，也是有法律依据的。刑事抗诉案件应当开庭审理，人民检察院必须派员出庭，在理论界已经成为不争的事实。

刑事抗诉案件必须开庭审理，不仅是法有明文规定，而且也是抗诉案件本身特点所决定的。刑事抗诉案件，通常是检察机关对被告人有罪或罪重的进一步指控，这类案件，检察机关一般进行了大量的调查，收集了新的证据，有必要在开庭时当庭举证、质证，以利于查明案件的事实真相；刑事抗诉案件，往往控、辩、审三方在事实认定、适用法律、定罪量刑等重大问题上意见分歧较大，有必要针对抗诉理由和要求，在法庭上当庭辩明是非，以利于公正裁判；被告人在受到有罪或罪重的指控时，有获得辩护的权利以及其他各项诉讼权利，开庭审理此类抗诉案件，有利于保障原审被告人的各项诉讼权利的实现；刑事抗诉是检察机关对人民法院审判活动依法实施监督的一种有效手段，抗诉案件一律开庭审理，有利于人民法院的审判活动依法公开地接受监督，切实做到有错必纠，有效地防止冤假错案的发生，从而维护我国法律的正确统一实施。

二、检察人员出席抗诉案件法庭的法律地位和任务

关于出席二审法庭的检察人员的法律地位和任务问题，长期以来一直存在争议，大致有 4 种观点。[①] 第一种观点认为，检察人员以国家法律监督机关代表的身份出席二审法庭，任务不再是支持公诉，而是实行审判监督。第二种观点认为，检察人员出席二审法庭，仍以公诉人的身份继续支持公诉。第三种观点认为，检察人员在二审法庭中的法律地位和任务因案件不同而不同，在抗诉案件中，处于法律监督机关代表的地位，其任务是实行审判活动监督；在上诉案件中，则具有双重身份，其既有继续支持公诉的任务，又有法律监督的任务。第四种观点认为，检察人员以国家法律监督机关代表的身份出席二审法庭，其任务一是支持抗诉，对审判活动实行监督；二是对某些案件继续支持公诉，即具有一种身份，承担双重任务。

我们基本同意最后一种观点，认为检察人员以国家法律监督机关代表的身份出席二审法庭，其任务主要以监督为主，也兼有继续支持公诉的职责。理由如下：

首先，检察人员出席因抗诉引起的二审法庭，其身份只能是审判监督者。从我国现行法律规定来看，公诉制度只存在于刑事诉讼中，而抗诉制度则以刑事抗诉、民事抗诉、行政抗诉等不同形式存在于各个诉讼领域。在刑事诉讼中，刑事抗诉制度作为救

---

① 孙谦主编：《检察理论研究综述》，中国检察出版社 1990 年版，第 278—283页。

济程序被专门规定，其与公诉制度是平行并列于刑事诉讼中的。可见，那种把公诉和抗诉混为一谈，认为刑事抗诉包含在公诉制度中，因而检察人员出席因抗诉引起的二审法庭时具有公诉人地位的观点，在逻辑上是说不通的。再从法制史来看，公诉制度产生较早，诉、审分离便产生了公诉制度。抗诉制度的产生则要晚得多，只有把检察机关设定为专门的法律监督机关时，才产生了抗诉制度。公诉的权力基础是刑事追诉权，公诉职能是以指控犯罪、追究被告人刑事责任为其基本内容的；而抗诉的权力基础是审判监督权，抗诉职能则是以监督、纠正法院裁判错误为其基本内容的。可见，检察人员出席因抗诉引起的二审法庭，其产生是基于审判监督，其活动仍然是立足于审判监督，因此，其法律地位只能是审判监督者。实践中，一般在二审法庭上设"检察员"或"检察长"席位，以示区别于一审法庭上公诉人的地位。

其次，检察人员出席因抗诉引起的二审法庭，其主要履行的是审判监督职责。检察人员主要围绕抗诉理由和要求，针对一审刑事判决、裁定在认定事实或适用法律或定罪量刑或程序方面的错误，提出纠正意见，以便二审法院作出正确的终审判决。这种出庭支持抗诉是提出抗诉的继续，无疑也是在履行法律监督职责，这是出席二审法庭的主要目的所在，也是检察人员出席二审法庭的主要任务。

最后，从实际情况来看，检察人员在因抗诉引起的二审法庭上，仍然要承担部分指控犯罪、证实犯罪的任务。这既是法律的要求，也是实际的客观需要。一种情况是，检察机关针对一审判决认定事实错误提出抗诉，那么，出席二审法庭的检察人员，或者说，支持抗诉的检察人员当然应承担进一步指控和证实犯罪的任务。第二种情况是，检察机关抗量刑轻和抗无罪的案件，出席二审法庭的检察人员必然要在法庭上再一次控告、揭露被告人的犯罪行为，指明其犯罪行为所造成的社会危害，论证被告人所应负的刑事责任。第三种情况是，在因抗诉引起的二审法庭上，虽然检察机关只是针对适用法律等提出异议，但依据二审实行全面审理的原则，如法庭认为有必要重新核实一审认定的事实和情节，出席法庭的检察人员有责任协助法庭进一步查清事实，出示证据。第四种情况是，支持抗诉的检察院超出提出抗诉检察院的抗诉理由，对一审判决认定的事实有异议时，依据我国检察制度中上级领导下级的原则，出席二审法庭的检察人员就要针对追加的抗诉理由举证、质证，进一步揭露犯罪。从上述检察人员出庭的任务看，显然是进一步公诉的继续。因此，那种出席二审法庭的检察人员只是履行审判监督职能的观点是片面的。

检察人员出席再审法庭的法律地位和任务，与出席二审法庭大致相同，在此不再赘述。

三、出席抗诉案件法庭的要求

根据刑事诉讼法和人民检察院组织法的规定，检察机关按照第二审程序提出抗诉的案件以及按照审判监督程序提出抗诉的案件都必须派员出席法庭。这些案件往往都是一些案情比较重大、复杂或者争议比较大的案件，因此，决定了出席二审法庭和再审法庭的工作比出席一审法庭的工作量要大，质量要求也更高。

（一）出庭的准备工作

1. 全面审查，突出重点

全面审查，是吃透案情，提出正确、合乎实际的处理意见的前提。如果只局限于审查抗诉理由所涉及的案情，就可能出现以偏概全的现象。全面审查的具体要求是：既审查公安机关的预审卷，又审查下级人民检察院的检察卷和原审法院的审判卷；既要审查原判决、裁定认定的事实是否正确，又要审查适用法律及诉讼程序有无错误等。

在全面阅卷的基础上还要突出重点。重点审查的内容主要是原审判决、裁定书与抗诉书在认定犯罪事实、适用法律和量刑方面的分歧点及其理由。通过重点审查，要达到几个弄清，即弄清事实是否清楚，证据是否确实、充分；弄清案件的诉讼过程；弄清抗诉书与原审判决、裁定书的矛盾点；弄清抗诉的理由和依据；弄清有无违法等问题，以便在法庭上发表抗诉意见。

2. 制作阅卷笔录

在全面阅卷、重点审查的过程中，应当制作阅卷笔录，以备出庭时用。阅卷笔录不是卷宗的简单摘抄和复制，而应根据案件的不同情况，抓住重点，有详有略的选摘。实践中有表格法、对照法等均可根据不同案情予以选用。阅卷笔录的内容主要包括以下几点：（1）原审被告人的基本情况。（2）原审被告人历次供述的时间和内容。原审被告人在一、二审法庭上的供述和辩解要重点摘录，如前后供述有矛盾或有出入的，应予以标明。（3）证据证实的主要内容，各证据是否一致，有无矛盾。对于各种证据的取证时间、来源是否合法要予以标明；对于各证据之间以及证据与被告人供述辩解之间的矛盾，也应标明；对于作为定案依据的主证，摘录要准确详细。（4）一、二审法庭上争论的焦点。对于原审法院开庭审判情况，被告人认罪态度，法庭出示、宣读、质证的证据，被告人辩解理由、最后陈述和辩护人的辩护意见都要摘录。对于所摘录的各种证据材料，均应注明出自何种案卷的卷、页、行，以便出庭时引用。

3. 讯问被告人

讯问被告人是为了再次核实犯罪的时间、地点、动机、目的、犯罪过程、犯罪后果以及对社会的危害程度等与犯罪构成要件相关的情况。讯问前应有针对性地拟好讯问提纲，并有计划性地进行。讯问时除要查明犯罪事实外，还要结合抗诉案件的特点，着重讯问其对抗诉书、原审判决书的辩解意见，重视其提出的新的证据和证人，摸清原审被告人的思想动态。通过讯问被告人，进一步深入研究抗诉中有争执的问题，为庭上发表有针对性的抗诉意见以及辩论做好准备。

4. 认真复核证据

刑事诉讼证据是能够证明案件真实情况的一切事实。证据是正确认定案件事实，正确适用法律的依据。刑事抗诉是针对判决、裁定认定事实或适用法律确有错误而提出的，因此，运用证据证实犯罪以及阐述抗诉理由尤其重要。刑事抗诉工作应当以审查、复核证据为核心，这是抗诉成败的关键。只有保证正确运用证据，才能查明案件事实真相，才能正确定罪量刑。在复核证据时，应本着实事求是的原则，重证据，重调查研究，不轻信口供，只有口供不能定案。要树立一切证据必须查证属实才能作为定案依据的思想，反对没有根据的主观臆断。检察人员要忠实于事实真相，反对任何主观随意性或有意歪曲事实。

在审查案卷中往往发现证据材料间存在着矛盾和疑点，这类案件必须复核证据。对于重特大复杂案件要坚持复核罪证。复核证据的范围主要是：

（1）证据发生重要变化，如被告人翻供，被害人翻证，主要证人改变证言，被告人提出新的证据等，对认定事实有影响的。

（2）案件事实情节发生变化，如发现从轻、减轻或从重、加重处罚等情节，足以影响定罪量刑的。

（3）审查视听资料的形成过程，其内容与案件事实间的联系，与其他证据是否有矛盾等。根据视听资料易于被篡改、伪造，而且凭人的感官往往难以发现的特点，可借用现代科技手段对其进行鉴定，辨明真伪，使这种新的证据形态在认定犯罪中起到应有的作用。

（4）检察院和法院对案件认定事实与证据的争议较大，涉及罪与非罪、罪轻与罪重问题的。

在司法实践中，通常采用以下复核证据的方法：

（1）听取办理一、二审案件有关人员的意见，了解当时的办案情况。

（2）深入案发地，查看作案现场，熟悉发案当时的空间状态，以便准确、客观地审查各种证据。

（3）询问被害人、证人、鉴定人等主要证人，澄清矛盾点和疑点，证实案件的关键环节。

（4）向看守所、劳改场所管教人员了解被告是否抗拒监管以及悔罪表现等情况，必要时可收集书面证明材料。

（5）开展社会调查，走访有关单位，收集群众反映，从中了解、掌握真实情况。

（6）收集新的证据，等等。

5. 提出审查意见

在阅卷审查、提讯被告、复核证据的基础上，承办人要综合分析，从认定事实、适用法律、定罪量刑、抗诉理由是否成立等方面提出审查意见，拟写《刑事抗诉案件审查报告》。审查报告应依次写明：

（1）原审被告人基本情况及被采取强制措施情况。

（2）案件来源及起诉、判决情况。

（3）审查认定的案件事实及其证据。重点阐明事实是否清楚，证据间有无矛盾，矛盾能否合理排除等情况。

（4）法院判决、裁定是否确有错误，以及是否提出抗诉或支持抗诉的理由和法律依据。

（5）承办人审查意见。这里指结论性的意见，如第二审程序抗诉案件中支持抗诉或部分支持抗诉或撤回抗诉的意见；审判监督程序抗诉案件中提出抗诉与不抗诉的意见。

（6）本案中需要加以说明的问题。如违反程序、违法活动、证据证明力等必须予以记载的问题。

承办人提出审查意见后，由审查起诉部门集体讨论，经检察长或检察委员会讨论决定。如决定抗诉或支持抗诉，则由承办人根据决定制作出庭意见和辩论提纲。

　　6. 制作出庭意见和辩论提纲

　　根据刑事诉讼法的有关规定，检察人员出席二审法庭和再审法庭，应根据不同案件的要求，事先制作出庭意见书和辩论提纲。

　　《抗诉案件出庭检察员意见书》是对抗诉书的说明和补充，是在法庭上进一步阐明抗诉理由和根据的发言稿。《抗诉案件出庭检察员意见书》适用于二审出庭和再审出庭的抗诉案件。

　　制作出席二审、再审法庭的辩论提纲，与制作出席一审公诉法庭辩论提纲有所不同，主要表现在：（1）一审公诉法庭的辩论内容是未知数，只能预测准备；而抗诉案件经过一审或二审庭审，辩护方的意见已比较明确，在庭前检察机关就已经掌握，因此辩论的内容比较明朗。（2）一审公诉法庭主要针对犯罪事实和证据情况进行辩论；而抗诉案件经过原审后，检察机关所指控的犯罪事实、证据等情况都比较清楚了，因而只针对抗诉理由准备即可。因此，出席抗诉案件二审、再审法庭，制作辩论提纲，要突出重点，围绕抗诉观点和理由，就影响定罪量刑的问题有针对性地准备辩论意见。同时，也要注意分析被告人可能提出的新的辩解理由，拟定相应的辩论内容。

　　除了上述出庭前的准备工作外，检察人员在出席抗诉案件二审、再审法庭之前，还要针对案件情况，研究、掌握有关的政策、法律规定、司法解释和法学理论，以及案件涉及的其他各种专业知识。

　　（二）出席法庭的主要活动

　　刑事诉讼法规定了第二审程序和审判监督程序的抗诉案件必须开庭审理。1998年最高人民法院《关于执行〈中华人民共和国刑事诉讼法〉若干问题的解释（试行）》规定了第二审人民法院开庭审理抗诉案件应当重点针对抗诉理由，全面查清事实、核实证据。我们认为，审判监督程序的抗诉案件也应照此办理。

检察人员出席第二审、审判监督审抗诉案件法庭的主要活动：

1. 宣读《刑事抗诉书》

审判长或审判员宣读第一审或第二审判决、裁定书后，由检察人员宣读抗诉书。如果是既有上诉又有抗诉的案件，先由检察人员宣读抗诉书，再由上诉人陈述上诉理由。在按上诉程序抗诉的案件中，对于下级人民检察院的抗诉书，无论上一级派员出庭的检察员是否完全同意其抗诉意见，均必须照本宣读，不能按照自己的意见予以改动。检察人员宣读抗诉书时，应当仪表整洁，精神饱满，庄重严肃，吐字清晰，速度适中，声音洪亮。要体现出法律监督机关维护国家法律统一、正确实施的公正态度和坚定信心。宣读抗诉书，应当站立进行。

2. 积极参加法庭调查和法庭辩论

现行的刑事诉讼法将原来法庭调查阶段和法庭辩论阶段合二为一，检察人员、辩护人、当事人可以在法庭调查阶段对案件事实、证据进行相互辩论。而且，检察人员和辩护人通过讯问被告人，询问证人、鉴定人和出示、宣读证据，以及双方对证据进行质证，可以更好地体现审判活动中的抗辩性。这些都是现行刑事诉讼法对审判程序的重大改革。出席抗诉案件法庭的检察人员应当适应这一改革，积极、主动地参加法庭调查和法庭辩论，而不是被动地参与。把握抗诉案件法庭的主动权，以便法院查明案情，正确适用法律，作出公正的判决。可以说，这一阶段的工作如何，是抗诉理由能否被采纳的关键。

出庭检察人员应当针对以下事实和证据，在征得审判长同意后，主动讯问原审被告人，询问证人、鉴定人，出示、宣读证据，以及与辩护人进行质证、辩论：

（1）抗诉书中提出异议的事实、证据。

（2）对于新的证据予以出示或者进行法庭核查。因为只有经法庭质证并核查属实的证据才能作为定案的依据。

（3）与抗诉理由相当的事实、情节、证据。

在有重点地对于犯罪事实和证据进行核查、相互质证、辩论后，检察人员适时发表出庭意见，对于部分支持抗诉的意见要予以阐明。如果既有上诉、又有抗诉的案件，应当先由检察人员发言，再由上诉人和他的辩护人发言。并针对抗诉的理由和分歧的焦点依次进行辩论。因为抗诉案件往往是有重大影响的案件或者争议较大的案件，所以法庭上往往辩论较为激烈。检察人员应当紧紧围绕抗诉理由和依据进行答辩和辩论，切不可与辩护人纠缠细枝末节。要做到辩论有理、有力、有节、有据。

总之，出席抗诉案件法庭，与出庭支持公诉一样，是一项专业性强、法律要求高的工作，要求出庭的每一个检察人员具有丰富的法学知识、敏捷的反应能力和雄辩的口才表达能力。关于出庭的其他要求，因第三章中已有详尽论述，在此章中不再赘述。

思考题：

一、修订后的刑事诉讼法对刑事抗诉制度有哪些改革和完善？

二、两种抗诉形式的相同点和区别是什么？

三、检察人员出席刑事抗诉案件法庭之法律地位和任务是什么？

第八章　刑罚执行监督

第一节　刑罚执行监督的概念和意义

一、刑罚执行概述

刑罚是国家在刑事法律中规定的，用于惩罚犯罪的一种制裁方法。刑罚是统治阶级为了维护其阶级利益，以国家的名义用来惩治危害其阶级统治秩序的犯罪的强制手段，是一种暴力，具有鲜明的阶级性。我国的刑罚是社会主义刑罚，是针对破坏我国刑法所保护的社会主义社会关系的犯罪行为而实施的。刑罚任务的实现，是通过刑罚制度的实施来达到的。

刑罚执行是指人民法院作出的刑事案件判决、裁定的内容得以实现的司法活动。因此，从一定意义上说，刑罚的执行是对量刑结果的检验和实现。适用刑罚的目的，是在刑罚的量定和执行的过程中实现的，使违反《刑法》的罪犯依法受到惩罚，从而维护法律的尊严和保护国家、人民的生命财产安全，维护社会治安秩序的稳定。

在我国，刑法规定的刑罚主要由下列执行机关负责执行：

人民法院：负责执行死刑、没收财产和罚金。

监狱：负责执行死刑缓期二年执行、无期徒刑和有期徒刑。

未成年犯管教所：负责执行被人民法院判处有期徒刑、无期徒刑未满18周岁的罪犯的刑罚执行。

看守所：负责代为执行余刑3个月以下的有期徒刑。

公安机关：负责执行拘役、剥夺政治权利。

社区矫正机构：负责执行管制、宣告缓刑、假释或暂予监外执行。

二、刑罚执行监督的概念及特点

对刑罚执行活动实行法律监督，是实现刑罚任务的必要条件之一。

根据《刑事诉讼法》和《人民检察院组织法》的规定，刑罚执行监督是我国检察机关的一项重要职权，是指人民检察院对刑罚执行机关执行人民法院已经发生法律效力的刑事判决、裁定的活动是否合法，实行的法律监督。

由此概念可以看出，刑罚执行监督具有如下特点：

（一）监督的主体是特定的

人民检察院行使对刑罚执行监督的职权。按照检察机关内部职权的划分，由监所检察部门来具体承担此任务，但行使的不是监所检察的职权，而是人民检察院的职权，监所检察部门只是代表人民检察院行使刑罚执行监督的职权。认识这一点具有很重要的现实意义，可以解决长期以来为解决部门职权大小而产生的各种争议。因此，下面本章所介绍的刑罚执行监督内容、职权以及担负的任务，都是人民检察院的职责，而非监所检察部门的职责。

（二）监督对象的特定性

我国的各刑罚执行机关执行刑罚的活动，就是人民法院、监狱、未成年犯管教所、看守所、社区矫正机构和公安机关执行刑罚的活动。

（三）监督依据的特定性

我国《刑法》、《刑事诉讼法》、《监狱法》等刑事法律的规定和人民法院已发生法律效力的刑事判决、裁定。

人民法院发生法律效力的刑事判决、裁定，是执行机关执行刑罚即对罪犯实施惩罚和改造、教育的法律根据，也是人民检察院对刑罚执行实行法律监督的根据之一。

（四）监督范围的广泛性

由于人民法院发生法律效力的刑事判决、裁定的内容不同，执行机关和执行场所亦不相同。因此，人民检察院对刑罚执行的监督内容大致包括：对判处死刑立即执行和缓期二年执行的执行所实行的监督；对判处无期徒刑、有期徒刑、拘役的判决的执行所实行的监督；对判处管制、剥夺政治权利、宣告缓刑、暂予监外执行、假释的判决或裁定的执行所实行的监督；对社区矫正的执行的监督；以及对其他执行刑罚的活动包括监狱狱政管理活动、改造教育罪犯的活动是否合法所实行的监督。此外，依照法律的规定，刑罚执行还应包括对判处罚金和没收财产判决的执行，人民检察院对刑罚执行的监督还应包括这些内容，但在检察实践中，这方面的监督活动较少。为此，在后面的论述中我们对此将不作专门的论述。

三、刑罚执行监督的意义

对刑罚执行活动进行法律监督是法律赋予检察机关的重要职权，做好这项法律监督工作对于保障国家法律的统一正确实施；深入开展反腐败斗争和严厉打击严重刑事犯罪活动，维护社会稳定；促进监管改造机关严格、依法、文明和科学管理具有重要意义。

首先，是保障国家法律统一正确实施，建设社会主义法治国家的需要。党的十五大提出了依法治国、建设社会主义法治国家的目标，作为国家法律监督机关的检察机关为这一目标的实现担负着不可推卸的责任。人民检察院对刑罚执行活动的监督是检察机关法律监督的重要内容之一，就是为了保障刑事诉讼法、监狱法以及有关监管法规得到正确实施。检察机关通过履行法律监督职权，贯彻法治原则，促使执行机关执行刑罚的活动严格依法进行，促使监管改造机关依照法律的规定进行管理教育，在依法惩罚犯罪的同时，保障在押人员的合法权益。刑罚能否得到正确执行、监管改造机关的执法活动是否依法进行，对社会主义法治建设关系重大，对国家形象也有重要影响。在现代社会，刑罚执行机关和监管改造是否严格执法，往往是衡量一个国家的法治状况和文明程度的标志之一。因此，检察机关对刑罚执行活动的监督，对于保障国家法律统一正确实施和建设社会主义法治国家具有重要的意义。

其次，是打击犯罪，维护社会稳定的需要。刑罚执行机关在严厉打击贪污、贿赂等职务犯罪和严重刑事犯罪，维护社会治安稳定方面起着独特的作用。一方面，使犯罪分子得到了应有的惩罚；另一方面，使犯罪分子通过改造得以悔过自新，重新做人，从而促进社会的稳定。但是，目前社会治安稳定方面的问题不少，贪污贿赂等犯罪大要案件和重大刑事犯罪案件仍有发生，"以钱抵刑"、徇私舞弊等司法腐败现象时有发生；对罪犯改造质量不高，在押人员犯罪或走上社会后又重新犯罪的不少。这些都给社会治安的稳定和社会风气的好转造成了负面的影响。因此，检察机关加强对刑罚执行活动的监督，能保证和促进刑罚执行机关严格依法办事，认真执行刑事判决、裁定和监管法规。同时，通过履行检察职权，严肃查处司法人员的职务犯罪案件和在押犯罪分子的再次犯罪，从而促进监管改造机关的廉政建设和监管改造场所秩序的稳定。由此可以看出，检察机关通过对刑罚执行活动的监督，对于促进刑罚执行机关严格执法，提高对罪犯的改造质量，预防和减少犯罪，促进社会治安的稳定具有重要意义。

最后，是保障刑事诉讼任务的实现的需要。人民检察院通过对监狱等刑罚执行机关执行刑罚活动的监督，保障正确运用刑罚这一法律武器，完成惩罚和改造犯罪分子的任务。刑罚的执行使人民法院刑事判决、裁定得以实现。也就是说，人民法院的刑事判决、裁定发生法律效力以后，它所确定的刑罚和其他处理能得

到正确的执行，刑事诉讼的任务才能完成。如果人民法院的刑事
判决、裁定不能正确执行或未能执行，或者在执行中发生违法情
况，就会破坏和影响刑事诉讼的效果，损害法律的尊严。人民检
察院对刑罚执行的监督，就是运用法律监督这一特殊的国家强制
手段，检察和纠正各种影响和破坏刑事判决、裁定的执行中发生
的各种违法情况，监督负责实际执行刑事案件判决、裁定的执行
机关严格按照法律规定的程序，认真执行刑事案件判决、裁定所
确定的内容，确保刑事诉讼任务的实现。

第二节　对执行死刑活动的监督

　　死刑是剥夺犯罪分子生命的刑罚，只适用于罪行极其严重的
犯罪分子。根据《刑事诉讼法》第 252 条第 1 款的规定，人民法
院在交付执行死刑前，应当通知同级人民检察院派员临场监督。
法律之所以作这样的规定说明我们国家对死刑的执行是非常慎重
的。人民检察院派员对执行死刑进行监督，是一项十分重要且极
其严肃的法律监督工作，检察人员通过严格执法，检察纠正执行
过程中的违法问题和防止意外事件的发生，以保证死刑判决的正
确执行。

一、对死刑立即执行的临场监督

　　死刑立即执行是依法对那些罪行极其严重的犯罪分子，依法
判处死刑并及时剥夺其生命的刑罚。按照法律的规定由人民法院
负责执行。检察机关派员临场进行监督，由检察人员 1 人至数人担
任，并配备书记员担任记录。监督的内容主要有：

　　1. 执行死刑立即执行的程序是否合法，手续是否完备。人民
检察院收到同级人民法院执行死刑临场监督的通知后，应当检察
同级人民法院是否收到最高人民法院的判决或裁定，以及最高人
民法院院长签发的执行死刑的命令。如果没有核准死刑的判决或

裁定和执行死刑的命令的，就不得执行死刑。并应监督人民法院是否在收到执行死刑的命令后 7 日之内执行。

2. 指挥执行的审判人员在交付执行前，是否对罪犯验明证身，讯问有无遗言、信札，以防止错杀、误杀。

3. 有无应当停止执行死刑的情形存在。按照有关法律的规定，检察人员发现有下列情形之一的，应当建议人民法院停止执行，即（1）被执行人并非应当执行死刑的罪犯的；（2）罪犯犯罪时不满 18 周岁或者审判的时候已满 75 周岁，依法不应当适用死刑的；（3）罪犯正在怀孕的；（4）判决可能有错误的；（5）在执行前罪犯揭发重大犯罪事实或者有其他重大立功表现，可能需要改判的。

对停止执行后重新执行死刑的案件，人民检察院还应当监督有无最高人民法院院长重新签发的执行死刑的命令。

4. 死刑执行的方法、场所是否合法。即人民法院执行死刑时是否采用枪决或者注射的方法，是否在刑场或者指定的羁押场所内执行死刑，执行结果是否公布等。执行死刑应当公布，但不应示众。

5. 死刑执行后，查明罪犯是否已死亡，交付执行的人民法院是否通知罪犯家属。

检察人员发现人民法院在执行死刑过程中的违法行为，应当及时提出纠正意见。对于临场监督执行的情况，要制作笔录存档。

二、对死刑缓期执行的监督

根据我国刑事诉讼法的有关规定，人民检察院对监狱等刑罚执行机关就判处死刑缓期二年执行的执法活动进行监督。监督的主要内容有：

（一）人民法院是否将被判处死刑缓期二年执行的罪犯交付监狱执行刑罚

根据我国《刑事诉讼法》第 253 条和《监狱法》第 15 条的规定，被判处死刑缓期二年执行的都应当送交监狱执行刑罚。

（二）执行机关是否将在死刑缓期二年执行期间又故意犯罪的罪犯交付执行死刑

根据《刑法》第50条和《刑事诉讼法》第250条第2款的规定，被判处死刑缓期二年执行的罪犯，在死刑缓期执行期间，如果故意犯罪，查证属实的，应当执行死刑，由高级人民法院报请最高人民法院核准。根据这一规定，监狱应当对在死刑缓期二年执行期间又故意犯罪的罪犯依法进行侦查并移送人民检察院审查起诉；罪犯确系故意犯罪的，人民法院应当依法核准或者裁定执行死刑。人民检察院在对上述执法活动进行监督的同时，还应监督死刑的执行是否合法。

（三）执行机关是否依照法定的条件和程序，按期提出对死刑缓期二年执行的罪犯减刑的意见，高级人民法院是否依法裁定减刑

根据《刑法》第50条第2款的规定，被判处死刑缓期二年执行的罪犯，在死刑缓期执行期间，如果没有故意犯罪，死刑缓期执行期满以后应当予以减刑。根据法律的规定，人民检察院对执行机关的下述活动进行检察：对于被判处死刑缓期二年执行的罪犯其缓刑期满后，缓刑期间无故意犯罪的罪犯，执行机关是否依法向人民法院提出减刑建议；被减刑的罪犯是否符合减刑的法定条件；监狱和人民法院减刑的程序是否符合《刑法》第79条的规定；罪犯被减刑后的刑期折抵及计算程序是否合法。

第三节　对监管改造场所执行刑罚活动的监督

对监管改造场所执行刑罚活动的监督，又称为狱内执行刑罚监督，是指人民检察院对人民法院已经发生法律效力的刑事判决、裁定交付执行机关执行，以及执行机关在刑罚执行期间有关执行的变更等活动是否合法实行的监督。其目的是切实保障人民法院的刑事判决、裁定得到正确的执行，使投入监管改造场所的犯罪

分子得到应有的惩罚和改造。人民检察院此项监督的内容是交付执行、变更执行和终止执行的活动是否合法等。

一、对刑罚交付执行的监督

对刑罚交付执行的监督，是指人民检察院对人民法院将已发生法律效力的死刑缓期二年执行、无期徒刑和有期徒刑等判决、裁定的罪犯送交监狱执行的活动是否合法，实行的法律监督。根据我国有关法律的规定，人民检察院对刑罚交付执行的监督内容主要有：

（一）交付执行的刑罚是否是已经发生法律效力的刑事判决、裁定

《刑事诉讼法》第248条规定："判决和裁定在发生法律效力后执行。"发生法律效力的判决和裁定包括：（1）已过法定期限没有上诉、抗诉的判决和裁定；（2）终审的判决和裁定；（3）最高人民法院核准的死刑的判决和高级人民法院核准的死刑缓期二年执行的判决。人民检察院依法对交付执行刑罚是否符合刑事诉讼法的规定进行监督，防止执行机关将未发生法律效力的判决、裁定交付执行刑罚，以维护法律的尊严和在押人员的合法权益不受侵害。

（二）人民法院和公安机关是否及时将已发生法律效力的刑事判决、裁定的罪犯交付监狱等刑罚执行机关执行刑罚

根据《刑事诉讼法》第253条和《监狱法》第15条的规定，人民法院对被判处死刑缓期二年执行、无期徒刑、有期徒刑的罪犯，应当将执行通知书、判决书送达羁押该罪犯的公安机关，公安机关应当自收到执行通知书、判决书之日起10日内将该罪犯送交监狱执行刑罚。对于被判处有期徒刑的罪犯，在被交付执行刑罚前，剩余刑期在3个月以下的，由看守所代为执行刑罚。对于被判处拘役的罪犯，由公安机关执行刑罚。人民法院按照法律的规定应当在判决、裁定生效后及时下达执行通知书；公安机关接到

执行通知书和判决书后必须在 10 日内将罪犯交付执行机关执行刑罚，使罪犯得到及时的惩罚和改造。

（三）人民法院和公安机关将罪犯交付执行时，法律手续、文书是否齐全

罪犯被交付执行刑罚时，交付执行的人民法院和公安机关是否将人民检察院的起诉书副本、人民法院的判决书、执行通知书、结案登记表等同时送达监狱。

（四）刑罚执行机关是否依法收押罪犯

根据刑事诉讼法和监狱法的规定，罪犯交付执行刑罚时，如果人民法院的判决、裁定已经发生法律效力，交付执行的法律手续、法律文书齐全，监狱等刑罚执行机关应当将罪犯及时予以收押，不得以任何理由拒收。但是，被判处有期徒刑的罪犯有严重疾病需要保外就医的，或是怀孕或者正在哺乳自己婴儿的妇女，以及生活不能自理，适用暂予监外执行不致危害社会的，监狱可以暂不收监执行刑罚，由人民法院决定暂予监外执行。暂不收监的情形消失后，原判刑期尚未执行完毕的罪犯，公安机关送交监狱执行刑罚时，则应予以收监执行刑罚。

二、对刑罚变更执行的监督

根据我国刑法、刑事诉讼法等有关法律的规定，被判处无期徒刑、有期徒刑、拘役、管制的罪犯，在服刑期间确有悔改表现、立功表现的，可以得到减刑；如有重大立功表现的，应当得到减刑。符合假释条件的无期徒刑和有期徒刑罪犯，还可以得到假释。如果被判处有期徒刑或拘役的罪犯符合暂予监外执行条件的，还可以得到暂予监外执行。这就是刑罚执行中的变更。减刑、假释是对人民法院原判决、裁定的变更执行，而暂予监外执行则是刑罚执行场所的变更。

（一）对减刑活动的监督

减刑是指被判处管制、拘役、有期徒刑、无期徒刑的犯罪分

子，经过一定期限的改造以后，确有悔改表现或者立功表现的，人民法院依法减轻其原判刑罚的制度。减刑导致对原判决执行的变更，对此实行监督属人民检察院执行刑罚监督的范畴。对人民法院判决在认定事实和适用法律上的错误提出抗诉的监督，则属于人民检察院审判监督的范畴。根据法律的规定，人民检察院对减刑活动监督的内容是：

1. 减刑是否符合法定的条件。即减刑是否符合《刑法》第78条、《监狱法》第29条规定的条件。根据法律及有关司法解释，确有悔改表现的，或者有立功表现的，可以减刑；有重大立功表现的，应当减刑。

（1）"确有悔改表现的"是指同时具有以下四个方面的情形：认罪服法；认真遵守监规，接受教育改造；积极参加政治、文化、技术学习；积极参加劳动，完成生产任务。

（2）"有立功表现的"是指下列情形之一的：检举、揭发监内外犯罪活动，或者提供重要的破案线索，经查证属实的；阻止他人犯罪活动的；在生产、科研中进行技术革新，成绩突出的；在抢险救灾或者排除重大事故中表现积极的；有其他有利于国家和社会的突出事迹的。

（3）"有重大立功表现的"是指下列情形之一的：阻止他人重大犯罪活动的；检举监狱内外重大犯罪活动，经查证属实的；有发明创造或者重大技术革新的；在日常生产、生活中舍己救人的；在抗御自然灾害或者排除重大事故中，有突出表现的；对国家和社会有其他重大贡献的。

人民检察院依法监督执行机关呈报罪犯减刑或者人民法院的裁定减刑活动，是否符合上述减刑的法定条件。如发现违法的，应依法提出纠正。

2. 减刑的幅度是否符合法律的规定。《刑法》第78条、第80条规定，罪犯被减刑以后实际执行的刑期，被判处管制、拘役、有期徒刑的，不能少于原判刑期的 1/2；被判处无期徒刑的，从裁定减刑之日起计算不能少于 13 年。2011 年最高人民法院通过的《关于办理减刑、假释案件具体应用法律若干问题的规定》明确规定，对有期徒刑罪犯在刑罚执行期间，符合减刑条件的减刑幅度为：

（1）有期徒刑罪犯在刑罚执行期间，符合减刑条件的，减刑幅度为：确有悔改表现，或者有立功表现的，一次减刑一般不超过一年有期徒刑；确有悔改表现并有立功表现，或者有重大立功表现的，一次减刑一般不超过二年有期徒刑。

（2）有期徒刑罪犯的减刑起始时间和间隔时间为：被判处五年以上有期徒刑的罪犯，一般在执行一年六个月以上方可减刑，两次减刑之间一般应当间隔一年以上。被判处不满五年有期徒刑的罪犯，可以比照上述规定，适当缩短起始和间隔时间。确有重大立功表现的，可以不受上述减刑起始和间隔时间的限制。有期徒刑的减刑起始时间自判决执行之日起计算。

（3）被判处十年以上有期徒刑、无期徒刑的罪犯在刑罚执行期间又犯罪，被判处有期徒刑以下刑罚的，自新罪判决确定之日起二年内一般不予减刑；新罪被判处无期徒刑的，自新罪判决确定之日起三年内一般不予减刑。

人民检察院在对人民法院裁定减刑活动的监督过程中，应按照上述规定衡量减刑幅度。

3. 减刑是否符合法定程序。《刑法》第 79 条规定："对于犯罪分子的减刑，由执行机关向中级以上人民法院提出减刑建议书。人民法院应当组成合议庭进行审理，对确有悔改或者立功事实的，裁定予以减刑。"《监狱法》第 30 条也规定："减刑建议由监狱向中级以上人民法院提出，人民法院应当自接到减刑建议书之日起一个月内予以审核裁定；案情复杂或者情况特殊的，可以延长一个月。减刑裁定的副本应当抄送人民检察院。"根据刑法和刑事诉讼法的有关规定，减刑必须符合法定的程序，非经法定程序不得减刑。人民检察院依法检察执行机关是否依法及时将符合减刑条件的罪犯向中级以上人民法院提出减刑建议书；其次，人民法院是否依法组成合议庭对此进行审理，对符合减刑条件的是否裁定予以减刑。如果不经过这一法定程序，任何机关和个人都不得以任何理由给罪犯减刑，否则，就是违法。对于违法的，人民检察院应及时依法予以纠正。

人民检察院在对减刑活动的监督中，纠正违法时应依照刑事诉讼法和监狱法的规定，对于发现监狱等刑罚执行机关违法的，应及时提出纠正意见；对于人民法院违法的，应在收到减刑裁定书副本的 10 日内提出纠正意见。

（二）对假释活动的监督

假释是对判处有期徒刑和无期徒刑的罪犯实行的一种附有条件的提前释放制度。假释与减刑一样，是变更和调整原判决、裁定的刑罚。人民检察院通过履行检察职权，对刑罚执行机关和人民法院适用假释是否符合法定条件、法定程序进行监督，如果发现违法，应依照《刑事诉讼法》第 263 条及监狱法的有关规定，对于监狱违法的，应及时提出纠正意见；对于人民法院违法的，应在收到假释裁定书之日起的 20 日内依法提出纠正意见。监督的主要内容是：

1. 适用假释是否符合法定条件和法定对象。根据《刑法》第 81 条的规定，可以假释的对象只限于被判处有期徒刑和无期徒刑的罪犯。为打击严重暴力性犯罪、维护社会稳定，刑法还规定，对累犯以及因故意杀人、爆炸、抢劫、强奸、绑架、放火、投放危险物质或者有组织的暴力性犯罪，被判处 10 年以上有期徒刑、无期徒刑的犯罪分子，不得假释。同时，刑法还规定了适用假释的条件：

（1）被判处有期徒刑的犯罪分子，执行原判刑期 1/2 以上；

被判处无期徒刑的犯罪分子，实际执行刑期 13 年以上。

（2）被判处有期徒刑和无期徒刑的罪犯必须是认真遵守监规，接受教育改造，确有悔改表现，假释后不致再危害社会的。根据最高人民法院的司法解释，"不致再危害社会"是指罪犯在刑罚执行期间一贯表现好，确有悔改，不致违法、重新犯罪的，或者是老年、身体有残疾（不含自伤自残），并丧失作案能力的。执行机关和人民法院办理假释时，必须同时具备上述条件。

人民检察院一方面对执行刑罚的监狱呈报假释是否符合法定假释的条件进行监督；另一方面，对人民法院裁定的假释是否符合假释的条件进行监督。对不符合假释条件的，要及时依法进行监督纠正。

2. 假释是否符合法定程序。根据刑法和监狱法的规定，非经法定程序不得对犯罪分子假释。符合法定假释条件的，由监狱根据考核结果向人民法院提出假释建议书。人民法院应当自收到假释建议书之日起的 1 个月内组成合议庭进行审理，对确有悔改表现或者立功事实的，裁定予以假释。案情复杂或者情况特殊的可以延长 1 个月审结。假释裁定书的副本应当抄送给人民检察院。人民检察院应当对此进行认真审查，如果发现假释活动不符合上述法定程序的，应及时依法提出纠正。

3. 假释撤销的活动是否合法。根据《刑法》第 86 条的规定，对被假释的罪犯撤销假释有三种情形：

（1）在假释考验期限内犯新罪的；

（2）发现在判决宣告以前还有其他罪没有判决的；

（3）在假释考验期内，有违反法律、行政法规等行为，尚未构成新的犯罪的。如果检察发现执行机关对于具有上述三种情形之一的犯罪分子未对其撤销假释的，应及时向执行机关提出纠正意见，督促及时依法撤销假释，并将犯罪分子收监执行未执行完毕的刑罚，以维护法律的尊严。

（三）对暂予监外执行的监督

暂予监外执行是指被判处有期徒刑或者拘役的罪犯，在刑罚执行期间由于出现了法律规定的特殊情形，不适宜继续在监管改造场所执行刑罚，对其采取的一种变通执行的方法。根据《刑事诉讼法》第 254 条的规定，暂予监外执行不涉及刑罚的种类和期限变更，只是执行场所的变更。罪犯在监外执行期间仍是在执行原判判决的刑罚，其监外执行的期限，应当计算在服刑期内。暂予监外执行由执行机关依照法律规定的条件决定。因此，被暂予监外执行的罪犯如果刑罚执行的期限未满的，暂予监外执行的情形消失之后，应当及时收回监狱或其他监管改造场所执行刑罚。

对暂予监外执行的监督是指人民检察院对执行机关适用暂予监外执行的活动是否合法，实行的法律监督。监督的内容主要有：

1. 被暂予监外执行的罪犯是否有法律规定的特殊情形，是否符合暂予监外执行的条件。根据《刑事诉讼法》第 254 条的规定，暂予监外执行的对象是被判处有期徒刑或者拘役的罪犯。暂予监外执行的罪犯必须具有下列情形之一：一是有严重疾病需要保外就医的；二是怀孕或者正在哺乳自己婴儿的妇女；三是生活不能自理，适用暂予监外执行不致再危害社会的罪犯。对被判处无期徒刑的罪犯，若是怀孕或者正在哺乳自己婴儿的妇女，可以暂予监外执行。对于适用保外就医可能有社会危害性的罪犯，或者自伤自残的罪犯，不得保外就医。

2. 办理保外就医是否有省级人民政府指定的医院检查鉴定和开具的证明文件，被保外就医的罪犯的病情是否符合法定条件。检察发现被保外就医的罪犯不符合保外就医条件的，应监督执行机关及时纠正。

3. 办理暂予监外执行的程序是否合法。根据《刑事诉讼法》第 254 条、第 256 条和《监狱法》第 26 条的规定，办理暂予监外执行的程序为：被判处有期徒刑或者拘役的罪犯如符合暂予监外执行条件，需要办理暂予监外执行的，由执行刑罚的监狱提出书面意见，报省、自治区、直辖市监狱管理机关批准。依法留在看守所服刑的罪犯的暂予监外执行，则由看守所提出意见，报主管公安机关批准。批准机关应当将批准的暂予监外执行决定通知公安机关和原判人民法院，并抄送人民检察院。人民检察院若检察发现不符合上述法定程序的，应及时向执行机关和批准暂予监外执行机关提出纠正意见。

4. 被批准暂予监外执行的罪犯的执行活动是否合法。人民检察院对罪犯暂予监外执行的执行监督内容包括：一是监狱是否及时将已经被批准暂予监外执行的罪犯交付公安机关执行，并向公安机关通报情况；二是负责执行的公安机关对暂予监外执行罪犯的管理和监督措施是否落实，对于被暂予监外执行的罪犯违法犯罪的是否及时进行侦查，并移送检察机关依法追究其刑事责任；三是负责执行的公安机关在罪犯暂予监外执行的条件消失后，是否及时通知原关押罪犯的监狱；原关押罪犯的监狱是否及时将罪犯收监执行未执行完的刑期，或给已刑满的罪犯办理释放手续。同时，对暂予监外执行的罪犯死亡的处理是否合法也要进行监督。对检察发现的违法问题，应及时向监狱或公安机关提出纠正意见。

三、刑罚终止执行活动的监督

刑罚终止执行活动的监督，是指人民检察院对执行机关在刑罚执行过程中，处理法律规定的终止执行情形时的活动是否合法，以及纠正其违法情形的一种执法活动。通过对刑罚终止执行活动的监督，维护刑罚执行的稳定性和严肃性，维护公民的合法权益。

根据刑事诉讼法和监狱法的有关规定，人民检察院对刑罚终止执行监督的主要内容有：

（一）刑罚终止执行的情形是否符合法律的规定

具体指即是否是罪犯刑期已满，或者是否是法院依法决定释放，或者是否是经国家主席宣布特赦，或者是否是被执行刑罚的罪犯已经死亡。若不是这 4 种情形之一，其他任何形式的终止刑罚执行的行为都是违法的，人民检察院都要依法予以纠正；若是故意私放罪犯的，还要依法追究有关人员的刑事责任。

（二）刑罚执行中若出现依法释放的情形，执行机关是否及时将罪犯释放，并发给释放证明书

《监狱法》第 35 条规定："罪犯服刑期满，监狱应当按期释放并发给释放证明书。"因此，人民检察院应依法检察，发现违法情形要及时予以纠正。

（三）在执行刑罚中对罪犯死亡的处理是否合法

正在执行的罪犯死亡，刑罚终止执行。我国法律对这种情形的处理作了严格的规定。根据监狱法的有关规定，人民检察院在接到监狱关于罪犯在服刑期间死亡的通知后，应及时对罪犯死亡的现场进行检查，并根据罪犯死亡性质，分别作出处理：

1. 罪犯因病死亡的，人民检察院应对监狱的医疗鉴定进行认真的检验，如有疑义的，或死亡罪犯家属对监狱作出的医疗鉴定有疑义并向人民检察院提出的，应当对罪犯死亡原因重新进行鉴定和调查。经调查后，认为罪犯家属提出的意见无理的，应予以驳回，并做好对死者家属的说服教育工作；若认为罪犯家属提出的意见有理的，则依法进行处理。

2. 罪犯非正常死亡的，人民检察院应在 24 小时内对尸体进行检验，对死亡原因作出法医鉴定，并依法进行处理。如果发现有关责任人员的行为构成犯罪的，则要依法追究有关人员的刑事责任。

四、对刑罚执行中的罪犯提出申诉、控告、检举的处理的监督

同刑事犯罪作斗争是一项极其复杂的工作，由于受多种因素的影响，冤假错案有时还难以避免。对此，我国司法机关历来遵循实事求是，不枉不纵，有错必纠的原则。在刑罚执行中，如果发现错案，就要撤销原判，终止原判刑罚的执行；如果定罪、量

刑不当，就要依法进行改判。这都涉及对刑罚的执行问题。为了保证公民的合法权益，我国法律规定罪犯有权就自己的处罚及其有关处理向人民检察院和执行机关提出申诉、控告、检举，同时，法律对如何处理这些问题，作了明确的规定，人民检察院依法对有关机关处理罪犯提出的申诉、控告、检举的活动实行监督。这项监督的内容包括：

（一）监狱等刑罚执行机关是否依法保护罪犯的申诉、控告和检举的权利

申诉、控告和检举是我国法律赋予公民的基本权利，也是罪犯依法享有的重要权利，他们在服刑中提出申诉、控告和检举时，执行机关应该予以保护，不得随意扣压或对罪犯进行打击、报复。《监狱法》第21条规定："罪犯对生效的判决不服的，可以提出申诉。"《监狱法》第23条规定："罪犯的申诉、控告、检举材料，监狱应当及时转递，不得扣压。"人民检察院通过法律监督，保障刑罚执行机关依法保护罪犯的上述合法权利。

（二）有关机关对罪犯的申诉、控告、检举是否及时进行处理

根据监狱法规定，对于罪犯的申诉、控告、检举材料，监狱应当及时转递给公安机关或者人民法院，或者人民检察院处理；公安机关和人民法院（注：人民检察院的处理待后述）接到监狱转递的申诉、控告、检举材料后，应当及时进行处理，并将处理结果通知监狱。若监狱根据罪犯的申诉认为判决可能有错误的，提请人民法院处理时，人民法院应当自收到监狱提请处理意见书之日起6个月内将结果通知监狱。人民检察院通过法律监督，促使监狱、公安机关和人民法院严格执行法律的规定，及时处理服刑罪犯的申诉、控告和检举。

（三）认真办理罪犯的申诉、控告和检举

根据法律的规定，人民检察院在履行检察职责中，发现或收到罪犯的申诉、控告和检举材料的，要严格依法进行办理。属于

自己管辖范围的，要及时进行处理，并将结果告知提出申诉、控告或检举的罪犯。对于不属于自己管辖范围的申诉、控告和检举材料，要及时转有管辖权的部门或单位处理。另外，对于监狱提请处理的申诉案件，应当及时办理，并在收到提请处理意见书之日起 6 个月内将处理结果通知监狱。

五、对监狱狱政管理和教育改造罪犯等活动的监督

监狱是国家的刑罚执行机关，监狱执行刑罚的活动除刑罚执行和刑罚的变更执行外，还应包括对罪犯的管理、教育、改造，以及对罪犯合法权益的保护等。

对监狱狱政管理和教育罪犯等活动的监督，是指人民检察院依照法律的规定，对监狱管理、惩罚、教育、改造以及罪犯生活卫生等合法权益的保障等活动是否合法实行的监督。人民检察院通过履行监督职权，纠正违法，惩罚犯罪，保障国家法律、法规在监狱的正确实施，维护监管改造秩序，保护罪犯的合法权益，促进监狱的依法文明管理，提高对罪犯改造质量。

根据有关法律的规定，人民检察院对监狱狱政管理和教育改造等活动的监督内容包括：

（一）对监狱关押管理罪犯的活动是否合法实行监督

我国《监狱法》第 39 条和第 40 条规定，监狱对成年男犯、女犯和未成年犯实行分开关押和管理，对未成年犯和女犯的改造应当照顾其生理、心理特点区别对待。监狱根据罪犯的犯罪类型、刑罚种类、刑期、改造表现、性别和年龄等情况，对罪犯实行分别关押，采取不同方式管理。监狱收押罪犯必须符合法律规定的条件和手续，这是对罪犯执行刑罚的前提。而对收押的罪犯实行依法分管分押，则是关系到维护监狱改造秩序和对罪犯进行教育改造的大事。人民检察院根据法律的规定，对罪犯关押活动的监督内容为：

1. 监狱是否按照法律的规定，对罪犯严格实行分押分管制度，对男性罪犯和女性罪犯实行分押分管，对成年罪犯和未成年罪犯实行分押分管。

2. 监狱是否根据罪犯的犯罪类型、刑罚种类、刑期、改造表现等情况，对罪犯实行分别关押，并采取不同的方式管理。

3. 监狱对女性罪犯是否实行女性人民警察的直接管理。人民检察院若检察发现监狱违反法定分押分管制度，对罪犯实行混关混押，或对女性罪犯不按规定实行女性人民警察管理的，要及时予以纠正。

（二）对监狱的警戒活动是否合法实行监督

监督的内容为：

1. 监狱是否实行了武装警戒。根据《监狱法》第 41 条的规定："监狱的武装警戒由人民武装警察部队负责。" 如果检察发现武装警戒不到位的，应向有关部门提出纠正。

2. 监狱的警戒设施是否落实。如果检察发现监狱没有按照《监狱法》第 43 条的规定设立警戒设施的，应及时向监狱提出纠正。

3. 监狱对在押罪犯脱逃的，是否及时采取有力措施进行追捕，以及是否及时通知公安机关并配合公安机关将罪犯抓捕回监。

（三）对监狱使用戒具和武器是否合法实行监督

人民检察院依法对监狱使用戒具和武器是否合法实行监督，对有下列情形之一的，应依法予以纠正：

1. 监狱使用戒具应当符合法律规定。根据《监狱法》第 45 条规定："监狱遇有下列情形之一的，可以使用戒具：（一）罪犯有脱逃行为的；（二）罪犯有使用暴力行为的；（三）罪犯正在押解途中的；（四）罪犯有其他危险行为需要采取防范措施的。前款所列情形消失后，应当停止使用戒具。"

2. 监狱人民警察和人民武装警察部队的执勤人员使用武器的行为是否合法。根据《监狱法》第 46 条规定，人民警察和人民武装警察部队的执勤人员遇有下列情形之一，非使用武器不能制止的，按照国家有关规定，可以使用武器：罪犯聚众骚乱、暴乱的；罪犯脱逃或者拒捕的；罪犯持有凶器或者其他危险物，正在行凶或者搞破坏活动，危及他人生命、财产的；劫夺罪犯的；罪犯抢夺武器的。使用武器的人员，应当按照国家有关规定及时向有关部门报告使用武器的情况。

（四）对监狱是否依法保护罪犯的合法权益实行监督

罪犯是违犯国家刑事法律，依法应受到刑罚处罚的公民，其依法享有的权利受到国家法律的保护。人民检察院监督的内容是：

1. 监狱是否依法执行罪犯会见、通信的规定；

2. 监管活动中是否有侵犯罪犯的人格、人身和合法财产权利；

3. 是否依法执行罪犯辩护、申诉、控告和检举的规定，使罪犯依法行使这些权利；

4. 监狱对罪犯的生活、卫生管理活动是否合法，是否有挪用、克扣囚粮囚款的行为，对监狱内发生的严重疾病和重大疫情是否及时采取防范措施。在检察中，若发现监狱在监管活动中有违法行为的，应及时依法提出纠正；对于监狱的违法行为已严重侵害罪犯合法权益的，则要依法追究有关人员的刑事责任。

（五）对监狱组织罪犯进行劳动、教育改造罪犯的活动是否合法实行监督

按照法律以及国家对罪犯改造工作的方针和原则，人民检察院此项法律监督的内容为：

1. 监狱是否依法对罪犯进行教育；

2. 监狱组织罪犯劳动是否有超强度、超时间的情况；

3. 组织罪犯劳动是否遵守劳动保护的规定。

（六）对未成年犯的教育改造活动是否合法实行监督

监督的内容有：

1. 监督对未成年犯是否实行单独的关押管理以及收押活动是

否合法。按照监狱法的有关规定，凡是被判处有期徒刑以上刑罚的未成年罪犯，一律应送到未成年犯管教所执行刑罚，将他们与18周岁以上的成年罪犯分押分管。

2. 监督对未成年罪犯的管理是否贯彻以教育改造为主的方针和原则。根据《监狱法》第75条的规定对未成年犯执行刑罚应当以教育改造为主。未成年犯的劳动，应当符合未成年人的特点，以学习文化和生产技能为主。监狱应当配合国家、社会、学校等教育机构，为未成年犯接受教育提供必要的条件。人民检察院在监督中要协助监狱（未成年犯管教所）做好未成年犯的教育改造工作，如检察发现监狱未严格执行以教育改造为主的方针和原则的，应当及时提出纠正意见。

第四节　对其他执行刑罚活动的监督

一、对社区矫正执行活动的监督

《刑事诉讼法》第258条规定："对被判处管制、宣告缓刑、假释或者暂予监外执行的罪犯，依法实行社区矫正，由社区矫正机构负责执行。"这一规定正式确立了社区矫正制度，明确了社区矫正的对象是管制、缓刑、假释、暂予监外执行四种罪犯，社区矫正的执行主体是社区矫正机构。社区矫正是一种非监禁刑执行方式，因此社区矫正法律监督将正式成为人民检察院监所检察部门的一项重要职责。积极参与社区矫正，加强对社区矫正执法活动的法律监督，是贯彻落实修改后刑事诉讼法的必然要求，也是检察机关参与社会管理创新的一项重要任务。2012年1月，最高人民法院、最高人民检察院、公安部、司法部《关于印发〈社区矫正实施办法〉的通知》下发，《社区矫正实施办法》第2条第3款规定："人民检察院对社区矫正各执法环节依法实行法律监督。"第37条规定："人民检察院发现社区矫正执法活动违反法律和本办法规定的，可以区别情况提出口头纠正意见、制发纠正违法通知书或者检察建议书。交付执行机关和执行机关应当及时纠正、整改，并将有关情况告知人民检察院。"

根据《社区矫正实施办法》的有关规定，并参照《人民检察院监外执行检察办法》的规定，《刑诉规则》规定了人民检察院对社区矫正实行法律监督的内容和监督方式。根据《刑诉规则》第656条的规定，人民检察院发现监狱、看守所对被裁定假释的罪犯依法应当交付罪犯居住地社区矫正机构执行社区矫正而不交付的，应当依法通知纠正。《刑诉规则》第659条规定："人民检察院依法对社区矫正执法活动进行监督，发现有下列情形之一的，应当依法向社区矫正机构提出纠正意见：

（一）没有依法接收交付执行的社区矫正人员的；

（二）违反法律规定批准社区矫正人员离开所居住的市、县，或者违反人民法院禁止令的内容批准社区矫正人员进入特定区域或者场所的；

（三）没有依法监督管理而导致社区矫正人员脱管的；

（四）社区矫正人员违反监督管理规定或者人民法院的禁止令，依法应予治安管理处罚，没有及时提请公安机关依法给予处罚的；

（五）缓刑、假释罪犯在考验期内违反法律、行政法规或者有关缓刑、假释的监督管理规定，或者违反人民法院的禁止令，依法应当撤销缓刑、假释，没有及时向人民法院提出撤销缓刑、假释建议的；

（六）对具有刑事诉讼法第二百五十七条第一款规定情形之一的暂予监外执行的罪犯，没有及时向决定或者批准暂予监外执行的机关提出收监执行建议的；

（七）对符合法定减刑条件的社区矫正人员，没有依法及时向人民法院提出减刑建议的；

（八）对社区矫正人员有殴打、体罚、虐待、侮辱人格、强迫其参加超时间或者超体力社区服务等侵犯其合法权利行为的；

（九）其他违法情形。

人民检察院发现人民法院对依法应当撤销缓刑、假释的罪犯没有依法、及时作出撤销缓刑、假释裁定，对不符合暂予监外执行条件的罪犯通过贿赂等非法手段被暂予监外执行以及在暂予监外执行期间脱逃的罪犯的执行刑期计算错误，或者有权决定、批准暂予监外执行的机关对依法应当收监执行的罪犯没有及时依法作出收监执行决定的，应当依法提出纠正意见。"

二、对剥夺政治权利的刑罚执行的监督

从 2003 年开始的社区矫正试点工作中，各地均将被剥夺政治权利的罪犯纳入社区矫正对象范围。但是，由于剥夺政治权利是一种资格刑，对被剥夺政治权利的罪犯不能采取教育矫正措施，因此修改后的刑事诉讼法没有将被剥夺政治权利的罪犯纳入社区矫正对象范围，剥夺政治权利仍然由公安机关执行。《刑事诉讼法》第 259 条规定："对被判处剥夺政治权利的罪犯，由公安机关执行。执行期满，应当由执行机关书面通知本人及其所在单位、居住地基层组织。"基于刑事诉讼法的这一规定，《刑诉规则》第657 条规定："人民检察院依法对公安机关执行剥夺政治权利的活动实行监督，发现公安机关未依法执行或者剥夺政治权利执行期满未书面通知本人及其所在单位、居住地基层组织等违法情形的，应当依法提出纠正意见。"

根据我国刑法的规定，剥夺政治权利是一种附加刑，既可以附加适用，也可以独立适用；判处管制附加剥夺政治权利的，剥夺政治权利的期限与管制的期限相等，同时执行；附加剥夺政治权利的刑期，从徒刑、拘役执行完毕之日或者从假释之日起计算，剥夺政治权利的效力当然适用于主刑执行期间。因此，对公安机关执行剥夺政治权利刑的监督，包括对公安机关执行单处剥夺政治权利以及同时执行管制附加剥夺政治权利的裁判活动的监督，也包括对罪犯徒刑、拘役的主刑执行完毕后公安机关继续执行附加剥夺政治权利的执行活动的监督。

三、对财产刑和没收违法所得执行的监督

原《刑诉规则》未明确财产刑执行和法院判决、裁定中没收违法所得执行的监督职责由哪一部门负责，导致实践中财产刑执行和没收违法所得执行的检察监督基本上处于空白状态。司法实践中，人民法院判决、裁定作出的罚金、没收财产的执行情况不到位，也不规范，特别是对并处罚金或者没收财产的生效裁判，由于受民间"打了不罚、罚了不打"思想的影响，执行效果不很理想。同时，对于生效裁判中没收违法所得的执行活动，也需要进行检察监督。因此，修订后的《刑诉规则》第658条规定："人民检察院依法对人民法院执行罚金刑、没收财产刑以及执行生效判决、裁定中没收违法所得及其他涉案财产的活动实行监督，发现人民法院有依法应当执行而不执行，执行不当，罚没的财物未及时上缴国库，或者执行活动中其他违法情形的，应当依法提出纠正意见。"

关于财产刑和没收违法所得执行的监督，需要在实践中探索监督方式、方法，人民检察院监所检察部门以及派驻监狱、看守所检察室应当重视财产刑和没收违法所得执行监督工作，加强与人民法院及其他执行机关的协调配合，确保生效裁判得到有效执行。

第五节　刑罚执行监督的程序

一、刑罚执行监督的一般程序

根据法律的规定和最高人民检察院的有关规定，对刑罚执行活动监督的一般程序，即人民检察院在对刑罚交付执行、终止执

行、收押监管、释放罪犯等活动的监督过程中，纠正违法活动的步骤、手段、法律手续和方法。

人民检察院在对刑罚执行活动的监督中，发现违法行为需要纠正的，一是要严格依法进行；二是要严格执行法定程序。纠正违法行为，应查明违法的事实和原因，区分违法行为的责任人和轻重，分别不同的违法情况提出纠正意见。

（一）对轻微违法行为的纠正程序

轻微违法行为是指刑罚执行机关在刑罚执行活动中，违反了国家的法律、法规，情节轻微，未造成后果的违法行为。对于轻微违法行为，由担负检察任务的派驻检察室或派出检察院的业务部门研究决定后，向违法机关提出口头纠正意见，并要求违法机关告知纠正结果。

（二）对严重违法行为的纠正程序

严重的违法行为是指刑罚执行机关在刑罚执行活动中，违反国家的法律、法规，情节严重并造成严重后果，但还不构成刑事犯罪的行为。对于严重的违法行为，经检察长批准后，应向违法单位或违法人员所在的单位发出《纠正违法通知书》。检察人员在检察中发现严重的违法行为，而又必须当即予以纠正的，应当向违法单位或违法人员提出纠正意见，但事后应当及时向派驻检察机构的领导或检察长报告。

如果违法单位或其主管机关对人民检察院提出的纠正违法意见不予接受，或不予答复的。人民检察院应当向违法单位的管理机关的同级人民检察院报告。上级人民检察院认为下一级人民检察院纠正违法的意见正确的，应当通知同级的监狱管理机关督促该违法单位予以纠正；认为下级人民检察院的纠正违法的意见有错误的，应当通知下级人民检察院撤销其发出的《纠正违法通知书》。

二、对刑罚变更执行的监督的程序

（一）对罪犯暂予监外执行活动的监督程序

根据刑事诉讼法有关规定，人民检察院对暂予监外执行活动监督的程序是：

1. 对监狱管理机关批准罪犯暂予监外执行的决定进行认真的审查，审查其是否符合法定条件，是否按法定程序办理。

2. 经审查认为批准罪犯暂予监外执行的决定不当的，应当在自接到批准罪犯暂予监外执行的决定书之日起 1 个月内提出书面纠正意见书。在书面纠正意见书中应写明违法的事实、理由以及纠正违法的依据，并要求告知纠正结果。

3. 将书面纠正意见书呈报给批准罪犯暂予监外执行的机关的同级人民检察院，由该人民检察院送交批准罪犯暂予监外执行的机关，并将副本抄送罪犯执行刑罚的监狱。

4. 人民检察院对批准暂予监外执行的机关未按检察机关的书面纠正意见，立即对其决定进行重新核查的，应依法提出纠正意见，并对重新核查后作出的结论是否合法进行监督。

（二）对罪犯减刑、假释活动监督的程序

对人民法院裁定罪犯减刑、假释的活动是否合法的监督，由担负该罪犯所在监管改造场所检察任务的人民检察院负责。作出减刑、假释的人民法院将裁定书副本送达人民检察院后，人民检察院应及时组织人员进行审查。经审查，认为减刑、假释的裁定不当的，应当在收到裁定书副本之日起的 20 日以内，向作出减刑、假释裁定的人民法院的同级人民检察院呈报按照刑事诉讼法的有关规定向人民法院提出书面纠正意见。人民检察院的这一纠正意见书具有引起人民法院对减刑、假释裁定重新组成合议庭审理的效力。人民法院应当在收到人民检察院的纠正意见书后的 1 个月内重新组成合议庭进行审理，并作出最终裁定。

三、对刑罚执行监督中的办案程序

（一）承办自侦案件的程序

人民检察院在对刑罚执行活动的监督中，若发现有司法、监管人员的贪污、贿赂、侵权、渎职等属于检察机关管辖的职务犯罪案件线索时，应报告检察长批准后方可进行初查；对于经过初查需要立案侦查的，应制作《立案决定书》报请检察长批准后方可进行侦查。对于经过侦查，需要逮捕的，移送检察院负责审查批准逮捕的部门审查决定；侦查终结后，要提出起诉或不起诉的意见，移送检察院负责审查起诉的部门审查决定。在侦查中，发现依法应当撤销的案件，应报请检察长或检察委员会研究决定。

人民检察院在刑罚执行活动的监督中，若发现人民武装警察部队的执勤人员在监管改造场所执勤时的犯罪案件，应移送有管辖权的人民检察院处理，并要求他们告知办理结果。

（二）审查批准逮捕、审查起诉刑事案件的程序

人民检察院对监管改造机关移送的服刑罪犯又犯罪案件，依法审查批准逮捕、起诉或不起诉；对决定起诉的案件，出庭支持公诉。

1. 办理批准逮捕案件执行刑事诉讼法规定的程序。办理罪犯在服刑期间又犯罪的案件时，若该罪犯原判刑期已满，应当向本人宣布服刑期已满并按期释放。但是，该罪犯所犯新罪有证据证明可能被判处徒刑以上刑罚的，可在释放的同时依法予以逮捕。案件正在侦查阶段的，由执行机关提请人民检察院批准逮捕；正在审查起诉的，由人民检察院决定逮捕。

2. 办理刑罚执行机关侦查终结后移送起诉的案件时，属于基层人民法院管辖的一审案件，向对案件有管辖权的县（市、区）人民法院起诉；属于中级人民法院管辖的一审案件，应当报请对案件有管辖权的检察分院或市、州一级的人民检察院向有管辖权的中级人民法院审查起诉。

3. 在刑罚执行监督中发现罪犯在判决时所没有发现的罪行，执行机关移送给担负检察任务的人民检察院处理时，该人民检察院应当及时进行审查。如果案件不属于自己管辖的，受理审查的人民检察院应当将案件移送给罪犯原审地的人民检察院处理。原审地的人民检察院根据管辖分工，向有管辖权人民法院提起公诉。

具有管辖权的人民检察院如果认为由本院处理更为适宜的，按照管辖分工，向对本案有管辖权的人民法院提起公诉。

4. 对于服刑罪犯在脱逃期间又犯罪的，如果在犯罪地被捕获并被发现的，由犯罪地人民检察院负责审查起诉；如果是被缉捕押解回刑罚执行场所后发现的，由担负罪犯服刑地刑罚执行场所检察任务的人民检察院负责审查起诉。

5. 在办理罪犯在服刑期间又犯罪的批准逮捕、审查起诉案件时，若检察发现侦查机关或审判机关的执法活动违法，应按照刑事诉讼法规定的程序予以纠正。对于构成犯罪的，则要依法立案侦查，追究有关人员的刑事责任。

（三）承办申诉、控告案件的程序

1. 对刑罚执行机关提请人民检察院处理的罪犯的申诉案件，担负该刑罚执行场所检察任务的人民检察院应当自接到监狱提请处理意见书之日起的 6 个月内将办理结果通知该刑罚执行机关。

2. 对于罪犯及其法定代理人、近亲属向人民检察院提出的控告、检举材料，受理的人民检察院按照管辖分工自行查办或转请有管辖权的机关处理。由刑罚执行机关转来的控告、检举材料，应及时处理，并将处理结果通知刑罚执行机关。

3. 属于人民检察院管辖的控告、检举案件的线索，经查证属实构成犯罪的，则按照前述承办自侦案件的程序办理。经立案侦查，对于不构成犯罪的违法行为，应提出处理意见，移送有关部门处理；如果构成犯罪的，侦查终结后移送审查起诉部门处理；如属于控告、检举人诬告陷害他人，构成犯罪的，应依法转请有管辖权的机关处理。

第六节　刑罚执行监督的方法

人民检察院对刑罚执行活动监督的方法，是指人民检察院针对刑罚执行活动是否合法而开展的法律监督工作的基本途径和方式。根据有关法律和最高人民检察院的有关规定，以及人民检察院开展此项法律监督工作的实践，人民检察院对刑罚执行活动监督的主要方法如下：

一、派驻检察

派驻检察即为履行对刑罚执行活动的监督职权，人民检察院依法在刑罚执行场所设置专门的检察机构，全面地履行法律监督职责，保障国家法律、法规在监管改造场所的正确实施。这种派驻检察的方式是我国检察机关特有的并被实践证明有效的监督方式。其形式有：

（一）建立派驻检察院

即人民检察院在大型监狱，或在监狱比较集中的地区，设置派出检察院；在边远地区的监狱虽不属大型监狱，但因工作需要，也可设置派出检察院。派出检察院依法行使县一级人民检察院的职权，设立检察委员会及相应的业务科室。对于派出检察院担负监督的监狱比较分散的，派出检察院还应向所担负管辖任务的各监狱派驻检察室。对于检察中发现依法应有人民检察院作出决定的事项，必须报请派出检察院检察长或检察委员会决定。目前，全国有82个派出检察院，已全面承担起了所驻监管场所的刑罚执行监督任务。

（二）派驻检察室

即对不需要建立派出检察院的监狱，依法设置派驻检察室，承担起人民检察院对监管改造场所实行法律监督的各项任务。对依法应有人民检察院作出决定的事项，必须报请派出它的人民检察院检察长或检察委员会决定。目前，全国有近 4000 个派驻检察室，对刑罚执行监督起到了积极的作用。

二、实行"三化"检察

"三化"检察是指人民检察院在对刑罚执行活动的监督实行经常化、制度化和规范化。"三化"检察是我国检察机关对刑罚执行活动实施检察的最为有效的方法和途径之一，有力地推动了人民检察院此项监督任务的开展。首先，通过"三化"检察，把每一项监督职责进行一定程度的量化，从检察的内容到检察的时间，都有具体的标准和要求，使人民检察院对刑罚执行活动的监督由"软"任务变为"硬"指标。其次，通过实行"三化"检察，建立起一套切实可行的工作制度，避免了工作中的随意性和盲目性。如按"三化"的要求，建立岗位责任制，使每一个担负此项监督任务的检察人员或机构职责明确、任务具体；建立起一套工作联系制度，使检察机关与刑罚执行机关经常互通情况，交换意见，有利于各项业务工作的开展；建立了各项检察业务登记制度，为一个阶段的工作总结和制订下一个工作计划提供了可靠的依据；建立起请示报告制度，保持了上下信息沟通，便于上级业务部门加强业务指导。最后，通过实行"三化"检察，把人民检察院对刑罚执行活动的监督工作进行合理的量化、细化，在此基础上制定考核评比制度，有利于激发检察人员搞好此项工作的积极性，以推动此项工作的深入开展，特别是保证了派驻检察的时间和工作任务的落实，使工作质量得到提高和保证。

三、办案

办案是法律赋予检察机关的最主要和最有效的监督手段，亦是人民检察院对刑罚执行活动监督的最有效手段。因此，人民检察院在对刑罚执行活动的监督中要把办案与执法监督紧密地结合起来，把办案作为加强法律监督的最有效手段，以狠抓办案来推动各项执法监督工作的全面开展。具体方法如下：

1. 通过刑罚执行监督，发现监管司法人员利用刑罚执行的职务之便实施的各类违法、犯罪线索。对于违法的应及时地进行纠正，而对于严重违法构成犯罪的则要依法立案侦查，追究有关责任人的刑事责任。

2. 通过查办监管司法人员利用刑罚执行和监管被监管人的职务之便实施的各类犯罪案件，及时惩罚和打击犯罪，并发现和纠正深层次的严重的违法行为，从而加大执法监督的力度，保证执法监督的效果。

3. 对于检察发现的被监管人员的犯罪案件，要通过办案手段，协同有关部门及时地予以打击，使罪犯得到及时的惩罚和打击，以维护监管改造场所秩序的稳定。

4. 通过办理被监管人员的申诉、控告和检举案件，既保护被监管人员的合法权益，又可以从中发现刑罚执行活动中的违法问题，并依法进行纠正。

因此，把执法监督和办案紧密地结合起来，从纠正违法中挖出犯罪线索，又从查处犯罪中发现和纠正刑罚执行活动中深层次的违法问题，从而使人民检察院对刑罚执行监督工作取得良好的效果。

思考题：

一、简述对刑罚执行监督的内容。

二、针对刑罚执行活动中的不同违法情形，应分别采取何种纠正程序？

第九章　　其他刑事诉讼活动监督

第一节　　死刑复核法律监督

一、死刑复核法律监督制度概述

关于最高人民检察院能否对最高人民法院的死刑复核活动进行法律监督，由于修改前的刑事诉讼法没有明确规定，导致在司法实务界和法学理论界存在较大争议，形成了两种不同观点。一种观点认为，最高人民法院的死刑复核活动是一种类似于行政审批活动的一种特殊诉讼程序，与公诉案件的一审、二审程序完全不同，且人民检察院在一审、二审中已经充分表达了对案件事实认定、法律适用、定罪量刑的检察意见，因此，最高人民检察院没有必要对死刑复核活动进行监督。另一种观点认为，根据《刑事诉讼法》第 8 条"人民检察院依法对刑事诉讼实行法律监督"的原则性规定，既然死刑复核活动属于刑事诉讼活动的范畴，那么最高人民检察院对死刑复核活动实行法律监督是有充分法律依据的，且死刑复核活动中也可能存在裁定错误、复核活动违法的可能，因此，对死刑复核活动进行法律监督也是非常必要的。随着研究和讨论的深入，死刑复核法律监督必要性、合理性的观点逐渐被司法实务界和法学理论界所接受，并且被中央层面和最高立法机关认可。根据中央关于司法体制和工作机制改革文件的相关规定，《刑事诉讼法》第 240 条第 2 款规定："在复核死刑案件过程中，最高人民检察院可以向最高人民法院提出意见。最高人民法院应当将死刑复核结果通报最高人民检察院。"通过这一规定，法律正式确立了死刑复核法律监督制度。

二、死刑复核法律监督的理解与适用

（一）关于死刑复核法律监督的职权和职能部门

《刑诉规则》第 602 条规定："最高人民检察院依法对最高人民法院的死刑复核活动实行法律监督。"这一条文明确了死刑复核法律监督的主体是最高人民检察院，监督的对象是最高人民法院，监督的内容是最高人民法院的死刑复核活动。

《刑诉规则》第 603 条规定："最高人民检察院死刑复核检察部门负责承办死刑复核法律监督工作。"这一条文明确了死刑复核法律监督的职能部门是最高人民检察院内设的死刑复核检察部门。2012 年，根据中央机构编制委员会办公室的正式批复，最高人民检察院设立了死刑复核检察厅，作为最高人民检察院的一个内设职能部门，具体负责死刑复核法律监督工作。

（二）关于提出死刑复核法律监督检察意见的情形

《刑诉规则》第 604 条规定了最高人民检察院对死刑复核案件进行法律监督时应当向最高人民法院提出检察意见的几种情形。最高人民检察院发现在死刑复核期间的案件具有下列情形之一，经审查认为确有必要的，应当向最高人民法院提出意见：（1）认为死刑二审裁判确有错误，依法不应当核准死刑的；（2）发现新情况、新证据，可能影响被告人定罪量刑的；（3）严重违反法律规定的诉讼程序，可能影响公正审判的；（4）司法工作人员在办理案件时，有贪污受贿、徇私舞弊、枉法裁判等行为的；（5）其他需要提出意见的。根据这一规定，死刑复核法律监督的内容既包括案件实体问题，也包括案件程序问题及审判人员的违法问题。最高人民检察院在死刑复核法律监督过程中，无论是主动发现，还是接受当事人一方的申请或者根据省级检察院上报的有关情况，发现存在上述情形之一的，均应当依法向最高人民法院提出意见，如果没有发现上述情形的，则不需要提出意见。最高人民检察院提出检察意见的时间应当是在最高人民法院死刑复核期间，最高人民法院的裁判文书下发之前。因为在最高人民法院裁判文书下发前提出检察意见，作为一种事前监督，可以在一定程度上预防最高人民法院作出错误的复核裁定，避免出现最高人民法院作出错误的复核裁定后出现监督滞后和纠正困难的问题，有利于维护最高人民法院死刑复核结果的公正性和权威性。

（三）关于死刑复核法律监督案件信息的来源和途径

最高人民检察院死刑复核法律监督案件有三个来源和途径，它们分别是：

1. 省级检察院认为死刑二审裁判确有错误或者严重违反法定审判程序而提请最高人民检察院监督的案件。《刑诉规则》第606条规定："省级人民检察院对于进入最高人民法院死刑复核程序的下列案件，应当制作提请监督报告并连同案件有关材料及时报送最高人民检察院：（一）案件事实不清、证据不足，依法应当发回重新审判，高级人民法院二审裁定维持死刑立即执行确有错误的；（二）被告人具有从轻、减轻处罚情节，依法不应当判处死刑，高级人民法院二审裁定维持死刑立即执行确有错误的；（三）严重违反法律规定的诉讼程序，可能影响公正审判的；（四）最高人民法院受理案件后一年以内未能审结的；（五）最高人民法院不核准死刑发回重审不当的；（六）其他需要监督的情形。"省级检察院需要提请最高人民检察院监督的死刑复核案件，第一、二种属于案件实体错误的，第三种属于程序严重违法的，第四种是复核时间过长可能存在问题的，第五种属于不核准死刑裁定不当的。

2. 省级检察院发现可能影响死刑适用的新证据材料需报告最高人民检察院的案件。《刑诉规则》第607条规定："省级人民检察院发现死刑复核案件被告人自首、立功、达成赔偿协议取得被害方谅解等新的证据材料和有关情况，可能影响死刑适用的，应当及时向最高人民检察院报告。"省级检察院发现可能影响被告人适用死刑的新证据材料，有义务及时向最高人民检察院报告，这也可以引起最高人民检察院启动死刑复核法律监督程序。

3. 最高人民检察院直接受理的当事人及其近亲属或者委托律师不服死刑裁判的申诉案件。《刑诉规则》第608条规定："死刑复核期间当事人及其近亲属或者受委托的律师向最高人民检察院提出的不服死刑裁判的申诉，由最高人民检察院死刑复核检察部门审查。"根据这一规定，最高人民检察院可以直接受理当事人及其近亲属或者委托律师提出的不服死刑裁判的申诉案件，当事人一方的申请也可以引起最高人民检察院死刑复核法律监督程序的启动。

（四）关于死刑复核监督案件的审查方式和办案时限

最高人民检察院死刑复核检察部门审查死刑复核监督案件有三种方式：一是书面审查最高人民法院移送的材料、省级人民检察院报送的相关案件材料、当事人及其近亲属或者受委托的律师提交的申诉材料。最高人民法院在死刑复核过程中，发现有可能影响死刑适用的证据材料，需要检察机关补充侦查的，也可以将有关材料移送最高人民检察院。二是听取原承办案件的省级人民检察院的意见，也可以要求省级人民检察院报送相关案件材料。三是必要时可以审阅案卷、讯问被告人、复核主要证据。当然，关于最高人民检察院如何阅卷和复核主要证据，需要和最高人民法院协商确定。

最高人民检察院对于受理的死刑复核监督案件，应当在1个月以内作出决定；因案件重大、疑难、复杂，需要延长审查期限的，应当报请检察长批准，适当延长办理期限。由于最高人民法院复核死刑案件虽然法律没有规定期限，但是其内部一般也有一定的期限限制，时间不可能过长，而最高人民检察院向最高人民法院提出检察意见，一般应当在死刑复核期间、复核裁定下发前，因此《刑诉规则》原则上规定了死刑复核监督案件的办案期限一般应为 1 个月，特殊情况可以适当延长。

（五）关于死刑复核监督案件的办理程序

最高人民检察院死刑复核检察部门拟就死刑复核案件提出检察意见的，应当报请检察长或者检察委员会决定，即检察长可以直接决定是否提出检察意见，如果检察长认为案件重大、疑难、复杂的，可以将案件提交检察委员会讨论决定。检察委员会讨论死刑复核案件时，可以通知原承办案件的省级人民检察院有关检察人员列席。由于最高人民检察院检察委员会讨论案件时，可能需要听取有关省级检察院的意见，了解有关案件情况，因此原承办案件的省级检察院有关检察人员列席是必要的。这里的检察人员可能是有关省级检察院的检察长、副检察长、公诉部门的负责人或者承办案件的检察官。最高人民检察院可以根据需要确定，并提前通知省级检察院有关检察人员届时列席。

最高人民检察院对于死刑复核监督案件，经审查认为确有必要向最高人民法院提出检察意见的，应当以《死刑复核案件意见书》的形式提出。死刑复核案件意见书应当提出明确意见或建议，并说明理由和法律依据。

对于最高人民检察院提出应当核准死刑意见的案件，最高人民法院经审查仍拟不核准死刑，决定将案件提交审判委员会会议讨论并通知最高人民检察院派员列席的，最高人民检察院检察长或者受检察长委托的副检察长应当列席审判委员会会议。列席最高人民法院审判委员会会议的检察长或副检察长可以旁听会议讨论，也可以代表最高人民检察院发表检察意见，这也是开展死刑复核监督的一种途径。

第二节　羁押和办案期限监督

刑事诉讼中的羁押和办案期限贯穿于刑事案件的侦查、审查起诉、一审、二审等各个诉讼阶段。"羁押和办案期限监督"一节的主要内容包括：关于羁押期限和办案期限监督的内部职责分工；羁押必要性审查制度；检察机关内部纠防超期羁押的协作配合与监督制约机制；对看守所羁押期限管理活动的监督；对公安机关羁押期限执行活动的监督；对人民法院审理期限执行活动的监督；对超期羁押的纠正程序和责任追究制度等。

一、关于羁押和办案期限监督的内部职责分工

人民检察院对公安机关、人民法院包括自身办理案件的羁押期限和办案期限是否合法进行的监督，贯穿于刑事诉讼活动的始终，从公安机关或者人民检察院立案侦查时起，至人民法院裁判生效时止，包括对刑事拘留期限、侦查羁押期限、审查起诉期限、审判期限的监督。羁押期限和办案期限监督的职责，应当在检察机关内部有关业务部门之间进行合理分工，才能使得这一监督职责发挥作用，取得良好的监督效果。鉴于此，《刑诉规则》第615条根据检察实践的需要，区别三种情形，对羁押期限和办案期限监督的职责作出了合理分工：（1）对公安机关、人民法院办理的案件，犯罪嫌疑人、被告人被羁押的，对羁押期限和办案期限的监督由人民检察院监所检察部门负责。（2）对公安机关、人民法院办理的案件，犯罪嫌疑人、被告人未被羁押的，对办案期限的监督由人民检察院侦查监督部门或者公诉部门负责，即侦查阶段由侦查监督部门负责，审判阶段由公诉部门负责。（3）对人民检察院办理案件的羁押期限和办案期限的监督，不论犯罪嫌疑人是否在押，均由本院案件管理部门负责。

羁押期限监督历来是监所检察部门看守所检察工作的重点，

多年来监所检察部门在预防和纠正超期羁押、久押不决案件方面做出了很大成绩，也积累了丰富的监督经验。考虑到监所检察部门一般只掌握被羁押在看守所的犯罪嫌疑人、被告人的羁押期限和办案期限情况，而不掌握未被羁押的犯罪嫌疑人、被告人的办案期限情况，同时由案件管理部门监督管理检察机关办理案件的羁押期限更为妥当，因此《刑诉规则》规定由监所检察部门负责对公安机关和人民法院办理案件的羁押期限监督是合理和必要的。从 2013 年起，监所检察部门的职责就是对公安机关和人民法院办理案件的羁押期限进行监督，同时对看守所的羁押期限管理活动进行监督，而对检察机关自身办理案件的羁押期限的监督职责则改由本院案件管理部门负责。

对于没有被拘留、逮捕或者被取保候审、监视居住的犯罪嫌疑人、被告人，对他们的侦查、审查起诉和审判活动也要依照法定的办案期限进行，因此也需要检察机关对办案期限进行监督。由于人民检察院侦查监督部门和公诉部门分别负责侦查活动监督和审判活动监督的职责，因此对于未被羁押的犯罪嫌疑人、被告人，对公安机关侦查阶段办案期限的监督，应当由侦查监督部门负责；对人民法院审判阶段办案期限的监督，应当由公诉部门负责；而对公诉部门审查起诉期限的监督，则应当由本院案件管理部门负责。

根据最高人民检察院的规定，各级检察院应当设立案件管理部门，负责对检察机关自身办案活动包括办案期限进行监督、管理，即对侦查部门侦查期限、公诉部门审查起诉期限以及侦查监督部门审查批准逮捕期限的监督由案件管理部门负责。《刑诉规则》第 628 条规定："对人民检察院办理的直接受理立案侦查案件或者审查逮捕、审查起诉案件，在犯罪嫌疑人侦查羁押期限、办案期限届满前，案件管理部门应当依照有关规定向本院侦查部门、侦查监督部门或者公诉部门进行期限届满提示。发现办案部门办理案件超过规定期限的,应当依照有关规定提出纠正意见。"根据这一规定,案件管理部门负责检察机关内部办案期限和羁押期限的监督,应当承担两项职责:一是羁押或者办案期限即将届满前的预警提示。在犯罪嫌疑人侦查期限、审查逮捕期限、审查起诉期限届满前,案件管理部门应当通知提示本院侦查部门、侦查监督部门或者公诉部门羁押期限、办案期限即将届满。二是对超过法定羁押期限或者办案期限的纠正。即发现侦查部门、侦查监督部门或者公诉部门办理案件超过法定羁押或者办案期限的,应当向该办案部门提出纠正意见。

二、关于羁押必要性审查制度规定的理解和适用

羁押,是犯罪嫌疑人、被告人在人民法院生效裁判作出前被暂时剥夺人身自由的一种状态,它不是一种法定的刑事强制措施,而是刑事拘留和逮捕适用的一种法定后果和当然状态。羁押的功能有二:一是保障刑事诉讼活动的顺利进行。即保证犯罪嫌疑人、被告人在侦查、审查起诉和审判时能够随时到案;防止其实施毁灭、伪造证据、干扰证人作证或者串供等干扰刑事诉讼活动的行为。二是防止犯罪嫌疑人、被告人再次危害社会,重新实施违法犯罪行为。另外,从实际法律后果看,羁押还具有刑罚预支的后果,体现为羁押时间可以折抵刑期。基于无罪推定原则,有关国际公约、世界上大多数国家和地区都确立了以保释为主、羁押为辅的审前羁押制度。如《联合国非拘禁措施最低限度标准规则》明确规定,"审前拘留应作为刑事诉讼程序的最后手段加以使用"。我国没有独立的羁押制度,羁押附随于侦查、审查起诉和一审、二审乃至死刑复核程序,而且缺乏有效的司法救济制度。加之我国司法机关及其工作人员受传统的重打击犯罪、轻保护人权观念,有罪推定的惯性思维,以及为了规避因对犯罪嫌疑人、被告人采取非羁押措施后其不到案或者重新违法犯罪而可能承担的责任等思想的影响,导致实践中出现"构罪即捕"、羁押期限和办案期限不分、一押到底、看守所羁押率居高不下、人满为患等问题。这种状况既不符合"国家尊重和保障人权"的宪法原则，也不符合"未经人民法院依法判决对任何人都不得确定有罪"的原则，而且侵犯犯罪嫌疑人、被告人的人权，也增加了国家的司法成本等。为了改变目前羁押率过高的状况，充分保障犯罪嫌疑人、被告人的人权，增加对被羁押人的司法救济途径，《刑事诉讼法》第93条规定："犯罪嫌疑人、被告人被逮捕后，人民检察院仍应当对羁押的必要性进行审查。对不需要继续羁押的，应当建议予以释放或者变更强制措施。有关机关应当在十日以内将处理情况通知人民检察院。"这一条文正式确立了中国特色的羁押必要性审查制度，这也是2012年刑事诉讼法修改的亮点之一。

羁押必要性审查制度的确立具有十分重要的意义：一是有利于充分保障犯罪嫌疑人、被告人的合法权益，主要是保护其不被不合法及不正当羁押的权利。二是有利于改变我国羁押率居高不下的局面，节约国家的司法成本和资源。三是有利于更好地贯彻落实宽严相济刑事司法政策，也是检察机关参与加强和创新社会管理工作的重要举措。宽严相济刑事司法政策要求对犯罪嫌疑人、被告人可羁押可不羁押的尽量不予羁押。通过羁押必要性审查制度减少羁押量，对于被释放或者变更强制措施的犯罪嫌疑人、被告人来说，他们及其亲属会感激国家和司法机关，减少公民与国家之间的对抗，促进社会和谐，体现检察机关执法的理性、平和、文明；同时，也可以减少犯罪嫌疑人、被告人在看守所的交叉感染，减少他们将来重新违法犯罪的概率。

从理论上讲，羁押必要性审查有广义和狭义之分。《刑事诉讼法》第94条、第95条等条文的规定也包含有关办案机关应当承担审查羁押必要性的职责，包括：办案机关根据被羁押的犯罪嫌疑人、被告人及其法定代理人、近亲属或者辩护人变更强制措施的申请，决定是否同意变更强制措施时；办案机关发现采取逮捕措施不当而审查决定撤销或者变更时；人民检察院审查批准是否逮捕以及审查批准是否延长侦查羁押期限时；人民法院决定逮捕时。因为公安机关、人民检察院、人民法院在决定是否变更强制措施、是否批准或者撤销逮捕、是否批准延长侦查羁押期限、是否逮捕时，也要对是否有必要羁押犯罪嫌疑人、被告人进行审查。上述情况下的羁押必要性审查可称为广义的羁押必要性审查。而《刑事诉讼法》第 93 条规定的羁押必要性审查，即逮捕后的羁押必要性审查，可称为狭义的羁押必要性审查。仅就检察机关而言，羁押必要性审查包括基于诉讼职能的羁押必要性审查和基于诉讼监督职能的羁押必要性审查。人民检察院决定是否批准或者撤销逮捕、是否批准延长侦查羁押期限，在侦查期间和审查起诉期间主动发现或者根据犯罪嫌疑人、被告人及其法定代理人、近亲属或者辩护人变更强制措施的申请，发现对犯罪嫌疑人采取逮捕措施不当而予以撤销或者变更，或者直接决定予以释放或者变更强制措施等，都需要进行羁押必要性审查。只是这种审查是人民检察院办案部门基于诉讼职能所进行的羁押必要性审查，审查的结果体现为是否羁押或者予以释放、变更强制措施的实体决定权。如根据《刑诉规则》第 363 条第 10 项的规定，公诉部门在审查移送起诉的案件时，应当查明采取的强制措施是否适当，对于已经逮捕的犯罪嫌疑人有无继续羁押的必要。如果公诉部门经过审查，发现被逮捕的犯罪嫌疑人没有继续羁押的必要性，应当直接报经检察长批准予以释放或者变更强制措施。而《刑事诉讼法》第 93 条规定的羁押必要性审查是一种基于诉讼监督职能的羁押必要性审查，审查的结果是一种建议，即向办案机关（部门）提出予以释放或者变更强制措施的建议，体现诉讼监督性质。《刑诉规则》第 616 条至第 621 条规定的羁押必要性审查制度，即是狭义的羁押必要性审查。

由于羁押必要性审查是一种新制度，对于检察机关而言是一项全新的检察职责，因此，为了增加该制度的可操作性，最高人民检察院根据刑事诉讼法的规定以及此前部分地方检察院开展羁押必要性审查改革试点的经验做法，在《刑诉规则》中对羁押必要性审查制度作了细化规定，以便解决谁来审查、审查什么、如何审查等问题。

（一）关于羁押必要性审查的职责分工

在《刑诉规则》修订过程中，关于羁押必要性审查职责在检察机关内部各业务部门之间如何进行合理分工，即由哪个部门具体履行羁押必要性审查职责，存在较大分歧。主要有三种意见：

第一种意见认为应由侦查监督部门负责侦查阶段的羁押必要性审查。其主要理由是：一是符合侦查监督部门的职能定位。羁押犯罪嫌疑人属于侦查活动的内容，羁押必要性审查是对侦查活动的监督，由侦查监督部门负责羁押必要性审查符合其职能定位。二是符合办案实际情况。犯罪嫌疑人从批捕到延长侦查羁押期限都由侦查监督部门负责，其对案件情况比较了解，对适用强制措施的原因、案件证据情况、侦查进展情况等掌握较为全面，从而对羁押必要性的判断也较为敏锐、准确，实际工作中也更容易得到侦查机关的配合。三是有利于避免办案冲突。如果监所检察部门进行羁押必要性审查，而侦查监督部门又在审查是否延长侦查羁押期限，容易造成冲突或者结论矛盾。四是侦查监督部门统一负责批捕、羁押必要性审查和审批延押，一个窗口对应侦查机关，可以防止多头与侦查机关打交道，意见不统一，妨害侦查活动正常进行。此外，还有的同志认为羁押必要性审查是审查批准逮捕职能的延续。

第二种意见认为应当由公诉部门负责羁押必要性审查。理由是：羁押必要性审查主要由案情决定，公诉部门有主动获得相关案件信息的职权和便利条件，它对案件的事实、性质、情节、犯罪嫌疑人、被告人的个人情况等掌握最为全面。一般情况下，只有在侦查终结后才有必要对是否继续羁押进行评估，而侦查终结即进入公诉环节，因此公诉部门负责审查更为合适。但是，这种观点明显不符合《刑事诉讼法》第 93 条规定的立法原意，混淆了广义和狭义的羁押必要性审查职责。因为公诉部门在审查起诉阶段对所有案件的犯罪嫌疑人都有直接决定释放或者变更强制措施的职权，而不是建议其他办案机关释放或者变更强制措施。

第三种意见认为应当由监所检察部门负责羁押必要性审查。其理由是：一是羁押必要性审查由相对超脱、中立的监所检察部门负责，符合《刑事诉讼法》第 93 条的立法原意。羁押既不属于侦查活动，也不属于审查起诉活动和审判活动，它是保障和服务于侦查、起诉和审判等刑事诉讼活动的。严格意义上讲，羁押必要性审查既不属于侦查活动监督的范畴，也不属于审判活动监督监督的范畴，而是属于刑事强制措施执行监督的范畴，是被羁押人的一种权利救济渠道。在羁押必要性审查方面，监所检察部门与侦查监督部门相比较而言，相对中立、超脱。因为被羁押的犯罪嫌疑人、被告人都是由侦查监督部门批准逮捕的，再由侦查监督部门对捕后羁押必要性进行审查，相对来说其缺乏中立性。二是羁押必要性审查具有诉讼监督的性质，审查的结果是一种建议权，体现了人民检察院的诉讼监督职能。羁押必要性审查实质上是对逮捕强制措施是否要变更执行的监督，属于羁押期限监督的范畴。如果侦查监督部门在行使批捕这一诉讼职权之后，再由其对自己批捕的决定进行监督，则不符合人民检察院内部诉讼职能和诉讼监督职能相对分离、优化配置的规律和要求。三是监所检察部门在了解逮捕后羁押必要性案情方面较侦查监督部门、公诉部门更有优势和便利条件。羁押必要性审查涉及逮捕前的案情和逮捕后的案情。逮捕前的案情是证明存在犯罪事实、有无逮捕必要性的案件事实和证据。对此，监所检察部门可以通过讯问在押的犯罪嫌疑人、被告人，利用检察机关内部办案信息共享机制以及驻所检察室与看守所的执法信息联网等途径获取相关案情信息。逮捕后案情则是逮捕后新发生或者新发现的诸如侦查取证是否完毕，犯罪嫌疑人、被告人是否有坦白、自首、立功、积极赔偿和悔罪等情节，是否具备取保候审和监视居住的条件等情况。对上述案情，派驻看守所检察人员可以通过日常检察掌握犯罪嫌疑人、被告人的羁押表现，直接向犯罪嫌疑人、被告人询问了解相关案情，向到看守所提讯的侦查人员了解侦查取证进展情况等多种途径了解。四是监所检察部门承担羁押必要性审查职责，可以对侦查监督部门的批捕活动、公诉部门的审查起诉活动起到一定的内部监督制约作用。监所检察部门通过继续羁押必要性审查，可能会发现一些错误或者不当的逮捕案件，有利于促进提高批捕、延押的质量，同时也可以促进侦查监督部门、侦查部门、公诉部门依法审慎地行使逮捕决定或者变更强制措施职权。五是羁押必要性审查的全程性决定了该职责宜由一个部门负责，而不宜由几个部门分散负责。羁押必要性审查工作贯穿于犯罪嫌疑人从被逮捕之日起至法院判决前的全过程。监所检察部门对犯罪嫌疑人、被告人的羁押执行活动和羁押期限负有全程监督的职责，由其负责羁押必要性审查，则可以保持工作的连贯性和全程性。如由几个部门分阶段行使羁押必要性审查职责，会导致职责分散，容易产生相互推诿、谁都负责最后谁都不负责的情形。六是由监所检察部门负责羁押必要性审查不会在检察机关内部出现办案冲突。检察机关内部可能出现的冲突可以通过设置必要的内部沟通协调工作机制和程序加以避免，如监所检察部门在羁押必要性审查后，认为应当建议公安机关或者人民法院予以释放或者变更强制措施的，在发出书面建议前，应当先征求侦查监督部门或者公诉部门的意见，当意见不一致时，应当报请检察长决定是否向办案机关提出释放或变更强制措施的建议。七是从开展羁押必要性审查改革试点的实践和效果看，由监所检察部门负责羁押必要性审查是可行的，效果也是不错的。

　　最高人民检察院充分考虑和权衡了上述意见和其他因素，通过《刑诉规则》第 617 条确定了检察机关内部羁押必要性审查的职责分工，即侦查阶段的羁押必要性审查由侦查监督部门负责；审判阶段的羁押必要性审查由公诉部门负责。监所检察部门在监所检察工作中发现不需要继续羁押的，可以提出释放犯罪嫌疑人、被告人或者变更强制措施的建议。

　　根据《刑诉规则》第 617 条的规定，侦查监督部门负责侦查阶段的羁押必要性审查，发现不需要继续羁押犯罪嫌疑人的，应当建议公安机关或者人民检察院侦查部门予以释放或者变更强制措施。公诉部门负责审判阶段的羁押必要性审查，发现不需要继续羁押被告人的，应当建议人民法院予以释放或者变更强制措施。监所检察部门可以在侦查、审查起诉和审判阶段全过程开展羁押必要性审查工作，对于公安机关和人民法院办理的案件，经过审查认为不需要继续羁押犯罪嫌疑人、被告人的，应当先征求侦查监督部门或者公诉部门的意见，然后再报请检察长决定向公安机关或者人民法院提出予以释放或者变更强制措施的书面建议，当部门之间意见不一致时，应当报请检察长决定是否向办案机关提出释放或者变更强制措施的建议；对于人民检察院侦查部门或者公诉部门办理的案件，监所检察部门经审查认为不需要继续羁押犯罪嫌疑人的，可以直接向侦查部门或者公诉部门发出予以释放或者变更强制措施的书面建议函，由侦查部门或者公诉部门决定是否报经检察长决定直接释放犯罪嫌疑人或者变更强制措施。

　　（二）关于羁押必要性审查的途径

　　根据《刑事诉讼法》第 93 条的规定，犯罪嫌疑人、被告人被逮捕后，人民检察院仍应当对羁押的必要性进行审查。因此，从立法原意来看，对所有被逮捕的犯罪嫌疑人、被告人，人民检察院均应当主动进行羁押必要性审查。为了更好地贯彻修改后的刑事诉讼法，《刑诉规则》第616条和第618条规定了人民检察院开展羁押必要性审查应当采取主动审查和接受申请被动审查两种途径：人民检察院主动发现或者根据犯罪嫌疑人、被告人及其法定代理人、近亲属或者辩护人的申请，经审查认为不需要继续羁押的，应当建议有关机关予以释放或者变更强制措施；犯罪嫌疑人、被告人及其法定代理人、近亲属或者辩护人可以申请人民检察院进行羁押必要性审查，申请时应当说明不需要继续羁押的理由，有相关证据及其他材料的，应当提供。《刑诉规则》第618条实际上是赋予了犯罪嫌疑人、被告人一方申请人民检察院进行羁押必要性审查的权利，同时对他们而言，也是增加了一个对羁押有异议的救济途径。但是，犯罪嫌疑人、被告人一方根据修改后刑事诉讼法第95条申请变更强制措施与根据《刑诉规则》申请人民检察院进行羁押必要性审查是不同的：（1）申请对象不同。前者的申请对象是办案机关，包括公安机关、人民检察院和人民法院；后者的申请对象仅仅是人民检察院。（2）申请的时间不同。前者要对应办案机关的诉讼阶段，如申请人民法院变更强制措施只能是在审判阶段；而后者可以在侦查、审查起诉、一审、二审、死刑复核阶段中任何一个阶段向人民检察院提出。（3）申请的效力和法律后果不同。前者的办案机关应当在收到申请后3日内作出决定，不同意变更强制措施的，应当告知申请人，并说明不同意的理由；而后者只是引起人民检察院启动羁押必要性审查程序。

（三）关于羁押必要性审查的方式

考虑到与有无继续羁押必要性相关的案件因素有很多，人民检察院在审查犯罪嫌疑人、被告人有无继续羁押必要性时应当广开渠道，充分了解案情和听取各方诉讼参与人的意见。因此，《刑诉规则》第620条规定："人民检察院可以采取以下方式进行羁押必要性审查：

（一）对犯罪嫌疑人、被告人进行羁押必要性评估；

（二）向侦查机关了解侦查取证的进展情况；

（三）听取有关办案机关、办案人员的意见；

（四）听取犯罪嫌疑人、被告人及其法定代理人、近亲属、辩护人，被害人及其诉讼代理人或者其他有关人员的意见；

（五）调查核实犯罪嫌疑人、被告人的身体健康状况；

（六）查阅有关案卷材料，审查有关人员提供的证明不需要继续羁押犯罪嫌疑人、被告人的有关证明材料；

（七）其他方式。"

按照《刑事诉讼法》第93条的规定精神，检察机关应当对所有被逮捕的犯罪嫌疑人、被告人进行继续羁押必要性审查，但是由于被逮捕的犯罪嫌疑人、被告人数量较大，而且羁押必要性审查工作是一个动态的过程，需要分阶段多次甚至随时进行，不是一次审查就能够结束的，一旦出现不需要继续羁押的情形，检察机关就应当进行羁押必要性审查，建议办案机关释放或者变更强制措施，因此羁押必要性审查工作量是比较大的。在检察人员力量有限的情况下，采取一个相对科学、合理的方式开展羁押必要性审查工作，有利于减少工作量，提高审查效率。我们认为，实践中可以采取分步骤筛选过滤式的工作模式，即首先通过羁押必要性评估，对于涉嫌犯罪罪行较重、可能判处死刑、无期徒刑、10年以上有期徒刑的，实施暴力型犯罪、涉黑涉恶犯罪的主犯、实行犯，人身危险性、社会危险性较大的犯罪嫌疑人、被告人，经过一轮审查后一般就不再进行二次以上审查，除非发生犯罪嫌疑人、被告人患有严重疾病确需变更强制措施的情形以外，以后的诉讼阶段不再重新进行羁押必要性审查。而对于涉嫌犯罪情节较轻的未成年、妇女、年老的犯罪嫌疑人、被告人，初犯、偶犯、过失犯、从犯、胁从犯等，应当作为羁押必要性审查的重点对象，进行动态审查，必要时需要分阶段多次进行审查，当发现不需要羁押的情形时，应当随时启动羁押必要性审查程序。

（四）关于提出释放或者变更强制措施建议的情形

人民检察院在审查有无继续羁押犯罪嫌疑人、被告人的必要性时，可以参照《刑事诉讼法》第79条关于逮捕条件的规定以及关于取保候审、监视居住的条件规定。修改后的刑事诉讼法第79条规定了应当逮捕的7种情形，该条规定："对有证据证明有犯罪事实，可能判处徒刑以上刑罚的犯罪嫌疑人、被告人，采取取保候审尚不足以防止发生下列社会危险性的，应当予以逮捕：

（一）可能实施新的犯罪的；

（二）有危害国家安全、公共安全或者社会秩序的现实危险的；

（三）可能毁灭、伪造证据，干扰证人作证或者串供的；

（四）可能对被害人、举报人、控告人实施打击报复的；

（五）企图自杀或者逃跑的。

对有证据证明有犯罪事实，可能判处十年有期徒刑以上刑罚的，或者有证据证明有犯罪事实，可能判处徒刑以上刑罚，曾经故意犯罪或者身份不明的犯罪嫌疑人、被告人，应当予以逮捕。"

上述细化的逮捕条件也为羁押必要性审查提供了参照。

《刑诉规则》第619条第1款规定："人民检察院发现有下列情形之一的，可以向有关机关提出予以释放或者变更强制措施的书面建议：

（一）案件证据发生重大变化，不足以证明有犯罪事实或者犯罪行为系犯罪嫌疑人、被告人所为的；

（二）案件事实或者情节发生变化，犯罪嫌疑人、被告人可能被判处管制、拘役、独立适用附加刑、免予刑事处罚或者判决无罪的；

（三）犯罪嫌疑人、被告人实施新的犯罪，毁灭、伪造证据，干扰证人作证，串供，对被害人、举报人、控告人实施打击报复，自杀或者逃跑等的可能性已被排除的；

（四）案件事实基本查清，证据已经收集固定，符合取保候审或者监视居住条件的；

（五）继续羁押犯罪嫌疑人、被告人，羁押期限将超过依法可能被判处的刑期的；

（六）羁押期限届满的；

（七）因为案件的特殊情况或者办理案件的需要，变更强制措施更为适宜的；

（八）其他不需要继续羁押犯罪嫌疑人、被告人的情形。"

对于上述第（一）、（二）、（五）、（六）种情形，人民检察院在发现后应当向办案机关提出予以释放或者变更强制措施的建议，对于发现其他情形的，一般也应当向办案机关提出予以释放或者变更强制措施的建议。

根据刑事诉讼法的规定精神和《刑诉规则》的上述规定，人民检察院开展羁押必要性审查时，应当主要审查被羁押的犯罪嫌疑人、被告人是否仍然具有社会危险性以及其涉嫌犯罪罪行的轻重，如果经审查认为犯罪嫌疑人、被告人不再具有社会危险性或者其涉嫌犯罪情节较轻，符合取保候审或者监视居住条件的，应当向办案机关提出予以释放或者变更强制措施的建议。另外，为了体现羁押必要性审查结论的慎重性、公正性、合理性，同时为接到建议的办案机关决定是否释放犯罪嫌疑人、被告人或者变更强制措施时提供充分的依据，《刑诉规则》规定人民检察院向有关办案机关提出的释放或者变更强制措施的建议书应当说明不必要继续羁押犯罪嫌疑人、被告人的理由及法律依据，这里的"理由"包括能够证明不需要继续羁押犯罪嫌疑人、被告人的有关事实和证据。

（五）关于释放或者变更强制措施建议的办理程序

根据《刑诉规则》第 621 条的规定，人民检察院向有关办案机关提出对犯罪嫌疑人、被告人予以释放或者变更强制措施的建议的，应当要求有关办案机关在 10 日以内将处理情况通知本院。

有关办案机关没有采纳人民检察院建议的，应当要求其说明理由和依据。对人民检察院办理的案件，经审查认为不需要继续羁押犯罪嫌疑人的，应当建议办案部门予以释放或者变更强制措施，具体程序参照向办案机关提出建议的程序办理。

根据《刑事诉讼法》第 93 条的规定，对于人民检察院提出的予以释放或者变更强制措施的建议，有关机关应当在 10 日以内将处理情况通知人民检察院。虽然法律没有规定有关机关不采纳建议时应当说明理由和依据，但是根据立法机关关于刑事诉讼法的释义和法理，如果办案机关没有采纳人民检察院建议的，应当说明理由和依据。因为这一方面是对人民检察院工作的尊重，另一方面也是办案机关理性执法、司法的要求。因此，《刑诉规则》规定"有关办案机关没有采纳人民检察院建议的，应当要求其说明理由和依据"。对于人民检察院办理的案件，人民检察院侦查监督部门或者监所检察部门经过羁押必要性审查，认为不需要继续羁押犯罪嫌疑人的，应当向侦查部门或者公诉部门提出释放犯罪嫌疑人或者变更强制措施的建议，并要求其在 10 日以内反馈处理情况。如果侦查部门或者公诉部门没有采纳释放犯罪嫌疑人或者变更强制措施建议的，也应当向提出建议的侦查监督部门或者监所检察部门说明不采纳建议的理由和依据。

三、关于羁押期限监督的内部协作配合机制

为了加强检察机关内部各业务部门在羁押期限监督方面的协作配合，《刑诉规则》第 622 条规定："人民检察院侦查部门、侦查监督部门、公诉部门在办理案件过程中，犯罪嫌疑人、被告人被羁押的，具有下列情形之一的，应当在作出决定或者收到决定书、裁定书后十日以内通知负有监督职责的人民检察院监所检察部门或者案件管理部门以及看守所：

（一）批准或者决定延长侦查羁押期限的；

（二）对于人民检察院直接受理立案侦查的案件，决定重新计算侦查羁押期限、变更或者解除强制措施的；

（三）对犯罪嫌疑人、被告人进行精神病鉴定的；

（四）审查起诉期间改变管辖、延长审查起诉期限的；

（五）案件退回补充侦查，或者补充侦查完毕移送审查起诉后重新计算审查起诉期限的；

（六）人民法院决定适用简易程序审理第一审案件，或者将案件由简易程序转为普通程序重新审理的；

（七）人民法院改变管辖，决定延期审理、中止审理，或者同意人民检察院撤回起诉的。"

人民检察院有关办案部门将羁押期限变更情况通知负有监督职责的人民检察院监所检察部门或者案件管理部门以及看守所，能够便于负责羁押期限监督的监所检察部门和案件管理部门了解羁押期限变更情况，同时也便于看守所履行羁押期限管理职责。如果上述情形中有起止时间的，原则上办案部门也应当将羁押期限变更情形的终止时间通知监所检察部门或者案件管理部门以及看守所，以便于他们全面、准确掌握羁押期限变更情况，防止产生超期羁押问题。

四、关于对看守所羁押期限管理活动的监督

《刑诉规则》第 623 条规定了检察机关对看守所羁押期限管理活动的监督制度。该条规定："人民检察院发现看守所的羁押期限管理活动有下列情形之一的，应当依法提出纠正意见：

（一）未及时督促办案机关办理换押手续的；

（二）未在犯罪嫌疑人、被告人羁押期限届满前七日以内向办案机关发出羁押期限即将届满通知书的；

（三）犯罪嫌疑人、被告人被超期羁押后，没有立即书面报告人民检察院并通知办案机关的；

（四）收到犯罪嫌疑人、被告人及其法定代理人、近亲属或者辩护人提出的变更强制措施、羁押必要性审查、羁押期限届满要求释放或者变更强制措施的申请、申诉、控告后，没有及时转送有关办案机关或者人民检察院的；

（五）其他违法情形。"

根据《刑事诉讼法》和《中华人民共和国看守所条例》等法律、法规的规定，看守所是刑事羁押机关，负有对犯罪嫌疑人、被告人的羁押期限进行管理的职责。如根据《中华人民共和国看守所条例》第 43 条的规定，看守所对犯罪嫌疑人、被告人的法定羁押期限即将到期而案件又尚未审理终结的，看守所应当及时通知办案机关迅速审结，超过法定羁押期限的，应当将情况报告人民检察院。人民检察院负责对羁押期限和看守所的执法活动进行监督，因此人民检察院监所检察部门有权对看守所的羁押期限管理活动实行监督，当发现看守所的羁押期限管理活动违法的，应当及时提出纠正意见。对看守所羁押期限管理活动监督的内容主要是：

一是监督看守所管理办案机关的换押活动。看守所应当要求办案机关按照规定及时办理换押手续，对于办案机关不办理换押手续的，人民检察院应当监督看守所督促办案机关换押。看守所对于不办理换押手续的办案机关，不允许其办案人员讯问、提审或者提犯罪嫌疑人、被告人出所。

二是监督看守所履行羁押期限即将届满提示职责。对于犯罪嫌疑人、被告人的法定羁押期限即将到期的，看守所应当及时通知办案机关。

三是监督看守所履行超期羁押报告和通知义务。看守所发现犯罪嫌疑人、被告人被超期羁押的，应当立即书面报告人民检察院并通知办案机关，否则，人民检察院应当提出纠正意见。

四是监督看守所保障犯罪嫌疑人、被告人的控告、举报、申诉权。看守所收到犯罪嫌疑人、被告人及其法定代理人、近亲属或者辩护人提出的变更强制措施、羁押必要性审查、羁押期限届满要求释放或者变更强制措施的申请、申诉、控告后，应当及时转送有关办案机关或者人民检察院。

五、关于对公安机关羁押期限执行情况的监督

人民检察院监所检察部门负责对公安机关羁押期限执行情况进行监督，发现公安机关羁押期限执行违法情形的，应当依法监督其纠正。因此，《刑诉规则》第624条规定："人民检察院发现公安机关的侦查羁押期限执行情况有下列情形之一的，应当依法提出纠正意见：

（一）未按规定办理换押手续的；

（二）决定重新计算侦查羁押期限、经批准延长侦查羁押期限，未书面通知人民检察院和看守所的；

（三）对犯罪嫌疑人进行精神病鉴定，没有书面通知人民检察院和看守所的；

（四）其他违法情形。"

六、关于对人民法院审理期限执行情况的监督

人民检察院有权对人民法院的审理期限执行情况进行监督，监所检察部门发现人民法院办理的被告人被羁押的案件审理期限执行违法的，应当提出纠正。《刑诉规则》第625条规定："人民检察院发现人民法院的审理期限执行情况有下列情形之一的，应当依法提出纠正意见：

（一）在一审、二审和死刑复核阶段未按规定办理换押手续的；

（二）违反刑事诉讼法的规定重新计算审理期限、批准延长审理期限、改变管辖、延期审理、中止审理或者发回重审的；

（三）决定重新计算审理期限、批准延长审理期限、改变管辖、延期审理、中止审理、对被告人进行精神病鉴定，没有书面通知人民检察院和看守所的；

（四）其他违法情形。"

人民检察院监所检察部门对人民法院审理期限执行情况的监督主要包括：一是监督法院在一审、二审和死刑复核阶段按照规定办理换押手续；二是监督纠正法院违法重新计算审理期限、批准延长审理期限、改变管辖、延期审理、中止审理或者发回重审的行为；三是监督法院在审理期限发生变化时及时将有关情况通知人民检察院和看守所，以便于人民检察院监督羁押期限，也便于看守所掌握人民法院办理案件的羁押期限情况。

七、关于对超期羁押的纠正程序和责任追究制度

《刑诉规则》第 626 条、第 627 条规定了对超期羁押的纠正程序和责任追究制度。《刑诉规则》第 626 条规定："人民检察院发现同级或者下级公安机关、人民法院超期羁押的，应当报经本院检察长批准，向该办案机关发出纠正违法通知书。

发现上级公安机关、人民法院超期羁押的，应当及时层报该办案机关的同级人民检察院，由同级人民检察院向该办案机关发出纠正违法通知书。

对异地羁押的案件，发现办案机关超期羁押的，应当通报该办案机关的同级人民检察院，由其依法向办案机关发出纠正违法通知书。"

第 627 条第 2 款规定："对于造成超期羁押的直接责任人员，可以书面建议其所在单位或者有关主管机关依照法律或者有关规定予以行政或者纪律处分；对于造成超期羁押情节严重，涉嫌犯罪的，应当依法追究其刑事责任。"

负有羁押期限监督职责的人民检察院监所检察部门发现公安机关、人民法院超期羁押的，应当区分三种情况，向办案机关发出纠正违法通知书：

（1）人民检察院发现同级或者下级公安机关、人民法院超期羁押的，应当立即报经本院检察长批准，向该办案机关发出纠正违法通知书。因为上级人民检察院可以直接对下级公安机关、人民法院进行监督。如果上级检察院发现超期羁押后再通知下级办案机关的同级检察院，由其按照同级对等监督的原则向办案机关发出纠正违法通知书，会延误时间，因此，为了提高监督效率，《刑诉规则》规定人民检察院发现下级公安机关、人民法院超期羁押的，可以直接向其发出纠正违法通知书。

（2）发现上级公安机关、人民法院超期羁押的，应当及时层报该办案机关的同级人民检察院，由同级人民检察院向该办案机关发出纠正违法通知书。这是贯彻人民检察院同级对等监督原则要求的体现，同时也有利于提高监督的效果。

（3）对异地羁押的案件，发现办案机关超期羁押的，应当立即通报该办案机关的同级人民检察院，由其依法向办案机关发出纠正违法通知书。这也是贯彻人民检察院同级对等监督原则要求的体现。人民检察院发出纠正违法通知书后，有关办案机关未回复意见或者继续超期羁押的，应当及时报告上一级人民检察院处理。上一级检察院可以直接监督下级办案机关予以纠正，也可以向该办案机关的上一级机关通报情况，建议其履行管理监督职责，督促下级办案机关纠正超期羁押。

根据 1998 年最高人民法院、最高人民检察院、公安部《关于严格执行刑事诉讼法关于对犯罪嫌疑人、被告人羁押期限的规定坚决纠正超期羁押问题的通知》、2003 年最高人民法院、最高人民检察院、公安部《关于严格执行刑事诉讼法，切实纠防超期羁押的通知》的有关规定，对于造成超期羁押负有责任的办案机关有关司法工作人员，应当依法追究其行政纪律责任或者刑事责任。因此，《刑诉规则》重申上述有关规定，对于造成超期羁押的直接责任人员，人民检察院可以书面建议其所在单位或者有关主管机关追究其纪律责任。办案机关工作人员造成超期羁押，情节严重，涉嫌犯罪的，可能构成玩忽职守罪或者滥用职权罪，也有可能构成非法拘禁罪，人民检察院应当根据案件情况立案侦查，依法追究有关责任人员的刑事责任。

第三节　看守所执法活动监督

一、看守所执法活动监督的主要内容

《刑诉规则》第 629 条规定："人民检察院依法对看守所收押、监管、释放犯罪嫌疑人、被告人以及对留所服刑罪犯执行刑罚等执法活动实行监督。对看守所执法活动的监督由人民检察院监所检察部门负责。"这一规定明确了人民检察院看守所执法活动监督的内容，也明确了看守所执法活动监督职责的分工，即由监所检察部门负责对看守所的执法活动进行监督。

《刑诉规则》第 630 条规定："人民检察院发现看守所有下列违法情形之一的，应当提出纠正意见：

（一）监管人员殴打、体罚、虐待或者变相体罚、虐待在押人员的；

（二）监管人员为在押人员通风报信，私自传递信件、物品，帮助伪造、毁灭、隐匿证据或者干扰证人作证、串供的；

（三）违法对在押人员使用械具或者禁闭的；

（四）没有将未成年人与成年人分别关押、分别管理、分别教育的；

（五）违反规定同意侦查人员将犯罪嫌疑人提出看守所讯问的；

（六）收到在押犯罪嫌疑人、被告人及其法定代理人、近亲属或者辩护人的变更强制措施申请或者其他申请、申诉、控告、举报，不及时转交、转告人民检察院或者有关办案机关的；

（七）应当安排辩护律师依法会见在押的犯罪嫌疑人、被告人而没有安排的；

（八）违法安排辩护律师或者其他人员会见在押的犯罪嫌疑

人、被告人的；

（九）辩护律师会见犯罪嫌疑人、被告人时予以监听的；

（十）其他违法情形。"

《刑诉规则》第631条规定："人民检察院发现看守所代为执行刑罚的活动有下列违法情形之一的，应当依法提出纠正意见：

（一）将被判处有期徒刑剩余刑期在三个月以上的罪犯留所服刑的；

（二）将未成年罪犯留所执行刑罚的；

（三）将留所服刑罪犯与犯罪嫌疑人、被告人混押、混管、混教的；

（四）其他违法情形。"

根据刑事诉讼法和监狱法的规定，被判处有期徒刑余刑在3个月以下的罪犯方可留所服刑，被判处有期徒刑余刑在3个月以上的罪犯应当由看守所全部送交监狱执行刑罚，所有的被判处有期徒刑的未成年罪犯无论余刑多少均应当由看守所送交未成年犯管教所执行刑罚，罪犯与未决的犯罪嫌疑人、被告人应当分押、分管、分教。因此，人民检察院监所检察部门发现看守所留所服刑和代为执行刑罚的活动违法的，应当提出纠正意见，并监督其纠正。

人民检察院对看守所执法活动的监督重点有两个方面：一是保护在押人员的合法权益，防止和纠正监管人员体罚、虐待在押人员、违法对在押人员使用械具或禁闭等侵犯在押人员合法权益的行为。根据看守所条例等法律、法规规定，使用械具是防止在押人员危险行为的临时性、预防性措施，不是一种惩戒和处罚。而禁闭是对违反监规的在押人员的一种法定处罚手段，也是监管执法的一种必要手段。但实践中由于看守所监管人员对械具和禁闭的性质和作用认识不到位，进而导致执法不规范，存在违法使用禁闭、械具，使用械具作为惩罚手段或者使用械具代替禁闭等问题。这些都是监管违法或者是侵犯在押人员合法权利的行为，人民检察院发现后应当依法予以纠正。关于辩护律师会见在押犯罪嫌疑人、被告人权利的保障，根据刑事诉讼法第 37 条的规定，看守所应当在 48 小时以内安排持有法定证件的辩护律师会见在押的犯罪嫌疑人、被告人，且辩护律师会见在押的犯罪嫌疑人、被告人不受节假日限制。如果看守所没有按照刑事诉讼法的规定安排会见，就属于违法，监所检察部门或者驻所检察室可以从人民检察院的名义向看守所提出纠正意见，要求其予以纠正。二是保障刑事诉讼活动的顺利进行。如防止和纠正监管人员为在押人员通风报信，帮助伪造、毁灭、隐匿证据或者干扰证人作证、串供，违法安排会见在押人员，将在押人员混押、混管、混教等违法行为。对于看守所监管人员的违法行为，情节较轻的，可以提出纠正意见，构成犯罪的，应当依法立案侦查，追究其刑事责任。

二、关于看守所执法活动监督的方式和监督程序

人民检察院对看守所违法行为的监督方式和监督程序，归纳如下：

1. 区分了口头纠正和书面纠正方式的适用情形。对于看守所情节轻微的违法行为，检察人员可以直接提出口头纠正意见；发现严重违法行为，或者在提出口头纠正意见后看守所 7 日以内未予纠正的，应当报经检察长批准，向看守所发出纠正违法通知书。

2. 人民检察院在向看守所发出纠正违法通知书的同时，应当将纠正违法通知书副本抄报上一级人民检察院，并抄送看守所所属公安机关的上一级公安机关。这样规定，一方面有利于督促看守所及时、依法纠正违法行为；另一方面，也有利于上一级检察院监所检察部门及时掌握下级检察院的纠正违法情况和纠正违法是否合法、合理。上一级检察院如果发现下级检察院的纠正违法通知不合法或者不当的，可以直接责令下级检察院撤回纠正违法通知。

3. 人民检察院发出纠正违法通知书 15 日后，看守所仍未纠正或者回复意见的，应当及时向上一级人民检察院报告。上一级人民检察院应当通报同级公安机关并建议其督促看守所予以纠正。这样，上级检察机关监督与下级检察机关监督相结合，同时借助上级公安机关对下级公安机关所属看守所的管理职责，可以有效督促看守所纠正违法行为，增强监督效果。

第四节　强制医疗执行监督

一、关于强制医疗制度法律规定的理解

《刑法》第 18 条第 1 款规定："精神病人在不能辨认或者不能控制自己行为的时候造成危害结果，经法定程序鉴定确认的，不负刑事责任，但是应当责令他的家属或者监护人严加看管和医疗；在必要的时候，由政府强制医疗。"但是，多年以来，我国的强制医疗法制很不健全，没有专门的法律或者法规规范强制医疗制度，强制医疗机构的设置也不规范。对于肇事肇祸，危害社会，且具有人身危险性，特别是仍然有暴力倾向的精神病人，一般是由公安机关作出强制医疗的决定，并将其送强制医疗机构进行强制医疗。但是，由于法律没有明确强制医疗的法定条件、决定机关和决定程序，因此容易导致实践中强制医疗执法随意性大、有的精神正常的人"被精神病"或者"假精神病"等问题的发生。同时，由于法律也没有规定对强制医疗机构的强制医疗执行活动的法律监督制度，加之强制医疗机构是一种相对封闭的特殊监管场所，而被强制医疗的人由于人身自由受到限制或者缺乏法律上的行为能力，维权的能力和救济途径受限，因此，在强制医疗机构内也很容易发生侵犯被强制医疗的人合法权益等问题。为了规范强制医疗制度，保障被强制医疗的人的合法权益，专门规定了强制医疗制度，明确了强制医疗的法定条件、决定机关和决定程序、救济程序和检察监督制度。根据刑事诉讼法的规定，对于实施暴力

行为而又有继续危害社会可能的精神病人，应当由公安机关提出建议，人民检察院提出申请，经由人民法院决定，予以强制医疗。同时，《刑事诉讼法》第 289 条规定："人民检察院对强制医疗的决定和执行实行监督。"

目前，我国现有的专门强制医疗机构叫安康医院，它是由公安机关管理的一种特殊监管场所。全国目前共有 24 所安康医院，分布在 20 个省、自治区、直辖市，其中有的是省辖市设置的，有的是在普通精神病医院加挂安康医院的牌子。而未设置安康医院的地方，大多数是将决定强制医疗的精神病人送到普通精神病医院强制医疗。根据公安部的要求，截至 2012 年年底，没有设置安康医院的省、自治区、直辖市必须设立至少一所安康医院。强制医疗从性质上讲是一种刑事强制性处遇措施，而安康医院又是一种特殊的监管场所，因此《刑诉规则》第 661 条第 2 款规定："强制医疗执行监督由人民检察院监所检察部门负责。"

二、关于强制医疗执行监督的主要内容

鉴于强制医疗执行监督对于人民检察院监所检察部门而言是一项全新的职责，对于监督谁、监督什么、如何监督、监督手段是什么等问题，没有现成的制度可循，需要在检察实践中进行深入研究和探索，然后才能形成相对健全的监督工作机制。《刑诉规则》根据《刑事诉讼法》第 248 条至第 289 条的规定，同时参照《人民检察院监狱检察办法》、《人民检察院看守所检察办法》和《人民检察院劳教检察办法》的有关规定，相对原则地规定了强制医疗执行监督制度。

强制医疗执行监督的主要内容包括：（1）对强制医疗交付执行活动的监督；（2）人民检察院在强制医疗执行监督中发现法院作出的强制医疗决定可能错误的处理程序；（3）对强制医疗机构违法执行、侵犯被强制医疗的人合法权益等违法行为的纠正违法制度；（4）对被强制医疗的人及其近亲属、法定代理人控告、举报、申诉和要求解除强制医疗申请的审查处理制度；（5）对法院批准解除强制医疗的决定的监督。

三、关于强制医疗执行监督规定的理解和适用

（一）关于强制医疗执行监督的职责分工

《刑诉规则》第661条规定，人民检察院对强制医疗执行活动是否合法实行监督。强制医疗执行监督由人民检察院监所检察部门负责。

《刑诉规则》规定对强制医疗机构的执行活动的监督职责由监所检察部门承担。考虑到被强制医疗的人是否属于精神病人、是否符合强制医疗条件、对被强制医疗的人是否康复并应当解除强制医疗等问题属于专业性极强的问题，监所检察部门的检察人员缺乏相应的专业知识，因此在强制医疗执行监督实践中，必要时监所检察部门可以请求检察技术部门予以配合。

（二）关于对强制医疗交付执行活动的监督

人民检察院对强制医疗的交付执行活动实行监督。发现交付执行机关未及时交付执行等违法情形的，应当依法提出纠正意见。

人民法院在作出强制医疗决定后，应当将强制医疗决定送交公安机关执行。公安机关应当将被决定强制医疗的精神病人送交安康医院等强制医疗机构执行。因此，人民检察院对于公安机关未及时交付执行，或者应当强制性约束、控制被决定强制医疗的精神病人而不采取约束控制措施等违法行为，应当向公安机关提出纠正意见。

（三）关于对强制医疗决定可能错误的检察处理

为了纠正实践中可能出现的"被精神病"、"假精神病"的问题，《刑诉规则》第663条规定："人民检察院在强制医疗执行监督中发现被强制医疗的人不符合强制医疗条件或者需要依法追究刑事责任，人民法院作出的强制医疗决定可能错误的，应当在五日以内报经检察长批准，将有关材料转交作出强制医疗决定的人

民法院的同级人民检察院。收到材料的人民检察院公诉部门应当在二十日以内进行审查，并将审查情况和处理意见反馈负责强制医疗执行监督的人民检察院。"

这一规定明确了人民检察院监所检察部门在强制医疗执行监督过程中发现人民法院作出的强制医疗决定有可能错误的，不能直接向作出强制医疗决定的人民法院提出纠正意见，而是应当将有关材料转交作出强制医疗决定的人民法院的同级人民检察院，由同级人民检察院公诉部门负责审查监督。这也体现了强制医疗决定监督和强制医疗执行监督由公诉部门和监所检察部门分别负责的内部职责分工原则。

（四）关于强制医疗执行监督的内容及纠正违法程序

强制医疗执行监督的主要目的是保障被强制医疗的人的合法权利，同时保障强制医疗执行活动的依法、顺利进行。因此，人民检察院发现强制医疗机构有下列情形之一的，应当依法提出纠正意见：

（一）对被决定强制医疗的人应当收治而拒绝收治的；

（二）收治的法律文书及其他手续不完备的；

（三）没有依照法律、行政法规等规定对被决定强制医疗的人实施必要的医疗的；

（四）殴打、体罚、虐待或者变相体罚、虐待被强制医疗的人，违反规定对被强制医疗的人使用械具、约束措施，以及其他侵犯被强制医疗的人合法权利的；

（五）没有依照规定定期对被强制医疗的人进行诊断评估的；

（六）对于被强制医疗的人不需要继续强制医疗的，没有及时提出解除意见报请决定强制医疗的人民法院批准的；

（七）对被强制医疗的人及其近亲属、法定代理人提出的解除强制医疗的申请没有及时进行审查处理，或者没有及时转送决定强制医疗的人民法院的；

（八）人民法院作出解除强制医疗决定后，不立即办理解除手续的；

（九）其他违法情形。

《刑诉规则》第664条第2款规定："对强制医疗机构违法行为的监督，参照本规则第六百三十二条的规定办理。"即对于强制医疗机构违法行为情节轻微的，检察人员可以口头提出纠正意见；发现严重违法行为，或者提出口头纠正意见后强制医疗机构在7日以内未予以纠正的，应当报经检察长批准，向强制医疗机构发出纠正违法通知书，同时将纠正违法通知书副本抄报上一级人民检察院并抄送强制医疗机构所属公安机关的上一级公安机关。人民检察院发出纠正违法通知书15日后，强制医疗机构仍未纠正或者回复意见的，应当及时向上一级人民检察院报告。上一级人民检察院应当通报同级公安机关并建议其督促强制医疗机构予以纠正。

（五）关于对有关强制医疗控告、举报、申诉的处理

受理被强制医疗的人及其近亲属、法定代理人的控告、举报和申诉，既是人民检察院的法定职责，也是人民检察院获取强制医疗执行监督信息的一个有效渠道。人民检察院应当受理被强制医疗的人及其近亲属、法定代理人的控告、举报和申诉，并及时审查处理。对控告人、举报人、申诉人要求回复处理结果的，人民检察院监所检察部门应当在十五日以内将调查处理情况书面反馈控告人、举报人、申诉人。

人民检察院监所检察部门审查不服强制医疗决定的申诉，认为原决定正确、申诉理由不成立的，可以直接将审查结果答复申诉人；认为原决定可能错误，需要复查的，应当移送作出强制医疗决定的人民法院的同级人民检察院公诉部门办理。

对强制医疗决定申诉的实体审查处理移送作出强制医疗决定的人民法院的同级人民检察院公诉部门办理，也体现了强制医疗决定监督和强制医疗执行监督由公诉部门和监所检察部门分别负

责的内部职责分工原则。

（六）关于对解除强制医疗活动的监督

《刑事诉讼法》第 288 条规定，强制医疗机构应当定期对被强制医疗的人进行诊断评估。对于已不具有人身危险性，不需要继续强制医疗的，应当及时提出解除意见，报决定强制医疗的人民法院批准。被强制医疗的人及其近亲属有权申请解除强制医疗。是否需要解除对被强制医疗的人的强制医疗，要视被强制医疗的人病情是否好转而定，需要由强制医疗机构进行诊断评估，然后由其向决定强制医疗的人民法院提出解除强制医疗的意见，报请人民法院批准。对于强制医疗机构提请法院解除强制医疗的活动以及人民法院批准解除强制医疗的决定活动，人民检察院也需要进行监督。因此，《刑诉规则》第 666 条规定："人民检察院监所检察部门收到被强制医疗的人及其近亲属、法定代理人解除强制医疗决定的申请后，应当及时转交强制医疗机构审查，并监督强制医疗机构是否及时审查、审查处理活动是否合法。"收到当事人一方要求解除强制医疗决定的申请后，人民检察院应当转交强制医疗机构审查，并监督强制医疗机构是否及时审查、实施诊断评估等处理活动。如果被强制医疗人已不具有人身危险性，不需要继续强制医疗的，应当监督强制医疗机构及时向人民法院提出解除意见。

人民检察院对于人民法院批准解除强制医疗的决定实行监督，发现人民法院解除强制医疗的决定不当的，应当依法向人民法院提出纠正意见。

第十章　刑事申诉与刑事赔偿

第一节　刑事申诉的概念和构成要素

一、刑事申诉的概念

申诉是公民对有关自身权益问题的处理决定不服，向有关机关阐明理由，请求重新处理的行为。申诉从其本质上讲是公民的一项基本权利，既是民主权利，也是诉讼权利。申诉的范围很广泛，它可分为诉讼上的申诉和非诉讼上的申诉。诉讼上的申诉在我国的刑事、民事、行政诉讼法律中都有规定。根据刑事诉讼法对申诉的有关规定，刑事申诉是指当事人等对人民法院已发生法律效力的刑事判决、裁定和人民检察院诉讼终结的刑事处理决定不服，向人民法院或人民检察院提出重新处理的请求。对人民法院已发生法律效力的刑事判决、裁定是申请再审，对人民检察院的刑事处理决定是要求重新复查。

二、刑事申诉的构成要素

根据刑事诉讼法对申诉的有关规定，刑事申诉由以下4个要素构成：

（一）申诉主体

指对人民法院判决、裁定，人民检察院决定有权提出重新处理请求的人，即申诉人。《刑事诉讼法》第241条规定的申诉主体的范围是当事人及其法定代理人、近亲属。"当事人"是指被害人、自诉人、犯罪嫌疑人、被告人、附带民事诉讼的原告人和被告人；"法定代理人"是指被代理人的父母、养父母、监护人和负有保护责任的机关、团体的代表；"近亲属"是指夫、妻、父、母、子、女、同胞兄弟姊妹。这些人或是与案件有直接利害关系，或是与案件当事人在血缘上或生活上有密切联系。除此之外的其他公民，不能成为申诉主体。

（二）申诉客体

申诉所指向的对象。只有对人民法院已发生法律效力的刑事判决、裁定和人民检察院的刑事处理决定，才能提出申诉。

（三）申诉管辖

指对申诉人的申诉依法应由哪个机关受理。《刑事诉讼法》第241条规定，刑事申诉可以向人民法院或者人民检察院提出。

（四）申诉效力

申诉只是一种请求，刑事判决、裁定或决定不因当事人申诉而停止执行。按照审判监督程序进行重新审理的刑事申诉案件，在作出新的判决或裁定之前，也就是在再审期间不停止原判决、裁定的执行。不服人民检察院刑事处理决定的申诉案件，在复查期间也不能停止原处理决定的执行。

三、刑事申诉制度的意义

刑事申诉制度是指刑事诉讼法规定的申诉主体提起刑事申诉、处理机关受理与复查刑事申诉所应遵循的一系列规则的总和，其内容应包括刑事申诉的主体、刑事申诉的理由、刑事申诉的管辖、刑事申诉的时效、刑事申诉的处理原则和程序，等等。目前，刑事申诉制度在我国尽管法律规定得还不完善，但已初步确立。根据法律规定精神，最高人民检察院在总结检察机关刑事申诉工作经验的基础上，制定了《人民检察院复查刑事申诉案件规定》（以下简称《复查规定》），对刑事申诉制度中的一些基本问题作了规定，为规范检察机关的刑事申诉工作起到了重要作用。

依法建立、健全刑事申诉制度，严格执行刑事申诉制度，具有十分重要的法律、社会和政治意义。

（一）它是维护公民合法权利，维护法律严肃性的重要保障

刑事申诉制度是国家建立的法律救济体系，它使公民在合法权益受到司法机关侵犯时，能够依法定程序提出申诉，要求司法机关对案件进行重新审理；人民检察院、人民法院通过受理申诉，复查案件，可以及时纠正错误的判决、裁定、决定，维护正确的判决、裁定、决定，从而保障法律的正确实施，维护国家和人民的合法权益。

（二）它在减少社会不安定因素，维护社会稳定方面起着重要作用

司法机关对公民提出的申诉，严格依法办理，并作好善后、息诉工作，避免案件积压，久拖不决，可以及时化解社会矛盾，把当事人从讼累中解脱出来，减少上访告状、久诉不息等不稳定因素，创造更良好的社会环境。

（三）它对检察机关充分发挥法律监督职能意义重大

人民检察院以复查刑事申诉案件为手段，坚持实事求是，有错必纠原则，对不服人民法院判决、裁定，不服人民检察院处理决定的刑事申诉案件，及时依法处理，体现法律的公正、严肃，是法律赋予的神圣职责，也是法律监督机关应起的作用。

第二节　刑事申诉的管辖

一、刑事申诉管辖的概念

刑事申诉的管辖是指申诉处理机关在刑事申诉案件的受案范围上的分工。它既指法院与检察院之间受理刑事申诉的分工，也指法院、检察院系统内部各业务部门之间受理刑事申诉的分工。（本节只涉及检察机关对刑事申诉的管辖）。

（一）级别管辖

级别管辖是指不同级别的检察院在受理申诉案件上的分工。根据《复查规定》：县级人民检察院管辖下列刑事申诉：（1）不服本院决定的申诉（另有规定的除外）；（2）不服同级人民法院已经发生法律效力的刑事判决、裁定的申诉。人民检察院分、州、市院管辖下列刑事申诉：（1）不服本院决定的申诉（另有规定的除外）；（2）被害人不服下一级人民检察院不起诉决定，在7日内提出的申诉；（3）不服下一级人民检察院复查决定的申诉；（4）不服同级和下级人民法院已经发生法律效力的刑事判决、裁定的申诉。省级人民检察院管辖下列刑事申诉：（1）不服本院决定的申诉（另有规定的除外）；（2）被害人不服下一级人民检察院不起诉决定，在7日内提出的申诉；（3）不服下一级人民检察院复查决定的申诉；（4）不服同级和下级人民法院已经发生法律效力的刑事判决、裁定的申诉。最高人民检察院管辖下列刑事申诉：（1）不服本院决定的申诉；（2）被害人不服下一级人民检察院不起诉决定，在7日内提出的申诉；（3）不服下一级人民检察院复查决定的申诉；（4）不服各级人民法院已经发生法律效力的刑事判决、裁定的申诉。

在级别管辖方面应注意：第一，不服人民检察院处理决定的申诉原则上由作出处理决定的人民检察院管辖。第二，被害人不服人民检察院不起诉决定7日内提出的申诉要由上一级人民检察院管辖。第三，凡是越级申诉的，上级检察院原则上都应将申诉材料交有管辖权的下级检察院受理；不服下一级检察院复查决定的申诉，上级检察院应予受理，不能再简单地转办。只有在确有必要时，上级检察院才可以将自己管辖的申诉案件交下级检察院复查，或直接复查下级检察院管辖的申诉案件。

（二）部门管辖

部门管辖是检察机关各业务部门在受理申诉案件上的分工。

《复查规定》对此作了明确规定。随着检察机关机构改革的进行，一些业务部门的职能作了相应调整，刑事申诉的部门管辖也有部分变化，最高人民检察院会根据情况对《复查规定》进行修改。但有一点是明确的，不管部门管辖怎样变化，人民检察院管辖的刑事申诉的范围并未改变。

二、人民检察院管辖的刑事申诉的范围

根据《复查规定》第 4 条，人民检察院管辖的刑事申诉包括两类：一是不服人民法院已发生法律效力的刑事判决、裁定的申诉；二是不服人民检察院诉讼终结的刑事处理决定的申诉。

（一）不服人民法院已发生法律效力的刑事判决、裁定的申诉

不服人民法院已发生法律效力的刑事判决、裁定的申诉，从申诉人的身份看，既有被告人提出的，也有被害人提出的；从被告方看，既有在押服刑犯人提出的，也有刑满释放人员提出的。不管由谁提出，刑期是否执行完毕，只要判决、裁定已生效，当事人及其法定代理人、近亲属提出申诉，人民检察院就应按照有关管辖和程序的规定依法办理。至于由哪个业务部门具体办理哪类案件，则应按部门管辖分工执行。

（二）不服人民检察院诉讼终结的刑事处理决定的申诉

1. 对人民检察院刑事处理决定提出申诉的限制性规定

不服检察院刑事处理决定的申诉很多，并不是所有的申诉都能作为刑事申诉案件处理。《复查规定》将其限定为"诉讼终结的刑事处理决定"。

诉讼终结是指司法机关在案件立案以后到判决生效以前，因发生某种情况使得诉讼不应当或者不需要继续进行而中途结束诉讼的一种方式。根据刑事诉讼法的有关规定，在刑事诉讼过程中的任何阶段，一经发现属于《刑事诉讼法》第 15 条规定的情形之一，在侦查过程中发现符合《刑事诉讼法》第 161 条规定情形的，都应当及时终止诉讼活动。因此，人民检察院在直接受理案件的

立案、侦查阶段所作的撤销案件决定，不批准逮捕决定，公诉案件的起诉阶段所作的不起诉决定，都可以是引起诉讼终结的刑事处理决定。只有对这些人民检察院作出的诉讼终结的刑事处理决定不服而提出的申诉，才可作为刑事申诉案件，按照《复查规定》的程序办理。至于对其他诉讼过程中的处理决定或未进入诉讼程序的处理决定不服而提出的申诉，则不按照《复查规定》的程序办理。比如，不服不立案、不服批捕、不服起诉等。

2. 关于不服不批准逮捕决定的申诉

逮捕是一种强制措施，《刑事诉讼法》第 79 条对逮捕条件作了明确规定。在司法实践中，作出不批准逮捕决定的情况可以归结为两类：一类是检察机关以不构成犯罪或不予追究刑事责任为由作出的不批准逮捕决定；另一类是因不符合逮捕条件或有其他原因而作出的不批准逮捕决定。

根据刑事申诉对象的特征，即刑事处理决定是否引起诉讼终结的程序效力，检察机关以不构成犯罪或不予追究刑事责任为由作出的不批准逮捕决定，因这类决定一旦作出，就意味着对该犯罪嫌疑人的诉讼即告终结，所以对这类不批准逮捕决定不服提出的申诉，应由刑事申诉部门作为刑事申诉案件管辖。这类情形包括：（1）没有证据证明有犯罪事实的不批准逮捕决定。（2）犯罪嫌疑人没有犯罪事实的不批准逮捕决定。（3）具有《刑事诉讼法》第 15 条规定情形之一的不批准逮捕决定。

对因不符合逮捕条件或有其他原因而作出的不批准逮捕决定，由于这些不批捕决定，只是不适用逮捕这一强制措施，并不引起案件诉讼程序上的任何变化，不影响诉讼进程，更不会引起诉讼终结，因此，这类申诉不作为刑事申诉案件，不属于刑事申诉部门管辖。这类情形包括：（1）根据《刑事诉讼法》第 88 条规定，对于公安机关提请批捕的案件，人民检察院认为事实不清、证据不足，作出不批准逮捕决定，退回公安机关补充侦查的。（2）虽有证据证明有犯罪事实，但不可能判处犯罪嫌疑人徒刑以上刑罚的。（3）虽有证据证明有犯罪事实，可能判处犯罪嫌疑人徒刑以上刑罚，但采取取保候审、监视居住方法，足以防止发生社会危险性，没有逮捕必要的。（4）对应当逮捕的犯罪嫌疑人，如果患有严重疾病或者是正在怀孕、哺乳自己婴儿的妇女的。

3. 关于不服不起诉决定的申诉

根据《刑事诉讼法》第 176 条、第 177 条规定，对不起诉决定有权提出申诉的情形主要有：（1）对于有被害人的案件，决定不起诉的，被害人如果不服，可以自收到不起诉决定书后 7 日内向上一级人民检察院申诉，请求提起公诉。人民检察院应当将复查决定告知被害人。对人民检察院维持不起诉决定的，被害人可以向人民法院起诉。被害人也可以不经申诉，直接向人民法院起诉。人民法院受理案件后，人民检察院应当将有关案件材料移送人民法院。（2）对于人民检察院依照《刑事诉讼法》第 173 条第 2 款规定作出的不起诉决定，被不起诉人不服，可以自收到决定书后 7 日内向人民检察院申诉。

从法律规定可以看出，国家对被害人的利益给予了最充分的保障，既赋予其可以向人民检察院申诉，也可以向人民法院起诉的多种选择权，又没有对其可以提出申诉的不起诉情形加以限制，而且只要其在收到不起诉决定书后 7 日内提出申诉，则上一级人民检察院就应当予以复查。

而对被不起诉人，《刑事诉讼法》只规定对依照第 173 条第 2 款作出的不起诉决定，即所谓"相对不起诉"不服，可以自收到决定书后 7 日内向人民检察院申诉。对"存疑不起诉"（《刑事诉讼法》第 171 条第 4 款）和"绝对不起诉"（第 173 条第 1 款）则没有规定可以提出申诉。《复查规定》考虑到刑事诉讼法虽然将不起诉决定划分了 3 种情形，但这 3 种不起诉决定都是"人民检察院诉讼终结的刑事处理决定"，因此，并未对被不起诉人提出申诉作出限制。被不起诉人无论对哪种不起诉决定不服而提出申诉，都应予以受理。

4. 关于不服撤销案件决定的申诉

撤销案件决定是人民检察院对自行立案侦查的案件，发现不应当追究犯罪嫌疑人的刑事责任时作出的终结诉讼的决定。根据《刑事诉讼法》第 161 条、第 162 条的规定，人民检察院对自侦案件撤销案件的法定条件是不应当追究犯罪嫌疑人的刑事责任。具体情形包括：（1）《刑事诉讼法》第 15 条规定情形之一的；（2）没有犯罪事实的，或者依照刑法规定不负刑事责任和不认为是犯罪的；（3）虽有犯罪事实，但不是犯罪嫌疑人所为的。但司法实践中，适用撤销案件的原因常见的还有：（1）犯罪嫌疑人长期在逃，无法结案的；（2）犯罪嫌疑人实施犯罪行为后，患有精神病及其他严重疾病不能接受讯问，使侦查无法进行下去的；（3）案件经侦查后，事实不清，证据不足，无法定案的；（4）案件经侦查后，认为犯罪嫌疑人犯罪情节轻微，依照刑法规定不需要判处刑罚或者免除刑罚的。这些理由都不是撤销案件的法定条件，严格说都不应当作出撤案决定，前两种理由是决定侦查中止的特定事由，侦查中止只是暂时停止对案件的侦查，而不是终止诉讼。后两个理由是不起诉的适用条件，这属于审查起诉部门的职权，侦查部门无权作出撤销案件决定。但无论以何种理由，只要作出了撤销案件决定，当事人不服提出申诉，都应作为刑事申诉受理。

5. 关于不服其他处理决定的申诉

在刑事申诉的管辖中规定不服其他处理决定的申诉条款，实际上是为了适应办案中可能出现的各种情况而规定的。比如，对新刑事诉讼法实施前，检察院作出的与案件的实体问题相关的决定，如收缴赃款、赃物决定，没收决定等，可以按此款作为刑事申诉受理；但对新刑事诉讼法实施后作出的此类决定，则不应再作为刑事申诉受理。因为刑事诉讼法及有关法律法规已不再赋予检察机关有作出这类决定的权力，对违法作出的决定，不需要通过刑事申诉程序纠正。此类申诉虽没有列举具体范围，但在受理时必须掌握一个总的原则，即"从案件是否终结看管辖"，只有诉讼终结的其他处理决定才适用此条款。

第三节 刑事申诉的处理程序

一、刑事申诉的审查

申诉在我国刑事诉讼中，只是提供司法机关考虑是否对案件进行重新审理的材料来源，并不是所有的申诉都能进入复查程序，必须对申诉材料进行审查，以确定刑事申诉能否成立，有无必要立案复查。

（一）审查刑事申诉的形式要件

刑事申诉的形式要件是否合格、完备，是刑事申诉能否成立的必要条件，刑事申诉的形式要件主要包括以下内容：

1. 申诉人是否具有申诉资格，能否成为刑事申诉的主体。根据《刑事诉讼法》第 241 条规定，有权提出刑事申诉的是当事人及其法定代理人、近亲属，这些人可以独立行使申诉权。

根据律师法、刑事诉讼法的规定，申诉人可以委托律师代理申诉。

在某些案件中，单位具有被告人或被害人的地位，也可以作为申诉人提起申诉。

2. 申诉的对象是否属于检察院的受理范围。在人民法院已发生法律效力的刑事判决、裁定和人民检察院诉讼终结的刑事处理决定范围之外的申诉，都不能作为刑事申诉受理，但刑事附带民事案件，申诉人对判决的民事部分不服而提出的申诉，则应予受理。

3. 申诉人是否提出了申诉理由和相关证据。《刑事诉讼法》第

242 条对引起人民法院重新审判的申诉理由作了明确规定，这些规定也同样适用于检察机关受理的刑事申诉。申诉人提出申诉的理由应有相关的证据证明、支持。

4. 申诉是否属于本院管辖。对申诉应严格按照《复查规定》中级别管辖的规定来受理。

审查申诉的形式要件，是对申诉进一步深入审查的起点和基础，对形式要件即不符合要求的申诉，则没有必要再作进一步的审查，有的可退回申诉人，让其补充相关材料；有的则可直接答复不予受理；有的则要转有管辖权的部门处理。

（二）审查刑事申诉的实质内容

首先是审查案件事实，主要是在原有证据的基础上，进一步甄别、审查、判断证据，对原案认定的事实作出重新认识。第二是审查适用法律、政策。必须注意，处理申诉案件，对法律、政策的适用，应坚持历史唯物主义的观点，考虑案件处理当时的历史背景，不能以现在的法律、政策去取代过去的法律、政策。除了中央已明确表态，属于错误的政策和规定不能作为复查案件的依据外，都要以当时的法律、政策作为复查案件的依据。

（三）立案

立案是人民检察院复查刑事申诉案件程序的开始，对决定立案复查的刑事申诉必须履行法定手续，即立案，它使复查工作具有了合法性。根据《复查规定》，刑事申诉的立案复查标准是：

1. 原判决、裁定或决定有错误可能。原判决、裁定或决定是否有错误可能，应从以下方面审查：（1）申诉人是否提出了足以改变原处理结果的新的事实或证据；（2）据以定案的证据是否确定、充分或者证明案件事实的主要证据之间是否存在矛盾；（3）适用法律是否正确；（4）处罚是否适当；（5）有无违反案件管辖权限及其他严重违反诉讼程序的情况；（6）侦查、检察、审判人员在办理该案件的时候，有无贪污受贿、徇私舞弊、枉法裁判的行为。只要存在上述问题之一，就可以认为原案处理有错误可能。

2. 申诉材料的形式要件符合要求。

3. 属于本院管辖。

立案一般情况下应以原判决、裁定或决定有错误可能为必要条件。但有两种情况例外：一是不服人民检察院不起诉决定，7日内提出申诉的；二是上级人民检察院或本院检察长交办的申诉。这两类案件，不管原案是否有错误可能，主管机关均应立案复查。

二、刑事申诉案件的复查

（一）复查刑事申诉案件的原则

刑事申诉案件是申诉人提出的请求司法机关重新处理的刑事案件，具有许多一般刑事案件没有的特点，这就决定了在复查刑事申诉案件时，既要遵守办理刑事案件需共同遵守的基本原则，如依靠群众、以事实为依据，以法律为准绳、对一切公民在适用法律上一律平等等，更要遵循在复查申诉案件环节的一些特殊原则。

根据《复查规定》第3条，人民检察院复查刑事申诉案件必须遵循以下4项原则：

1. 案件的决定权与申诉复查权相分离原则

这一原则的含义是在对案件作出诉讼终结的处理决定后，原承办的业务部门不再负责案件的复查工作，而改由另一个业务部门复查。这是从检察工作实践中总结出来的，是加强内部监督制约的一条重要原则。坚持它具有重要意义：第一，可以避免复查工作先入为主，走过场，使申诉案件能够得到客观、公正的处理；第二，更换承办部门和承办人员，可以从全新的角度进行全面的复查，使复查结论更符合客观实际；同时也有利于说明申诉人，做好息诉工作；第三，有利于复查部门积累、总结经验，提高办案质量，使检察机关内部业务分工更加专业化。

2. 依照法定程序复查原则

这条原则旨在强调复查申诉案件也必须按程序办事，不能有法不依，滥用权力，想怎么办就怎么办。这里指的法定程序应作广义理解，既包括国家的法律，也包括高检院制定的涉及申诉复查的有关规则、规定。正确的程序，是公正执法的保障。在复查案件过程中，如果诉讼程序存在重大违法现象，则复查结论的正确性就无从谈起，所以在复查案件时，必须坚持严格按程序复查。

3. 全案复查原则

全案复查指在复查刑事申诉案件时，对原判决、裁定或决定中认定事实和适用法律两个方面的问题要同时进行全面审查，不受申诉人提出的申诉范围、申诉理由的限制。审查认定事实，就是审查案件的全部情况、全部证据、全部被告人。对共同犯罪的案件，只有部分被告人提出申诉的，也要对全案进行审查，不受申诉人的限制，如果发现对其他人的处理错了，即使其本人没有提出申诉，也应予以纠正。审查适用法律，就是审查适用实体法、程序法的全部情况，包括对法律和政策规定的理解是否有偏差，如果对法律、政策的理解有错误，或者是有偏差，尽管原认定的事实清楚，也可能造成错案。全案复查体现了实事求是和对人民负责的精神，方便公民申诉，也利于全面纠正错误。

4. 实事求是，有错必纠原则

这项原则的含义，简单地说就是在复查申诉案件的过程中，要尊重客观事实，做到案件全错全纠，部分错部分纠，不错不纠。实事求是是党的思想路线和认识路线，它贯穿于刑事诉讼的始终。在复查刑事申诉案件阶段，实事求是思想的重要体现就是要纠正案件中一切不符合客观实际的错误，有错必纠，恢复案件客观真实的本来面目。要坚持这一原则，不仅要求办案人员具有较高的政治思想素质，具有对人民高度负责的工作态度，而且要有较高的法律政策水平和业务能力，能够正确理解党的路线、方针、政策，准确地执行法律，有发现错误、纠正错误的能力，只有这样，才能达到复查刑事申诉案件的目的。

（二）复查刑事申诉案件的程序

复查刑事申诉案件的程序是指人民检察院对决定立案复查的刑事申诉案件进行审查处理时所应遵守的程序。《复查规定》对此作了专章规定。

1. 指定承办人员。复查案件，应由两名以上检察人员进行，为公正办案，避免先入为主，原承办人员不得参与。

2. 阅卷。认真审查原案的全部案卷材料，是复查案件的最基础的工作。在阅卷时应注意一要调齐全部案卷；二要认真做好阅卷笔录，做阅卷笔录是复查中不能省略的工作。

3. 调查核实。阅卷后，认为有必要核实有关问题时，应当拟定调查提纲，经承办部门负责人同意后进行补充调查。阅卷中，发现有下列情形之一的，就应当进行调查核实工作：（1）原案认定的事实没有相应的证据证明或不足以证实的；（2）申诉人当时已经提出证明自己没有实施违法犯罪行为或者罪轻的事实和证据，未能引起办案人员注意的；（3）申诉人提供出了原始证据，直接影响到原案事实的认定和处理的；（4）复查人员发现有着影响原案定性处理的证据，本应收集而原办案人员没有收集的等。

在补充调查时，承办人可以询问原案当事人、证人和其他有关人员，调查应制作《调查笔录》。调查笔录应当经被调查人确认无误，由其签名或盖章。对与案件有关的场所、物品、人身、尸体等的勘验、检查笔录和鉴定意见，认为需要复核时，可以进行复核，也可以对专门问题进行鉴定或补充鉴定。

4. 制作刑事申诉复查终结报告。复查终结报告是承办人经过一系列复查工作，认为案件符合结案标准可以结案时所制作的工作文书，是提供给集体讨论、报请领导审批的重要文书。根据《复查规定》，刑事申诉案件经复查符合下列标准的可以结案：（1）原认定的事实、证据和适用法律等情况已经审查清楚；（2）申诉人提出的新的事实、证据已经调查清楚；（3）对事实不清、证据不足等问题，已经作了必要的补充调查。

5. 部门集体讨论、领导审批。刑事申诉案件的复查，在目前仍要坚持专人审查、集体讨论、领导审批的制度。

6. 作出复查决定。对批准结案的刑事申诉案件，承办部门应制作法律文书，并根据决定内容，以不同的文书形式通知申诉人及有关部门。

由于申诉案件的复杂性，复查决定在内容上应有所差别。具体分为：

（1）维持原判决、裁定或决定。原判决、裁定或决定经复查被认为事实清楚、证据确实充分、适用法律正确、处罚适当的，人民检察院应予维持。

（2）撤销原处理决定。人民检察院的处理决定经复查被认为事实认定或法律适用等方面确有错误的，应撤销原处理决定，必要时作出新的决定。

（3）按审判监督程序提出抗诉。人民法院的判决、裁定经复查被认为确有错误、符合抗诉条件的，应按审判监督程序提出抗诉。

通知申诉人及有关部门的文书格式主要有：

（1）刑事申诉复查通知书。对不服人民法院刑事判决、裁定的申诉复查后，应制作《刑事申诉复查通知书》，将抗诉或不予抗诉的决定通知申诉人。

（2）刑事申诉复查决定书。对不服人民检察院处理决定的刑事申诉复查后，在多数情况下，均应制作《刑事申诉复查决定书》，并送达申诉人、原案被处理人和有关部门。

（3）纠正案件错误通知书。该通知书是上级检察院对下级检察院使用的，上级检察院对确有错误的刑事申诉案件，作出复查决定后，不直接制作复查决定书，而采用《纠正案件错误通知书》的形式，责成下级检察院自行纠正。

7. 送达。复查决定书、复查通知书要在规定的时间内，送交当事人及有关部门；复查决定书应当公开宣布，并制作宣布笔录，上级检察院作出的复查决定，可责成下级检察院宣布执行。

（三）复查刑事申诉案件的时限

复查刑事申诉案件的时限是指申诉案件从决定立案复查到作出复查决定所应遵守的办案时限。根据刑事申诉案件的特点和刑事诉讼法的有关规定，根据《复查规定》第 34 条规定：复查刑事申诉案件，应在立案后 3 个月内办结。案情复杂的，最长不得超过 6 个月。对上级人民检察院交办的刑事申诉案件，应在收到交办文书后 10 日内立案复查，复查期限同上。复查交办的刑事申诉案件，逾期不能办结时，应向交办的上级人民检察院说明情况。

三、刑事申诉案件复查决定的执行

复查刑事申诉案件的目的，是纠正错误的判决、裁定和决定，维护正确的判决、裁定和决定，保护申诉人的合法权益，保障国家法律的正确实施。上述目的的实现，不是表现在仅仅作出复查决定上，如果复查决定确定的内容得不到执行，即使复查决定的内容完全正确，也达不到复查案件的目的。《复查规定》第五章对执行作了专章规定。

（一）下级人民检察院对上级人民检察院的复查决定必须执行

这是执行的一个基本原则。下级检察院对案件的处理有不同看法，可以在上级检察院复查案件的过程中，向上级检察院提出，上级检察院在作出决定前也可以听取下级检察院意见。但是在上级检察院作出复查决定后，下级检察院就必须立即执行，不能以任何借口拖延不办。

（二）根据复查决定的不同内容分别执行

由于刑事申诉案件复查决定的内容存在着多种可能性，在执行时要分别情况予以执行：对人民检察院原处理决定不当复查后决定撤销原决定的案件，如果决定的内容是重新提起程序，即重新立案侦查或提起公诉的，由原作出决定的人民检察院执行。如程序即告结束，由负责复查的人民检察院执行，也可指令作出决定的下级人民检察院执行。对人民法院已发生法律效力的判决、裁定，检察委员会决定抗诉的，由审查起诉部门出庭支持抗诉。

（三）重视做好申诉人的善后和息诉工作

做好善后和息诉工作，关系到对申诉人申诉权、民主权的切实保护问题，关系到社会稳定问题。尽管有些工作已超出复查案件的范围，但作为复查案件的延伸或有连带关系的工作，仍要一并做好。对复查后维持原处理结论的，要向申诉人讲明理由，宣传法律，做好申诉人的思想工作，使其知法息诉。对复查后认定原案的处理错误，改变原处理结论的，要使申诉人息诉，则首先要做好善后工作，解决好原案的遗留问题。一要做好申诉人的思想疏导工作，实事求是，勇于承认错误，取得申诉人的谅解。二要为申诉人恢复名誉，在政治上挽回影响。三要解决实际问题，对因原案的处理给申诉人带来的党政纪处理、工作、工资等实际问题，要主动与有关部门联系，说明纠正错案的理由和事实根据，取得理解和支持。对申诉人提出的合理要求，按照法律政策规定，积极会同有关部门协商予以解决，不留尾巴。根据《复查规定》，刑事申诉复查决定的善后处理工作，应由作出原处理决定的人民检察院负责商请有关部门予以落实。

第四节　刑事赔偿概述

一、刑事赔偿的概念和意义

（一）刑事赔偿的概念

刑事赔偿是指行使国家侦查、检察、审判和监狱管理职权的机关及其工作人员违法行使职权侵犯公民、法人和其他组织合法权益造成损害的，受害人有取得国家赔偿的权利。其中行使检察权的机关是指各级人民检察院，因此，检察机关的刑事赔偿是指各级人民检察院（包括专门人民检察院）及其工作人员，在行使职权过程中，违法侵犯公民、法人和其他组织合法权益造成损害的赔偿。

（二）检察机关刑事赔偿工作的意义

制定国家赔偿法，是我国政治体制和经济体制改革的重要内容，是完善我国民主政治制度和法制建设的重大步骤。检察机关作为国家法律监督机关，认真执行国家赔偿法，必将对保障公民、法人和其他组织的合法权益，促进检察机关及其工作人员依法行使职权，推动廉政建设，维护社会稳定，发展社会主义市场经济产生重大作用，具有重要的意义。主要表现在以下几个方面：

1. 有利于保障公民、法人和其他组织享有依法取得国家赔偿的权利。《宪法》第41条规定，公民"对于任何国家机关和国家工作人员的违法失职行为，有向有关国家机关提出申诉、控告或者检举的权利"，"由于国家机关和国家工作人员侵犯公民权利而受到损失的人，有依照法律的规定取得赔偿的权利"。国家赔偿法对公民、法人和其他组织享有取得宪法规定的国家赔偿权利作出规定，是对宪法这一规定的具体化，是贯彻实施宪法的重要方面。我国是社会主义国家，人民是国家的主人，为人民服务是国家的宗旨，保护人民的合法权益是国家义不容辞的义务。检察机关通过开展刑事赔偿工作，办理刑事赔偿案件，能够保障公民、法人和其他组织依法取得国家赔偿的权利。

2. 有利于促进检察机关及其工作人员依法行使职权，提高执法水平。司法实践中检察机关及其工作人员还存在着有法不依、执法不严、违法不究的现象，甚至还存在着贪污受贿、徇私枉法等违法违纪行为。这些都严重地损害了人民群众的利益，破坏了党和人民群众的关系，危害了社会安定，妨碍了社会主义市场经济的健康发展。检察机关执行国家赔偿法，能够促使检察机关及其工作人员依法行使职权，提高办案质量和执法水平，避免和减少错案的发生。主要体现在以下四个方面：一是当公民、法人及其他组织合法权益受到检察机关及其工作人员违法侵害时，有权依据国家赔偿法要求检察机关履行刑事赔偿义务，从人民群众监督的角度，能够促进检察机关及其工作人员依法行使职权；二是上一级检察机关通过受理刑事赔偿请求复议，对下级检察机关的工作进行监督；三是人民法院赔偿委员会对检察机关及其工作人员违法侵权造成损害作出赔偿决定，有利于促进检察机关及其工作人员依法行使职权；四是赔偿义务机关通过向实施刑讯逼供、暴力殴打以及违法使用武器、警械等侵权行为和在处理案件时有贪污受贿、徇私舞弊、枉法裁判行为的工作人员实行追偿，有利于督促工作人员严格依法行使职权。

二、检察机关刑事赔偿主体责任

国家赔偿责任主体，即最终承担赔偿责任的主体。我国国家赔偿的责任主体是国家，由国库支付赔偿费用。因为国家是一个抽象的集合体，本身无法进行各种活动，要通过国家机关及其工作人员才能实现。因此，国家承担赔偿责任需要国家机关代为履行，即由国家赔偿法规定的赔偿义务机关承担。赔偿义务机关是指由法律规定代表国家履行赔偿义务的机关。检察机关代表国家行使检察权，检察机关及其工作人员在行使职权时违法侵犯公民、法人和其他组织合法权益并造成损害，检察机关作为赔偿义务机关，代表国家承担赔偿义务。

三、检察机关刑事赔偿的特点

（一）刑事赔偿基本依据违法归责原则

国家赔偿的归责原则是指国家承担赔偿责任的依据和标准。我国国家赔偿法主要确定了刑事赔偿的违法归责原则。

（二）刑事赔偿范围具有确定性

赔偿范围的确定性是指国家承担赔偿责任的范围完全由法律予以明确规定。刑事赔偿范围的确定性是指只有符合《国家赔偿法》第 17 条、第 18 条规定情形的，受害人才能请求刑事赔偿。

（三）刑事赔偿程序具有特殊性

首先，受害人请求刑事赔偿必须先向赔偿义务机关提出，由赔偿义务机关先行处理。其次，人民法院赔偿委员会通过非诉讼的特殊程序作出发生法律效力的刑事赔偿决定，赔偿义务机关必须执行。

四、检察机关刑事赔偿条件

检察机关承担刑事赔偿义务必须同时具备以下 4 个条件：

（一）必须是在行使职权时发生的

检察机关及其工作人员只有在行使职权过程中违法侵权造成公民、法人和其他组织人身权、财产权损害的，受害人才有权请求刑事赔偿。如果损害不是在检察机关工作人员行使职权时发生，而是检察机关工作人员与行使职权无关的个人行为造成，受害人不能请求刑事赔偿。如检察机关工作人员在娱乐场所因打架斗殴开枪打伤他人，受害人不能请求刑事赔偿。

（二）必须有违法侵权行为

只有违反了刑法和刑事诉讼法等法律法规的规定，侵犯了公民的人身权、财产权，法人和其他组织的财产权时，受害人才能请求刑事赔偿。

（三）必须有损害后果的发生

没有损害后果，无须赔偿。损害后果必须是现实的、直接的损害，将来可能受到的损害不包括在刑事赔偿范围内。

（四）侵权行为与损害后果之间具有因果关系

损害后果是由侵权行为造成的，国家才承担赔偿责任。

五、检察机关刑事赔偿范围

刑事赔偿范围是指国家刑事赔偿责任应当界定在何种范围之

内，包括积极事项和消极事项两种。积极事项是指国家依法应当承担刑事赔偿责任的事项；消极事项是指国家依法不承担刑事赔偿责任的事项。

《国家赔偿法》第 17 条、第 18 条对检察机关刑事赔偿的范围作了明确规定。这种规定是列举式的，没有概括性的规定。即只有属于这两条规定情形之一的，检察机关才承担刑事赔偿责任。

有下列情形之一的，检察机关承担刑事赔偿责任：

（一）检察机关在直接受理侦查的案件中，对没有犯罪事实或者没有事实证明有犯罪重大嫌疑的人错误拘留的

根据《刑事诉讼法》第 80 条和第 163 条的规定，检察机关对直接受理的案件符合下列情形之一的，可以作出拘留的决定：（1）犯罪后企图自杀、逃跑或者在逃的；（2）有毁灭、伪造证据或者串供可能的。如果检察机关对没有犯罪事实或者没有事实证明有犯罪重大嫌疑的人实行了拘留，就是错误的拘留，应当承担刑事赔偿责任。

（二）检察机关对没有犯罪事实的人错误批准或者决定逮捕的

《刑事诉讼法》第 79 条规定："对有证据证明有犯罪事实，可能判处徒刑以上刑罚的犯罪嫌疑人、被告人，采取取保候审尚不足以防止发生下列社会危险性的应当予以逮捕。"检察机关违反上述条件批准或决定逮捕的是错捕，应当承担赔偿责任。

国家赔偿法将对人身羁押刑事赔偿的界限划定在对没有犯罪事实或者没有事实证明有犯罪重大嫌疑的错误拘留和对没有犯罪事实的人错误逮捕上。对没有犯罪事实的人实施逮捕是错捕，这与 1979 年刑事诉讼法关于逮捕的实质条件规定是一致的。现行刑事诉讼法将 1979 年刑事诉讼法"主要犯罪事实已经查清"改为"有证据证明有犯罪事实"，因此，根据国家赔偿法的规定，符合刑事诉讼法逮捕条件的逮捕可能会成为错捕。这与国家赔偿法所规定的违法归责原则是矛盾的。这个问题只有通过修改国家赔偿

法才能最终得到解决。

如果行为人构成犯罪，但犯罪情节轻微，依照刑法规定不需要判处刑罚或者免除刑罚，不能请求刑事赔偿。依照刑法规定不需要判处刑罚或者免除刑罚的情况主要有：又聋又哑的人或者盲人犯罪，正当防卫或者紧急避险超过必要限度的犯罪，预备犯、中止犯、从犯和胁从犯中情节轻微，不需要判处刑罚的犯罪，投案自首又有重大立功表现的犯罪，等等。对这些犯罪，都不能请求刑事赔偿。

（三）检察人员在行使职权时刑讯逼供或者以殴打等暴力行为或者唆使他人以殴打等暴力行为造成公民身体伤害或者死亡的

公民的人身权受法律保护，即使是罪犯，也只应受到法律所规定的刑罚处罚，非依法律，其人身权不受侵犯。刑讯逼供是指在办案过程中，为逼取口供，对犯罪嫌疑人、被告人使用肉刑或者变相肉刑的行为。肉刑主要是指捆绑、悬吊、毒打或者用各种刑具进行肉体摧残。变相肉刑是指除上述直接伤害身体的肉刑以外的其他对犯罪嫌疑人、被告人身体进行折磨的方法，如长时间冻饿、站立、不准睡觉等。由于刑讯逼供和暴力行为发生在检察机关工作人员行使职权的过程中，并造成公民身体伤害或者死亡的，受害人以及受害人的继承人和其他有扶养关系的亲属有权请求刑事赔偿。

（四）检察人员在行使职权时，违法使用武器、警械造成公民身体伤害或者死亡的

检察机关工作人员在刑事诉讼过程中，违反有关使用武器、警械的法律规定，使用武器、警械造成公民身体伤害或者死亡的，受害人以及受害人的继承人和其他有扶养关系的亲属有权请求刑事赔偿。

（五）检察机关及其工作人员在行使职权时，违法对财物采取查封、扣押、冻结、追缴等措施，侵犯公民、法人和其他组织合法权益的，受害的公民、法人和其他组织有权请求赔偿

《刑事诉讼法》第 139 条规定"在侦查活动中发现的可用以证明犯罪嫌疑人有罪或者无罪的各种财物、文件，应当查封、扣押；与案件无关的财物、文件，不得查封、扣押。对查封、扣押的财物、文件，要妥善保管或者封存，不得使用、调换或者损毁。"第 143 条规定"对查封、扣押的财物、文件、邮件、电报或者冻结的存款、汇款、债券、股票、基金份额等财产，经查明确实与案件无关的，应当在三日以内解除查封、扣押、冻结，予以退还。"检察机关在直接受理的案件中，违法查封、扣押、冻结财产，主要有以下几种：一是扣押与案件无关的财产。如，在侦查活动中对于扣押的财物、文件、邮件、电报，经查明确实与案件无关不退还原主的；在扣押犯罪嫌疑人存款时，把其家属领取工资收入的信用卡一并扣押不返还的；因同名同姓错误冻结、扣押的不及时解除冻结、发还的。二是扣押财产超出法定范围。如检察机关在侦查案件时扣押财产数额超出了法院判决所认定构成犯罪的部分，经查明为被告人合法收入或者属于其家庭合法财产而不予返还的。三是不依法妥善保管财产造成损坏、灭失的。表现为擅自使用被扣押物品，或者未采取有效措施保管扣押物品造成损坏、灭失。如扣押的名贵书画经查明与案件无关，在退还原主时，因未依法妥善保管，而造成损坏。四是检察机关超越职权插手经济纠纷后擅自处理有关扣押、冻结财产。例如为企业追款讨债违法扣押、没收他人财物，后将财产交给有关单位。

《刑事诉讼法》第 142 条规定："人民检察院、公安机关根据侦查犯罪的需要，可以依照规定查询、冻结犯罪嫌疑人的存款、汇款。"检察机关在办理自侦案件过程中所能冻结的，只能是与案件有直接关系的存款、汇款、债券、股票、基金份额，如犯罪分

子贪污、受贿的金钱。如果存款、汇款、债券、股票、基金份额明显与案件无关，如是案件当事人家属每月应从银行领取的工资收入存款，就不应冻结，否则就是违法。

追缴，是指将犯罪分子违法所得的一切财物追回并上缴国家。如果财物为犯罪分子的合法收入，予以追缴就是违法。《刑事诉讼法》第173条第3款规定："人民检察院决定不起诉的案件，应当同时对侦查中查封、扣押、冻结的财物解除查封、扣押、冻结。对被不起诉人需要给予行政处罚、行政处分或者需要没收其违法所得的，人民检察院应当提出检察意见，移送有关主管机关处理。有关主管机关应当将处理结果及时通知人民检察院。"可见检察机关对扣押、冻结的财物没有没收权，只有提出检察意见权。

根据《刑事诉讼法》第234条的规定，人民检察院对于查封、扣押、冻结的犯罪嫌疑人的财物及其孳息，应当妥善保管，以供核查，并制作清单，随案移送。任何单位和个人不得挪用或者自行处理。对被害人的合法财产，应当及时返还。对违禁品或者不宜长期保存的物品，应当依照国家有关规定处理。人民法院作出的判决生效以后，对被查封、扣押、冻结的赃款赃物及其孳息，除依法返还被害人的以外，一律没收，上缴国库。司法工作人员贪污、挪用或者私自处理被查封、扣押、冻结的赃款赃物及其孳息的，依法追究刑事责任；不构成犯罪的，给予处分。检察机关违反上述法律规定查封、扣押、冻结、追缴财产的应当承担赔偿责任。

六、检察机关不承担刑事赔偿责任的情况

《国家赔偿法》第19条规定了国家不承担赔偿责任的5种情形，即我国的刑事赔偿免责条款。刑事赔偿免责条款亦称刑事赔偿责任的例外或限制，是指司法机关在刑事诉讼活动过程中，其行为虽客观上侵害了公民的人身权利，但由于法定的事由或情形存在，国家不承担赔偿责任或称免除赔偿责任。对国家承担刑事

赔偿责任的范围进行限制，是各国的通例，只不过各国依据实际情况，限制大小有所差异而已。在我国有下列情形之一的，检察机关不承担刑事赔偿责任。

（一）因公民自己故意作虚伪供述，或者伪造其他有罪证据被羁押或者被判处刑罚的

这里的公民即刑事诉讼中的犯罪嫌疑人或刑事被告人。这一免责条款的构成应包括以下三个要件：

1. 从主体看，被羁押或者被判处刑罚者必须是故意作虚伪供述或者伪造有罪证据的有行为能力的公民本人。

2. 从行为人主观方面来看，是故意且对自己将会受到法律追究的结果持希望或放任态度。

3. 司法机关根据行为人所作的虚伪供述或者提供的伪证足以认定行为人构成犯罪。

实践中区分在司法机关曾交代过有罪与故意作虚伪供述主要在于：行为人作虚伪有罪供述时是否违背本人意志，而是否违背本人意志只能通过是否被采取强制措施，是否有刑讯逼供等外力作用以及行为人作虚伪有罪供述的动机、目的等因素综合判断。实践中行为人往往是为了使真正的犯罪分子逃脱法律制裁而不惜作有罪供述和伪造证据的，如父代子受罪，妻代夫受罪，贪图钱财被他人雇佣代其受罪等。如果公民作虚伪有罪供述或制造伪证是因为经不住司法机关工作人员刑讯逼供，不得已承认自己有罪，从而被羁押或者被判处刑罚的，国家仍应对该公民受到的损害承担赔偿责任。

（二）依照《刑法》第17条、第18条规定不负刑事责任的人被羁押的

依据《刑法》第17条、第18条的规定，下列人员是无刑事责任能力人，如果他们实施刑法所禁止的犯罪行为，不负刑事责任，不予刑事处罚：（1）不满14周岁的未成年人；（2）已满14

周岁不满 16 周岁的未成年人，犯故意杀人、故意伤害致人重伤或者死亡、强奸、抢劫、贩卖毒品、放火、爆炸、投毒罪以外的其他犯罪；（3）精神病人在不能辨认或者不能控制自己行为的时候犯罪。如果司法机关在未查清以上行为人责任能力前将其羁押的，行为人不能请求国家赔偿。比如，一少年因杀人被刑事拘留和批准逮捕，后经审查，该少年不满 14 周岁，公安机关将其依法释放，该少年不能以其依法不负刑事责任为由，请求对其拘留、逮捕予以刑事赔偿，因为该少年有刑事违法行为，仅因为有不负刑事责任的法定情形，才予以释放的。对其赔偿，不利于社会安定，对受害一方是不公平的。再如某人因故意伤害被刑事拘留和批准逮捕，后经法医鉴定确认，该人为精神病人，是在不能辨认自己行为的情况下造成危害后果的，不负刑事责任，但对该人的拘留和逮捕，国家不承担刑事赔偿责任。

（三）依照《刑事诉讼法》第 15 条规定不追究刑事责任的人被羁押的

《刑事诉讼法》第 15 条规定：有下列情形之一的，不追究刑事责任：（1）情节显著轻微、危害不大，不认为是犯罪的；（2）犯罪已过追诉时效期限的；（3）经特赦令免除刑罚的；（4）依照刑法告诉才处理的犯罪，没有告诉或者撤回告诉的；（5）犯罪嫌疑人、被告人死亡的；（6）其他法律规定免予追究刑事责任的。司法机关对依法不追究刑事责任的人实行了羁押，在查明情况后予以释放，按照《国家赔偿法》第 19 条第 3 项的规定，国家不承担刑事赔偿责任。

1. 情节显著轻微、危害不大，不认为是犯罪的人被羁押的，国家不承担刑事赔偿责任。关于"情节显著轻微、危害不大，不认为是犯罪的"，应认为是一般违法行为，如轻微伤害，数额未达犯罪标准的盗窃、贪污、受贿等。情节显著轻微，危害不大的案件，往往在司法实践中罪与非罪难以区分，司法机关有裁量的过程，如果该裁量权被取消，办案中可能出现司法机关不立案、不起诉的情形。"情节显著轻微"毕竟有情节，"危害不大"毕竟有危害，虽不认为是犯罪，但违法，有可能作行政处罚，如果赔偿，与行政赔偿的规定不协调。对这种行为，依照《刑法》第 13 条"情节显著轻微，危害不大的，不认为是犯罪"的规定不作犯罪处理是正确的，但是，不能再请求国家赔偿。

2. 对已过追诉时效的犯罪人羁押，国家不承担刑事赔偿责任。犯罪已过追诉时效期间，是指行为人有犯罪行为，只是因为犯罪已过了法定的追诉时效，社会危害性已经消失，才不追究刑事责任的，对已过追诉时效期间的犯罪人羁押，司法机关应依法予以释放，国家不承担对其羁押的赔偿责任。

3. 对经特赦免除刑罚的犯罪人羁押，国家不承担刑事赔偿责任。特赦是党和政府对特定犯罪分子的宽大处理，经特赦免除刑罚的，是对特定的犯罪分子免除其刑罚的全部或者一部的执行。司法机关将经特赦令免除刑罚的犯罪人羁押的，国家不承担刑事赔偿责任。

4. 依照刑法规定告诉才处理的犯罪，受害人没有告诉或撤回告诉的，对这类案件的犯罪嫌疑人、被告人羁押的，国家不承担刑事赔偿责任。按照刑法规定，暴力干涉婚姻自由罪、虐待家庭成员罪、侮辱罪、诽谤罪告诉才处理。对告诉才处理的犯罪，没有告诉或者撤回告诉的，只表明受害人不愿追究侵害人的刑事责任，并不表明侵害人的行为不构成犯罪，侵害人不能对其受到的羁押请求刑事赔偿。

5. 犯罪嫌疑人、被告人死亡，其生前被羁押的，国家不承担刑事赔偿责任。此处所指犯罪嫌疑人、被告人死亡而不予赔偿的，是以已死亡的犯罪嫌疑人、被告人生前有犯罪行为或者有事实证明有犯罪重大嫌疑为前提条件的。犯罪嫌疑人、被告人死亡，无法再追究其刑事责任，但其继承人和其他有抚养关系的亲属不能以不追究刑事责任为名，请求刑事赔偿。

6. 其他法律规定免予追究刑事责任的人被羁押的，国家不承担刑事赔偿责任。行为人构成了犯罪，但其他法律规定免予追究刑事责任的，如果犯罪嫌疑人、被告人被羁押，国家不承担刑事赔偿责任。

国家赔偿法免责条款的不足方面，即以审判判决为界限，对经审判判决前羁押的，国家不负赔偿责任；对判处实体刑并执行的，国家应当承担赔偿责任，不能免责。

（四）检察机关工作人员行使与检察职权无关的个人行为

职权是国家以法律的形式，按照国家机关不同的职能，授予他们管理社会的各种权力。法律赋予检察机关以检察权。检察机关是依法享有职权的主体，其职权是通过工作人员行使的。当法律规定的行使职权的条件成立时，检察机关工作人员就应当代表检察机关行使权力。另外，检察机关工作人员还可以以公民身份实施个人行为。侵权损害赔偿的基本原则是谁侵权谁承担责任。检察机关工作人员与行使职权无关的个人行为造成的侵权责任，应由其个人承担。如检察官在家里发生邻里纠纷把人打伤，因个人债务纠纷，造成他人财产损失，由此，国家不承担赔偿责任。实践中，判断某一行为与职权是否有关，应综合考虑某一行为发生的时间、地点，以什么名义，以及该行为与行使职权有无内在联系，在外观上是否被人们普遍认为是履行职权等因素，予以自由裁量。一般而言，与行使职权有关的行为包括：（1）构成职权行为本身的行为。如检察机关违法逮捕行为。（2）与职权行为有关而不可分的行为。该行为特点为，行为本身不是职权行为，但与职权内容密切相关，包括在行使职权过程中采取的不法手段行为。如讯问犯罪嫌疑人时，检察人员予以刑讯逼供；利用职务之便，为个人目的所为的行为。

（五）因公民自伤、自残等故意行为致使损害发生的

司法实践中有些犯罪嫌疑人、被告人或服刑人员为逃避法律制裁或者为能够取保候审，保外就医、假释而采取各种手段自伤、自残，如在看守所里吞食铁钉、剪刀等危害自己生命健康的物质，长期伪装残疾致使肢体失去功能等，由于此种损害的发生直接由公民自己的故意行为所致，与国家司法机关没有因果关系或没有直接因果关系，因此，国家不承担刑事赔偿责任。即使是无犯罪事实的人在被羁押期间自伤、自残，原则上只对其被限制人身自由予以赔偿，对其自伤、自残的损害不能采取赔偿的方式解决。但是，如果公民自伤、自残，是因不堪忍受司法人员的折磨而引起的，不能全部免除赔偿责任，特别是在该公民纯属无辜的情况下。如司法人员刑迅逼供导致该公民自杀身亡，由此引起人身损害，不能免除赔偿责任。这种情况可适用《国家赔偿法》第17条第4项的规定，属于司法工作人员实施刑讯逼供等暴力行为造成公民身体伤害或者死亡的，国家承担刑事赔偿责任。

（六）法律规定的其他情形

这是一条立法技术条款。其意图在于为日后扩大刑事赔偿免责范围留有余地。这里的法律是狭义的，专指全国人大及其常委会的立法。

第五节　刑事赔偿程序

一、刑事赔偿请求人

刑事赔偿请求人，即因行使侦查、检察、审判和监狱管理职权的机关及其工作人员在行使职权时违法侵犯其人身权和财产权，依法有权提起刑事赔偿请求的公民、法人和其他组织。

刑事赔偿请求由受害的公民、法人和其他组织提出。受害的公民死亡的，由其继承人和其他有扶养关系的亲属提出；受害的

法人或者其他组织终止的，由承受其权利的法人或者其他组织提出。

外国人、外国企业和组织在中华人民共和国领域内要求中华人民共和国国家赔偿的，适用国家赔偿法。外国人、外国企业和组织的所属国对中华人民共和国公民、法人和其他组织要求该国国家赔偿的权利不予保护或者限制的，中华人民共和国与该外国人、外国企业和组织的所属国实行对等原则。可见，在涉外国家赔偿上，我国实行的是平等原则和对等原则。其中对等原则是国际关系中的一项基本原则，国家赔偿法规定对等原则，是国家主权原则的具体体现，一方面能维护我国国家主权，一方面能保护我国公民、法人和其他组织在外国的权益。

刑事赔偿请求人要求国家赔偿的，赔偿义务机关、复议机关和人民法院赔偿委员会不得向赔偿请求人收取任何费用。国家对刑事赔偿请求人取得的赔偿金不予征税。刑事赔偿是由于权利人的合法权益受到国家机关及其工作人员违法行使职权造成损害而引起的。刑事赔偿责任对于国家来讲是一种义务，赔偿义务机关有义务代表国家履行刑事赔偿责任，应当承担审理刑事赔偿请求过程中所需的一切费用，而不应当让赔偿请求人承担。这是对赔偿请求人合法权益予以保护的一种形式。同样，在国家赔偿法律关系中，赔偿请求人从国家取得的赔偿金是因受到国家机关及其工作人员违法行使职权造成损害而取得的补偿，不是取得的收入。国家对这种损害承担责任而给予赔偿金后，不应予以收税，以保护受害人切实取得赔偿数额。

二、赔偿义务机关的确定

在刑事诉讼过程中，公安机关、检察院和法院三机关是分工负责、互相配合、互相制约的关系。从侵权的责任来看，三机关也是相互关联的。比如对一个刑事案件的错误判决，从拘留、逮捕到判决的执行，三机关都是有责任的，如果都为赔偿义务机关，势必会使赔偿案件复杂化，增加三机关的负担，影响三机关的正常工作。因此，国家赔偿法对赔偿义务机关作出了明确规定，既便于落实赔偿义务机关和审理赔偿案件，也便于赔偿请求人行使赔偿请求权。

根据国家赔偿法的规定，下列机关为赔偿义务机关：

1. 对公民采取拘留措施，依照国家赔偿法的规定应当予以国家赔偿的，作出拘留决定的机关为赔偿义务机关。

2. 对公民采取逮捕措施后决定撤销案件、不起诉或者判决宣告无罪的，作出逮捕决定的机关为赔偿义务机关。

3. 再审改判无罪的，作出原生效判决的人民法院为赔偿义务机关。

4. 二审改判无罪，以及二审发回重审后作无罪处理的，作出一审有罪判决的人民法院为赔偿义务机关。

5. 刑讯逼供或者以殴打等暴力行为或者唆使他人以殴打等暴力行为造成公民身体伤害或者死亡的，实施此行为的工作人员所属的机关为赔偿义务机关。

6. 违法使用武器、警械造成公民身体伤害或者死亡的，实施此行为的工作人员所属的机关为赔偿义务机关。

三、刑事赔偿请求的提出

受害的公民、法人或者其他组织请求赔偿的，应当先向负有赔偿义务的机关提出，如果人民检察院为赔偿义务机关，则应向人民检察院提出。赔偿请求人根据受到的不同损害，可以同时提出数项赔偿要求。

赔偿请求人要求赔偿应当递交申请书，书写申请书确有困难的，可以委托他人代书，也可以口头申请。口头申请赔偿的，由赔偿义务机关制作笔录，赔偿请求人签名或者盖章。

赔偿申请书应当载明下列事项：

1. 请求人的姓名、性别、年龄、工作单位和住所，请求人为法人或者其他组织的，应载明法人或者其他组织的名称、住所和法定代表人或者主要负责人的姓名、职务；请求人有代理人的，应载明代理人的姓名、性别、年龄、职业、住所；

2. 请求赔偿的具体事项、事实根据和理由；

3. 赔偿义务机关的名称；

4. 申请的年、月、日，请求人或代理人签名盖章。

赔偿申请书中应当附具司法机关对其有错误拘留、逮捕、判决等侵权行为后加以纠正的法律文书副本，如检察机关的撤销案件决定书、不起诉决定书，已生效的法院无罪判决书等。

四、审理刑事赔偿案件的程序

（一）赔偿义务机关审理刑事赔偿案件的程序

对符合下列条件的赔偿申请，人民检察院应当立案审理：（1）检察机关为赔偿义务机关；（2）本院负有赔偿义务；（3）赔偿请求人具备国家赔偿法第 6 条规定的条件；（4）符合《国家赔偿法》第 39 条规定的请求赔偿时效；（5）请求赔偿的材料齐备。人民检察院作为赔偿义务机关对依法应予赔偿的，应当自受理赔偿申请之日起 2 个月内作出决定，给予赔偿。对申请材料不齐备的，2 个月的期间应当自请求赔偿的材料补充齐备之日起计算。对不符合立案条件的赔偿申请，应当分别下列不同情况予以处理。

1. 本院不负有赔偿义务的，告知赔偿请求人向负有赔偿义务的机关提出，或移送负有赔偿义务的人民检察院，并通知赔偿请求人。

2. 赔偿请求人不具备《国家赔偿法》第 6 条规定条件的，告知赔偿请求人。

3. 经审查，赔偿请求已过法定时效的，告知赔偿请求人已经丧失请求赔偿权。

4. 对材料不齐备的，告知赔偿请求人补充有关材料。

（二）复议程序

赔偿请求人对赔偿义务机关逾期不予赔偿的或者对赔偿方式、赔偿数额有异议的，可以自赔偿义务机关受理赔偿申请后两个月期间届满之日起 30 日内向其上一级机关申请复议。对赔偿义务机关逾期未作决定而申请复议的，赔偿请求人应当提供证明材料。复议机关收到复议申请后，分别下列情况处理：（1）对赔偿请求人尚未向赔偿义务机关提出赔偿请求的，告知其先向赔偿义务机关提出；（2）对赔偿义务机关作出决定的期间尚未届满的，告知请求人应要求赔偿义务机关在期间届满前作出决定，待期间届满后再提出复议申请；（3）对于超过法定复议期间申请复议的，复议机关不予受理；（4）对符合法定条件的复议申请，复议机关应当自收到复议申请之日起 2 个月内作出复议决定。复议刑事赔偿案件，实行一次复议制。

经上一级机关复议并作出决定，其优点是：（1）能较快地解决赔偿问题；（2）便于上级机关对下级机关的监督和指导。其不足是：（1）由于复议机关是赔偿义务机关的上一级机关，有的赔偿决定在作出前已经征求过上一级机关的意见，再经复议程序，有可能使赔偿义务机关错误的赔偿决定得不到及时的纠正；（2）公民、法人和其他组织对上一级机关能否公正审查下级机关的赔偿决定存有疑虑。

上一级机关复议刑事赔偿案件可以调取有关案件材料，并进行调查。经审查后，复议机关应分别下列情况作出复议决定：（1）原决定事实清楚，适用法律正确，赔偿方式、数额适当的，予以维持；（2）原决定认定事实或适用法律错误的，予以纠正，赔偿方式、数额不当的，予以变更；（3）赔偿义务机关逾期未作决定的，依法作出复议决定。复议决定作出后，送达赔偿请求人和赔偿义务机关。送达赔偿请求人确有困难的，可以委托其所在地的人民检察院代为送达。

（三）人民法院赔偿委员会审理赔偿案件的程序

赔偿义务机关是人民法院的，赔偿请求人可以依照法律规定向其上一级人民法院赔偿委员会申请作出赔偿决定。

五、刑事赔偿方式和计算标准

（一）赔偿方式

我国国家赔偿方式以支付赔偿金为主要方式，能够返还财产或者恢复原状的，予以返还财产或者恢复原状。

1. 支付赔偿金。国家对公民人身权造成损害的赔偿，应当采用支付赔偿金的方式。对财产权造成损害，不能恢复原状的，按照损害程度给付相应的赔偿金。应当返还的财产灭失的，给付相应的赔偿金。

2. 返还财产，是指赔偿义务机关应将财产归还对其享有所有权的受害方的赔偿方式。返还之财产，既可以是金钱，也可以是物。其中的物既可以是特定物，也可以是种类物。返还财产的条件是：（1）原物存在；（2）比金钱赔偿更便捷；（3）不影响公务。赔偿义务机关处罚款、罚金、追缴、没收财产或者违反国家规定征收财物、摊派费用的，应返还财产。

3. 恢复原状，是指赔偿义务机关按照请求人的愿望和要求恢复损害发生之前的原本状态。应当返还的财产损坏的，能够恢复原状的，恢复原状；查封、扣押、冻结财产的，解除对财产的查封、扣押、冻结。

以上3种赔偿方式，既可以单独适用，也可以合并适用。

另外，检察机关作为赔偿义务机关对依法确认有《国家赔偿法》第17条第1、2项规定的情形之一，并造成受害人名誉权、荣誉权损害的，应当在侵权行为影响的范围内，为受害人消除影响，恢复名誉，赔礼道歉。

（二）计算标准

国家赔偿法规定赔偿标准的原则是，既要使受害人所受到的损失得到适当弥补，又要考虑国家的经济和财力负担状况。我国国家赔偿标准基本采用慰抚性原则。

1. 侵犯公民人身自由权的计算标准

《国家赔偿法》第33条规定："侵犯公民人身自由的，每日的赔偿金按照国家上年度职工日平均工资计算。"

根据最高人民法院《关于执行国家赔偿法几个问题的解释》第6条规定：《国家赔偿法》第33条关于"侵犯公民人身自由的，每日的赔偿金按照国家上年度职工日平均工资计算"中规定的上年度，应为赔偿义务机关、复议机关或者人民法院赔偿委员会作出赔偿决定时的上年度；复议机关或者人民法院赔偿委员会决定维持原赔偿决定的，按作出原赔偿决定时的上年度执行。国家上年度职工日平均工资数额，应当以职工年平均工资除以全年法定工作日数的方法计算。年平均工资以国家统计局公布的数字为准。在国家统计局对"上年度"的职工全国年平均工资公布之前，检察机关作出赔偿决定，复议决定的，赔偿金的计算适用"上年度"的前一年的全国职工年平均工资标准。在国家统计局对"上年度"的职工全国年平均工资公布后，检察机关作出赔偿决定、复议变更原决定的，赔偿金的计算适用"上年度"的全国职工年平均工资标准；复议维持原决定的，赔偿金的数额不再变更。

2. 侵犯公民生命健康权的赔偿金计算标准

（1）造成身体伤害的，应当支付医疗费，以及赔偿因误工减少的收入。减少的收入每日的赔偿金按照国家上年度职工日平均工资计算，最高额为国家上年度职工年平均工资的5倍。

（2）造成部分或者全部丧失劳动能力的，应当支付医疗费、护理费、残疾生活辅助具费、康复费等因残疾而增加的必要支出和继续治疗所必需的费用，以及残疾赔偿金。残疾赔偿金根据丧失劳动能力的程度，按照国家规定的伤残等级确定，最高不超过国家上年度职工年平均工资的20倍。

（3）造成死亡的，应当支付死亡赔偿金、丧葬费，总额为国家上年度职工年平均工资的 20 倍。死亡赔偿金是对死者家属的抚慰金。丧葬费是办理丧事的花费。对死者生前扶养的无劳动能力的人，还应当支付生活费。

对造成全部丧失劳动能力和死亡的人所扶养的无劳动能力的人生活费的发放标准参照当地民政部门有关生活救济的规定办理。被扶养的人是未成年人的，生活费给付至 18 周岁止；其他无劳动能力的人，生活费给付至死亡时止。

国家赔偿法规定的赔偿金计算标准既统一又灵活。不分受害人有无收入、收入高低，不论是在经济发达地区，还是在经济落后地区，只要人身自由权和生命健康权受到侵害，每日的赔偿金都按照国家上年度职工日平均工资计算。

3. 侵犯公民、法人和其他组织的财产权造成损害的办理规定

（1）查封、扣押、冻结财产的，解除对财产的查封、扣押、冻结。解除查封，即宣布取消不许动用财产的禁令。解除扣押，即将扣押的财物退还给受害人，由其自由支配。解除冻结，即通知银行恢复受害人对银行存款账户的使用。

（2）应当返还的财产损坏的，能够恢复原状的恢复原状，不能恢复原状的，按照损害程度给付相应的赔偿金。恢复原状，指通过修理、更换等方式恢复物品的本来面目。不能恢复原状，一般包括以下两种情况：一是物品本身不能恢复，如特定物，或者损坏太严重，无法恢复。二是采用恢复原状的办法会严重影响国家机关的正常工作。

（3）应当返还的财产灭失的，给付相应的赔偿金。即当财产不复存在或者下落不明时，可以按照购买该财产的价格给付赔偿金。

（4）财产已经拍卖的，给付拍卖所得的价款。拍卖款高于物品原价格的，不能截留；拍卖款低于物品原价格的，也不再补差。

（5）对财产权造成其他损害的，按照直接损失给予赔偿。直接损失，又称积极损失、实际损失，是指既得利益的丧失或现有财产的减少。赔偿直接损失，是指赔偿已经发生的确定的损失，即损害必须具有现实性和确定性。对权利人应得到的或者能够得到的利益不予赔偿。另外财产权的直接损失必须针对合法权益而言，违法利益不受法律保护。

六、刑事赔偿决定的执行

《国家赔偿法》第 2 条规定：本法规定的赔偿义务机关，应当依照本法履行赔偿义务。

负有赔偿义务的人民检察院负责赔偿决定的执行。赔偿义务机关作出赔偿决定后，赔偿请求人在国家赔偿法规定的期间内未向上一级人民检察院申请复议的，即应执行。复议机关作出复议决定后，赔偿请求人自收到复议决定之日起 30 日内未向人民法院赔偿委员会提出申请的，赔偿义务机关即应执行，并将执行情况报告复议机关。经人民检察院依法确认有违法侵权情形，人民法院赔偿委员会作出的赔偿决定，负有赔偿义务的人民检察院应当执行。赔偿义务机关如果认为人民法院赔偿委员会的赔偿决定确有错误，可以向作出赔偿决定的人民法院的上一级人民法院提出确有错误的事实和理由，并向上一级人民检察院报告，上一级人民检察院或者省级人民检察院可以向同级人民法院赔偿委员会提出建议。

七、刑事赔偿费用的支付

国家赔偿费用是指赔偿义务机关按照国家赔偿法的规定，应当向赔偿请求人支付的费用。国家赔偿费用列入各级财政预算，由各级财政按照财政管理体制分级负担。各级政府应当根据本地区的实际情况，确定一定数额的国家赔偿费用，列入本级财政预算。国家赔偿费用由各级财政机关负责管理。国家赔偿费用由赔偿义务机关先从本单位预算经费和留归本单位使用的资金中支付，支付后再向同级财政机关申请核拨。这样，国家赔偿费用能够得到落实，保障受害人能够及时得到赔偿。

赔偿义务机关申请核拨国家赔偿费用或者申请返还已经上交财政的财产，应当提供以下有关文件和文件副本：（1）赔偿请求人请求赔偿的申请书；（2）赔偿义务机关的赔偿决定书；（3）复议机关的复议决定书；（4）人民法院判决书、裁定书和赔偿决定书；（5）赔偿义务机关追偿的决定；（6）其他文件或文件副本。财政机关对赔偿义务机关的申请进行审核后，分别情况作出处理：（1）财产已经上交财政，应当依法返还给赔偿请求人的，应当及时返还；（2）申请核拨已经依法支付的国家赔偿费用的，应当及时核拨。赔偿义务机关向赔偿请求人支付国家赔偿费用或者返还财产，赔偿请求人应当出具收据或者其他凭证，赔偿义务机关应当将收据或者其他凭证的副本报送同级财政机关备案。

八、刑事赔偿中的追偿制度

刑事赔偿中的追偿制度是指根据国家赔偿法的规定，赔偿义务机关向赔偿请求人赔偿损失后，对具有法定情形的工作人员追偿部分或者全部赔偿费用。

根据《国家赔偿法》第 31 条的规定，刑事赔偿的追偿对象是：

1. 具有《国家赔偿法》第 17 条第 4、5 项规定情形的工作人员，即刑讯逼供或者以殴打等暴力行为或者唆使他人以殴打等暴力行为造成公民身体伤害或者死亡的；违法使用武器、器械造成公民身体伤害或者死亡的。这两项规定的行为都是法律明令禁止的行为，工作人员明知故犯，造成公民身体伤害或者死亡的，应当由他们承担部分或者全部赔偿费用。

2. 在处理案件中有贪污受贿、徇私舞弊、枉法裁判行为的工作人员。贪污受贿、徇私舞弊、枉法裁判是执法犯法的故意行为，理应由他们承担部分或者全部赔偿费用。

第六节　时效和溯及力问题

一、请求刑事赔偿的时效

（一）时效的概念

时效是指一定的事实状态经过一定的时间导致一定的法律后果发生的制度。请求刑事赔偿的时效是指赔偿请求人向国家机关请求国家赔偿的法定时间。国家赔偿法规定的赔偿请求时效为2年。根据我国的实际情况，2年的时效期间是适当的，既不会使赔偿请求人来不及提出赔偿请求，也不会因权利人长期不行使权利，造成国家赔偿法律关系长期处于不稳定状态。

（二）时效的计算

刑事赔偿请求人请求国家赔偿的时效为2年，自其知道或者应当知道国家机关及其工作人员行使职权时的行为侵犯其人身权、财产权之日起计算，但被羁押等限制人身自由期间不计算在内。

（三）时效中止

赔偿请求人在赔偿请求时效的最后6个月内，因不可抗力或者其他障碍不能行使请求权的，时效中止。从中止时效的原因消除之日起，赔偿请求时效期间继续计算。

时效中止是指在时效进行中，因特定的法定事由的发生阻碍了权利人行使其权利，而暂时停止时效的进行，待阻碍时效进行的原因消除后请求人能够行使请求权之日起，时效期间继续进行。时效中止的原因是不可抗力和其他障碍。不可抗力是指为当事人不能预见、不能避免并不能克服的客观情况，如地震、水灾、战争、严重疾病导致丧失意思表示能力；其他障碍是指除不可抗力以外，当事人无法左右的事由，如，权利人死亡尚未找到继承人或者其他有扶养关系的亲属，权利人丧失了行为能力而法定代理人尚未确定等。时效中止的规定，有利于保护权利人的合法权益。

二、溯及力问题

法律的溯及力又称法律溯及既往的效力，指新的法律颁布后，对其生效以前所发生的事件和行为是否适用的问题。

国家机关及其工作人员行使职权侵犯公民、法人和其他组织合法权益的行为发生在 2010 年 12 月 1 日以后，或者发生在 2010 年 12 月 1 日以前、持续至 2010 年 12 月 1 日以后的，适用修正的国家赔偿法。

国家机关及其工作人员行使职权侵犯公民、法人和其他组织合法权益的行为发生在 2010 年 12 月 1 日以前的，适用修正前的国家赔偿法，但有下列情形之一的，适用修正的国家赔偿法：（1）2010 年 12 月 1 日以前已经受理赔偿请求人的赔偿请求但尚未作出生效赔偿决定的；（2）赔偿请求人在 2010 年 12 月 1 日以后提出赔偿请求的。

公民、法人和其他组织对行使侦查、检察、审判职权的机关以及看守所、监狱管理机关在 2010 年 12 月 1 日以前作出并已发生法律效力的不予确认职务行为违法的法律文书不服，未依据修正前的国家赔偿法规定提出申诉并经有权机关作出侵权确认结论，而直接向人民法院赔偿委员会申请赔偿的，不予受理。

公民、法人和其他组织对在 2010 年 12 月 1 日以前发生法律效力的赔偿决定不服提出申诉的，人民法院审查处理时适用修正前的国家赔偿法；但是仅就修正的国家赔偿法增加的赔偿项目及标准提出申诉的，人民法院不予受理。

人民法院审查发现 2010 年 12 月 1 日以前发生法律效力的确认裁定、赔偿决定确有错误应当重新审查处理的，适用修正前的国家赔偿法。

思考题：

一、简述刑事申诉的特点。

二、按照刑事申诉客体的分类，刑事申诉案件有哪几种主要

　　　　分类？

三、试论复查刑事申诉案件应遵循的基本原则。

四、简述检察机关刑事赔偿的概念和必备条件。

五、试论检察机关刑事赔偿的基本范围。

六、申请赔偿应经过哪些主要程序？

第十一章　民事、行政检察

第一节　民事、行政检察的概念与特征

一、民事、行政检察的概念

民事、行政检察是法律赋予检察机关诉讼监督职责的一部分，是人民检察院依照法律规定对人民法院的民事诉讼活动和行政诉讼活动实行的法律监督。

二、民事、行政检察的法律特征

（一）民事、行政检察是人民检察院的职权之一

我国检察机关的性质和职权范围与西方国家有所不同。在英美法系国家，检察机关是公诉机关，其主要功能是代表国家追诉犯罪，将依法应当承担刑事责任的犯罪嫌疑人起诉至法院，由法院依法审判。我国检察机关是以列宁关于社会主义国家理论为指导思想，结合中国实际情况和新民主主义时期检察工作实践而建立的，根本任务是履行法律监督职能，它在国家政治体系中所处的地位是不能用国家公诉机关来准确概括的。根据《宪法》和《人民检察院组织法》的规定，人民检察院是国家专门的法律监督机关，因此，人民检察院除了履行公诉职能以外，还有权对特殊类型的刑事案件进行侦查；对公安机关的侦查活动进行监督；对人民法院的刑事、民事和行政审判活动进行监督；对刑罚执行机关的执行活动进行监督。人民检察院实施法律监督的范围不仅包括刑法和刑事诉讼法的实施情况，也包括民法、行政法和民事诉

讼法、行政诉讼法的实施情况。人民检察院的民事、行政检察职
权与其他检察职权一样，是检察机关法律监督职能的重要组成部
分，是检察权在民事、行政实体法和程序法实施领域内进行监督
的具体体现。

（二）民事、行政检察监督是根据法律规定进行的监督

民事、行政检察监督的法律依据主要有：宪法和人民检察院
组织法对人民检察院法律地位、职责权限、组织体系的原则规定。
如《宪法》第 129 条规定："中华人民共和国人民检察院是国家的
法律监督机关。"《人民检察院组织法》第 1 条规定："中华人民共
和国人民检察院是国家的法律监督机关。"与此相适应，我国现行
三大诉讼法——刑事诉讼法、民事诉讼法和行政诉讼法都分别规
定了与检察机关监督地位相适应的诉讼监督职责。与民事、行政
检察有关的规定是：《行政诉讼法》第 10 条规定："人民检察院有
权对行政诉讼实行法律监督。"第 64 条规定："人民检察院对人民
法院已经发生法律效力的判决、裁定，发现违反法律、法规规定
的，有权按照审判监督程序提出抗诉。"《民事诉讼法》第 14 条规
定："人民检察院有权对人民法院的民事诉讼实行法律监督"。根
据《民事诉讼法》第 208 条规定，最高人民检察院对各级人民法院
已经发生法律效力的判决、裁定，上级人民检察院对下级人民法
院已经发生法律效力的判决、裁定，发现有下列情形之一的，应
当按照审判监督程序提出抗诉：（1）有新的证据，足以推翻原判
决、裁定的；（2）原判决、裁定认定的基本事实缺乏证据证明的；
（3）原判决、裁定认定事实的主要证据是伪造的；（4）原判决、
裁定认定事实的主要证据未经质证的；（5）对审理案件需要的主
要证据，当事人因客观原因不能自行收集，书面申请人民法院调
查收集，人民法院未调查收集的；（6）原判决、裁定适用法律确
有错误的；（7）审判组织的组成不合法或者依法应当回避的审判
人员没有回避的；（8）无诉讼行为能力人未经法定代理人代为诉

讼或者应当参加诉讼的当事人，因不能归责于本人或者其诉讼代理人的事由，未参加诉讼的；（9）违反法律规定，剥夺当事人辩论权利的；（10）未经传票传唤，缺席判决的；（11）原判决、裁定遗漏或者超出诉讼请求的；（12）据以作出原判决、裁定的法律文书被撤销或者变更的；（13）审判人员审理该案件时有贪污受贿，徇私舞弊，枉法裁判行为的。地方各级人民检察院对同级人民法院已经发生法律效力的判决、裁定发现有上述规定情形之一的，或者发现调解书损害国家利益、社会公共利益的，可以向同级人民法院提出检察建议，并报上级人民检察院备案；也可以提请上级人民检察院向同级人民法院提出抗诉。或者发现调解书损害国家利益、社会公共利益的，应当提出抗诉。《民事诉讼法》第211条规定："人民检察院提出抗诉的案件，接受抗诉的人民法院应当自收到抗诉书之日起三十日内作出再审的裁定；有本法第二百条第一项至第五项规定情形之一的，可以交下一级人民法院再审，但经该下一级人民法院再审的除外。"第212条规定："人民检察院决定对人民法院的判决、裁定、调解书提出抗诉的，应当制作抗诉书。"第213条规定："人民检察院提出抗诉的案件，人民法院再审时，应当通知人民检察院派员出席法庭。"第235条规定："人民检察院有权对民事执行活动实行法律监督。"第208条规定："最高人民检察院对各级人民法院已经发生法律效力的判决、裁定，上级人民检察院对下级人民法院已经发生法律效力的判决、裁定，发现有再审情形的，或者发现调解书损害国家利益、社会公共利益的，应当提出抗诉。地方各级人民检察院对同级人民法院已经发生法律效力的判决、裁定，发现有本法第二百条规定情形之一的，或者发现调解书损害国家利益、社会公共利益的，可以向同级人民法院提出检察建议，并报上级人民检察院备案；也可以提请上级人民检察院向同级人民法院提出抗诉。各级人民检察院对审判监督程序以外的其他审判程序中审判人员的违法行为，有权向同级人民法院提出检察建议。"上述《行政诉讼法》和《民事诉讼法》的规定，是检察机关履行民事、行政检察监督职责的授权性规定，为检察机关正确适当地行使职责奠定了基础。

（三）民事、行政检察监督的对象是人民法院的民事诉讼活动和行政诉讼活动

概括地说，人民法院审理的除刑事案件以外的其他案件，都属于民事、行政检察监督的范畴。根据现行民事诉讼法和行政诉讼法的规定，人民检察院是通过对审查人民法院适用民事诉讼法和行政诉讼法审理的各类案件，充分了解人民法院的民事诉讼活动和行政诉讼活动，一旦发现人民法院在民事诉讼和行政诉讼活动中，存在认定事实的证据不充分、适用实体法和程序法错误、审判人员执法犯法情况的，人民检察院应当按照法定程序实施民事、行政检察监督活动，从而达到保证国家的民事行政法律、法规在全国范围内的统一正确实施的终极目的。

与社会主义市场经济体制的建立健全的现实生活相适应，各类市场主体的经济活动日益频繁，我国民商事法律、行政法律的调整面覆盖到社会生活的方方面面，民事纠纷、商事纠纷、行政管理纠纷大幅度上升，人民法院作为行使国家审判权的专门机关，承担着日益繁重的审判任务。正如 2000 年 11 月在北京的全国民事审判工作会议，总结 10 年民事审判工作时指出的那样：在计划经济时期，民事审判的主要任务是调整婚姻家庭及社会生活领域中发生的纠纷，许多民事权利义务关系是靠政策和行政手段解决的。改革开放后，随着以经济建设为中心的战略决策的实施，商品经济的迅猛发展，生产、流通领域的各种民商事活动频繁，民商事纠纷不断增多，司法工作为适应这一形势的要求，人民法院先后决定设立相应的审判机构，审理涉及经济、交通运输、知识产权、海事等纠纷案件。近 10 年来，各级人民法院受理的一审民事案件共 3717 万件，年均递增 2.6%。同时，我们也应当看到，人民法

院通过行使审判权，正确裁判民事、行政案件，维护了社会安定，保证了执行公正，取得了长足的进步，但也存在一些问题。其中，最重要的是，在市场经济条件下，审判权调整的利益急剧增大，而对审判权行使的监督相对弱小，与任何权力相同，缺乏监督的审判权同样会被滥用，趋于腐败。执法的不规范会导致社会的动荡，会出现国家立法越多，社会越不规范的后果。人民检察院民事、行政检察监督职能与刑事监督职能一样，是涉足民事、行政纠纷的人们寻求法律救助的最后一个手段。从这一角度，我们可以得出检察机关的民事、行政检察监督意义重大的结论。

立法之二，民事诉讼法和行政诉讼法分别对检察机关的检察监督进行了授权性规定，但授权范围是不一致的。《民事诉讼法》第 14 条规定，人民检察院检察监督的对象是"民事诉讼"，《行政诉讼法》第 10 条规定，人民检察院检察监督的对象是"行政诉讼活动"。一般解释认为，检察机关对民事诉讼及行政诉讼活动的监督，不仅包括对法院的审判活动的监督，还包括对诉讼当事人的诉讼活动的监督。

（四）民事、行政检察监督的方式是向同级人民法院提出抗诉或者提出检察意见，提出抗诉的法定后果是启动审判监督程序再审民事行政抗诉案件

民事、行政检察监督方式是指人民检察监督人民法院民事诉讼活动和行政诉讼活动的具体途径和方法。根据现行行政诉讼法和民事诉讼法的规定，民事、行政检察监督的主要方式是按照审判监督程序向人民法院提出抗诉，辅助方式是针对人民法院在民事诉讼活动和行政诉讼活动中存在的错误和问题，向同级人民法院提出检察意见、检察建议或者纠正违法通知书。

根据民事诉讼法的立法本意，民事、行政抗诉这一检察监督方式在实际操作中，要受到双重限制，一是时间上的限制，即人民检察院提出抗诉必须是针对已经发生法律效力的判决和裁定，

换言之，对人民法院正在审理过程中，尚未作出终局的、发生法律效力的判决和裁定，人民检察院不能行使抗诉权；二是程序上的限制，根据《民事诉讼法》第 208 条和第 211 条的规定，人民检察院提出抗诉的法定后果是人民法院启动审判监督程序再审该民事行政案件，因此，对于那些无法适用审判监督程序进行再审的裁定，如诉讼保全裁定、先予执行裁定，发现存在认定事实和适用法律错误时，人民检察院也不能采用抗诉这一监督方式，而应当采用其他监督方式，以《民事诉讼法》第 14 条的规定为依据，向同级人民法院提出监督意见。

第二节　民事行政抗诉案件的条件

一、民事行政案件抗诉条件的概念

民事行政案件抗诉条件是指人民检察院根据《民事诉讼法》第 208 条第 1 款和《行政诉讼法》第 64 条的规定，对人民法院作出的已经发生法律效力的民事行政判决和裁定，按照审判监督程序提出抗诉的根据。按照诉讼程序性质的不同，抗诉条件分为刑事案件抗诉条件、民事案件抗诉条件和行政案件抗诉条件。民事行政案件抗诉条件其实是民事案件抗诉条件和行政案件抗诉条件的合称。

抗诉根据包括两层含义，一是提出抗诉的案件必须具备的错误因素；二是这种错误必须严重到一定的程度。案件错误因素包括认定事实错误、适用法律错误、运用程序错误和审判人员受贿徇私、枉法裁判。错案标准，就是这些因素达到的程度，例如程序错误，只有达到可能影响案件正确判决、裁定的，才符合抗诉条件，不影响案件正确判决、裁定的程序错误，虽然也是错误，但未达到错案标准，所以不能抗诉。

二、民事行政案件抗诉条件的具体内容

新民事诉讼法在六个重大方面对民事行政检察制度作出了重

要的规定：第一，明确了对民事调解、行政赔偿调解的抗诉措施；第二，明确了检察机关对可抗诉之外的其他审判活动之监督；第三，明确了对于审判人员的法律监督职责；第四，明确了同级检察机关的法律监督职责（如再审检察建议制度）；第五，明确了对民事、行政执行活动的监督职责；第六，明确了检察机关的后续监督职责，例如检察人员的出庭职责，检察机关通过上级检察院对法院的回复意见提出异议。前五项内容是为了明确、完善检察监督的对象与措施，第六项内容则是为了实现有效监督。

最高人民检察院《关于深入推进民事行政检察工作科学发展的意见》指出："民事行政检察工作的基本任务是依法履行民事行政法律监督职责，维护社会主义法制统一、尊严和权威；维护司法公正，维护国家利益、社会公共利益和当事人合法权益；促进依法行政，推动社会管理创新；化解社会矛盾，维护社会和谐稳定，服务经济社会发展。"民事行政检察工作在依法调查、审查的基础上，通过抗诉、提出检察建议、通知纠正违法等方式进行个案监督，通过提出意见或建议等方式进行类案监督，通过建议更换办案人、提出予以处分的检察建议等方式进行对人监督，维护司法公正，维护法律权威。检察机关通过这些监督促进公正审判、公正执行，维护民事法律、行政法律的统一正确实施，间接地为化解社会矛盾、实现社会和谐作贡献。

（一）受理审查

1. 案件来源

《人民检察院民事行政抗诉案件办案规则》（以下简称《办案规则》）和《执法规范（2013年版）》列举了四种案件来源，其中转办和交办的案件也可分为有申诉和无申诉两种，因此民事、行政检察案件的真正来源只有两种：一是当事人申诉，二是人民检察院自行发现，包括检举、控告、其他部门转办或交办、媒体报道、查办其他案件等多种情况。

需要说明的是，在办理审判人员、执行人员涉嫌职务违法的渎职案件时，还有四种特殊的案件来源：（1）民行部门在审查抗诉案件、再审检察建议案件时，发现有涉嫌职务违法线索的；（2）民行部门在审查法院对抗诉案件的再审裁判时，发现有涉嫌职务违法线索的；（3）民行部门在审查其他检察建议案件时（针对不能适用再审程序的其他审判活动、执行活动），发现有涉嫌职务违法的线索；（4）民行部门在审查法院对检察建议的回复意见时，发现有涉嫌职务违法线索。这四种情况都属于"自行发现"的案件。在这四种情况下，如果发现涉嫌犯罪的，则应依法移送侦查部门。

2. 受理申诉

按照《民事诉讼法》第 209 条的规定，诉讼当事人向人民检察院申诉，即申请检察建议或者抗诉，应当符合下列条件之一：（1）人民法院驳回再审申请的；（2）人民法院逾期未对再审申请作出裁定的；（3）再审判决、裁定有明显错误的。人民检察院对当事人的申请作出提出或者不予提出检察建议或者抗诉的决定后，当事人不得再次向人民检察院申请检察建议或者抗诉。

2013 年 1 月最高人民检察院《关于贯彻执行〈中华人民共和国民事诉讼法〉若干问题的通知》对案件受理工作提出了如下要求：第一，当事人向人民检察院申请监督，由作出生效判决、裁定、调解书或者正在审理、执行案件的人民法院的同级人民检察院控告检察部门受理。人民检察院受理监督申请时，应当要求当事人提交申请书、相关法律文书、身份证明和相关证据材料。下级人民检察院向上级人民检察院提请抗诉的，由上级人民检察院案件管理部门受理。第二，人民检察院控告检察部门在接收材料后应进行审查，并作出是否受理的决定。符合受理条件的，控告检察部门应当在决定受理之日起 3 日内向申请人、被申请人送达《受理通知书》。第三，当事人在 2013 年 1 月 1 日后向人民检察院申请监督的，人民检察院应当依照《民事诉讼法》第 208 条、第 209 条的规定进行审查，符合上述规定的，应当受理。同时，该通知规定了不予受理的两种情况：（1）当事人未向人民法院申请再审，直接向人民检察院申请监督的，人民检察院应当依照第 209 条第 1 款的规定不予受理。（2）当事人申请对民事审判程序中审判人员违法行为、民事执行活动进行监督，法律规定当事人可以提出异议、申请复议、提起诉讼，当事人没有按照法律规定行使权利或者人民法院正在处理的，人民检察院不予受理。

3. 审查

原则上，检察机关应当调阅原卷宗，审查核实相关证据材料，全面了解审判人员处理案件的基本思路和理由，避免情况不明而作出误判。但是，经审查相关证据材料即可查明相关诉讼活动合法性的，也可以不调阅原卷宗。必要时，检察人员应当进行调查。

（二）提请抗诉与抗诉

1. 对于生效裁判的抗诉条件

人民检察院发现人民法院的生效判决、裁定有《民事诉讼法》第 200 条所列情形之一的，应当提出抗诉。该条列举了 13 项可以提出抗诉的事由，其中前 5 项属于事实认定问题，第 6 项属于法律适用问题，第 7 项至第 10 项属于程序违法问题，第 11 项至第 13 项属于其他问题。《执法规范（2013 年版）》结合修改中的《办案规则》，对第 1 项、第 2 项、第 6 项、第 8 项至第 9 项、第 12 项、第 13 项分别作了进一步的解释。

《行政诉讼法》第 64 条对于抗诉条件的规定十分原则，即"违反法律、法规规定的"。《办案规则》第 37 条将抗诉条件细化为 11 项，《执法规范（2013 年版）》结合修改中的《办案规则》，将之合并调整为 9 项，其变化是：

第一，《办案规则》中两项涉及程序问题的内容，即第 1 项"人民法院对依法应予受理的行政案件，裁定不予受理或者驳回起诉的"和第 2 项"人民法院裁定准许当事人撤诉违反法律规定的"，在《执法规范（2013 年版）》中删去，合并入"违反法定程序"。

第二，《办案规则》中的第 3 项"原判决、裁定违反《中华人民共和国立法法》第 78 条至第 86 条的规定适用法律、法规、规章的"，《执法规范（2013 年版）》修改为第 3 项"违反立法法的规定适用法律、法律解释、法规、条例、规章的"。

第三，《办案规则》中涉及事实问题的内容，即第 5 项"原判决、裁定认定行政事实行为是否存在、合法发生错误的"和第 7 项"原判决、裁定认定事实的主要证据不足的"，在《执法规范（2013 年版）》中调整为第 1 项"对有足够证据证明的基本事实不予认定的"和第 2 项"认定事实的证据未经质证或者是具体行政行为作出后收集的"。

2. 对于生效调解的抗诉条件

按照《民事诉讼法》第 208 条的规定，对调解案件的抗诉条件是"损害国家利益、社会公共利益"，这一规定十分概括。《民事诉讼法》第 9 条规定，人民法院审理民事案件，应当根据自愿和合法的原则进行调解。检察机关为维护国家法制统一，发现调解活动违反该条规定的，即调解协议内容违法和违反自愿原则的，应当提出抗诉。

认定违反自愿原则时要特别注意。一些当事人同意调解后反悔，又以违反自愿原则的理由申诉，但不能提供证据的，检察机关应当不予支持。

（三）审查方式和程序

1. 审查方式

审查抗诉案件，应当注意以下几个方面：（1）掌握本案的基本法律关系、基本事实，重点对有争议部分、有违法嫌疑问题进行审查；（2）对于当事人申诉明显不成立的部分应首先排除，然后重点审查有可能成为抗诉事由的部分；（3）对于有疑问的重要事实和理由，要详细阅卷，必要时进行调查核实；（4）必要时可与法院承办人沟通，了解法院认定事实、适用法律的理由、根据、所考虑的因素等，迅速全面知悉相关案情；（5）形成审查意见，认真准备审查材料。

2. 审查程序

承办人形成审查意见后，应及时报请研究，然后由检察长批准或者由检察委员会决定。上级检察机关经研究认为符合抗诉条件，决定抗诉的，按照规定作出抗诉书。同级检察机关经研究认为符合抗诉条件，决定提请抗诉的，按照规定作出提请抗诉报告书。

检察机关经研究认为不符合抗诉条件，决定不抗诉或者不提请抗诉的，应当按照规定作出不（提请）抗诉决定书（不支持监督申请决定书）。

（四）文书制作要求

《办案规则》第 29 条第 2 款规定："《提请抗诉报告书》应当载明：案件来源、当事人基本情况、基本案情、诉讼过程、当事人申诉理由、提请抗诉理由及法律依据。"这是关于制作提请抗诉报告书的基本要求。《办案规则》第 40 条规定，人民检察院决定抗诉的案件，应当制作《抗诉书》。《抗诉书》应当载明：案件来源、基本案情、人民法院审理情况及抗诉理由。

《办案规则》和《执法规范（2013 年版）》规定，人民法院就抗诉案件作出再审判决、裁定以后，提出抗诉的人民检察院应当对再审判决、裁定进行审查，并填写《抗诉再审判决（裁定）登记表》。

第三节　民事行政抗诉案件的程序

一、民事行政抗诉案件的受理

（一）民事行政抗诉案件受理的概念

民事行政抗诉案件的受理是指人民检察院接受不服人民法院已经发生法律效力的民事行政判决、裁定的申诉、控告的诉讼行为。民事行政抗诉案件的受理是民事行政检察部门立案的前置阶段，也是民事行政案件抗诉程序开始的第一个环节，在整个抗诉程序中的地位至关重要。

（二）民事行政抗诉案件的来源

1. 当事人申诉

民事行政诉讼的目的，一是正确适用法律；二是调整平息公民、法人和其他组织之间或者国家行政机关与行政相对人之间的矛盾和纠纷，民事行政生效判决、裁定的内容与涉案当事人的利益息息相关。错误的民事行政生效判决、裁定直接损害了当事人的合法权益，为了有效地保护自己的合法权益，当事人大都会多方申诉。这里的当事人包括一审的原告、被告和第三人；二审中的上诉人、被上诉人和第三人。

从民事行政检察工作实践中不难发现，民事行政案件的当事人对生效裁判不服的申诉，是检察机关民事行政抗诉案件最主要的来源，也是检察机关发现生效民事行政裁判存在问题的最主要的渠道。当事人的申诉理由林林总总，各式各样，但归纳起来有四方面内容：一是对终审裁判所认定的案件事实有异议；二是对终审裁判适用的法律有异议；三是认为人民法院在审理该案件过程中，没有严格遵守民事诉讼法或者行政诉讼法的规定；四是认为人民法院的审判人员在审理案件过程中存在妨碍公正审判的各种行为，如收受一方当事人的吃请或贿赂、与一方当事人存在应当回避的事由等。当事人向人民检察院提出申诉的目的，是希望通过人民检察院及时行使抗诉权，启动人民法院的审判监督程序再审该案，改变原生效裁判的实体内容，维护自己的合法权益。

2. 公民、法人和其他组织的检举

民事诉讼的基本原则之一是处分原则，即民事诉讼的当事人有权在法律规定的范围内，自由处分自己的民事权利和诉讼权利。如果当事人不愿提起诉讼，案外人替其起诉的话，如何进行诉讼活动及如何承担诉讼结果都会出现问题。但对于生效的错误民事行政裁判，情况则有所不同：一是某些民事案件的当事人对再进行诉讼能否保护自己权益，心存疑虑，对能否改判，信心不足，从而不愿向检察机关申诉；二是某些涉讼企业的所有权归属国家，法定代表人认为法院错判侵犯的是国家利益，与己无关，从而放弃申诉权；三是法院已生效的民事行政判决、裁定的执行因某种原因涉及案外人的利益，而案件当事人因自己的利益安然无恙，则放弃申诉权。对于这类情况，其他公民、法人和组织有权向人民检察院提交错误的民事行政判决裁定，反映真实情况，要求人民检察院行使抗诉权。这不仅是公民、法人和其他组织的权利，也是一种义务。广大民众参与民事行政诉讼活动，对增强全民的法律意识，提高民众的法律素质、完善社会主义法制具有极其重要的意义。

1995年，四川省人民检察院雅安分院提出抗诉的张金水申诉案就是一起因案外人申诉而发现的民事抗诉案件。张金水是一名台商。1993年6月至7月，中国银行雅安分行与中国航空公司301部机电设备总公司签订了6份借款合同，中国银行雅安分行共借出人民币210万元。合同明确借款用途为购买汽车，还款期限为6个月。双方还约定，借款方机电设备总公司以其所有的汽车、摩托车及借款购置财产作为履行合同的担保。但6笔借款到期之后，借款方未能还款。1995年4月18日，中国银行雅安分行提起民事诉讼。雅安市人民法院适用简易程序，由一名法官审理此案。一审审理期间，中国银行雅安分行提出借款人未按借款用途使用资金，擅自挪用 200 多万元在成都市"锦绣花园"购置房产，应将房产抵偿借款，被告中国航空公司 301 部机电设备总公司完全同意原告的诉讼请求，称该部于 2—3 月，分 3 次转款到成都，为张金水先生垫付房款，请法院查封此房产。一审判决认定借款方违约，判决以其购置的住宅楼一幢，抵偿中行借款 210 万元。对此判决，双方当事人均未提出上诉。判决生效 6 天之后，该案即进入执行程序。张金水得知其房产被查封的消息后，立即派律师前往一审法院，提供购买该住宅楼的有关书证和购买资金情况，言明本案借款关系与该住宅楼无关联，但申诉未被接受，其转向检察院申诉。四川省人民检察院雅安分院立案后审查发现，张金水与中国航空公司 301 部机电设备总公司之间存在另一购销合同关系，中国航空公司 301 部机电设备总公司购买张金水 5 辆克莱斯勒高级车，购车款应张金水的指令汇入成都购买张的房产，张金水拥有该住宅的全部产权证书，拥有产权。四川省人民检察院雅安分院认为原生效判决认定购房款是借款证据不足，以适用程序法错误为由向中级法院提出抗诉。法院再审后全部采纳抗诉意见改判。

3. 国家权力机关、上级人民检察院交办

全国人民代表大会及其常务委员会，是我国的权力机关，监督宪法和法律的遵守和执行，监督一府两院的工作。人民法院和人民检察院都对人民代表大会负责，并接受全国人民代表大会的监督。各级人民代表大会及其常务委员会对于人民法院作出的生效裁判，可以责成人民检察院依法审查，也可以将民事行政申诉案件交人民检察院审查。但人大对检察机关办案工作的监督要遵守一定的原则。李鹏委员长在全国司审判工作会议上指出，人大监督司法工作，要坚持三个原则，一是坚持党的领导原则。二是人大不代行审判权和检察权，而是要启动司法机关的内部程序开展监督的原则。三是坚持集体监督的原则。

根据人民检察院组织法的规定，上级人民检察院是下级人民检察的领导机关，上级人民检察院受理民事行政申诉后，也可根据具体案情，交给下级人民检察院审查。对于上述两类案件，受案检察机关要避免先入为主的倾向，认为是国家权力机关或上级检察机关交办的案件，肯定存在问题，不经过认真阅卷、复核证据、研究抗诉根据等环节，就草率抗诉。

4. 其他组织转办

除了国家权力机关、国家审判机关和检察机关以外，其他党政机关、企事业单位、社会团体、新闻机构等单位也会收到一些不服人民法院生效民事行政判决、裁定的申诉。申诉人向这些单位递交申诉材料，起因多种多样，有的是因为不懂法，不知该向哪个部门提出申诉；有的是为了争取舆论的支持，加强申诉力度。我国一向有重视群众来信来访的传统，政府机关、人民团体一般都设有信访部门，但不论哪个机关和团体，对于收到的民事行政申诉材料，都无权作出处理决定，而只能转交司法机关处理，但可以附上处理问题的具体建议，供司法机关参考。因此，检察机关民事行政抗诉案件的来源之一就是上述机关或团体转交的民事行政申诉案件。对于这类案件检察机关要认真处理，严格按照法律规定的程序作出决定并及时将处理结果反馈给有关机关和团体。

5. 人民检察院自行发现

人民检察院可以通过多种途径，发现民事行政错案。如通过参加执法大检查的方式发现案源；通过新闻媒介发现案源等。

（三）检察机关受理民事行政申诉的部门

人民检察院内部受理民事行政抗诉案件的分工，是指同一检察院的控告申诉检察部门和民事行政检察部门在受理民事行政申诉案件时的分工。根据最高人民检察院发民字〔1991〕2号《关于人民检察院受理民事、行政申诉分工的通知》精神，人民检察院受理民事行政申诉的基本方式是"统一受理、分级处理"，即当事人向人民法院提出的民事行政申诉以及有关民事行政案件的法律咨询的，由人民检察院控告申诉检察部门统一受理，控申部门对受理的民事行政申诉案件，应按照分级负责的原则，将其分别移送作出生效裁判的人民法院的同级人民检察院民事行政检察部门以决定是否立案。

机构改革之后，人民检察院的控告申诉部门分成控告检察部门和刑事申诉部门，控告检察部门专司自侦案件的检举、举报，刑事申诉部门是检察机关统一受理申诉的部门。笔者认为，对各级人民法院已经发生法律效力的民事行政裁判不服，向人民检察院提出的申诉，仍应当由人民检察院的刑事申诉部门统一受理，由检察机关的申诉受理部门统一掌握受理条件，并按照分级负责的原则，将其分别移送作出生效裁判的人民法院的同级人民检察院民事行政检察部门以决定是否立案。

（四）民事行政抗诉案件的受理条件

1. 人民检察院对于符合以下条件的案件应当受理

（1）人民法院的民事行政裁判已经发生法律效力。已经发生法律效力的民事行政裁判包括：一审宣判后，超过上诉期限，当事人未提出上诉的民事行政裁判；二审终审的民事行政裁判；再审终审的民事行政裁判。另外，对于可能违背自愿或者合法原则的生效民事调解，人民检察院可以受理。（2）有明确的申诉理由或检举事实，并书面提交抗诉申请或申诉书。（3）属于人民检察院管辖范围内的案件。对于不属于受理申诉检察院或者检察机关管辖的申诉，可以告诉当事人向有管辖权的人民检察院或其他部门申诉，也可以将书面申诉材料转有管辖权的人民检察院或其他部门处理。

2. 人民检察院对以下民事行政案件的申诉不予受理

（1）民事行政裁判尚未发生法律效力。未发生法律效力的民事行政案件包括：正处于一审、二审、再审期间的民事行政案件。根据现行民事诉讼法和行政诉讼法的规定，人民检察院对法院正在审理中的民事行政案件，无权行使抗诉权。对上述案件的当事人到检察机关反映受案法院违法行为的，民事行政检察部门就具体情况，具体分析。有关案件事实和适用法律问题，只要当事人通过诉讼程序自行救助的，告之当事人充分行使诉权，承担举证责任，防止错案出现；对于当事人自己无法依靠法定诉讼权利自行救助的问题，民事行政检察部门可以根据《行政诉讼法》第10条、《民事诉讼法》第14条的规定，向同级人民法院提出检察建议，纠正法院在审理过程中存在的错误或问题。对于当事人提供出证据举报审判人员执法犯法的，应即时将举报线索转反贪污贿赂或法纪部门。（2）人民法院已经裁定再审的民事行政申诉案件。人民检察院提出抗诉的法定后果就是启动人民法院的审判监督程序再审民事行政案件。但检察院的抗诉并不是启动再审程序的唯一因素，当事人的申请、最高人民法院和上级人民法院的决定、作出生效裁判的人民法院审判委员会的决定，都是民事行政生效裁判进入再审程序的因素。生效裁判进入了再审程序，民事行政案件当事人的实体权利和义务又重新恢复至不确定状态，人民检察院的抗诉目的已经达到。因此，对于人民法院已经决定再审的民事行政案件，人民检察院无须抗诉，对于此类案件的申诉，实无受理的必要。有的民事行政案件当事人，在法院裁判生效后，多方申诉，既向人民检察院申诉，也向人民法院申诉。致使检法两家都受理了申诉。若人民法院作出的再审裁定在人民检察院调卷审查之前，人民检察院就以法院已经再审此案为由，中止审查，若法院作出的再审裁定在人民检察院调卷审查之后，检法两家应沟通情况，尽快将案卷退回人民法院，使得案件能尽早进入再审程序。（3）人民法院判决解除婚姻关系和收养关系的民事案件。在人民法院处理的民事案件中解除婚姻关系和收养关系的案件约占 40%。婚姻关系和收养关系均属于身份关系，人民法院解除婚姻关系和收养关系的民事判决一旦发生法律效力，当事人的相应的身份关系即解除。如果双方要恢复夫妻关系，必须到婚姻登记机关进行重新登记；如果双方要恢复收养关系，必须重新进行合意。适用再审程序，判决已经解除婚姻关系的当事人重新恢复婚姻关系会出现两个无法解决的矛盾：一是违背我国法律规定的婚姻自由的基本原则；二是有可能与新的合法婚姻相矛盾。解除婚姻关系的判决一生效，当事人双方均有另行择偶的权利，再审判决不能让已经结婚的当事人再恢复过去的婚姻关系。因此，《民事诉讼法》第 202 条明确规定："当事人对已经发生法律效力的解除婚姻关系的判决、调解书，不得申请再审。"将解除身份关系的民事判决排除在再审程序之外，那么以启动再审程序为结果的民事抗诉案件的受案范围也必然将此类案件排除在外。但不服人民法院与离婚合并审理的子女扶养、夫妻财产分割的生效判决，当事人可以向人民检察院申诉，如果符合法定抗诉条件，人民检察院应当向人民法院提出抗诉。

上述人民检察院受理民事行政申诉条件的问题，在本质上是涉及人民检察院的民事行政抗诉监督的范围问题。从《民事诉讼法》的规定中，我们只能得出以上结论，但在工作实践中，检法两家存在不同认识。具体表现为：抗诉监督的范围是覆盖法院在整个民事诉讼过程中作出的所有民事判决和裁定，还是只限于在某些程序中作出的生效裁判？人民检察院对裁定的抗诉监督范围是《民事诉讼法》第 154 条规定的 10 种裁定，还是这 10 种裁定中的部分裁定？对于这些具体问题，一些检察院的干部认为抗诉是民事诉讼法赋予检察机关民事审判监督的唯一法定形式，检察监督的范围应当包括民事诉讼的全部过程和适用法律确有错误的所有裁定。基于这一认识，有的检察院不仅对法院在一审程序、二审程序和再审程序中作出的生效裁判提出抗诉，而且对法院在执行程序、破产程序、特别程序中作出的裁定和诉讼保全裁定、先予执行裁定也提出抗诉。法院则认为人民检察院可以采用抗诉程序进行监督的裁判只是法院在审判程序中作出的部分裁判，这部分裁判必须满足民事诉讼法规定的"事后监督"的客观要求。法院的观点主要反映在以下司法解释中。（1）1995 年 8 月 10 日，最高人民法院发布了《关于对执行程序中的裁定的抗诉不予受理的批复》，内容是："广东省高级人民法院：你院粤高法〔1995〕37号《关于人民法院在执行程序中作出的裁定检察院是否有权抗诉的请示》收悉。经研究，答复如下：根据《中华人民共和国民事诉讼法》的有关规定，人民法院为了保证已发生法律效力的判决、裁定或者其他法律文书的执行而在执行程序中作出的裁定，不属于抗诉的范围。因此，人民检察院针对人民法院在执行程序中作出的查封财产裁定提出抗诉，于法无据，人民法院不予受理。"（2）1996 年 8 月 8 日，最高人民法院发布《关于检察机关对先予执行的民事裁定提出抗诉人民法院应当如何审理问题的批复》，内容是："江西省高级人民法院：你院《关于检察机关对先予执行的民事裁定提出抗诉的案件应当如何审理的请示》收悉。经研究认为，根据《民事诉讼法》的规定，人民检察院只能对人民法院已经发生法律效力的判决、裁定按照审判监督程序提出抗诉。人民法院对其抗诉亦应当按照审判监督程序进行再审。这种监督是案件终结后的"事后监督"。因此，对于人民法院在案件审理过程中作出的先予执行的裁定，因案件尚未审结，不涉及再审，人民检察院提出抗诉，于法无据。如其坚持抗诉，人民法院应以书面通知形式将抗诉书退回提出抗诉的人民检察院。"（3）1996 年 8 月 13 日，最高人民法院发布《关于在破产程序中当事人或人民检察院对人民法院作出的债权人优先受偿的裁定申请再审或抗诉应如何处理问题的批复》，内容是："四川省高级人民法院：你院川高法〔1994〕119 号请示收悉。经研究，答复如下：在破产程序中，债权人根据人民法院已发生法律效力的用抵押物偿还债权人本金及利息的判决书或调解书行使优先权时，受理破产案件的人民法院不能以任何方式改变已生效的判决书或调解书的内容，也不需要用裁定书加以认可。如果债权人据以行使优先权的生效法律文书确有错误，应由作出判决或调解的人民法院或其上级人民法院按照审判监督程序进行再审。如果审理破产案件的人民法院用裁定的方式变更了生效的法律文书的内容，人民法院应当依法予以纠正。但当事人不能对此裁定申请再审，亦不涉及人民检察院抗诉的问题，对于人民检察院坚持抗诉的，人民法院应通知不予受理。"（4）1997年7月25日，最高人民法院发布《关于对企业法人破产还债程序终结的裁定的抗诉应否受理问题的批复》，内容是："江苏省高级人民法院：你院〔1996〕苏申经复字第16号《关于对宣告企业法人破产还债程序终结裁定的抗诉应否受理问题的请示》收悉。经研究，答复如下：检察机关对人民法院作出的企业法人破产还债程序终结的裁定提出抗诉没有法律依据。检察机关对前述裁定提出抗诉的，人民法院应当通知其不予受理。"（5）1998年7月21日，最高人民法院发布《关于人民法院发现本院作出的诉前保全裁定和在执行程序中作出的裁定确有错误以及人民检察院对人民法院作出的诉前保全裁定提出抗诉人民法院应当如何处理的批复》，内容是："山东省高级人民法院：你院鲁高法函〔1998〕57号《关于人民法院在执行程序中作出的裁定如发现确有错误应按何种程序纠正的请示》和鲁高法函〔1998〕58号《关于人民法院发现本院作出的诉前保全裁定确有错误或者人民检察院对人民法院作出的诉前保全提出抗诉人民法院应如何处理的请示》收悉。经研究，答复如下：一、人民法院院长对本院已经发生法律效力的诉前保全裁定和在执行程序中作出的裁定，发现确有错误，认为需要撤销的，应当提交审判委员会讨论决定后，裁定撤销原裁定。二、人民检察院对人民法院作出的诉前保全裁定提出抗诉，没有法律依据，人民法院应当通知其不予受理。"对于检法两家关于抗诉监督范围的争议问题，笔者认为，这是司法制度上的设计问题，民事行政抗诉应当在坚持"时间"和"程序"上的双重限制的同时，要由立法机关对抗诉范围作出明确的可操作的规制，改变目前由被监督者划定抗诉监督范围的不正常现象。

（五）民事行政申诉案件受理后的审查与处理

民事行政申诉案件提交至人民检察院后，先由专门受理申诉的检察部门审查，审查主要内容是：人民法院的民事行政裁判是否已经发生法律效力；是否属于人民检察院及本院的管辖范围；申诉书是否符合要求；申诉材料是否全面。对于不符合受理条件的申诉，书面通知申诉人。对于符合受理条件的申诉，应予受理，填写《受理案件登记表》，转民事行政检察部门进一步审查。《受理案件登记表》的主要内容是：案件来源、生效裁判的作出法院、申诉人和被申诉人简况、主要申诉理由以及处理结果等。

二、民事行政抗诉案件的立案

（一）民事行政抗诉案件立案的概述

民事行政抗诉案件的立案是指人民检察院对受理的民事行政申诉案件进行初审之后，认为法院作出的生效民事行政裁判可能符合法定抗诉条件，而进入实质性审查阶段的诉讼活动。

根据《行政诉讼法》第64条和《民事诉讼法》第208条第1款的规定，最高人民检察院对各级人民法院的生效民事行政裁判，上级人民检察院对下级人民法院的生效民事行政裁判，发现符合法定抗诉情形的，有权提出抗诉。依据法定抗诉权，最高人民检察院对各级人民法院已经发生法律效力的民事行政案件、上级人民检察院对下级人民法院已经发生法律效力的民事行政案件必须享有立案权，因为人民检察院只有通过民事行政抗诉案件的立案程序，才能向法院调阅审判卷宗，全面审查审判卷宗以后，才能作出是否抗诉的正确决定。

根据《行政诉讼法》第 64 条和《民事诉讼法》第 208 条第 2 款的规定，地方各级人民检察院发现同级人民法院已经发生法律效力的民事行政裁判，符合法定抗诉情形，有权提请上级人民检察院抗诉。依据法定提请抗诉权，各级人民检察院对同级人民法院已经发生法律效力的民事行政案件，必须享有立案权，道理同上。

民事行政抗诉案件的立案，应由民事行政检察部门的主诉检察官填写《民事行政抗诉案件立案决定书》，并由主诉检察官决定是否立案审查。主诉检察官应当在受理申诉之日起 30 天内决定是否立案，并在决定之日起 5 日内，送达申诉人和被申诉人。被申诉人对立案有异议的，可以在收到立案决定书之日 5 日内，向立案的人民检察院提出反驳意见。

主诉检察官认为需要交下级院审查、转下级院审查或者不立案的案件，依照下列办法处理：

1. 交下级人民检察院办理的，制作交办函，与申诉材料及证据一并交下级人民检察院，并要求及时上报审查结果；

2. 转下级人民检察院处理的，填写转办函，与申诉材料及证据一并转下级人民检察院；

3. 申诉理由不充分的，填写《终止审查通知书》，通知申诉人，并尽量做好申诉人的服判息诉工作。

（二）民事行政抗诉案件立案审查的内容

民事行政抗诉案件立案审查的主要内容是：结合当事人提供的申诉材料，检察机关复核的案件事实及人民法院民事、行政审判卷宗的全部材料，从以下四个方面审查民事行政案件，作出是否提出抗诉或提请抗诉的决定。（1）原生效裁判认定事实的主要证据是否充分；（2）原生效裁判适用法律、法规是否正确；（3）人民法院的审判活动是否违反法律规定，是否因违反法定程序而影响人民法院作出正确的裁判；（4）审判人员在审理案件过程中，是否有贪污受贿、徇私舞弊、枉法裁判行为；（5）原调解有可能违背自愿或者合法原则的。

（三）民事行政抗诉案件立案审查的方式

1. 调阅民事行政审判卷宗

民事行政抗诉案件立案以后，承办人应当立即办理调卷手续，调阅民事行政审判卷宗。一审生效的民事行政案件，只需要调阅一审法院的审判卷宗；二审生效的民事行政案件，需要调阅一审法院的审判卷宗、二审法院的审判卷宗；再审生效的民事行政案件，不仅需要调阅一、二审法院的审判卷宗，而且还要调阅再审法院的审判卷宗。至于民事行政抗诉案件的调卷范围，目前，司法实践中存在两种做法：（1）人民检察院办理民事行政抗诉案件，需要查阅人民法院民事行政审判卷宗的，只能到人民法院阅卷，人民法院为检察院阅卷提供方便。理由是人民法院的审判卷宗全面记录了案件审理情况，人民法院的审判工作要接受方方面面的监督，权力机关、群众团体、新闻媒体都有权对审判工作进行监督，审判卷宗必须存放在法院，以备来自各方面的监督需要。人民检察院只是监督单位之一，不能因检察机关的监督活动而影响其他部门的监督及法院自身的监督。因此，人民检察院不能调取人民法院的民事行政审判卷宗，办理民事行政抗诉案件，只能到人民法院阅卷。（2）人民检察院办理民事行政抗诉案件，是国家专门的法律监督机关根据民事诉讼法和行政规定的程序，所进行的一项诉讼活动，这种来自专门法律监督机关的诉讼行为是权力机关赋予的监督职责的体现，不可能与权力机关对个案的监督发生矛盾，这种来自专门法律监督机关的诉讼行为与新闻媒体、群众团体对个案进行监督的性质完全不同，抗诉是一种程序上的制衡机制，是检察权对审判权加以制约的具体体现，应当优于其他单位的监督活动。调取人民法院的民事行政审判卷宗是办理民事行政抗诉案件的前提条件，人民法院的民事诉讼活动和行政诉讼活动是人民检察院检察监督的对象，人民法院应当满足检察机关审查民事行政抗诉案件的基本要求，而不应当人为设置障碍，阻塞正常调卷渠道。人民检察院的调卷范围应以人民检察院抗诉需要为准，一般调阅人民法院民事行政审判正卷，涉及查处审判人员执法犯法的，可以调阅民事行政审判正副卷宗。

人民检察院也应该完善调卷手续和制度，对民事行政申诉案件审查立案后，由主诉检察官填写《调阅案件函》，注明所调案件的立案时间、案件名称、审判正副卷的编号、调卷审查的时间等内容，并加盖人民检察院院章。

2. 制作阅卷笔录

主诉检察官在全面审查民事行政审判卷宗的同时，要认真做好阅卷笔录。一方面加深对审判工作全部过程的了解，另一方面为准确抗诉打下基础。阅卷笔录的主要内容：一是原审法院认定事实的各种证据，有意识地记录民事行政法律关系产生、发展、变化的事实根据，掌握符合事实发展规律的真实情节；二是注重发现并记录审判卷宗内相互矛盾的证据；三是记录下法院作出裁判所适用的法律原文。一份重点突出、层次分明的阅卷笔录，对保证抗诉质量意义重大。

3. 公开审查

民事行政抗诉案件的公开审查制度是检务公开的重要内容，法律地位平等的民事行政诉讼当事人之间激烈对立和矛盾抗衡，是法律居中裁判的基础，也是检察院启动抗诉程序最经济便利的方法。在抗诉程序启动前，赋予双方当事人的知情权，让申诉人与被申诉人双方享有表达自己意志、反驳对方主张的权利和机会，是检察工作适应时代要求，使民事诉讼更具民主性的具体体现。

公开审查的基本要求是立案公开、审查公开、结果公开。主诉检察官对民事行政申诉案件决定立案时，要通知双方当事人；审查公开有两种方式，根据 1999 年 5 月最高人民检察院公布的

《人民检察院办理民事行政抗诉案件公开审查程序试行规则》，一是同时听取双方当事人陈述，承办民事行政抗诉案件的主诉检察官认为案情复杂，社会关注程度高的案件，可以在人民检察院内主持公开审查会议，召集双方当事人同时到场，围绕着人民法院生效的民事行政判决、裁定的内容，公开陈述各自的不同意见，从而有利于主诉检察官对生效裁判的正误作出准确评判。二是分别了解双方当事人的意见，在发出立案通知书的同时，要求对方当事人提出反驳意见，或者在审查过程中，进一步向双方当事人了解情况；主诉检察官在审查终结之后，应当及时将人民检察院抗诉与否通知双方当事人。

（四）民事行政抗诉案件立案审查终结及处理

民事行政抗诉案件的审查终结是指人民检察院对民事行政申诉案件立案后，经过全面审查，已能明确判断生效民事行政判决、裁定的正误而正式终止审查行为的诉讼活动。民事行政抗诉案件审查终结的基本要求是：（1）全面复核涉案的所有证据材料；（2）必要的、能够证明案件事实的补充材料或者证据已经取得；（3）应当适用的法律规定已经明确；（4）主诉检察官对原生效裁判是否正确，能够根据事实和法律提出明确意见并说明相应的根据和理由。民事行政抗诉案件审查终结后的处理：（1）经过立案审查，主诉检察官认为原民事行政判决、裁定认定事实的证据充分、适用法律法规正确的，或者申诉人提供的证据不能充分支持申诉意见的，应当终止审查。主诉检察官撰写《审查终结报告》，决定终止审查。必要时报检察长（或者主管检察长）批准。（2）经过立案审查，主诉检察官认为与本院同级的人民法院作出的原生效民事行政判决、裁定具有民事诉讼法或行政诉讼法规定的抗诉情形之一的，即原民事行政裁判认定事实的主要证据不足；原民事行政裁判适用法律错误；人民法院违反法定程序，可能影响案件正确判决、裁定的；审判人员在审理该案件时有贪污受贿、徇私舞弊、枉法裁判行为的，应当提出提请抗诉意见并制作相应的审结报告，报检察长（或者主管检察长）批准。（3）经过立案审查，主诉检察官认为下级人民法院作出的原生效民事行政判决、裁定具有民事诉讼法或行政诉讼法规定的抗诉情形之一的，即原民事行政裁判认定事实的主要证据不足；原民事行政裁判适用法律错误；人民法院违反法定程序，可能影响案件正确判决、裁定的；审判人员在审理该案件时有贪污受贿、徇私舞弊、枉法裁判行为的，应当提出抗诉意见并制作相应的审结报告，报检察长（或者主管检察长）批准。（4）经过立案审查，主诉检察官认为原生效民事行政判决、裁定存在一些问题，但不适宜采用抗诉后再审的方式来纠正错误的，或者是符合抗诉条件的案件，但从减少诉累，同级检法两院有一致认识的，可以提出检察意见并制作相应的审结报告，报检察长（或者主管检察长）批准。（5）经过立案审查，主诉检察官认为已经立案的民事行政申诉不属于人民检察院管辖范围的，应当转交有关部门处理。（6）在人民检察院立案审查阶级，人民法院对该案裁定再审或者提审的，主诉检察官应当终止审查。（7）在人民检察院立案审查阶级，案件双方当事人自行和解的，主诉检察官可根据案件的具体情况，决定是否终止审查。

三、提请抗诉

（一）提请抗诉的概述

提请抗诉是指人民检察院发现同级人民法院作出的生效民事行政判决、裁定符合法定抗诉条件，依法提请上级人民检察院按照审判监督程序提出抗诉的检察活动。人民检察院提请抗诉的法律依据是《民事诉讼法》第 208 条第 2 款的规定："地方各级人民检察院对同级人民法院已经发生法律效力的判决、裁定，发现有前款规定的情形之一的，应当提请上级人民检察院按照审判监督程序提出抗诉。"

提请抗诉与提出抗诉的异同点。提请抗诉和提出抗诉的对象是相同的，都是符合抗诉条件的生效民事行政判决和裁定。但提请抗诉和提出抗诉的主体和效力完全不同。提请抗诉的主体是作出生效民事行政判决裁定的人民法院的同级人民检察院，提出抗诉的主体是作出生效民事行政判决裁定的人民法院的上级人民检察院和最高人民检察院；提请抗诉的效力是直接引起上级人民检察院对提请抗诉案件的审查，从而决定是否向人民法院提出抗诉，属于检察机关内部工作程序。提出抗诉的效力是直接启动人民法院的审判监督程序，从而对提出抗诉的案件进行再审，是人民检察院的诉讼活动。

（二）提请抗诉的具体程序

立案审查终结后，主诉检察官认为民事行政申诉案件符合民事诉讼法和行政诉讼法规定的抗诉情形，即可撰写《案件审查终结报告》，提出提请抗诉的审查意见，报检察长（或者主管检察长）审查决定。另外，对于意见分歧较大，认识不一致的案件，民事行政检察部门可向上级人民检察院汇报请示，听取上级机关的意见，综合各方面的意见后，上报检察长（或者主管检察长）。

检察长（或主管检察长）应当认真审阅《案件审查终结报告》及业务部门的意见，必要时可召集业务部门的领导和承办人，详细听取案情汇报，对案情复杂、适用法律困难、社会影响大的案件，检察长（或主管检察长）有权决定提交检察委员会讨论。

四、提出抗诉

（一）抗诉的概述

民事行政审判监督程序的抗诉，是指拥有抗诉权的最高人民检察院和上级人民检察院在审查了人民法院的生效裁判之后，认为该生效裁判符合法定抗诉情形，按照审判监督程序向同级人民法院提出抗诉，要求法院依法再审的诉讼活动。

（二）提出抗诉的具体程序

1. 审查程序

拥有抗诉权的最高人民检察院和上级人民检察院能够决定向法庭提出抗诉的案件来源：一是自行立案的民事行政申诉案件。对这类案件的审查，实际上在立案审查阶段已经全部完成，在本节的"民事行政申诉案件的立案"部分中已有详细论述，不再重复；二是下级人民检察院提请抗诉的案件，对这类案件的审查是复核性审查，即对下级人民检察院已经立案审查终结后提出提请抗诉结论的案件进行的再审查。复核审查与立案审查的对象不同，立案审查的对象是民事行政申诉案件，而复核审查的对象不仅包括民事行政案件，而且还要复核下级检察院的提请抗诉意见。

复核审查的主要内容：一是复查案件的基本事实。上级人民检察院应当将提请抗诉书中认定的事实、人民法院终审裁判认定的事实及当事人申诉内容对照审查，分析比较后认定出符合客观实际的案件事实。对于案件事实不清或提请抗诉书中认定事实的证据不充分的，应当及时与下级人民检察院联系，要求提请抗诉的检察院做好补充调查工作，上级人民检察院认为必要，也可以自行调查取证。二是重新确认原生效裁判是否符合法定抗诉情形。上级人民检察院是抗诉权力的行使部门，应当对抗诉质量和效果承担责任。因此，上级人民检察院复核提请抗诉材料的重要任务就是评判原生效民事行政裁判是否符合法定抗诉情形。上级人民检察院不能照搬提请抗诉意见，向人民法院提出抗诉，而要综合提请抗诉卷中的所有材料，根据法院处理纠纷时，我国民事行政法律法规的规定，对原生效民事行政裁判在采信证据、适用实体法和程序法及审判人员的行为等方面进行审查，重新确定原生效裁判是否符合法定抗诉情形。三是审查提请抗诉的根据和理由是否准确、充分。提请抗诉的根据和理由是下级人民检察院对案件的主观认识，也是办案水平的综合反映，上级检察院应当给予充分重视，正确的提请抗诉理由应当采纳，错误的认识也应当及时纠正，通过办案工作，不断提高各级检察机关民事行政检察监督的水平。

复核审查的基本原则是以书面审查为主、调查取证为辅。由于下级人民检察院在提请抗诉之前已经完成了调阅审判卷宗、审查证据材料等大量的工作，上级人民检察院采用书面审查的方式，能够了解涉案的证据、法院的审理情况及提请抗诉意见，根据这些书面材料，一般都作出是否抗诉的决定。上级人民检察院要充分认识提请抗诉材料的价值，从节省人力物力、提高工作效率角度出发，复核审查也不必从零开始。但对提请抗诉材料不全、证据不充分的案件，一些必要的调查工作也不可省略。这样，才能既提高工作效率又保证办案质量。

2. 抗诉案件的报批程序

上级人民检察院复核提请抗诉案件的审查自立案件，都必须由主诉检察官审查，经审查终结后，撰写《案件审查终结报告》，提出是否抗诉的意见，该报告要写明案件来源、当事人的基本情况、案件基本事实、法院审理情况、提请抗诉的根据和理由、审查终结意见等。《案件审查终结报告》报送检察长（或主管检察长）批准或者提交检察委员会决定。

检察长或主管检察长对报批的抗诉案件，应认真审阅《案件审查终结报告》，对法律关系相对简单、审查结论明确的案件，应自行审批；对重大、疑难、复杂的案件、适用法律有争议的案件，检察长或主管检察长应当将案件提交检察委员会讨论决定。检察长或检察委员会讨论决定抗诉后，承办人应当着手起草抗诉书。

3. 制作抗诉书

抗诉书是人民检察院发现人民法院已经发生法律效力的民事行政裁判符合法定抗诉情形，按照审判监督程序提出抗诉，要求人民法院进行再审而制作的法律文书。抗诉书是人民检察院进行民事行政检察监督活动中出具的最重要的法律文书，公开表明人民检察院对某一具体的民事行政案件审理活动的看法和态度，直接反映检察机关民事行政实体法和程序法的执法水平。最高人民检察院下发的《关于民事审判监督程序抗诉工作的暂行规定》，对民事行政抗诉书的主要内容作了规定。内容主要是案件基本情况、法院审理情况、抗诉的根据和理由，加盖人民检察院公章。抗诉书的行文要求是具备针对性、论理性和逻辑性。

抗诉书制作完成后，应当整理出民事行政抗诉卷宗送达同级人民法院。向人民法院送达的抗诉卷宗包括：抗诉书正本及当事人人数相同的抗诉书副本、当事人的申诉材料、人民法院生效裁判的副本及主要证据材料。向人民法院送达民事行政抗诉卷宗，应当由送达人填写送达回执，由接抗诉卷宗的法院工作人员签收，加盖人民法院收发章，记载送达日期，以便计算抗诉案件的再审期限。

4. 抗诉案件的备案及报告制度

提出抗诉的人民检察院在向同级人民法院送达抗诉书的同时，应当向上一级人民检察院报送抗诉书的副本进行备案，便于上级人民检察院的审查监督，及时纠正抗诉工作中存在的问题。

最高人民检察院和上级人民检察院按照审判监督程序提出的抗诉案件，一律将抗诉书的副本报同级人民代表大会常务委员会，自觉接受人大常委会监督的同时，扩大民事行政检察工作的社会影响，争取权力机关的支持和帮助。

五、出席再审法庭

（一）出席再审法庭的概述

《民事诉讼法》第 213 条规定："人民检察院提出抗诉的案件，人民法院再审时，应当通知人民检察院派员出席法庭。"由此可以看出，出席再审法庭，就是指人民检察院派员出席同级人民法院按照审判监督程序开庭审理民事行政抗诉案件的诉讼活动。出席再审法庭，是法律赋予人民检察院的职责，也是人民检察院民事行政诉讼监督的一项重要内容，对于再审的民事行政抗诉案件，人民检察院必须派员出席法庭。

受理抗诉的人民法院指令下级人民法院再审抗诉案件的，提出抗诉的人民检察院可以指令再审法院的同级人民检察院派员出席法庭。

（二）人民检察院派员出庭的作用

人民检察院派员出席再审法庭，一是有助于再审法院作出正确的判决；二是有利于保护当事人正当诉讼权利的行使；三是有利于改进和提高民事行政抗诉水平；四是有利于法制宣传，增强人民群众的法制观念。

（三）出席再审法庭的检察人员的法律地位及称谓

检察人员出席民事行政抗诉案件再审法庭的法律地位应当是国家专门法律监督机关的代表，其称谓是检察长或检察员。理由是：

1. 这种法律地位最准确地反映了出庭检察人员的庭上职责。我国宪法和人民检察院组织法均规定人民检察院是国家专门的法律监督机关，人民检察院的民事行政抗诉权是基于法律监督权而产生的权利，因抗诉而出庭同样源于检察机关的法律监督权，出席再审法庭的检察人员的身份只能是国家法律监督机关的代表。如果出庭人员只是以抗诉人的身份出席再审法庭，则仅能体现人民检察院提出抗诉、引起再审的诉讼职能，而不能全面准确地概括出席检察人员的活动性质。

2. 这种法律地位囊括了人民检察院对民事诉讼活动和行政诉讼活动实行法律监督的全部内容。现行法律规定，人民检察院对民事行政案件的监督分两方面，一是对生效裁判即审判结果的监督，二是对再审的审判过程进行监督。这两方面有机联系，不可分割。检察人员如果以抗诉人的身份出席再审法庭，只表明检察机关只是启动了再审程序，至于如何再审，与抗诉的人民检察院无关，这就不能完整体现人民检察院对民事诉讼活动和行政诉讼活动进行监督的全部内容。

3. 这种法律地位决定了检察机关的出庭人员不受任何具体诉讼立场的左右。出席再审法庭的检察人员是国家专门法律监督机关的代表，这就决定了检察机关的出庭人员在再审法庭上是站在客观、公正、维护国家法律正确实施的立场上，既不代表申诉人的利益，也不代表被申诉人的利益，只作为国家专门的法律监督机关，维护国家法律的统一正确实施。

综上所述，出庭检察人员的法律地位应是国家专门法律监督机关的代表，最能体现这一地位的称谓就是检察长或者检察员，"监诉人"、"抗诉人"等称谓都不能准确地反映出席再审法庭的检察人员的法律地位。根据几年来的工作实践，出庭检察人员的席位应当安排在审判席的右前侧。这样，能直观体现人民检察院与人民法院互相配合、互相制约的关系及人民检察院在再审法庭上的公正立场。

（四）出庭检察人员的庭前准备工作

检察人员在出席再审法庭之前，做好以下各项准备工作是提高法律监督水平的保证。

1. 进一步熟悉案情，准确理解抗诉的根据和理由。人民检察院接到人民法院的开庭通知书后，应当指派专人研究抗诉案件。特别是接受抗诉的人民法院裁定原审法院再审、原自行立案的上级人民检察院指派下级人民检察院派员出庭的案件，派员出庭的检察员并不了解案情，出庭人员从未接触过该抗诉案件，派专人研究抗诉案件的工作更加重要。出庭人员要掌握抗诉事实所依据的每一个证据，掌握应当适用的实体法和程序法的规定，为出庭完成各项监督任务奠定基础。

2. 研究和掌握与案件相关的法律法规、最高人民法院的司法解释、案件审理时出台的各项政策性规定以及相关的专业知识。民事抗诉案件涉及的法律关系复杂、案件种类繁多，运用的法律法规内容广泛，专业性和知识性较强。出庭检察人员在出庭前就应做好充分的准备，认真学习研究与案件有关的法律法规、司法解释、法学理论及政策规定，结合案件的具体事实，力争做到在融会贯通的基础上运用自如。此外对案件所涉及的专业知识，也要有深入的了解，这对出庭人员在再审法庭上进一步阐明抗诉理由，增强抗诉的说服力，具有重要的意义。

3. 制作出庭的阅卷笔录。为出席再审法庭而制作的阅卷笔录必须适合出席再审法庭时履行职责的需要，既简明扼要，又能反映全案的主要情节。出庭笔录的内容一般应包括：当事人简况、案由、诉讼请求、争议的事实和理由、法院审理、抗诉书认定的事实理由和法律根据等。制作出庭笔录可采用对照法，如将当事人主张的事实、法院认定的事实和检察院认定的事实和理由列表对照，指出原审法院的错误之处。采用这种方式制作的笔录非常清晰，便于出庭时使用。

4. 草拟出庭意见。出庭意见是检察人员在再审法庭上代表国家法律监督机关发表的演说词。出庭意见应当以抗诉书为基础和依据，但并不是抗诉书内容的简单重复。根据各地的工作实践，出庭意见应当包括以下内容：检察人员出席再审法庭的法律依据及其职责；对再审法庭调查的简要概括；对案件进行事实和法律两方面的分析；阐明人民检察院抗诉的必要性。另外，在开庭之前，有些问题不能预测，出席意见只是草拟稿，在再审庭上，出席人员还要根据庭审的具体情况，修改和补充出庭意见的内容，以达到支持抗诉、维护法制的目的。

（五）检察人员出席再审法庭的任务

现行诉讼法对出席再审法庭的检察人员的任务未作出明确规定，最高人民检察院为了保证出庭人员依法履行职责，在《关于民事审判监督程序抗诉工作暂行规定》中明确了检察人员出席再审法庭的任务。该《暂行规定》第 11 条规定："检察长、检察员出席法庭的任务是：宣读抗诉书；参加法庭调查；说明抗诉的根据和理由；对法庭审判活动是否合法实行监督。"出庭检察人员为完成出庭任务，在再审法庭上可进行以下活动：

1. 宣读抗诉书。人民法院开庭再审民事行政抗诉案件时，审判长宣布出庭检察人员的名单，并说明本次庭审是由人民检察院抗诉引起的之后，出庭检察人员应当宣读抗诉书。

2. 参加法庭调查活动。法庭调查是法院开庭审理民事行政案件的必经程序和重要环节，涉案的主要证据只有经法庭调查，由双方当事人质证后，才能在裁判时加以认定。如果检察院提出抗诉的理由是针对案件事实问题的，出庭人员必须参加法庭调查活动，向主持庭审的审判长提交检察院收集的证据，并可以在适当的时候要求审判长就某一问题向双方当事人调查。

3. 发表出庭意见。出庭检察人员在再审法庭上发表的出庭意见应当包括以下内容：检察人员出席再审法庭的法律依据及其职责；对再审法庭调查的简要概括；对庭审活动程序是否合法进行综合评价；以抗诉书为基础，结合法庭调查和法庭的情况，对抗诉的理由和根据作进一步的说明和阐述。出庭意见应在法庭辩论后，合议庭进行合议之前，由出庭检察人员当庭宣读。发表出庭意见应当以开庭调查中已经查明的事实为基础，这就要求出庭检察人员提高业务素质，不拘泥于出庭前草拟的出庭意见稿，而应当根据具体情况即席对草拟稿进行修改和补充，圆满完成出庭任务。

4. 对再审的审判活动是否合法实行监督。出庭检察人员可采用口头提出纠正意见、书面通知纠正违法和依法追究审判人员责任等方式对再审的审判活动进行监督。监督的主要内容包括：再审法庭的组成是否合法；民事行政抗诉案件的再审是否依法定程序进行；有无侵害当事人和其他诉讼参与人合法权益的行为；审判人员有无索贿受贿、徇私舞弊、枉法裁判的行为。

（六）民事行政抗诉案件的再审范围

人民检察院民事行政抗诉的法定后果是启动人民法院的审判监督程序，将已经生效的民事行政裁判回复到原来争讼状态，当事人的权利义务也相应回复到不明状态，由人民法院行使审判权重新进行裁判。在司法实践中，对再审范围有不同认识。第一种观点认为民事行政抗诉案件的再审对象仅限于人民检察院提出的抗诉范围；第二种观点认为民事行政抗诉案件的再审对象不仅包括人民检察院提出的抗诉意见，而且包括申诉人对原审判决的异议；第三种观点认为再审法院对民事行政抗诉案件应当全案重新审理。

笔者认为，民事诉讼中，当事人和人民检察院所处的诉讼地位及代表的利益是不一样的，对当事人而言，在民事诉讼中，当事人有权处分自己的民事权利和诉讼权利，当事人自己不提出主张，等于是对权利的自动放弃；而人民检察院是国家法律监督机关，对于其提出的抗诉意见，不论当事人是否放弃，法院都应当列入再审范围。所以，人民法院运用审判监督程序再审民事行政抗诉案件时，应当以人民检察院提出抗诉的内容和当事人提出异议的内容为限。否则，是对有限的司法资源的浪费。

另外，对某一时期，人民法院的审判工作中存在的带有普遍性的违法行为，人民检察院还可以向同级人大常委会和上级人民检察院、上级人民法院反映，督促和帮助人民法院纠正违法问题，维护国家法律的尊严。

思考题：

一、试论民事行政检察的意义。

二、简述民事行政检察的主要内容。

三、原裁判认定事实的主要证据不足的具体表现是什么？

四、人民法院在审理民事案件过程中，违反哪些程序规定有可能导致错误裁判？

五、简述民事行政抗诉案件的受理范围。

六、检察人员出席民事行政抗诉案件再审法庭前，需要做好哪几项准备工作？

第十二章　特别程序

第一节　未成年人刑事案件诉讼程序

　　刑事诉讼法修改前，我国相关法律法规、司法解释和规范性文件对未成年人刑事案件的办理有不少特别规定，如 1996 年刑事诉讼法第 14 条关于讯问和审判未成年人犯罪嫌疑人、被告人时可以通知其法定代理人到场的规定，《中华人民共和国未成年人保护法》对未成年人"司法保护"的规定，以及《中华人民共和国预防未成年人犯罪法》等。此外，公安部、最高人民检察院、最高人民法院结合各自职能，先后制定了《公安机关办理未成年人违法犯罪案件的规定》、《人民检察院办理未成年人刑事案件的规定》、《关于审理未成年人刑事案件的若干规定》、《关于审理未成年人刑事案件具体应用法律若干问题的解释》等，对办理未成年人刑事案件的程序作了规定。2010 年，中央综治委预防青少年违法犯罪工作领导小组、最高人民法院、最高人民检察院、公安部、司法部、共青团中央联合发布了《关于进一步建立和完善办理未成年人刑事案件配套工作体系的若干意见》。但是这些规定都比较分散，缺乏系统性。同时，有的问题由于法律未予以明确授权，虽然实践中已经进行了比较深入的探索，也取得了很好的成效，如不少地方实践的对未成年人犯罪案件的暂缓起诉制度，但始终存在法律依据不足难以全面推广的困扰。

　　刑事诉讼法设专章对未成年人刑事案件诉讼程序作出了比较

系统、全面的规定，除了整合过去已有的规定，并对未成年人犯罪案件诉讼程序的总方针政策及其具体运用进行规定外，新刑事诉讼法还在两个方面实现了重大突破：一是设置了附条件不起诉制度。规定对于未成年人涉嫌侵犯人身权利、民主权利、侵犯财产、妨害社会管理秩序犯罪，可能判处1年有期徒刑以下刑罚，符合起诉条件，但有悔罪表现的，人民检察院可以作出附条件不起诉的决定。二是确立了未成年人犯罪记录封存制度。规定犯罪的时候不满18周岁，被判处5年有期徒刑以下刑罚的，应当对犯罪记录予以封存，除司法机关为办案需要或者有关单位根据国家规定进行查询外，不得向任何单位和个人提供。这两个制度的确立，对于教育、感化、挽救犯罪的未成年人，助其尽快回归社会，具有重大意义。

一、未成年人刑事案件诉讼程序概述

未成年人刑事案件诉讼程序通常称为少年司法程序，是相对于成年人诉讼程序而言的。《刑诉规则》的规定，是根据未成年人处于成长阶段，对社会规则、自身社会角色及行为后果认知度较低，自我控制能力弱于成年人，未来教育成长空间和余地较大等特点，以及未成年人犯罪的特性，出于保护未成年人利益的需要作出的特殊安排。《刑诉规则》第509条规定，办理未成年人刑事案件，除本节已有规定的以外，按照刑事诉讼法和其他有关规定进行。根据这一规定，人民检察院办理未成年人刑事案件，对本节有规定的，应当适用本节的规定办理。

未成年人刑事案件的诉讼程序最主要的特点就是区别对待，我们在《刑诉规则》中针对未成年人刑事案件设置了有别于成年人刑事案件的专门的特别程序。主要体现在几个方面：一是专门人员办理；二是充分保障诉讼权利；三是社会调查制度；四是严格限制逮捕措施的适用；五是附条件不起诉；六是封存犯罪记录。

二、专门人员办理

《刑诉规则》第484条规定："人民检察院应当指定熟悉未成

年人身心特点的检察人员办理未成年人刑事案件。"由熟悉未成年人身心特点的检察人员办理未成年人刑事案件，是对检察机关办理未成年人刑事案件时，人员安排上的特别要求。检察人员熟悉未成年人身心特点，善于做未成年人的思想教育工作，有利于教育、感化、挽救方针的落实，也有利于与未成年人的沟通，促进其悔过自新。

在理解该规定时，有一个问题需要注意。《关于进一步建立和完善办理未成年人刑事案件配套工作体系的若干意见》和《人民检察院办理未成年人刑事案件的规定》对检察机关办理未成年人刑事案件设立专门的工作机构作了要求。在修订《刑诉规则》的过程中，有意见提出，关于成立工作机构的问题不属于诉讼程序方面的内容，不应在《刑诉规则》中规定。我们采纳了这一意见，没有在《刑诉规则》中规定上述内容。但是应当注意，设立专门办理未成年人刑事案件的工作机构是中央司法体制和工作机制改革的要求，在司法实践中，不少地方检察机关也已经设立了专门的工作机构或者工作小组，提高了办理未成年人刑事案件的专门化和专业化水平，在教育、感化、挽救未成年犯罪嫌疑人方面发挥了积极作用。因此，各地应当继续贯彻落实有关司法解释和规范性文件的要求，经济发展水平高、未成年人刑事案件较多的地方应当设立专门工作机构或者专门工作小组办理未成年人刑事案件，不具备条件的应当指定专人办理。

三、充分保障诉讼权利

未成年犯罪嫌疑人除了享有与成年犯罪嫌疑人相同的诉讼权利外，还享有一些特殊的诉讼权利，办理案件的人民检察院应当依法保障未成年犯罪嫌疑人的这些特殊权利。《刑诉规则》从以下几个方面规定了未成年犯罪嫌疑人的特殊诉讼权利，也为办理案件的检察机关设定了义务：

1. 必须保证未成年犯罪嫌疑人获得辩护人辩护。《刑事诉讼法》第 267 条规定："未成年犯罪嫌疑人、被告人没有委托辩护人的，人民法院、人民检察院、公安机关应当通知法律援助机构指派律师为其提供辩护。"为了落实这一要求，《刑诉规则》第 485 条规定："人民检察院受理案件后，应当向未成年犯罪嫌疑人及其法定代理人了解其委托辩护人的情况，并告知其有权委托辩护人。

　　未成年犯罪嫌疑人没有委托辩护人的，人民检察院应当书面通知法律援助机构指派律师为其提供辩护。"

　　该规定分为 2 款，第 1 款要求人民检察院在受理案件后，及时向未成年犯罪嫌疑人及其法定代理人了解其委托辩护人的情况，没有委托辩护人的，告知其有权委托辩护人。第 2 款要求人民检察院在未成年犯罪嫌疑人因为经济原因或者其他原因没有委托辩护人的情况下，书面通知法律援助机构指派律师为其提供辩护。

　　2. 必须通知法定代理人或其他有关人员到场。为了弥补未成年人诉讼能力的不足，消除未成年人心理上的恐惧和抗拒，防止在讯问时侵犯未成年人的合法权益，《刑事诉讼法》第 270 条规定，对于未成年人刑事案件，在讯问和审判的时候，应当通知未成年犯罪嫌疑人、被告人的法定代理人等人到场。《刑诉规则》第 490 条对上述规定作了细化，主要包括以下几个方面的内容：

　　第一，应当对未成年犯罪嫌疑人进行讯问。检察机关在审查逮捕未成年犯罪嫌疑人时，程序上有更严格的要求，该条第 1 款规定，人民检察院在审查逮捕、审查起诉中，应当讯问未成年犯罪嫌疑人，听取辩护人的意见，并制作笔录附卷。这一程序的设置，有利于核实未成年犯罪嫌疑人是否有犯罪行为，是否符合逮捕条件，防止错误逮捕。

　　第二，通知到场人员的范围。首先应当通知其法定代理人到场。无法通知、法定代理人不能到场或者法定代理人是共犯的，也可以通知未成年犯罪嫌疑人的其他成年亲属，所在学校、单位或者居住地的村民委员会、居民委员会、未成年人保护组织的代表到场，并将有关情况记录在案。要特别指出的是，这里规定的"可以通知"不能理解为法定代理人不能到场时，可以通知也可以不通知其他人员到场。我们认为，在讯问未成年犯罪嫌疑人时，必须有相关成年人在场保护其合法权益，这里采用"可以通知"的表述，指的是人民检察院可以在规定的范围内选择一人或数人通知到场。

第三，到场法定代理人代为行使诉讼权利。到场的法定代理人可以代为行使未成年犯罪嫌疑人的诉讼权利，包括申请检察人员回避、进行辩护、对侵犯公民诉讼权利和人身侮辱的行为提出控告等，但行使时不得侵犯未成年犯罪嫌疑人的合法权益。需要注意的是，该权利仅限于未成年犯罪嫌疑人的法定代理人行使，到场的其他人员不能行使这项权利。

第四，到场人员提出意见和阅读讯问笔录的权利。到场的法定代理人或者其他人员认为办案人员在讯问中侵犯未成年犯罪嫌疑人合法权益的，可以提出意见。检察机关对到场人员提出的意见应当充分重视，如确实侵犯了未成年犯罪嫌疑人合法权益的，应当及时予以纠正。同时，讯问笔录作为犯罪嫌疑人供述等言词证据的重要载体，应当交由到场的法定代理人或者其他人员阅读或者向其宣读，并由其在笔录上签字、盖章或者捺指印确认。

第五，女性检察人员的参加。讯问女性未成年犯罪嫌疑人，应当有女性检察人员参加，这样可以充分照顾到女性未成年犯罪嫌疑人的生理、心理特点，缓解其紧张、畏惧情绪，有利于保护女性未成年人的特殊权益，也有利于讯问工作的顺利进行。另外，上述关于通知法定代理人或者其他相关人员到场、法定代理人可以代为行使未成年人的诉讼权利、法定代理人或者其他有关人员可以提出意见等规定也适用于询问未成年被害人、证人。

3. 一般不得使用械具。基于未成年人的身心特点，检察机关在讯问未成年犯罪嫌疑人时一般不得使用械具。对于确有人身危险性，必须使用械具的，也可以在必要的限度内使用，并且在现实危险消除后，应当立即停止使用。

四、社会调查制度

《刑事诉讼法》第 268 条规定："公安机关、人民检察院、人民法院办理未成年人刑事案件，根据情况可以对未成年犯罪嫌疑人、被告人的成长经历、犯罪原因、监护教育等情况进行调查。"根据该规定，办理案件的机关在办理未成年人刑事案件过程中，不仅要调查未成年人犯罪的事实即案件事实，还要对未成年犯罪嫌疑人、被告人的成长经历、犯罪原因、监护教育等情况进行调查。进行社会调查的目的在于有针对性地采取办理案件的方法和措施，同时也为教育改造未成年人确定有针对性的改造方案和方法，以取得良好的法律效果和社会效果。《刑诉规则》第 486 条对上述规定作了细化，主要包括以下几个方面的内容：

（一）社会调查的主体

公安机关、人民检察院和人民法院在各自办理案件的环节均可以进行调查。而《关于进一步建立和完善办理未成年人刑事案件配套工作体系的若干意见》等将社会调查员主体确定为被调查对象户籍所在地或者居住地的司法行政机关社区矫正工作部门，司法行政机关社区矫正工作部门可联合相关部门开展社会调查，或委托共青团组织以及其他社会组织协助调查。前述有关规定似乎不尽一致。对此，我们认为，刑事诉讼法的有关规定与上述规范性文件之间不存在矛盾。刑事诉讼法的规定是原则性规定，要求办理案件的机关可以进行社会调查。但并不排斥办理案件的机关根据有关规定委托其他机构或人员进行社会调查。因此，我们在《刑诉规则》中明确规定社会调查的主体是人民检察院，但是具体的社会调查工作，检察机关可以委托有关组织和机构包括司法行政机关社区矫正工作部门进行。

（二）社会调查的内容

刑事诉讼法规定的调查内容是成长经历、犯罪原因、监护教育等情况，我们在《刑诉规则》中作了与此一致的表述。这里列举的三项调查内容是主要内容，但实践中不限于这三项。《关于进一步建立和完善办理未成年人刑事案件配套工作体系的若干意见》要求，社会调查机关应当对未成年犯罪嫌疑人的性格特点、家庭情况、社会交往、成长经历、是否具备有效监护条件或者社会帮教措施，以及涉嫌犯罪前后表现等情况进行调查，并作出书面报告。检察机关在进行社会调查的时候，可以参考上述规定来确定调查的具体内容。

（三）社会调查结果的使用

根据《刑诉规则》第486条第1款的规定，人民检察院制作社会调查报告，作为办案和教育的参考。检察机关根据调查所获得的信息和材料来判断该未成年犯罪嫌疑人的主观恶性程度、是否有社会危险性、是否有再犯罪的可能等，为确定是否采取强制措施，是否适用附条件不起诉，以及采取何种矫治和教育措施提供参考。应当注意的是，社会调查报告只能对检察机关办理未成年人刑事案件提供一定的参考，但不是办案的依据。

（四）社会调查报告的移送

《刑诉规则》第486条第3款规定了人民检察院对公安机关移送的社会调查报告进行审查。公安机关在办理未成年人刑事案件时可以对未成年犯罪嫌疑人的成长经历、犯罪原因、监护教育等情况进行调查，并制作社会调查报告。《关于进一步建立和完善办理未成年人刑事案件配套工作体系的若干意见》中规定，提请人民检察院审查批准逮捕或者移送审查起诉的，调查报告应当与案卷材料一并随案移送人民检察院。也就是说，公安机关可以制作社会调查报告，也可以不制作，但是如果制作了社会调查报告，就应当随案移送人民检察院。与此相衔接，《刑诉规则》中规定，人民检察院应当对公安机关移送的社会调查报告进行审查，同时规定，人民检察院认为有必要的，可以进行补充调查。

第 486 条第 4 款规定了人民检察院向人民法院移送社会调查报告。根据刑事诉讼法的相关规定，人民检察院可以制作社会调查报告，也可以不制作。《刑诉规则》中规定，如果人民检察院对未成年犯罪嫌疑人制作了社会调查报告，应当随案移送人民法院，供人民法院在进行法庭教育和量刑时参考。

五、严格限制逮捕措施的适用

《刑事诉讼法》第 269 条规定，对未成年犯罪嫌疑人、被告人应当严格限制适用逮捕措施。从立法精神上看，刑事诉讼法对逮捕措施的适用本身就是严格限制的，特别是此次修法，进一步完善了取保候审和监视居住制度，进一步健全了逮捕制度，加大了其他强制措施对逮捕措施的替代功能，试图进一步减少逮捕措施的适用，减少审前羁押的比例。对未成年人刑事案件适用逮捕措施，其限制更为严格。具体如何把握"严格限制适用逮捕措施"？我们认为，不仅仅是逮捕条件的掌握上要严于成年的犯罪嫌疑人、被告人，也就是说，在同样或者类似的案件情况下，对成年人可以适用逮捕的，对未成年人则可以不适用逮捕。更为典型的情况是，同案犯罪嫌疑人有成年人，也有未成年人的，对二者就应当根据"教育、感化、挽救"的方针以及"教育为主、惩罚为辅"的原则，实现区别对待。对此，理论上总结的标准是，释放为原则，羁押为例外。通俗的说法是，能不捕的尽量不捕，能用其他措施的尽量用其他措施。《刑诉规则》中除了原则性规定，人民检察院办理未成年犯罪嫌疑人审查逮捕案件，应当根据未成年犯罪嫌疑人涉嫌犯罪的事实、主观恶性、有无监护与社会帮教条件等，综合衡量其社会危险性，严格限制适用逮捕措施以外，还具体规定了应当不批准逮捕和可以不批准逮捕的情形。这样规定充分体现了刑事诉讼法关于对未成年犯罪嫌疑人"严格限制适用逮捕措施"的精神。

（一）应当不批准逮捕

《刑事诉讼法》第 79 条对逮捕条件作了规定，包括：证据要件，即有证据证明有犯罪事实；罪行要件，即可能判处徒刑以上刑罚；社会危险性要件，即犯罪嫌疑人有实施对社会造成危害的行为的可能。

《刑诉规则》第 488 条第 1 款规定："对于罪行较轻，具备有效监护条件或者社会帮教措施，没有社会危险性或者社会危险性较小，不逮捕不致妨害诉讼正常进行的未成年犯罪嫌疑人，应当不批准逮捕。"该款规定的"应当不批准逮捕"包括两个方面的条件：一是罪行较轻。这里所说的"罪行较轻"不是指可能判处徒刑以下刑罚，而是指在可能判处徒刑以上刑罚的罪行中较轻。如果所犯罪行可能连徒刑都判不了，可以直接根据《刑事诉讼法》第 79 条的规定不批准逮捕。二是未成年犯罪嫌疑人具备有效监护条件或者社会帮教措施，没有社会危险性或者社会危险性较小，不逮捕不致妨害诉讼正常进行。

（二）可以不批准逮捕

《刑诉规则》第 488 条第 2 款规定："对于罪行比较严重，但主观恶性不大，有悔罪表现，具备有效监护条件或者社会帮教措施，具有下列情形之一，不逮捕不致妨害诉讼正常进行的未成年犯罪嫌疑人，可以不批准逮捕：

（一）初次犯罪、过失犯罪的；

（二）犯罪预备、中止、未遂的；

（三）有自首或者立功表现的；

（四）犯罪后如实交代罪行，真诚悔罪，积极退赃，尽力减少和赔偿损失，被害人谅解的；

（五）不属于共同犯罪的主犯或者集团犯罪中的首要分子的；

（六）属于已满十四周岁不满十六周岁的未成年人或者系在校学生的；

（七）其他可以不批准逮捕的情形。"

该款规定的"可以不批准逮捕"也应当具备两个方面的条件：

一是罪行比较严重。这里所说的"比较严重"是相对本条第 1 款规定的情形而言，如果所犯罪行严重到可能判处 10 年有期徒刑以上刑罚的，应当根据《刑事诉讼法》第 79 条第 2 款的规定予以逮捕。二是未成年犯罪嫌疑人社会危险性较小、不逮捕不致妨害诉讼正常进行。判断未成年犯罪嫌疑人社会危险性大小，应当综合考虑其主观恶性、悔罪表现、有无监护与社会帮教条件等因素。同时，还必须具有上述规定的七种情形之一，才能表明该未成年犯罪嫌疑人社会危险性较小，可以对其不批准逮捕。

六、附条件不起诉

附条件不起诉是指对一些犯轻罪的未成年人，有悔罪表现，人民检察院决定暂不起诉，对其进行监督考察，根据其表现，再决定是否起诉的制度。

附条件不起诉不同于绝对不起诉。绝对不起诉没有斟酌决定的余地，附条件不起诉有自由裁量的空间。附条件不起诉也不同于存疑不起诉，存疑不起诉针对的是经过补充侦查，证据仍然不足的情形，检察机关同样没有自由决定起诉或者不起诉的选择权，而必须作出不起诉决定。人民检察院遇有证据不足的未成年人刑事案件，不得为了"找台阶下"而作出附条件不起诉的决定。附条件不起诉与酌定不起诉适用的案件，都属于人民检察院有起诉权并且在起诉后一般也能够获得胜诉的案件，在决定是否起诉的环节，人民检察院都有自由裁量的权力。两者的区别在于，酌定不起诉不附加任何条件，按照法律规定适用于犯罪情节轻微的案件，酌定不起诉作出后，除非发现不符合法定条件，一般不能撤销不起诉决定提起公诉；附条件不起诉适用于情节较轻的未成年人刑事案件，并且在不起诉的同时附加一定条件，当条件得到满足时，诉讼将不再提起；若条件得不到满足，不起诉决定应当被撤销，人民检察院将会提起公诉。

刑事诉讼法确立的附条件不起诉制度，是我国刑事诉讼制度改革的重大成果。立法者在构建该制度的时候，将附条件不起诉作为办理未成年人刑事案件的一项制度，设定了严格的范围限制，并规定了相应的程序。

（一）适用范围

附条件不起诉只适用于犯罪嫌疑人为未成年人的刑事案件。将附条件不起诉的适用限制在犯罪嫌疑人是未成年人的情形，既适应了对犯罪的未成年人切实贯彻"教育、感化、挽救"的方针，强化教育、矫治效果的特殊需要，又体现了审慎的态度。

（二）适用条件

《刑事诉讼法》第271条规定，对于未成年人涉嫌刑法分则第四章、第五章、第六章规定的犯罪，可能判处1年有期徒刑以下刑罚，符合起诉条件，但有悔罪表现的，人民检察院可以作出附条件不起诉的决定。根据该规定，适用附条件不起诉应当同时满足四个条件：第一，未成年人涉嫌的罪名限于刑法分则第四章、第五章、第六章规定的犯罪，即侵犯公民人身权利、民主权利罪，侵犯财产罪以及妨害社会管理秩序罪，实践中未成年人犯罪案件所涉及的罪名主要也是这三种。第二，该未成年人所涉嫌罪行可能判处1年有期徒刑以下刑罚。有学者指出，刑法分则中法定最高刑为1年以下有期徒刑的只有两条，一条是《刑法》第252条规定的侵犯通信自由罪，另一条是《刑法修正案（八）》规定的危险驾驶罪。在实践当中可能判处1年以下的案件也是比较少的，这样写意义不大。该观点混淆了法定最高刑与可能判处的刑罚这两个概念。法定最高刑是刑法针对某一犯罪规定的刑罚的上限。本条规定的可能判处的刑罚并不是法定最高刑，而是检察机关根据案件情况进行的量刑可能性的推断。第三，犯罪事实已经查清，证据确实、充分，符合起诉条件。如果是犯罪情节轻微，依照刑法规定不需要判处刑罚或者免除刑罚的，人民检察院可以直接作出不起诉决定，不需要适用附条件不起诉。如果是事实不清、证据不足，经过补充侦查仍然不符合起诉条件的，人民检察院应当作出不起诉决定，而不能适用附条件不起诉。第四，未成年人有悔罪表现。表现为认罪态度好，向被害人赔礼道歉，积极赔偿，取得被害人谅解等。悔罪表现反映了犯罪的未成年人的主观恶性不深，可以从轻处理，给出路，留余地，为进一步实施教育、矫治创造条件。人民检察院只有在上述条件都具备时，才能对涉案未成年人作出附条件不起诉的决定。

（三）对人民检察院的监督制约

对任何权力都必须实施有效的监督和制约，才能防止滥用。为了保证检察机关正确、规范行使附条件不起诉裁量权，《刑诉规则》规定了几个方面的监督制约措施：

一是听取各方意见。人民检察院在作出附条件不起诉的决定以前，应当听取公安机关、被害人、未成年犯罪嫌疑人的法定代理人、辩护人的意见。

二是公安机关可以要求复议、提请复核。对附条件不起诉的决定，公安机关认为不起诉决定有错误的时候，可以要求复议，如果意见不被接受，可以向上一级人民检察院提请复核。

三是被害人可以申诉。被害人如果对附条件不起诉不服，可以向上一级人民检察院申诉，上一级人民检察院应当进行复查并将复查结果告知被害人。对人民检察院维持附条件不起诉决定的，被害人可以向人民法院起诉，也可以不经申诉，直接向人民法院起诉。这里需要注意的是，在检察机关内部，负责对被害人就附条件不起诉提出的申诉进行审查的部门不是刑事申诉检察部门，而是公诉部门或者未成年人犯罪检察工作机构。之所以作这样的分工，是由于刑事申诉检察部门负责办理的是对终结性程序的申诉，而附条件不起诉系非终结性程序，对其进行的申诉由公诉部门或者未成年人犯罪检察工作机构办理较为适宜。

四是犯罪嫌疑人及其法定代理人可以提出异议。未成年犯罪嫌疑人及其法定代理人对人民检察院决定附条件不起诉有异议的，人民检察院应当作出起诉的决定。可以说，有了这四重监督制约机制，就能确保人民检察院规范、公正地行使附条件不起诉裁量权。

（四）对被附条件不起诉人的监督考察

在附条件不起诉的考验期内，需要对被附条件不起诉的未成年犯罪嫌疑人进行监督考察，并根据监督考察的情况决定是否不起诉。《刑诉规则》中对监督考察的主体、考验期限、被附条件不起诉的未成年犯罪嫌疑人应当遵守的规定等作了明确规定。

1. 监督考察的主体。修改后的刑事诉讼法将对被附条件不起诉的未成年犯罪嫌疑人进行监督考察的职责赋予了人民检察院。此外，我们在《刑诉规则》中还对未成年犯罪嫌疑人的监护人、所在学校、单位等的配合义务作了规定。未成年犯罪嫌疑人的监护人，应当对未成年犯罪嫌疑人加强管教，配合人民检察院做好监督考察工作。人民检察院可以会同未成年犯罪嫌疑人的监护人、所在学校、单位、居住地的村民委员会、居民委员会、未成年人保护组织等的有关人员，定期对未成年犯罪嫌疑人考察、教育，实施跟踪帮教。

2. 考验期限。人民检察院作出附条件不起诉决定的，应当确定考验期。考验期为 6 个月以上 1 年以下，从人民检察院作出附条件不起诉的决定之日起计算。实践中，检察机关应当综合考虑未成年犯罪嫌疑人罪行的轻重、主观恶性的大小等因素，确定具体的考验期限。

3. 被附条件不起诉的未成年犯罪嫌疑人应当遵守的规定。被附条件不起诉的未成年犯罪嫌疑人，应当遵守下列规定：第一，遵守法律法规，服从监督。遵纪守法、服从监督是对被附条件不起诉未成年犯罪嫌疑人最基本的行为要求，如果发现其在考验期内实施新的犯罪或者严重违法的，应当承担被撤销附条件不起诉、提起公诉的法律后果。第二，按照考察机关的规定报告自己的活动情况。考验期内，检察机关应当掌握被附条件不起诉未成年犯罪嫌疑人的活动情况，以及时掌握其思想、行为动向，为评估考验效果提供参考依据。第三，离开所居住的市、县或者迁居，应当报经考察机关批准。考验期内，检察机关需要随时掌握被附条件不起诉未成年犯罪嫌疑人的行踪，因此，离开所居住的市、县或者迁居，必须报经考察机关批准。第四，按照考察机关的要求接受矫治和教育。考察机关会针对被附条件不起诉未成年犯罪嫌疑人的具体情况，决定采取一定的矫治和教育措施，帮助其认识错误、改过自新。考察机关可以要求未成年犯罪嫌疑人接受的矫治和教育措施包括：完成戒瘾治疗、心理辅导或者其他适当的处理措施；向社区或者公益团体提供公益劳动；不得进入特定场所，与特定的人员会见或者通信，从事特定的活动；向被害人赔礼道歉，赔偿损失；接受相关教育；遵守其他保护被害人安全以及预防再犯的禁止性规定。

（五）撤销附条件不起诉提起公诉

附条件不起诉从性质上说，是一种结果待定状态，只有符合所附带的条件，才发生不起诉的效力。因此，附条件不起诉又称为起诉犹豫或者暂缓起诉。《刑诉规则》规定，被附条件不起诉的未成年犯罪嫌疑人，在考验期内发现有下列情形之一的，人民检察院应当撤销附条件不起诉的决定，提起公诉：实施新的犯罪的；发现决定附条件不起诉以前还有其他犯罪需要追诉的；违反治安管理规定，造成严重后果，或者多次违反治安管理规定的；违反考察机关有关附条件不起诉的监督管理规定，造成严重后果，或者多次违反考察机关有关附条件不起诉的监督管理规定的。人民检察院撤销附条件不起诉、提起公诉的主要依据是办案人员制作的附条件不起诉考察意见书。《刑诉规则》规定，考验期届满，办案人员应当制作附条件不起诉考察意见书，提出起诉或者不起诉的意见，经部门负责人审核，报请检察长决定。

（六）　不起诉

《刑诉规则》规定，被附条件不起诉的未成年犯罪嫌疑人，在考验期内没有实施新的犯罪，没有发现决定附条件不起诉以前还有其他犯罪需要追诉；没有严重违反治安管理规定或者考察机关有关附条件不起诉的监督管理规定，考验期届满的，人民检察院应当作出不起诉的决定，这个不起诉决定才是案件的最终决定。需要注意的是，对于该不起诉决定，公安机关不能再要求复议、提请复核，被害人、被不起诉人也不能再提出申诉。

七、封存犯罪记录

"有条件地建立未成年人轻罪犯罪记录消灭制度"是中央司法体制和工作机制改革的明确要求。《刑法修正案（八）》第19条对现行《刑法》第100条"前科报告制度"作了修正和完善，规定犯罪的时候不满18周岁被判处5年有期徒刑以下刑罚的人，免除前科报告义务，这是对多年来"未成年人轻罪犯罪记录消灭制度改革"的试点经验的规范性确认。与此相衔接，《刑事诉讼法》第275条明确规定了未成年人犯罪记录封存制度："犯罪的时候不满十八周岁，被判处五年有期徒刑以下刑罚的，应当对相关犯罪记录予以封存。犯罪记录被封存的，不得向任何单位和个人提供，但司法机关为办案需要或者有关单位根据国家规定进行查询的除外。依法进行查询的单位，应当对被封存的犯罪记录的情况予以保密。"该规定确立了未成年人犯罪记录封存制度，对于严格限制犯罪记录的对外公开，弱化社会公众通过犯罪记录公开而对未成年人进行非规范性消极评价具有深远的意义，在消除犯罪标签效应的同时，有利于未成年人的再社会化。《刑诉规则》中对人民检察院封存犯罪记录设计了具体操作程序。主要包括以下几个方面：

（一）　适用范围与条件

1. 从主体上看，适用于犯罪时未满18周岁的未成年人。当事人的年龄是以犯罪行为发生时为标准，即使审判时已经年满 18 周岁，同样可以适用。

2. 从犯罪类型上看，适用于一切犯罪类型。修改后的刑事诉讼法并未对此作轻罪或者重罪的区分。

3. 从既判刑罚看，适用于被判处 5 年有期徒刑以下刑罚的未成年人。有期徒刑 5 年以上的刑罚，即属于重刑。适用重刑的未成年人，要么是触犯了重罪，要么是犯罪行为及犯罪后果等特别严重，其犯罪记录不宜封存。

（二）封存程序的启动

一个刑事案件要经过人民法院审判，才能最终确定是否被判处 5 年有期徒刑以下刑罚，但在此之前，案件已经公安机关侦查和人民检察院审查起诉，这两个机关也都保留了完整的未成年人的犯罪记录。

封存犯罪记录要以人民法院作出生效判决为前提，但是，在生效判决作出之前，根据刑事诉讼法和相关法律关于保护未成年人的立法精神和具体规定，办理案件的机关也有义务控制未成年人刑事案件的案件情况和犯罪嫌疑人、被告人具体情况的知情面，不能加以扩散。因此，我们规定，人民检察院办理未成年人刑事案件过程中，应当对涉案未成年人的资料予以保密，不得公开或者传播涉案未成年人的姓名、住所、照片、图像及可能推断出该未成年人的其他资料。

（三）操作要求

人民检察院应当将拟封存的未成年人犯罪记录、卷宗等相关材料装订成册，加密保存，不予公开，并建立专门的未成年人犯罪档案库，执行严格的保管制度。

（四）封存的效力

未成年人的犯罪记录一旦封存，人民检察院就不能向任何单位和个人提供，也不得提供未成年人有犯罪记录的证明，除非是司法机关为办案需要或者有关单位根据国家规定进行查询。从封存的时间效力上看，除了发现不符合封存条件而解除封存的外，是终身有效的，不能理解为未成年人成年以后或若干年后可以解除封存。

（五）查询封存的犯罪记录

根据刑事诉讼法的规定，对封存的未成年人犯罪记录，司法机关为办案需要或者有关单位根据国家规定可以进行查询。依法查询的单位，应当对被封存的犯罪记录的情况予以保密。司法机关或者有关单位需要查询犯罪记录的，应当向作出封存犯罪记录决定的人民检察院提出书面申请，人民检察院应当在 7 日以内作出是否许可的决定。

八、其他需要注意的问题

（一）关于临界年龄

《刑诉规则》第 489 条规定："审查逮捕未成年犯罪嫌疑人，应当重点查清其是否已满十四、十六、十八周岁。

对犯罪嫌疑人实际年龄难以判断，影响对该犯罪嫌疑人是否应当负刑事责任认定的，应当不批准逮捕。需要补充侦查的，同时通知公安机关。"

14、16、18 周岁这三个临界年龄，在刑事诉讼法上有着不同的意义。其中是否满 14、16 周岁是用于判断犯罪嫌疑人是否应当负刑事责任。《刑法》第 17 条规定，已满 16 周岁的人犯罪，应当负刑事责任。已满 14 周岁不满 16 周岁的人，犯故意杀人、故意伤害致人重伤或者死亡、强奸、抢劫、贩卖毒品、放火、爆炸、投毒罪的，应当负刑事责任。对于已经查明犯罪嫌疑人不满 14 周岁或者 16 周岁，不应当负刑事责任的，人民检察院应当不批准逮捕。对犯罪嫌疑人实际年龄难以判断，影响对该犯罪嫌疑人是否应当负刑事责任认定的，也应当不批准逮捕。需要补充侦查的，同时通知公安机关。

　　犯罪嫌疑人是否满 18 周岁决定了其是否适用未成年人刑事案件诉讼程序的相关规定，如果犯罪嫌疑人未满 18 周岁，属于未成年人，人民检察院应当在受理案件后通知法律援助机构指派律师为其提供辩护，在讯问时应当通知其法定代理人或其他有关人员到场，并可以依法作出附条件不起诉的决定。

　　（二）关于本节规定的适用范围

　　《刑诉规则》第 508 条规定，未成年人刑事案件，是指犯罪嫌疑人实施涉嫌犯罪行为时已满十四周岁、未满十八周岁的刑事案件。

　　犯罪嫌疑人实施涉嫌犯罪行为时未满十八周岁，在诉讼过程中已满十八周岁的，人民检察院可以根据案件的具体情况适用上述规定。

　　该条文的出处是《人民检察院办理未成年人刑事案件的规定》第 46 条："本规定所称未成年人刑事案件，是指犯罪嫌疑人、被告人实施涉嫌犯罪行为时已满十四周岁、未满十八周岁的刑事案件，但在有关未成年人诉讼权利和体现对未成年人程序上特殊保护的条文中所称的未成年人，是指在诉讼过程中已满十四周岁、未满十八周岁的人。"其中"有关未成年人诉讼权利和体现对未成年人程序上特殊保护的条文"具体包括哪些条文，在认识上存在一定的分歧。为了避免歧义，《刑诉规则》中对此予以明确，适用于在诉讼过程中未满 18 周岁的犯罪嫌疑人的条文包括《刑诉规则》第 485、490、491 条，即通知法律援助机构指派律师为其提供辩护、审查逮捕时应当讯问、通知法定代理人或其他有关人员到场、一般不得使用械具等规定。也就是说，犯罪嫌疑人实施涉嫌犯罪行为时未满 18 周岁，但在审查逮捕、审查起诉时已满 18 周岁的，人民检察院可以不通知法律援助机构指派律师为其提供辩护，在审查逮捕时可以不讯问，讯问时可以不通知其原法定代理人到场，也可以使用械具。而本节的其他规定，包括决定是否逮捕、附条件不起诉、封存犯罪记录等，都只是适用于实施涉嫌犯罪行为时已满 14 周岁、未满 18 周岁的犯罪嫌疑人。

（三）关于附条件不起诉与当事人和解后作出的不起诉

附条件不起诉适用于涉嫌刑法分则第四章、第五章、第六章规定的犯罪，可能判处 1 年有期徒刑以下刑罚，但有悔罪表现的未成年人；当事人和解后作出的不起诉适用于涉嫌刑法分则第四章、第五章规定的犯罪，可能判处 3 年有期徒刑以下刑罚，真诚悔罪，与被害人达成和解协议的犯罪嫌疑人。

附条件不起诉的适用条件之一是"符合起诉条件"，而当事人和解案件，检察机关作出不起诉决定的条件之一是"犯罪情节轻微，不需要判处刑罚"，即符合相对不起诉的条件。因此，从法律规定来看，附条件不起诉与当事人和解后作出的不起诉的适用范围没有重合。

第二节 当事人和解的公诉案件诉讼程序

公诉案件和解制度的设立，是我国刑事司法制度的重大创举，也是我国司法实践的必然产物。长期以来，公诉案件被认为是司法机关代表国家执行法律，追诉犯罪的诉讼，被害人的诉讼地位和物质、精神方面损失的补偿未得到应有的重视。近年来，全国各地公安机关、人民检察院、人民法院在创新社会管理、创建和谐社会的司法实践中，深入贯彻宽严相济的刑事政策，积极探索当事人达成和解的公诉案件办理机制。2008 年，中央司法体制和工作机制改革把"对于刑事自诉案件和其他轻微刑事案件，探索建立刑事和解制度"作为一项重要内容。为了落实中央司改要求，2011 年 1 月 29 日，最高人民检察院印发了《关于办理当事人达成和解的轻微刑事案件的若干意见》，对检察机关依法正确办理当事人达成和解的轻微刑事案件提出了具体要求。各级检察机关根据文件要求，进一步深化刑事和解的研究和探索。实践证明，和解具有传统刑事案件处理方式所不具有的优点，对于矫正犯罪、抚慰被害人心灵、化解社会矛盾、修复社会关系、维护社会和谐稳定具有积极的意义。

刑事诉讼法在吸收学术研究成果、总结实践经验的基础上，设专章规定了当事人和解的公诉案件诉讼程序，将刑事和解程序从原来的自诉案件扩大适用到公诉案件，同时，又严格限定和解程序的适用范围。和解程序引入公诉案件，对于化解社会矛盾、节约司法资源将会起到巨大的促进作用，同时考虑到公诉案件的国家追诉性质和刑罚的严肃性，防止出现新的不公正，刑事诉讼法将公诉案件适用和解程序的范围限定为因民间纠纷引起，涉嫌侵犯公民人身权利民主权利、侵犯财产犯罪，可能判处 3 年有期徒刑以下刑罚的故意犯罪案件，以及除渎职犯罪以外的可能判处 7 年有期徒刑以下刑罚的过失犯罪案件。但是，犯罪嫌疑人、被告人在 5 年以内曾经故意犯罪的，不适用这一程序。对于当事人之间达成和解协议的案件，人民法院、人民检察院和公安机关可以依法从宽处理。

一、刑事和解概述

在我国现行法律体系下，对于赔偿损失、赔礼道歉等民事责任方面的事项，根据民事权利的处分原则，当事人之间可以进行协商和解。这是当事人自治原则的应有之义，也是其行使处分权的一种方式。但对于刑事责任问题，1996 年刑事诉讼法只规定自诉案件的当事人双方可以自行和解，没有规定公诉案件的当事人可以进行和解。自诉案件的和解与公诉案件的和解之间的区别是：第一，和解主体在诉讼中的地位不同。自诉案件的和解是在起诉方与被诉方之间进行的，是诉讼的双方主体之间的协商；公诉案件的和解是在被诉方与作为诉讼参与人的被害人之间进行的，不是追诉主体与犯罪嫌疑人、被告人之间的协商。第二，和解协议的内容不同。自诉案件的和解协议不仅包括赔偿损失、赔礼道歉等内容，还可以涉及诉讼的进程，起诉方可以处置诉讼权利；公诉案件的和解协议针对赔偿损失、赔礼道歉等内容，不能涉及公权力的处置，无权决定诉讼的进程。第三，和解协议的法律效果不同。在自诉案件中，起诉方与被诉方达成和解后，起诉方可以据此决定撤回起诉，从而终止诉讼；在公诉案件中，和解协议只能作为在诉讼各个阶段从宽处理的依据，人民检察院也可以作出不起诉的决定，但前提是符合刑事诉讼法有关不起诉的规定，不能单独据此决定诉讼的进程。

对刑事诉讼法是否要设置公诉案件和解制度，以及此前在司法实践中的相关尝试探索，存在很多质疑和争议。其中最主要的是，如果更多强调根据当事人的和解处理案件，是否会出现有的犯罪嫌疑人经济实力较强，赔偿较多，能与被害人达成和解，从而容易得到从轻或者不予处罚；有的认罪虽好，但由于赔偿能力较弱或达不到被害人提出的过高要求，无法达成和解，难以得到从轻或者不予处罚，造成不公正的现象。我们认为，这种担心是不必要的。主要理由是：第一，当事人达成和解的主要原因并不是因为金钱收买。根据刑事诉讼法规定，犯罪嫌疑人、被告人要达成和解，首先要真诚悔罪，其次要向被害人赔偿损失、赔礼道歉等，最后还要获得被害人的谅解。实践中也存在不少犯罪嫌疑人、被告人愿意付出巨额资金以求得被害人谅解而不成的例子。对当事人的和解协议，公安机关、人民检察院、人民法院不仅要进行合法性审查，还要进行自愿性审查，并听取其他有关人员的意见。第二，适用刑事和解的案件是轻微刑事案件。修改后的刑事诉讼法将适用刑事和解的案件范围限制在民间纠纷，涉嫌刑法分则第四章、第五章规定的犯罪案件，可能判处3年有期徒刑以下刑罚的，以及除渎职罪以外的可能判处7年有期徒刑以下刑罚的过失犯罪案件，这些案件主要是直接侵犯具体被害人人身权利和财产权利的轻微刑事案件。根据我国刑法和刑事诉讼法的有关规定，对这类案件，即使在设立刑事和解制度以前，也往往会从轻处罚。第三，检察机关对和解案件作出不起诉决定也要符合法律规定的条件。《刑事诉讼法》第 279 条规定，对于达成和解协议的案件，人民检察院认为犯罪情节轻微，不需要判处刑罚的，可以作出不起诉的决定。该规定与第 173 条第 2 款关于相对不起诉条件的规定是一致的。也就是说，达成和解协议的案件，只有同时符合不起诉条件，才可以作出不起诉决定。因此，基于和解的从宽处理不是无条件的，而是必须在法律规定的范围内从宽处理。第四，自愿本身就蕴含着公平。刑事和解制度的设立，更主要的意义不是扩展了司法机关的职权，而是更多地考虑到当事人的主体地位，对其予以法律上的引导。设定和解程序后，对犯罪嫌疑人、被告人从宽处理的法律依据和法律要求更加明确，当事人特别是被害人的主体地位进一步得到尊重。通过刑事和解，真诚悔罪的犯罪嫌疑人获得了从宽处罚的出路，被害人权益则得到更好的保障。第五，法律面前人人平等原则、罪刑法定原则并不否定刑罚个别化。事实上，个案情况千差万别，不顾个体差异强求整齐划一，无疑也是不公正的，也有违立法的目标和原则。

二、当事人和解的案件范围、适用条件和除外规定

（一）案件范围

《刑事诉讼法》第 277 条第 1 款关于当事人和解的公诉案件范围有两类：一类是因民间纠纷引起，涉嫌刑法分则第四章、第五章规定的犯罪案件，可能判处 3 年有期徒刑以下刑罚的。这类案件有三个方面的限制：一是从案件起因上看，只能是因民间纠纷引起的。"因民间纠纷引起"是指犯罪的起因是公民之间因财产、人身等问题引发的纠纷，既包括因婚姻家庭、邻里纠纷等民间矛盾激化引发的案件，也包括因口角、泄愤等偶发性矛盾引发的案件。二是从罪行的严重程度上看，只能是可能判处 3 年以下有期徒刑、

拘役、管制或者单处附加刑的案件，重刑犯罪案件不得适用该程序。三是从犯罪的种类上看，只能是属于刑法分则第四章、第五章规定的侵犯公民人身权利、民主权利、财产权利的犯罪。这类犯罪比较轻微，且其侵犯的客体是公民的人身权利、民主权利、财产权利，允许公民有一定的处分权有利于修复社会关系。另一类是除渎职犯罪以外的可能判处 7 年有期徒刑以下刑罚的过失犯罪案件。这类案件也有三个方面的限制：一是必须是过失犯罪；二是渎职犯罪不能适用；三是可能判处 7 年有期徒刑以下刑罚。这类案件中比较典型的是交通肇事罪。过失犯罪的行为人主观恶性比较小，可以给予其悔过自新、从宽处理的机会。而渎职犯罪中的过失表现为国家机关工作人员滥用职权、玩忽职守、严重不负责任等行为，且对国家机关工作人员履行职责应有更高要求，因而规定渎职犯罪案件不在和解案件范围之内。

（二）适用条件

《刑诉规则》第 510 条第 2 款规定了当事人和解的适用条件，包括五个方面：

1. 属于侵害特定被害人的故意犯罪或者有直接被害人的过失犯罪。这是对案件主体方面的要求，即双方当事人是确定的，否则无法进行"双方"当事人的协商，也就无法达成"双方"当事人的和解。

2. 案件事实清楚，证据确实、充分。这是对案件实体方面的要求，如果案件事实不清或者证据不足，则无法确认相关人员的责任，因而也不具备和解的基础。

3. 犯罪嫌疑人真诚悔罪，向被害人赔偿损失、赔礼道歉等。犯罪嫌疑人、被告人是否真诚悔罪，要通过其行为来判断。真诚悔罪应当包括以下几个方面：一是承认罪行。拒不承认所犯罪行，不能认为是真诚悔罪。但也不能因其进行合理合法的辩解而认为其不承认罪行。实践中也确实有被害人得理不饶人的现象，容不得被告人进行辩解和提出异议。二是真诚悔过。犯罪嫌疑人应当出于自己的意愿，发自内心地意识到自己的行为给被害人带来的伤害，诚恳地希望得到被害人的谅解。三是向被害人赔礼道歉、赔偿损失等。即有主动、有效地弥补被害人因犯罪造成的损失，争取被害人谅解的举动。

4. 被害人明确表示对犯罪嫌疑人予以谅解。这里所说的谅解是指犯罪嫌疑人通过各种方式真诚悔罪，使被害人体察并同情其处境，原谅其错误。当事人达成和解需要被害人对犯罪嫌疑人作出谅解，也就是同意和解的明确的意思表示。

5. 双方当事人自愿和解，符合有关法律规定。当事人和解应当符合自愿、合法的原则。这里的"自愿和解"是指双方当事人不受外力的干扰，出于自己的意愿达成和解。将自愿和解作为公诉案件当事人和解的条件之一，是为了防止被害人在受到暴力、胁迫等情况下违背自己的意志达成和解，同时也有利于避免犯罪嫌疑人为了获得从宽处罚被迫接受和解协议。实践中既有犯罪嫌疑人威胁、欺骗、引诱被害人达成和解的情况，也有被害人漫天要价、犯罪嫌疑人被迫接受和解协议的情况。这两种情形都违反了自愿原则，检察机关在审查时应当注意。"符合有关法律规定"是指和解应当在法律规定的范围内进行，和解的程序、内容应当符合法律规定，不得违背法律的禁止性规定。

（三）除外规定

犯罪嫌疑人在 5 年以内曾经故意犯罪的，不适用本节规定的当事人和解的公诉案件诉讼程序。这里有三个方面的要求：一是犯前罪的时间距离犯后罪的时间不超过 5 年。二是前罪是故意犯罪。前罪是过失犯罪的，不影响当事人之间的和解。后罪是故意犯罪还是过失犯罪，也不影响适用本节的规定。三是无论该故意犯罪是否已经追究，均应当认定为曾经故意犯罪。例如，犯罪嫌疑人故意犯罪，但因为犯罪情节轻微或者系未成年人，人民检察院决定不起诉，或者人民检察院发现遗漏的故意犯罪尚未追究，均应当认定为曾经故意犯罪，不适用和解程序。

三、关于有权达成和解的主体

刑事诉讼法规定双方当事人是达成和解的主体。

就被害人一方而言，需要其他有关人员代为和解的情形有两种：一是被害人死亡；二是被害人系无行为能力或者限制行为能力人。《刑诉规则》规定，如果被害人死亡的，其法定代理人、近亲属可以与犯罪嫌疑人和解；如果被害人系无行为能力或者限制行为能力人的，其法定代理人可以代为和解。

就犯罪嫌疑人一方而言，需要其他有关人员代为和解的情形也有两种：一是犯罪嫌疑人系限制行为能力人；二是犯罪嫌疑人因被羁押而无法参与协商。《刑诉规则》规定，犯罪嫌疑人系限制行为能力人的，其法定代理人可以代为和解；犯罪嫌疑人在押的，经犯罪嫌疑人同意，其法定代理人、近亲属可以代为和解。

四、当事人和解的事项

《刑诉规则》第 513 条规定："双方当事人可以就赔偿损失、赔礼道歉等民事责任事项进行和解，并且可以就被害人及其法定代理人或者近亲属是否要求或者同意公安机关、人民检察院、人民法院对犯罪嫌疑人依法从宽处理进行协商，但不得对案件的事实认定、证据采信、法律适用和定罪量刑等依法属于公安机关、人民检察院、人民法院职权范围的事宜进行协商。"

该规定明确将双方当事人可以达成和解的事项限定在赔偿损失、赔礼道歉等民事责任事项，但不得对案件的事实认定、证据采信、法律适用和定罪量刑等依法属于公安司法机关职权范围的事宜进行协商。在我国现行的司法体制下，检察机关代表国家行使追诉职能，检察机关对公诉案件的处理不受当事人意志的左右，当事人无权就公诉案件中的刑事责任问题进行和解，即无权"私了"。当事人只能对其自身权利范围内主要是民事权利方面的事项达成和解，对于自身权利之外的事项，如案件事实、证据、是否犯罪以及如何适用法律、定罪量刑等无权自行和解，从而杜绝"花钱买刑"的可能。

五、检察机关在当事人和解中的作用

检察机关在当事人和解的过程中，主要有三个方面的作用：

1. 人民检察院对于符合法律规定的公诉案件，可以建议当事人进行和解，并告知相应的权利义务，必要时可以提供法律咨询。检察机关在审查逮捕、审查起诉阶段发现案件符合法律规定的和解范围和条件的，可以向当事人提出和解的建议，一方当事人有和解意向的，可以告知对方当事人。同时，检察机关应当告知当事人和解的相关规定、双方当事人的权利义务、和解的法律后果等。在和解的过程中，主要由双方当事人自行协商，检察机关可以在必要时提供法律咨询。检察机关应当始终保持客观、中立，不得偏袒或欺瞒任何一方，也不得强迫当事人和解。另外，当事人实现和解的途径有很多种，既可以自行达成和解，也可以经人民调解委员会、村民委员会、居民委员会、当事人所在单位或者同事、亲友等组织或者个人调解后达成和解。在司法实践中，检察机关要与人民调解组织密切配合，建立有效衔接机制，尊重和支持当事人申请人民调解，支持配合人民调解组织的工作。

2. 人民检察院应当对和解的自愿性、合法性进行审查。为防止实践中有些案件中的当事人以"和解"的形式逃避法律追究，刑事诉讼法明确规定公安机关、人民检察院、人民法院要听取当事人和其他有关人员的意见，对和解的自愿性、合法性进行审查。对于当事人和解协议的审查应当重点从以下几个方面进行：双方当事人是否自愿和解；犯罪嫌疑人是否真诚悔罪，是否向被害人赔礼道歉，经济赔偿数额与其所造成的损害和赔偿能力是否相适应；被害人及其法定代理人或者近亲属是否明确表示对犯罪嫌疑人予以谅解；是否符合法律规定；是否损害国家、集体和社会公共利益或者他人的合法权益；是否符合社会公德。检察机关在审查时应当听取双方当事人和其他有关人员对和解的意见，告知被害人刑事案件可能从宽处理的法律后果和双方的权利义务，并制作笔录附卷。

3. 人民检察院主持制作和解协议书。公诉案件是国家追诉犯罪的案件，因此，在刑事诉讼过程中，公安司法机关应当起主导作用。双方当事人无论是自行和解还是在有关组织、个人的调解下达成和解，都不能自行制作和解协议书，而应当由检察机关在对和解的自愿性、合法性进行审查后主持制作和解协议书。检察机关对和解进行审查后，认为和解是在双方自愿的前提下达成，内容合法，且符合法律规定的范围和条件的，人民检察院应当主持制作和解协议书。和解协议书的主要内容包括：双方当事人的基本情况；案件的主要事实；犯罪嫌疑人真诚悔罪，承认自己所犯罪行，对指控的犯罪没有异议，向被害人赔偿损失、赔礼道歉等；赔偿损失的，应当写明赔偿的数额、履行的方式、期限等；被害人及其法定代理人或者近亲属对犯罪嫌疑人予以谅解，并要求或者同意公安机关、人民检察院、人民法院对犯罪嫌疑人依法从宽处理。和解协议书应当一式三份，双方当事人各持一份，另一份交人民检察院附卷备查。需要注意的是，和解协议书应当由双方当事人签字，检察人员不在当事人和解协议书上签字，也不加盖人民检察院印章，但是可以写明和解协议书系在人民检察院主持下制作。

六、检察机关对和解案件的处理

对于当事人达成和解协议的公诉案件，人民检察院根据所处的诉讼阶段应当分别作出处理。

1. 双方当事人在侦查阶段达成和解协议，公安机关向人民检察院提出从宽处理建议的，人民检察院在审查逮捕和审查起诉时应当充分考虑公安机关的建议。根据刑事诉讼法的规定，对于达成和解协议的案件，公安机关可以向人民检察院提出从宽处理的建议。在侦查阶段双方当事人达成和解的，公安机关仍应当查清案件事实，对于犯罪事实清楚，证据确实、充分的，应当写出起诉意见书，连同案卷材料、证据、和解协议书、从宽处理的建议一并移送人民检察院审查起诉。对于公安机关的建议，检察机关应当充分重视，认真研究，经审查认为犯罪嫌疑人犯罪情节轻微，不需要判处刑罚的，可以作出不起诉的决定。

2. 人民检察院对于公安机关提请批准逮捕的案件，双方当事人达成和解协议的，可以作为有无社会危险性或者社会危险性大小的因素予以考虑，经审查认为不需要逮捕的，可以作出不批准逮捕的决定。《刑事诉讼法》第 79 条关于逮捕条件的规定主要强调的是社会危险性要件，这种社会危险性，应当根据案件和犯罪嫌疑人的具体情况，包括涉案轻重程度、可能的刑期高低、其人格和个人情况等个案情况作出综合权衡和认定。双方当事人达成和解协议的，也可以作为判断犯罪嫌疑人有无社会危险性或者社会危险性大小的因素之一。如果经审查认为犯罪嫌疑人没有社会危险性或者社会危险性较小，不需要逮捕的，检察机关可以作出不批准逮捕的决定。另外，在审查起诉阶段达成和解协议的，检察机关也可以依法变更强制措施。

3. 人民检察院对于公安机关移送审查起诉的案件，双方当事人达成和解协议的，可以作为是否需要判处刑罚或者免除刑罚的因素予以考虑，符合法律规定的不起诉条件的，可以决定不起诉。《刑事诉讼法》第 279 条规定，达成和解协议的案件，人民检察院对于犯罪情节轻微，不需要判处刑罚的，可以作出不起诉的决定。该规定中关于不起诉的条件，与第 173 条第 2 款规定的相对不起诉的条件一致。这表明，检察机关不能仅仅因为当事人达成和解协议就作出不起诉决定，只有同时符合相对不起诉条件的，检察机关才可以决定不起诉。双方当事人达成和解协议的，可以作为是否需要判处刑罚或者免除刑罚的因素予以考虑。经审查，认为符合"犯罪情节轻微，不需要判处刑罚"条件的，可以决定不起诉。

4. 对于依法应当提起公诉的，人民检察院可以向人民法院提出从宽处罚的量刑建议。经审查，认为双方当事人虽然达成和解协议，但是不符合法律规定的不起诉条件的，依法应当追究刑事责任的，应当向人民法院提起公诉，但是可以向人民法院提出从宽处罚的量刑建议。这里规定的"从宽处罚"，是指对犯罪嫌疑人、被告人从轻或者减轻处罚。

在准确理解检察机关对和解案件的处理时，有两个问题需要特别注意：一是和解协议是否履行，对检察机关的处理决定会有何影响？二是如果当事人反悔，对检察机关的处理决定会有何影响？

1. 关于和解协议的履行时间，《刑诉规则》第517条规定："和解协议书约定的赔偿损失内容，应当在双方签署协议后立即履行，至迟在人民检察院作出从宽处理决定前履行。确实难以一次性履行的，在被害人同意并提供有效担保的情况下，也可以分期履行。"也就是说，原则上，双方当事人达成和解协议后，应当立即履行，至迟在人民检察院作出不批准逮捕、不起诉等从宽处理决定前履行。关于不履行和解协议对检察机关处理方式的影响，《刑诉规则》第521条第1款规定："人民检察院拟对当事人达成和解的公诉案件作出不起诉决定的，应当听取双方当事人对和解的意见，并且查明犯罪嫌疑人是否已经切实履行和解协议、不能即时履行的是否已经提供有效担保，将其作为是否决定不起诉的因素予以考虑。"也就是说，当事人没有履行和解协议的，不必然导致检察机关作出起诉的决定，但应当作为是否决定不起诉的因素予以考虑。

2. 当事人反悔分为两种情形，一种是在不起诉决定作出之前反悔，另一种是在不起诉决定作出之后反悔。关于当事人反悔对检察机关处理决定的影响，《刑诉规则》第521条第2款规定："当事人在不起诉决定作出之前反悔的，可以另行达成和解。不能另行达成和解的，人民检察院应当依法作出起诉或者不起诉决定。"在检察机关作出不起诉决定之前，犯罪嫌疑人、被害人任何一方反悔或者双方都反悔的，应当认定和解协议无效，检察机关可以促成双方当事人另行达成和解协议。如果达成新的和解协议，检察机关根据新的和解协议作出从宽处理的决定；如果不能达成新的和解协议，原和解协议也已无效，检察机关应当依法作出起诉或者不起诉决定。《刑诉规则》第521条第3款规定："当事人在不起诉决定作出之后反悔的，人民检察院不撤销原决定，但有证据证明和解违反自愿、合法原则的除外。"在检察机关作出不起诉决定之后，如果犯罪嫌疑人反悔，要求返还赔偿款的，由于此时和解协议应当已经履行完毕或者提供了有效担保，检察机关对犯罪嫌疑人的要求应当不予支持；如果被害人反悔，要求撤销不起诉决定提起公诉的，检察机关也不应支持。但是如果有证据证明和解违反自愿、合法原则的，检察机关应当撤销不起诉决定提起公诉。

第三节　犯罪嫌疑人、被告人逃匿、死亡

案件违法所得的没收程序在刑事诉讼中，对违法所得应如何处理，是一个法律规定不明确并长期困扰公安机关、人民检察院的问题。刑事诉讼法修改前，法律对"违法所得"处理的规定主要有两条，且都是原则性规定。一是《刑法》第64条规定，犯罪分子违法所得的一切财物，应当予以追缴或责令退赔；违禁品和供犯罪所用的本人财物，应当予以没收。应当说，刑法的规定很明确，对于违法所得，应当予以追缴或责令退赔，不能让犯罪嫌疑人、被告人占有因违法犯罪而获得的经济利益。但对于公安机

关、人民检察院和人民法院如何处理违法所得，刑法未作具体规定。二是1996年《刑事诉讼法》第142条第3款规定："人民检察院决定不起诉的案件，应当同时对侦查中扣押、冻结的财物解除扣押、冻结。对被不起诉人需要给予行政处罚、行政处分或者需要没收其违法所得的，人民检察院应当提出检察意见，移送有关主管机关处理。"从刑事诉讼法的立法精神可以看出，对违法所得的最终处理是没收。但在具体操作上仍然缺乏相应机制，严重影响了对违法所得的追缴，损害了我国法律的严肃性和司法制度的权威性。此次修改刑事诉讼法，比较系统地规定了没收违法所得的程序，消除了上述问题的制度障碍，彰显了我国打击贪污贿赂犯罪、恐怖活动犯罪的决心，对于强化法律对某些重点犯罪的打击力度，维护法制权威，具有重要意义。

一、违法所得没收程序概述

在司法实践中，腐败案件、恐怖活动犯罪案件犯罪嫌疑人逃匿或者死亡后，其犯罪所得巨额财产长期无法追缴的情况时有发生。这是由于，对犯罪行为所得财产的追缴必须通过刑事诉讼程序，但我国未规定缺席审判制度，因此，当犯罪嫌疑人逃匿或者死亡而无法到案时，诉讼程序就无法启动，使得犯罪分子的财产长期得不到追缴。

刑事诉讼法规定的违法所得没收程序就是不经过定罪程序而没收违法所得及其他涉案财产的特殊程序。虽然是犯罪嫌疑人、被告人不在案，近似于缺席审判，但与缺席审判有本质区别。缺席审判要求经过审理后作出有罪判决，没收程序虽然也要求经过专门程序、由合议庭审理作出有关决定，但审理的结果不对犯罪嫌疑人、被告人作出有罪判决，即不定罪、不量刑，只涉及违法所得等涉案财产的没收与否。

二、案件范围和适用条件

（一）案件范围

《刑事诉讼法》第 280 条规定："对于贪污贿赂犯罪、恐怖活动犯罪等重大犯罪案件，犯罪嫌疑人、被告人逃匿，在通缉一年后不能到案，或者犯罪嫌疑人、被告人死亡，依照刑法规定应当追缴其违法所得及其他涉案财产的，人民检察院可以向人民法院提出没收违法所得的申请。"违法所得没收程序的案件范围：一是对于犯罪嫌疑人、被告人死亡的，其案件范围不受限制；二是对于犯罪嫌疑人逃匿的，其案件范围仅限于贪污贿赂犯罪、恐怖活动犯罪等重大犯罪案件。之所以作这样的区分，是因为犯罪嫌疑人逃匿的，侦查机关会对其进行抓捕，即使不适用没收程序，也有可能在其主动投案或者被抓获后再适用普通诉讼程序对其违法所得作出处理；而犯罪嫌疑人死亡的，如果不适用没收程序对其违法所得进行处理，刑事诉讼法也没有规定其他相应的处理程序，可能会造成对犯罪的放纵，有违公平正义的理念。

（二）适用条件

适用违法所得没收程序应当具备两个方面的主要条件：

1. 犯罪嫌疑人、被告人不能到案。包括两种情况，一是犯罪嫌疑人、被告人逃匿，在通缉 1 年后不能到案。犯罪嫌疑人、被告人如果逃匿，诉讼程序就无法正常进行。此时公安司法机关应当尽力通缉、抓捕，以使之尽快到案并依照法定程序追诉。只有对确实在通缉 1 年后仍无法抓捕到案的，才可以适用违法所得没收程序。二是犯罪嫌疑人、被告人死亡。如果犯罪嫌疑人、被告人死亡，依照《刑事诉讼法》第 15 条的规定，就应当撤销案件，或者不起诉，或者终止审理。需要没收其违法所得的，可以适用违法所得没收程序。

2. 依照刑法规定应当追缴犯罪嫌疑人、被告人违法所得及其他涉案财产。《刑法》第 64 条规定，犯罪分子违法所得的一切财物，应当予以追缴或者责令退赔；对被害人的合法财产，应当及时返还；违禁品和供犯罪所用的本人财物，应当予以没收。没收的财物和罚金，一律上缴国库，不得挪用和自行处理。适用违法所得没收程序，应当符合刑法规定的属于犯罪嫌疑人、被告人违法所得及其他涉案财产。其中，"违法所得"是指因实施犯罪活动而取得的全部财物及其孳息，包括金钱或者物品。"其他涉案财产"是指犯罪嫌疑人、被告人非法持有的违禁品和供犯罪所用的款物、作案工具等。

三、管辖和部门分工

（一）提出没收违法所得申请的检察管辖

《刑事诉讼法》第 281 条规定了违法所得没收程序的审判管辖：没收违法所得的申请，由犯罪地或者犯罪嫌疑人、被告人居住地的中级人民法院组成合议庭进行审理。一是明确由犯罪地或者犯罪嫌疑人、被告人居住地的人民法院管辖。这里所说的"犯罪地"，既包括犯罪预备地、犯罪行为实施地，也包括犯罪结果发生地和销赃地。"居住地"是指犯罪嫌疑人、被告人户籍所在地或者常住地。二是明确由中级人民法院管辖，体现了对适用这一特殊程序的重视和谨慎。

与提起公诉相类似，人民检察院提出没收违法所得申请的案件，也应当与人民法院的审判管辖相适应，坚持同级提出、向同级提出的原则，由有管辖权的中级人民法院相对应的人民检察院提出，即由犯罪地或者犯罪嫌疑人、被告人居住地的分、州、市人民检察院提出。

（二）检察机关内部的部门分工

人民检察院审查侦查机关移送的没收违法所得意见书，向人民法院提出没收违法所得的申请以及对违法所得没收程序中调查活动、审判活动的监督，由公诉部门办理。

《刑诉规则》中规定由公诉部门负责是因为，在违法所得没收程序中，由于犯罪嫌疑人已经逃匿、死亡，一般没有审查逮捕环节，侦查监督部门缺乏了解案情的机会。而公诉部门则可以通过对侦查机关移送的没收违法所得意见书的审查，对侦查机关进行监督。当然，这并不排斥侦查监督部门对调查活动的监督，侦查监督部门发现侦查机关在违法所得没收程序的调查活动中有违法情形的，也可以进行监督。

四、没收违法所得申请书的主要内容

《刑诉规则》第 526 条规定："人民检察院向人民法院提出没收违法所得的申请，应当制作没收违法所得申请书。没收违法所得申请书的主要内容包括：

（一）犯罪嫌疑人、被告人的基本情况，包括姓名、性别、出生年月日、出生地、户籍地、身份证号码、民族、文化程度、职业、工作单位及职务、住址等；

（二）案由及案件来源；

（三）犯罪嫌疑人、被告人的犯罪事实；

（四）犯罪嫌疑人、被告人逃匿、被通缉或者死亡的情况；

（五）犯罪嫌疑人、被告人的违法所得及其他涉案财产的种类、数量、所在地及查封、扣押、冻结的情况；

（六）犯罪嫌疑人、被告人近亲属和其他利害关系人的姓名、住址、联系方式及其要求等情况；

（七）提出没收违法所得申请的理由和法律依据。"

没收违法所得申请书是检察机关代表国家要求人民法院对没收违法所得作出裁决的重要法律凭证。制作没收违法所得申请书需要注意以下几点：

第一，没收违法所得申请书的内容虽然与起诉书类似，但是其主要目的不是将被告人的罪行提交人民法院审判，而是对其违法所得进行处理。因此，申请书中既要有犯罪嫌疑人、被告人的犯罪事实，也要有犯罪嫌疑人、被告人的违法所得及其他涉案财产的相关情况，以及提出没收违法所得申请的理由和法律依据。

第二，适用违法所得没收程序的前提之一是犯罪嫌疑人、被告人不能到案，因此，没收违法所得申请书中应当说明犯罪嫌疑人、被告人逃匿，在通缉 1 年后不能到案或者犯罪嫌疑人、被告人死亡的情况。

第三，为了保证财产利害关系人及时参加诉讼，维护自身合法权益，《刑事诉讼法》第 281 条规定，人民法院受理没收违法所得的申请后，应当发出公告。公告期间为 6 个月。犯罪嫌疑人、被告人的近亲属和其他利害关系人有权申请参加诉讼，也可以委托诉讼代理人参加诉讼。在检察机关审查期间，犯罪嫌疑人、被告人的近亲属和其他利害关系人对有关财产提出权利要求的，检察机关应当在没收违法所得申请书中说明有关情况，方便人民法院全面了解情况。

五、公安机关向人民检察院移送没收违法所得意见书

按照《刑事诉讼法》第 280 条第 1 款、第 2 款的规定，对于恐怖活动犯罪等重大犯罪案件，犯罪嫌疑人、被告人逃匿，在通缉 1 年后不能到案，或者犯罪嫌疑人、被告人死亡，依照刑法规定应当追缴其违法所得及其他涉案财产的，公安机关应当写出没收违法所得意见书，移送人民检察院。公安机关向人民检察院移送没收违法所得意见书的具体程序主要包括以下几个方面：

（一）移送没收违法所得意见书的公安机关

刑事诉讼法规定了审理没收违法所得申请的审判管辖，《刑诉规则》中也对检察管辖作出了相应的规定，由犯罪地或者犯罪嫌疑人、被告人居住地的分、州、市人民检察院向人民法院提出。与此相关的问题是，如果案件是由县或者市辖区的公安机关办理的，如何向检察机关移送没收违法所得意见书？

从司法实践来看，一般可以有两种做法。一种是由县级公安机关向同级人民检察院移送没收违法所得意见书，基层人民检察院受理后，向地市级人民检察院说明情况，并将没收违法所得意见书移送至地市级人民检察院。另一种是由县级公安机关向地市级公安机关报告并移送没收违法所得意见书，再由地市级公安机关向同级人民检察院移送。

公安机关就普通刑事案件向检察机关移送审查起诉，采取的方式与上述第一种较为类似。《刑诉规则》第362条规定，人民检察院受理同级公安机关移送审查起诉的案件，经审查认为属于上级人民法院管辖的第一审案件时，应当报送上一级人民检察院，同时通知移送审查起诉的公安机关。但是，在违法所得没收程序中，我们认为应当采取第二种方式。因为刑事诉讼法已经明确规定了没收违法所得案件的审判管辖，《刑诉规则》也明确规定了检察管辖，仅限于犯罪地或者犯罪嫌疑人、被告人居住地的地市级人民检察院。因此，公安机关在移送没收违法所得意见书时，其移送对象是明确的，要求由有管辖权的人民检察院的同级公安机关移送没收违法所得意见书，不会给公安机关带来工作上的麻烦和不便。同时，也能通过上级公安机关的审查，对下级公安机关移送的没收违法所得意见书是否正确进行把关。

（二）对没收违法所得意见书的审查

《刑诉规则》第528条规定了人民检察院对公安机关移送的没收违法所得意见书进行审查的主要内容，包括九项：一是是否属于本院管辖；二是是否符合《刑事诉讼法》第280条第1款规定的条件；三是犯罪嫌疑人身份状况，包括姓名、性别、国籍、出生年月日、职业和单位等；四是犯罪嫌疑人涉嫌犯罪的情况；五是犯罪嫌疑人逃匿、被通缉或者死亡的情况；六是违法所得及其他涉案财产的种类、数量、所在地，以及查封、扣押、冻结的情况；七是与犯罪事实、违法所得相关的证据材料是否随案移送，不宜移送的证据的清单、复制件、照片或者其他证明文件是否随案移送；八是证据是否确实、充分；九是相关利害关系人的情况。

第一项审查是否属于本院管辖。《刑诉规则》第 525 条规定了违法所得没收案件的检察管辖：没收违法所得的申请，应当由与有管辖权的中级人民法院相对应的人民检察院提出。人民检察院收到公安机关移送的没收违法所得意见书后，首先就要审查是否属于本院管辖，经审查认为不属于本院管辖的，告知公安机关应当通过有管辖权的人民检察院的同级公安机关移送。

第二项审查是否符合《刑事诉讼法》第 280 条第 1 款规定的条件。即涉嫌罪名是否属于恐怖活动犯罪等重大犯罪案件，犯罪嫌疑人、被告人是否逃匿，在通缉 1 年后不能到案，或者犯罪嫌疑人、被告人死亡，依照刑法规定是否应当追缴其违法所得及其他涉案财产。

第三项审查犯罪嫌疑人身份状况。犯罪嫌疑人的身份状况是指是否具备犯罪主体的要件。犯罪主体是指实施犯罪并且承担刑事责任的人，是犯罪构成的一个重要方面。没有犯罪主体就不存在犯罪，更不会发生刑事责任问题，而责任年龄和责任能力则是构成犯罪主体的必要条件。按照刑法的一般规定，只有达到一定年龄并且具有责任能力的自然人，才能成为犯罪主体。没有达到法定年龄或者虽然达到法定年龄但没有责任能力的人，即使给社会造成了一定的危害，也不负刑事责任。

第四项审查犯罪嫌疑人涉嫌犯罪的情况。包括实施犯罪的时间、地点、手段、后果等犯罪事实是否清楚，认定犯罪性质和罪名的意见是否正确。犯罪嫌疑人、被告人涉嫌恐怖活动犯罪等重大犯罪案件且事实清楚，是适用违法所得没收程序的前提条件。

第五项审查犯罪嫌疑人不能到案的情况。包括犯罪嫌疑人逃匿，在通缉 1 年后不能到案，或者犯罪嫌疑人死亡的情况。如果犯罪嫌疑人能够到案，则应当适用普通程序，不能适用违法所得没收程序。

第六项审查违法所得及其他涉案财产的种类、数量、所在地，以及查封、扣押、冻结的情况。这样规定主要考虑：一是只有公安机关提供了犯罪嫌疑人涉案财产的详细情况，检察机关才能对是否应当没收财产作出正确的判断；二是检察机关需要在没收违法所得申请书中列明这些内容，供人民法院参考；三是明确这些内容，便于人民检察院采取查封、扣押、冻结等措施。

第七项审查与犯罪事实、违法所得相关的证据材料是否随案移送。证据是认定案件的依据，其齐备与否直接影响案件的质量，因而在审查时要注意审查证据材料是否随案移送，不宜移送的证据的清单、复制件、照片或者其他证明文件是否随案移送。

第八项审查证据是否确实、充分。证据确实，是指用以证明案件事实的证据真实可靠，能够反映案件的真实情况，并且各种证据之间能够互相印证，具有充分的证明力。证据充分，是指对于侦查终结所认定的案件事实，都有相应的证据加以证实，取得的证据能够全面地、确凿无疑地证实案件事实。需要注意的是，这里所说的证据确实、充分主要是指能够证明属于犯罪嫌疑人、被告人违法所得及其他涉案财产的相关证据确实、充分。因为违法所得没收程序与缺席审判不同，其审理的结果不对犯罪嫌疑人、被告人作出有罪判决，只涉及违法所得等涉案财产的没收与否。

第九项审查相关利害关系人的情况。主要包括：一是犯罪嫌疑人、被告人的近亲属和其他利害关系人的主要情况，包括其姓名、住址、联系方式等；二是上述利害关系人对涉案财产提出的权利要求等情况。

（三）审查期限

人民检察院应当在接到公安机关移送的没收违法所得意见书后 30 日以内作出是否提出没收违法所得申请的决定。30 日以内不能作出决定的，经检察长批准，可以延长 15 日。

人民检察院审查公安机关移送的没收违法所得意见书应当严

格按照规定的期限办结案件。一般来说，人民检察院通过审查阅卷、核实证据，在30日以内基本上可以审查完毕，作出提出没收违法所得申请还是不提出没收违法所得申请的决定。案情较为复杂，涉案财产较多的案件，在30日内不能办结的，可以延长15日的审查期限，但应当经过检察长批准。

（四）决定提出或者不提出没收违法所得申请

经过审查，对于符合《刑事诉讼法》第280条第1款规定条件的，人民检察院可以作出提出没收违法所得申请的决定。但是，对于不符合该条规定条件的，应当作出不提出没收违法所得申请的决定。不符合条件的情形包括：犯罪嫌疑人、被告人没有犯罪事实，或者涉嫌罪名不属于恐怖活动犯罪等重大犯罪案件的；犯罪嫌疑人、被告人没有逃匿、死亡，或者犯罪嫌疑人、被告人逃匿后，通缉尚不满1年的；涉案财产不属于依照刑法规定应当追缴的违法所得及其他涉案财产的；事实不清，证据不足的。检察机关应当制作不提出没收违法所得申请决定书，并送达移送没收违法所得意见书的公安机关。决定书中应当重点说明不提出没收违法所得申请的理由。

（五）补充证据

人民检察院在审查没收违法所得意见书的过程中，发现公安机关移送的案件犯罪事实不清，违法所得及其他涉案财产的相关证据不够确实、充分的，有两条途径解决：一是可以退回公安机关，由公安机关补充证据；二是可以由检察机关自行调查。如果只是有部分证据需要查证，而自己又有能力调查，或者自行调查更有利于案件正确处理的，检察机关可以自行调查。

人民检察院退回补充证据，应当制作补充证据通知书，并书面写明需要补充调查的事项，连同案卷材料一并退回公安机关。公安机关补充证据的时间不计入人民检察院办案期限。人民检察院自行调查时，可以要求公安机关提供一定的协助。

（六）检察监督

1. 对应当启动程序而不启动的监督。人民检察院发现公安机关应当启动违法所得没收程序而不启动的，可以要求公安机关在7日以内书面说明不启动的理由。经审查，认为公安机关不启动理由不能成立的，应当通知公安机关启动程序。

对应当启动违法所得没收程序而不启动的监督，类似于检察机关对公安机关应当立案而不立案的监督。在实践中要注意划清"没启动"和"不启动"的界限。"没启动"是指公安机关没有发现或者虽然已经发现，但是正在审查，还没有作出是否启动程序决定的案件。"不启动"是指公安机关对发现的案件线索，经审查决定不启动程序的案件。只有公安机关决定不启动程序的案件，才属于检察监督的范畴。

2. 对调查活动的监督。人民检察院发现公安机关在违法所得没收程序的调查活动中有违法情形的，应当向公安机关提出纠正意见。

公安机关在违法所得没收程序的调查活动中的违法情形主要包括：非法取证的；伪造、隐匿、销毁、调换、私自涂改证据的；对不属于违法所得或其他涉案财产的财物采取查封、扣押、冻结措施，或者应当解除查封、扣押、冻结不解除的；贪污、挪用、私分、调换、违反规定使用查封、扣押、冻结的财物及其孳息的；等等。

检察机关发现违法情形的，应当提出纠正意见。提出纠正意见的具体方式主要有两种：一种是口头提出纠正意见；另一种是发出纠正违法通知书。口头方式适用于情节较轻的违法行为，可以由履行监督职责的检察人员直接提出，但应当及时向本部门负责人汇报，必要时也可以由部门负责人提出。书面方式适用于情节较重的违法行为，且必须经检察长批准。所谓情节较重的违法行为，是指严重违反法律规定但未达到犯罪程度的行为，如：严重违反诉讼程序可能导致实体错误的；暴力取证的；贪污、挪用赃款赃物的；多次口头纠正仍不改正的；等等。对于情节较重的违法行为，必须以纠正违法通知书的方式予以纠正，不应以口头纠正的方式代替。

（七）终止审查

《刑事诉讼法》第 283 条规定："在审理过程中，在逃的犯罪嫌疑人、被告人自动投案或者被抓获的，人民法院应当终止审理。"适用没收程序的前提是犯罪嫌疑人、被告人逃匿或死亡，其自动投案或者被抓获归案的，没收程序丧失了前提，应当终止没收程序。检察机关在审查公安机关移送的没收违法所得意见书的过程中，如果遇到上述情况，也应当终止审查。

在审查公安机关移送的没收违法所得意见书的过程中，在逃的犯罪嫌疑人、被告人自动投案或者被抓获的，人民检察院应当终止审查，并将案卷退回公安机关处理。

六、人民检察院侦查部门向公诉部门移送没收违法所得意见书

对于人民检察院直接立案侦查的贪污贿赂犯罪案件，如果犯罪嫌疑人逃匿，在通缉 1 年后不能到案，或者犯罪嫌疑人死亡，依照刑法规定应当追缴其违法所得及其他涉案财产的，人民检察院可以向人民法院提出没收违法所得的申请。人民检察院侦查部门向公诉部门移送没收违法所得意见书的具体程序包括以下几个方面：

（一）启动违法所得没收程序

人民检察院直接受理立案侦查的案件，犯罪嫌疑人逃匿或者犯罪嫌疑人死亡而撤销案件，符合《刑事诉讼法》第 280 条第 1 款规定条件的，侦查部门应当启动违法所得没收程序进行调查。

启动违法所得没收程序的原因分为两种：一种是因犯罪嫌疑人逃匿启动违法所得没收程序。犯罪嫌疑人逃匿后，侦查部门认为可能符合《刑事诉讼法》第 280 条第 1 款规定条件的，应当启动违法所得没收程序进行调查。另一种是因犯罪嫌疑人死亡而撤销案件后启动违法所得没收程序。根据《刑诉规则》第 290 条的规定，在侦查过程中或者侦查终结后，犯罪嫌疑人死亡的，应当撤销案件。因此，犯罪嫌疑人死亡的，侦查部门应当撤销案件，认为可能符合《刑事诉讼法》第 280 条第 1 款规定条件的，应当启动违法所得没收程序进行调查。

（二）对有关情况进行调查

侦查部门进行调查应当查明犯罪嫌疑人涉嫌的犯罪事实，犯罪嫌疑人逃匿、被通缉或者死亡的情况，以及犯罪嫌疑人的违法所得及其他涉案财产的情况，并可以对违法所得及其他涉案财产依法进行查封、扣押、查询、冻结。

侦查部门启动违法所得没收程序后，应当对有关情况进行调查：一是犯罪嫌疑人涉嫌的犯罪事实，包括犯罪的主要情况，是否是犯罪嫌疑人所为，涉嫌的罪名是否属于贪污贿赂犯罪等；二是犯罪嫌疑人逃匿、被通缉或者死亡的情况，包括犯罪嫌疑人如何逃匿，逃匿后检察机关有没有及时进行通缉，通缉是否满 1 年，犯罪嫌疑人因为什么原因死亡等；三是犯罪嫌疑人的违法所得及其他涉案财产的情况，对违法所得及其他涉案财产的调查应当全面、细致，方便公诉部门对是否应当没收作出正确的判断。侦查部门在调查过程中，可以对犯罪嫌疑人的违法所得及其他涉案财产予以查封、扣押、查询、冻结，防止赃款、赃物被转移，挽回和减少损失。

这里之所以采用"调查"的概念而没有采用"侦查"的概念，主要理由是：侦查是个特定概念，是指侦查机关为了查明犯罪事实、抓获犯罪嫌疑人，依法进行的专门调查工作，其客体是刑事案件。在违法所得没收程序中，人民检察院主要是针对犯罪嫌疑人、被告人的违法所得及其他涉案财产进行调查，而不是对犯罪嫌疑人的犯罪事实进行侦查。

（三）移送没收违法所得意见书

侦查部门认为符合《刑事诉讼法》第 280 条第 1 款规定条件的，应当写出没收违法所得意见书，连同案卷材料一并移送有管辖权的人民检察院侦查部门，并由有管辖权的人民检察院侦查部门移送本院公诉部门。

没收违法所得的申请，应当由有管辖权的中级人民法院相对应的人民检察院提出。而启动违法所得没收程序进行调查的人民检察院有可能是基层人民检察院，也有可能是犯罪地或者犯罪嫌疑人、被告人居住地以外的地市级人民检察院。侦查部门写出没收违法所得意见书后，不能直接移送有管辖权的人民检察院公诉部门，而是需要先移送有管辖权的人民检察院侦查部门，再由有管辖权的人民检察院侦查部门移送本院公诉部门。

（四）对没收违法所得意见书进行审查

《刑诉规则》第 533 条第 4 款规定，公诉部门对没收违法所得意见书进行审查，作出是否提出没收违法所得申请的决定，具体程序参照本规则第 528 条、第 529 条的规定。

公诉部门对侦查部门移送的没收违法所得意见书的审查，与对公安机关移送的没收违法所得意见书的审查相一致，也应当查明相关内容，在 30 日内至迟不超过 45 日内审查完毕，也可以要求侦查部门补充证据。审查完毕后，公诉部门应当作出提出没收违法所得申请或者不提出没收违法所得申请的决定。

七、在审查起诉、审判阶段犯罪嫌疑人、被告人逃匿、死亡

在人民检察院审查起诉过程中，犯罪嫌疑人死亡，或者贪污贿赂犯罪、恐怖活动犯罪等重大犯罪案件的犯罪嫌疑人逃匿，在通缉 1 年后不能到案，依照刑法规定应当追缴其违法所得及其他涉案财产的，人民检察院可以直接提出没收违法所得的申请。原则上来说，对于犯罪嫌疑人的犯罪事实，以及犯罪嫌疑人的违法所得及其他涉案财产的情况，侦查机关应当已经在侦查阶段调查清楚。检察机关可以根据侦查机关移送的证据材料，直接提出没收违法所得的申请。但是，也不排除有部分证据需要进一步补充。因此，人民检察院认为需要补充证据的，应当书面要求侦查机关补充证据，必要时也可以自行调查。

按照有关规定，人民法院在审理案件过程中，被告人死亡的，人民法院应当裁定终止审理；被告人脱逃的，人民法院应当裁定中止审理。人民法院作出了终止审理或者中止审理的决定后，如果符合没收违法所得条件的，应当由人民检察院另行提出没收违法所得的申请，人民法院不能直接作出没收违法所得的裁定。检察机关认为符合刑事诉讼法规定的没收违法所得的条件的，可以直接向人民法院提出没收违法所得申请，不需要再将案卷退回侦查机关办理，但可以要求侦查机关补充证据，必要时也可以自行调查。

八、参与审理

人民法院对没收违法所得申请进行审理，检察机关作为提出没收违法所得申请的主体，应当积极参与审理，支持申请，并对人民法院的审判活动进行监督。

（一）关于举证责任

没收程序是刑事特别程序的组成部分，要接受刑事诉讼基本原则的规范和约束。因此，应由检察机关承担举证责任，公诉人既应当提出被告人有关犯罪事实的证据，也应当提出被告人违法所得及其他涉案财产的证据，证据应确实、充分且达到排除合理怀疑的程度。这样才能符合程序正义的基本要求，防止没收程序滥用。

（二）关于出席法庭

根据《刑事诉讼法》第 281 条第 3 款的规定，人民法院在公告期满后对没收违法所得的申请进行审理。利害关系人参加诉讼的，人民法院应当开庭审理。凡是人民法院对没收违法所得的申请开庭审理的，人民检察院应当派员出席法庭。

（三）关于检察监督

检察监督分为两个方面：一方面是对审判活动的监督，监督的方式是提出纠正意见；另一方面是对裁定的监督，监督的方式是提出抗诉。

《刑事诉讼法》第282条第2款规定，对于人民法院作出的裁定，犯罪嫌疑人、被告人的近亲属和其他利害关系人或者人民检察院可以提出上诉、抗诉。这里的抗诉指的是第二审程序抗诉还是审判监督程序抗诉不明确。

按照《刑事诉讼法》第243条第3款的规定，对于所有已经发生法律效力的判决、裁定，检察机关都有权按照审判监督程序提出抗诉。尤其是人民法院在违法所得没收程序中作出的裁定，是对犯罪嫌疑人、被告人的财产作出实体处理，其效力与判决相类似。对于人民法院按照违法所得没收程序作出的裁定，检察机关既可以按照第二审程序对一审裁定提出抗诉，也可以按照审判监督程序对生效裁定提出抗诉。

（四）关于终止审理

《刑事诉讼法》第283条规定，在审理过程中，在逃的犯罪嫌疑人、被告人自动投案或者被抓获的，人民法院应当终止审理。适用违法所得没收程序的前提是犯罪嫌疑人、被告人逃匿或死亡。其自动投案或者被抓获归案的，没收程序丧失了前提，应当终止对没收违法所得申请的审理。人民法院终止审理的，人民检察院应当将案卷退回侦查机关，转入正常的办理程序。

第四节　依法不负刑事责任的精神病人的强制医疗程序

在刑事诉讼法修改以前，对于精神病人强制医疗的规定较为缺乏，仅有《刑法》第18条原则规定：精神病人在不能辨认或者不能控制自己行为的时候造成危害后果，经法定程序鉴定确认的，不负刑事责任，但是应当责令他的家属或者监护人严加看管和医疗；在必要的时候，由政府强制医疗。立法上对于强制医疗制度过于原则性的规定，缺乏可操作性，使得强制医疗措施在现实中存在诸多问题：一是强制医疗的性质不清。强制医疗作为一种对不负刑事责任的精神病人的强制处分措施，具有保护性、强制性和治疗性等特点。实践中，由于对精神病人的强制医疗主要依据《人民警察法》第14条的规定，由公安机关批准并由其管辖的安康医院负责实施，具有明显的行政化倾向。二是强制医疗的适用条件不清。根据《刑法》第18条的规定，只有在"必要的时候"，才可以适用强制医疗措施。对于何为"必要"，立法和司法解释均未明确。实践中，往往是在家属或监护人无力看管和治疗，或者没有家属和监护人时，才适用强制医疗措施。三是强制医疗的适用程序缺失。新刑事诉讼法新增专章规定了对实施暴力行为危害公共安全或者致人死亡、重伤，依法不负刑事责任，有继续危害社会可能的精神病人的强制医疗程序。鉴于强制医疗措施涉及对公民人身自由的剥夺和限制，因此，强制医疗的启动、申请、决定等程序必须由司法机关依照特定的刑事诉讼程序进行，而不能由行政执法机关仅凭部门规章或地方性法规即单方面作出强制医疗决定，且被强制医疗者必须享有救济措施。

一、强制医疗的性质

在此，有必要对强制医疗与一些相近的概念进行区分。首先，强制医疗不是强制措施。强制措施是公安机关、人民检察院、人民法院在刑事诉讼过程中，为保证刑事诉讼顺利进行，针对犯罪嫌疑人、被告人采取的限制其人身自由的措施。刑事诉讼法明确规定了强制措施的种类、适用条件和程序等。强制医疗是针对不能辨认或者不能控制自己行为造成危害结果，经法定程序鉴定确认不负刑事责任的精神病人而言。从时间上看，强制措施发生在诉讼程序进行中，而强制医疗措施则是刑事诉讼程序的终结。

其次，强制医疗不是刑事处罚。刑事处罚又叫刑罚，受刑事处罚的对象是实施犯罪行为、经有关机关依照刑事诉讼程序进行侦查、起诉和人民法院审判、认定应当负刑事责任、具有刑事责任能力的人。精神病人的行为虽然造成危害结果，但缺乏犯罪的主观要素，没有刑事责任能力，依法不应承担刑事责任。因此，不能把强制医疗看作刑事处罚。

二、强制医疗的适用对象

《刑事诉讼法》第 284 条规定了强制医疗的适用对象：实施暴力行为，危害公共安全或者严重危害公民人身安全，经法定程序鉴定依法不负刑事责任，有继续危害社会可能的精神病人。根据上述规定，可以予以强制医疗的对象必须同时具备三个条件：

1. 行为人实施了暴力行为，危害公共安全或者严重危害公民人身安全，已经达到犯罪程度。这里的"暴力行为"是指以人身、财产等为侵害目标，采取暴力手段，对被害人的身心健康和生命财产安全造成极大的损害，直接危及人的生命、健康及公共安全的行为，如杀人、伤害、放火、爆炸等。根据立法精神，这里的"暴力行为"应当达到构成犯罪的程度，以免不当扩大强制医疗程序的适用范围。精神病人实施一般的暴力行为，达不到犯罪程度的，不能对其予以强制医疗。

2. 行为人是经法定程序鉴定依法不负刑事责任的精神病人。根据刑事诉讼法和全国人大常委会《关于司法鉴定管理问题的决定》的有关规定，对精神病人的鉴定应当由符合条件的鉴定机构和鉴定人按照法律规定的程序进行鉴定。鉴定人进行鉴定后，应当写出鉴定意见，并且签名。所谓"依法不负刑事责任的精神病人"，根据《刑法》第 18 条的规定，精神病人在不能辨认或者不能控制自己行为的时候造成危害结果，经法定程序鉴定确认的，不负刑事责任。对于间歇性的精神病人在精神正常的时候犯罪，应当负刑事责任；对于尚未完全丧失辨认或者控制自己行为能力的精神病人犯罪的，应当负刑事责任，但是可以从轻或者减轻处罚。上述两类精神病人不属于依法不负刑事责任的精神病人。

3. 行为人有继续危害社会可能。"继续危害社会可能"也就是所谓的"人身危险性"。我国刑法学界很多学者将人身危险性界定为犯罪人的再犯可能性，认为人身危险性指的是犯罪人的存在对社会所构成的威胁，即其再犯罪的可能性。对于实施了暴力行为，危害公共安全或者严重危害公民人身安全，经法定程序鉴定依法不负刑事责任的精神病人，必须有继续危害社会可能的，才能对其进行强制医疗。对精神病人的人身危险性的判断，是一个专业性很强的活动，主要依据鉴定人对被申请人所作的精神病鉴定，在某种程度上讲，不是一个法律问题而是一个医学问题。

三、管辖和部门分工

（一）提出强制医疗申请的检察管辖

强制医疗的申请由被申请人实施暴力行为所在地的基层人民检察院提出；由被申请人居住地的人民检察院提出更为适宜的，可以由被申请人居住地的基层人民检察院提出。

（二）检察机关内部的部门分工

人民检察院审查公安机关移送的强制医疗意见书，向人民法院提出强制医疗的申请以及对强制医疗决定的监督，由公诉部门办理。

强制医疗程序从本质上看是一种刑事特别程序。需要对涉案精神病人是否实施了危害公共安全或者严重危害公民人身安全的暴力行为，是否经鉴定依法不负刑事责任等刑事方面的问题作出判断。因此，审查公安机关移送的强制医疗意见书，向人民法院提出强制医疗的申请，应当由公诉部门负责。

对强制医疗决定的监督，需要通过审查强制医疗意见书、出席法庭参与庭审等途径实现，因此，也应当由公诉部门负责。

四、强制医疗申请书的主要内容

《刑诉规则》第 542 条规定："人民检察院向人民法院提出强制医疗的申请，应当制作强制医疗申请书。强制医疗申请书的主要内容包括：

（一）涉案精神病人的基本情况，包括姓名、性别、出生年月日、出生地、户籍地、身份证号码、民族、文化程度、职业、工作单位及职务、住址，采取临时保护性约束措施的情况及处所等；

（二）涉案精神病人的法定代理人的基本情况，包括姓名、住址、联系方式等；

（三）案由及案件来源；

（四）涉案精神病人实施危害公共安全或者严重危害公民人身安全的暴力行为的事实，包括实施暴力行为的时间、地点、手段、后果等及相关证据情况；

（五）涉案精神病人不负刑事责任的依据，包括有关鉴定意见和其他证据材料；

（六）涉案精神病人继续危害社会的可能；

（七）提出强制医疗申请的理由和法律依据。"

制作强制医疗申请书需要注意以下几点：

1. 在涉案精神病人的基本情况中，包括了采取临时保护性约束措施的情况及处所。按照《刑事诉讼法》第 285 条第 3 款的规定，对实施暴力行为的精神病人，在人民法院决定强制医疗前，公安机关可以采取临时的保护性约束措施。这种措施不是一种处罚措施，而是为了保障精神病人和社会公众安全而采取的一种带有保护性的约束措施，既要对行为人实施控制，又要对其进行保护，在必要的时候还应当进行一定的治疗。采取这种措施应当具备以下几个条件：一是对象必须是实施了暴力行为的精神病人，这里所说的精神病人，既可以是经鉴定确认的，也可以是正在进行鉴定之中的；二是必须在人民法院作出强制医疗决定前采取，也就是在公安机关进行调查、鉴定，检察机关进行审查，以及法院审理期间采取；三是必须由公安机关采取。

2. 精神病人作为无行为能力人或者限制行为能力人，其参加诉讼，应当由法定代理人代为行使诉讼权利，保障精神病人的合法权益。《刑事诉讼法》第286条第2款规定，人民法院审理强制医疗案件，应当通知被申请人或者被告人的法定代理人到场。检察机关在强制医疗申请书中也应列明涉案精神病人的法定代理人的基本情况，包括姓名、住址、联系方式等。

3. 申请书中应当列明涉案精神病人不负刑事责任的依据。包括对行为人进行精神病鉴定的鉴定意见，以及侦查机关作出的撤销案件决定书和检察机关作出的不起诉决定书。

4. 申请书中应当重点说明涉案精神病人继续危害社会的可能。精神病人有继续危害社会的可能是对其采取强制医疗措施的重要前提。如果涉案精神病人不再具有继续危害社会可能的，如已经严重残疾等，丧失了继续危害社会的能力，则不需要再对其进行强制医疗，但应当责令他的家属或者监护人严加看管和医疗。

五、公安机关向人民检察院移送强制医疗意见书

公安机关发现精神病人符合强制医疗条件的，应当写出强制医疗意见书，移送人民检察院。移送程序主要包括以下几个方面：

（一）对强制医疗意见书的审查

《刑诉规则》第543条规定了人民检察院对公安机关移送的强制医疗意见书进行审查的主要内容，包括八项：一是是否属于本院管辖；二是涉案精神病人身份状况是否清楚，包括姓名、性别、国籍、出生年月日、职业和单位等；三是涉案精神病人实施危害公共安全或者严重危害公民人身安全的暴力行为的事实；四是公安机关对涉案精神病人进行鉴定的程序是否合法，涉案精神病人是否依法不负刑事责任；五是涉案精神病人是否有继续危害社会的可能；六是证据材料是否随案移送，不宜移送的证据的清单、复制件、照片或者其他证明文件是否随案移送；七是证据是否确实、充分；八是采取的临时保护性约束措施是否适当。

（二）审查期限

关于审查期限，《刑诉规则》第544条第1款规定，人民检察院应当在接到公安机关移送的强制医疗意见书后30日以内作出是否提出强制医疗申请的决定。

《刑事诉讼法》第287条第1款规定，人民法院经审理，对于被申请人或者被告人符合强制医疗条件的，应当在1个月以内作出强制医疗的决定。该期限大大短于第一审普通程序的审理期限。相应地，检察机关审查强制医疗意见书的时间也不宜太长。

（三）决定提出或者不提出强制医疗申请

经过审查，对于符合《刑事诉讼法》第284条规定条件的，人民检察院应当作出提出强制医疗申请的决定。但是，对于不符合《刑事诉讼法》第284条规定条件的，应当作出不提出强制医疗申请的决定。不符合条件的情形包括：行为人不是精神病人的；行为人虽然是精神病人但依法应当负刑事责任的；涉案精神病人的行为没有危害公共安全或者严重危害公民人身安全的；涉案精神病人没有采取暴力手段的；鉴定程序不合法的；涉案精神病人没有继续危害社会可能的。检察机关应当制作不提出强制医疗申请决定书，并送达移送强制医疗意见书的公安机关。决定书中应当重点说明不提出强制医疗申请的理由。

（四）补充证据

人民检察院在审查强制医疗意见书的过程中，发现公安机关移送的强制医疗意见书中，相关事实不够清楚，证据不够确实、充分的，有两种解决途径：一是可以退回公安机关，由公安机关补充证据；二是可以由检察机关自行调查。如果只是部分证据需要查证，而自己又有能力调查，或者自行调查更有利于案件正确处理的，检察机关可以自行调查。

人民检察院退回补充证据，应当制作补充证据通知书，并书面写明需要补充调查的事项，连同案卷材料一并退回公安机关。公安机关补充证据的时间不计入人民检察院办案期限。人民检察院自行调查时，可以要求公安机关提供一定的协助。

（五）检察监督

《刑事诉讼法》第 289 条规定："人民检察院对强制医疗的决定和执行实行监督。"这里所说的"强制医疗的决定"，既包括公安机关的侦查活动，也包括人民法院的审理活动。人民检察院对公安机关侦查活动的监督包括以下几个方面：

1. 对应当启动程序而不启动的监督。《刑诉规则》第 545 条规定了检察机关对公安机关应当启动强制医疗程序而不启动的监督：人民检察院发现公安机关应当启动强制医疗程序而不启动的，可以要求公安机关在 7 日以内书面说明不启动的理由。经审查，认为公安机关不启动理由不能成立的，应当通知公安机关启动程序。

2. 对鉴定的监督。对精神病人的鉴定意见在强制医疗程序中非常重要，在诸多证据中居于核心地位。司法机关需要根据鉴定意见来判断：行为人是不是精神病人；行为人要不要负刑事责任；此前对行为人作出的处理决定（如撤销案件、不起诉、终止审理、宣告无罪等）是否正确；行为人还有没有继续危害社会的可能等。检察机关在审查公安机关移送的强制医疗意见书时，需要对鉴定意见进行认真的审查，如果发现鉴定程序不合法，应当提出纠正意见。

3. 对临时保护性约束措施的监督。检察机关对临时保护性约束措施的审查分为三个方面：

一是公安机关对涉案精神病人采取的临时保护性约束措施是否适当，包括是否有必要采取临时保护性约束措施，采取的临时保护性约束措施的强度是否适当，有没有对涉案精神病人的健康造成严重影响，是否能够保证涉案精神病人正常接受审判等。如果发现公安机关对涉案精神病人采取临时保护性约束措施不当，应提出纠正意见。

二是公安机关应当采取临时保护性约束措施而尚未采取的，人民检察院应当建议公安机关采取临时保护性约束措施。如果应当采取临时保护性约束措施而公安机关没有采取的，无论对社会公众还是精神病人本人，都是一种威胁。检察机关发现这种情形，应当建议公安机关采取临时保护性约束措施。

三是公安机关对涉案精神病人采取临时保护性约束措施时有体罚、虐待等违法情形的，人民检察院应当提出纠正意见。公安机关对涉案精神病人采取临时保护性约束措施，需要对其人身自由或者行动自由进行一定的限制，但是不得有体罚、虐待等行为。检察机关发现这种情形，应当提出纠正意见。需要注意的是，这项工作类似于对监管活动的监督，应当由监所检察部门负责。

六、检察机关自行发现

有的案件，公安机关在侦查阶段没有发现犯罪嫌疑人是精神病人，到审查起诉阶段，检察机关发现犯罪嫌疑人有可能是精神病人的，应当对犯罪嫌疑人进行鉴定。在审查起诉中，犯罪嫌疑人经鉴定系依法不负刑事责任的精神病人的，人民检察院应当作出不起诉决定。认为符合《刑事诉讼法》第284条规定条件的，应当向人民法院提出强制医疗的申请。

七、参与审理

人民法院审理强制医疗案件，检察机关作为提出强制医疗申请的主体，应当积极参与，提供相关证据，并对人民法院的审判活动进行监督。

（一）关于出席法庭

人民法院审理强制医疗案件，应当通知被申请人或者被告人的法定代理人到场。这里所说的"通知被申请人或者被告人的法定代理人到场"，是否意味着开庭审理，需要进一步明确。

（二）关于检察监督

检察机关对人民法院审理强制医疗案件的监督分为两个方面：

一是对审判活动的监督。人民检察院发现人民法院或者审判人员审理强制医疗案件违反法律规定的诉讼程序，应当向人民法院提出纠正意见。

二是对决定的监督。人民法院对强制医疗的申请进行审理后，认为符合《刑事诉讼法》第 284 条规定的强制医疗条件的，应当作出对被申请人强制医疗的决定；认为被申请人依法应当追究刑事责任，或者属于依法不负刑事责任的精神病人，但没有实施暴力行为，或者实施的不是危害公共安全或者严重危害公民人身安全的暴力行为，或者虽然实施了危害公共安全或者严重危害公民人身安全的暴力行为，但没有继续危害社会可能的，应当作出驳回强制医疗申请的决定。人民检察院认为人民法院作出的强制医疗决定或者驳回强制医疗申请的决定不当，应当在收到决定书副本后 20 日以内向人民法院提出书面纠正意见。

（三）人民法院自行决定强制医疗时检察机关发表意见

人民法院在审理案件过程中发现被告人符合强制医疗条件的，可以作出强制医疗的决定。人民法院在审理刑事案件时，如果发现被告人是精神病人，需要鉴定的，可以对被告人进行精神病鉴定。如果经过法定程序鉴定，确认被告人是精神病人，且属于依法不应当负刑事责任的，应当判决被告人不负刑事责任。在审理过程中，人民法院如果认为不负刑事责任的精神病人符合强制医疗条件的，可以直接作出强制医疗的决定，而不需要将该案再退回人民检察院，由人民检察院提出强制医疗的申请。

对于这类案件，虽然不是由人民检察院提出强制医疗申请而引起的，但是刑事诉讼法明确规定人民检察院对强制医疗的决定和执行实行监督，加之案件是检察机关提起公诉的案件，因此，人民检察院应当在庭审中发表意见。对于人民法院作出的被告人不负刑事责任的判决，人民检察院可以提出抗诉。对于人民法院作出的强制医疗决定，人民检察院可以提出纠正意见。

第十三章　刑事司法协助

第一节　刑事司法协助的概念和原则

刑事司法协助是指不同国家的司法机关或其他主管机关，根据本国缔结或者参加的国际条约，或者按照互惠原则，在刑事诉讼中代行或者协助实行与诉讼有关的司法行为。《刑事诉讼法》第17条规定："根据中华人民共和国缔约或者参加的国际条约，或者按照互惠原则，我国司法机关和外国司法机关可以相互请求刑事司法协助。"

1987年以来，我国先后与波兰、蒙古、罗马尼亚、俄罗斯、乌克兰、土耳其、埃及、泰国等30余个国家签订了双边司法协助、引渡方面的条约（协定）①，并参加了一系列有关司法协助的国际公约，如《1961年麻醉品单一公约》、《1970年海牙公约》、《1971年蒙特利尔公约》、《1971年精神药物公约》等，② 这些公约均要求对跨国犯罪缔约国之间给予广泛的相互协助。目前我国与有关国家的刑事司法协助主要包括相互代为询问证人、被害人、鉴定人和讯问刑事被告人；进行搜查、鉴定、勘验、检查及其他与调查取证有关的诉讼行为；移交物证、书证以及赃款赃物；送达刑

---

① 截止到2000年10月，我国已与36个国家签订了司法协助条约，与12个国家签订了引渡条约。

② 目前，我国签署了21个涉及司法协助的多边国际公约，其中民商事方面的公约6个，刑事方面的多边公约15个。

事诉讼文书和司法外文书，并通报刑事诉讼结果；相互提供法律资料和情报等。1993 年后与泰国、俄罗斯、白俄罗斯、罗马尼亚等国缔结了引渡条约，进一步扩大了刑事司法协助的范围和途径。

　　刑事司法协助是国际司法协助制度中的一个重要方面。随着国际交往的日益增多和我国对外开放的发展，刑事犯罪呈现出跨国性和国际性的特点，特别是在国际交通发达和科学技术飞速发展的现代社会，犯罪分子利用现代化的交通、通信、货币流通等手段实施各种犯罪行为，有的在多个国家流窜作案，有的在一国犯罪后逃匿他国，进行国际性的走私、贩毒及其他刑事犯罪，特别是近年来一些国际性的有组织犯罪活动日益猖獗，犯罪领域和犯罪规模不断扩大，对世界各国造成了极其严重的危害。目前，无论是一般的刑事犯罪，还是大型的跨国欺诈活动、非法贩运武器、毒品、贩卖人口等犯罪活动有增无减，不仅直接危害了世界各国的政治、经济和社会秩序，也严重危害了国际社会的和平和安全。由于各国拥有司法管辖主权，在涉及对外刑事案件的侦查、起诉和审判等司法程序时，不能直接到其他国家境内进行诸如缉拿逃犯、调查取证等刑事司法行为，直接影响了对涉外刑事犯罪的追究。为了加强国际合作，共同有效打击跨国性刑事犯罪，必须在刑事司法方面加强各国的合作，刑事司法协助正是各国基于惩治涉外刑事犯罪的共同需要，在刑事司法方面开展互相合作的一种重要方式。

　　在我国，"刑事司法"、"刑事司法程序"不仅指法院的审判程序，司法机关也不仅指法院，还包括公安机关侦查、检察机关提起公诉、监狱执行刑罚等一系列追究罪犯刑事责任和实施刑事制裁的程序。刑事司法协助的范围，从狭义上说仅指送达刑事诉讼中的司法文书、询问证人、鉴定人等调查行为及提供法律资料等协助，从广义上说还包括逃犯的引渡、刑事诉讼移管等内容。一般而言，我国的刑事司法协助包括为最终实现对罪犯的刑事制裁而开展的各种类型的国际刑事司法合作，在这里应对刑事司法协助作广义的理解。

刑事司法协助主要具有以下特点：（1）刑事司法协助是与刑事诉讼程序有关的相互协助，刑事司法协助的目的是克服各国司法管辖权的局限，以实现各国之间刑事诉讼程序的顺利进行，必须与刑事诉讼程序有关，如送达刑事诉讼文书和调查取证本身就是诉讼程序的环节，引渡也是为了使被引渡人进入追究刑事责任的诉讼程序。（2）刑事司法协助的过程表现为实行与刑事诉讼有关的一定的司法行为，这些司法行为有的属于代行本应由请求方在诉讼中实行的行为，如调查取证等，有的只是提供诉讼程序以外的某些协助，为请求方实行有关诉讼行为创造条件，如引渡等。（3）刑事司法协助行为的实施者是各国的司法机关或其他主管机关。"其他主管机关"指除司法机关外有权主管刑事案件或有权执行司法协助请求的机关，如在我国公安机关就是刑事诉讼程序中主管刑事案件侦查的机关。从执行司法协助请求或实施司法协助行为的一方而言，只能是被请求国的司法机关或其他主管机关，而提出司法协助请求的一方除司法机关或其他主管机关外，在某些情况下还可以是有关的当事人。如在一国境内被判刑的罪犯，可以提出将其移交到其本国服刑的请求。（4）各国在实施刑事司法协助过程中特别强调对本国利益的维护。刑事法律属于公法范畴，是国家用以惩治危害国家政权和社会秩序的刑事犯罪的工具，刑事诉讼的目的是为了确定被告人是否构成犯罪及在判定有罪时应当如何处罚。由于各国政治制度和价值观念的差异，尤其是司法主权的独立，各国在办理刑事案件中利益是相互独立的，在一国被视为犯罪的行为在另一国可能并不构成犯罪，在进行刑事司法协助时要充分考虑各国政治制度、国家利益及国家之间的外交关系，刑事司法协助的条件和程序一般较为复杂和严格。

刑事司法协助的原则是指国家之间开展刑事司法协助所必须

遵循的准则，主要包含国家主权原则和平等互利原则，其他如国民待遇原则、保护公民、法人和社会的合法权益原则、信守国际条约原则等都是以上述两项基本原则为核心和基础而派生出来的。

一、国家主权原则

国家主权原则体现在司法协助制度中，主要有以下含义：（1）刑事司法协助关系的产生、存在取决于有关国家的自愿。（2）一旦两国就司法协助问题达成条约或协定，就应当信守和履行条约或协定的义务。（3）未经外国同意，一国司法机关不得到该国境内从事司法性质的活动。（4）在具体办理司法协助案件时，一国司法机关对另一国司法机关在本国境内依其本国法律进行诉讼、作出裁决等应当予以尊重，不得将自己的意志强加于对方。

二、平等互利原则

平等互利原则是指国家间相互开展刑事司法协助，应当一律平等，在相互交往中应当使司法协助行为有利于对方，而不能以损害双方的利益来实现自己的要求。各国在开展司法协助时，不得以大凌小，以强凌弱，不得在别国谋求司法特权。具体而言，在订立司法协助条约时，一般应以各自国家或政府的对等名义缔结；在司法协助的内容上，一般都在同等的范围内和同等的程度上开展；在司法协助的过程中，应当确保不同国家的法律制度和司法机关都具有平等地位，相互给予对方便利。平等与互利是相辅相成的，刑事司法协助只有建立在平等的基础之上，才能做到互利；也只有坚持互利，才可能有真正的平等。

第二节　刑事司法协助的依据、联系途径和范围

一、刑事司法协助的依据

（一）刑事司法协助以国际法主体之间存在的条约或互惠关系为前提

由于各国法律制度的差异，各种不同类型的司法协助又有不同的特点，各国对于司法协助的依据也有着不同的要求。对于大多数类型的司法协助而言，各国大多主张既可在条约的基础上进行，也可在没有条约关系时以互惠为基础进行。条约是国家间开展司法协助的最为可靠的依据，国家间通过条约这种法律形式将相互提供司法协助的原则、程序确定下来，在相互提供司法协助方面创设了权利和义务，缔约方有义务履行条约的规定，违约者应当承担相应的国家责任。但由于种种原因，国家间没有订立司法协助的条约，就需要以互惠为基础，即有关国家在进行司法协助时达成一项谅解：提供司法协助的一方今后在同类案件中也将会得到请求一方给予的类似协助。一旦两国就互惠问题取得谅解，也就构成了相互间开展司法协助的一种约定，可以构成两国在刑事司法协助方面合作的共同基础。在刑事司法协助方面，我国在与有关外国存在条约关系时，应根据条约相互提供司法协助，这里所说的条约，即包括我国缔结或参加的专门规定司法协助事项的双边条约、协定或者国际公约，其次在我国与有关外国不存在上述条约关系时，可以在互惠的基础上，相互提供刑事司法协助。凡无相应条约规定的，按照互惠原则通过外交途径进行。

（二）刑事司法协助活动一般只适用提供司法协助一国的法律规定

一国主管机关在办理司法协助案件时，应当根据法律规定决定是否向外国提供司法协助，以及在同意协助的情况下，按照本

国法律规定的程序实行司法协助。这是因为提供司法协助的行为具有法律性质，体现了一定的司法行为，如果不按照一定的法律实施，就不具有相应的法律效力，同时司法协助过程本身并不对案件的是非曲直作出决定，而仅仅进行程序性行为，被请求方在提供司法协助时适用本国法律，既是本国司法主权的要求，又在执行中更为便利。因为，在司法协助过程中，不论有关诉讼的性质如何，被请求方在提供司法协助时一般只适用本国法律，请求方提出的司法协助请求，也应当符合被请求方法律规定的要求。关于司法协助应适用的法律，我国有关法律和我国对外签订的司法协助条约都作了明确规定，例如《民事诉讼法》第279条规定："人民法院提供司法协助，依照中华人民共和国法律规定的程序进行"；《中华人民共和国和波兰人民共和国关于民事和刑事司法协助的协定》第11条规定："被请求机关提供司法协助，适用本国法律。"人民检察院进行司法协助，应当根据我国有关法律规定决定是否向外国提供司法协助和执行司法协助行为。依照国际条约规定，在不违背我国法律规定的前提下，也可以按照请求方的要求适用请求书中所示的程序。

外国有关机关请求的事项有损中华人民共和国的主权、安全或者社会公共利益以及违反中国法律的，应当不予协助；不属于人民检察院职权范围的，应当予以退回或移送有关机关，并说明理由。但是，适用被请求国法律也不是绝对的。在一定情况下，被请求一方司法机关也可根据请求一方的请求，适用请求一方的某些诉讼程序规则。这是因为，有时一国法律往往可能对某些诉讼程序规定有特殊要求，例如在取证程序中，有的国家要求证人宣誓，有的国家要求原被告当面对质，有的国家还要求对取证过程进行录音、录像等。如果这些要求得不到满足，可能会影响到证据的有效性。因此，各国允许在一定情况下适用请求国法律。总之，一国司法机关提供司法协助时原则上应当适用本国法律，而适用请求国法律中规定的程序则是例外，而且不得与被请求国法律的基本原则相抵触。

二、刑事司法协助的联系途径

司法协助的联系途径，是指各国主管机关在相互请求和提供司法协助行为时直接进行联系的中央主管机关，一般由最高的主管机关作为联系途径。根据我国与有关国家订立的司法协助条约，关于司法协助的联系途径一般有两种形式：（1）在条约中写明"中央机关"由缔约双方通过外交途径指明，如中波司法协助条约；（2）在条约中写明是双方的具体中央机关，如司法部、最高人民法院、最高人民检察院等。这是根据各国司法体制和主管机关的权限不同而予以指定的。根据中国与罗马尼亚、俄罗斯、乌克兰等国签订的司法协助条约，我国最高人民检察院是司法协助的中方的中央机关，我国主管机关在进行司法协助时，可以直接通过最高人民检察院进行联系。同时，在我国无论最高人民检察院是否是中方的中央机关，各级人民检察院请求和提供司法协助，都必须通过最高人民检察院进行。因此，最高人民检察院是检察机关办理司法协助事务的最高主管机关，依照国际条约规定是人民检察院司法协助的中方中央机关。地方各级人民检察院是执行司法协助的主管机关，依照职责分工办理司法协助事务。人民检察院与有关国家相互提供司法协助，应当按照我国与有关国家缔结的司法协助条约规定的联系途径或者外交途径进行。有关司法协助条约规定最高人民检察院为司法协助的中方中央机关的，由最高人民检察院直接与有关国家对应的中央机关联系和转递司法协助文件及其他材料。有关司法协助条约规定其他机关为中方中央机关的，地方各级人民检察院通过最高人民检察院与中方中央机关联系和转递司法协助文件。其他机关需要通过最高人民检察院对外办理司法协助的，应当通过其最高主管机关与最高人民检察院联系。这样有利于保证司法协助的统一性和严肃性。根据我国与有关国家签订的引渡条约，有的规定办理引渡应当通过双方本国法律指定的机关进行联系，也可通过外交途径联系；有的规定双方应通过其指定的主管机关进行联系，在各自指定主管机关前，应当通过外交途径进行联系。

三、刑事司法协助的范围

刑事司法协助的范围，通常有狭义和广义之分。狭义的刑事司法协助主要包括送达刑事诉讼司法文书、询问证人和鉴定人、搜查、扣押、物品的移交以及提供法律资料等协助。广义的刑事司法协助还包括引渡、刑事诉讼移管、被判刑人移交以及外国刑事判决的承认与执行等。目前，对刑事司法协助一般从广义上加以理解。人民检察院司法协助的范围主要包括刑事方面的调查取证、送达刑事诉讼文书、通报刑事诉讼结果、移交物证、书证和视听资料等。

（一）送达文书和调查取证

在我国与外国缔结的司法协助条约中，关于刑事司法协助的范围主要限定于刑事诉讼过程中与送达文书和调查取证有关的诉讼行为，主要包括缔约双方根据请求，在刑事方面相互代为送达司法文书和司法外文书，听取当事人、嫌疑犯的陈述、询问证人、被害人和鉴定人，进行鉴定和司法勘验、检查以及收集其他证据等。

刑事诉讼中文书送达的范围包括司法文书和司法外文书，司法文书是指在刑事诉讼过程中由司法机关制作或签发的各种法律文书或文书，如出庭通知书、判决书或裁定书。司法外文书则是指除上述司法文书以外的与特定的刑事诉讼程序有关的各种书面或文字记录，如身份证明、各种公证文书等。我国在缔结的双边条约中，对于在刑事司法协助时可否采取强制性调查取证方式采取慎重的态度，一般不包括强制性的取证方式，在中波、中蒙等司法协助条约中没有明确规定使用强制性调查方式，在中国与土耳其、罗马尼亚、俄罗斯联邦等国缔结的司法协助条约中，明确规定可以使用搜查方式。在刑事司法协助中适用强制性措施应当严格依照条约进行，在条约没有规定，而且请求方也没有如此要求时，如果通过其他方式能够满足对方请求的，一般不要使用强制性措施。

进行送达文书和调查取证等司法协助时，必须通过特定的途径。我国与外国缔结的司法协助条约均规定，请求和代为送达刑事文书和调查取证，应当通过中央机关进行联系。我国除指定司法部为中方的中央机关外，有时还增加指定其他司法机关作为中央机关，以增加缔约双方的联系途径，例如我国与波兰、罗马尼亚、俄罗斯联邦缔结的司法协助条约中，还确定双方的最高检察院为中央机关，以避免因各国司法制度和司法部门职能的差异而对双方合作造成不便。

（二）证人、鉴定人出庭作证

刑事司法协助中的证人、鉴定人出庭作证是指在一国境内的证人或鉴定人根据相互提供司法协助国的安排到另一国法院出庭作证。在刑事诉讼过程中，在外国境内的证人和鉴定人出庭作证对案件的审理具有关键作用，成为诉讼程序能否继续进行或成为定案的决定因素。要求证人、鉴定人出庭作证应当具备以下基本条件：（1）有关国家就具体的出庭作证或鉴定事项达成协议；必须由提出请求国家的书面请求，并须说明被请求的证人、鉴定人对于特定诉讼的关系和需要、案件的性质和案由等。（2）尊重证人、鉴定人的意愿请求证人、鉴定人到缔约另一方作证，必须事先征得被请求证人、鉴定人的同意，请求一方不得或通过被请求一方对证人、鉴定人采取强制手段或施加压力。（3）提出请求的缔约方应当支付证人、鉴定人赴请求方作证的费用，一般情况下费用的标准应当按照请求方国家有关法律规定的标准予以确定。（4）证人、鉴定人出庭作证享受刑事豁免权，即由被请求国赴请求国履行司法协助义务的证人、鉴定人，不论他们的国籍如何，在为作证目的在请求国逗留期间，请求国不得因他们在入境前所犯罪行或与该刑事诉讼有关、或因履行作证及鉴定义务的行为违反请求国的法律，而被该国追究刑事责任，或剥夺其人身自由。

（三）赃款赃物的移交

刑事案件中如何处理因犯罪所取得的赃款赃物的移交问题，是刑事司法协助的重要内容之一。各国通过司法协助移交赃款赃物，有助于全面、有效和充分地制裁刑事罪犯，有助于有关国家切实保护受害人的合法权益，在赃款赃物是物证的情况下对有关国家的司法机关查处案件具有重要意义。赃款赃物的移交按其目的不同，存在着接受移交的国家是否应当返还这些物品的问题，一种是以协助追缴并归还财物为目的的移交，即移交财物的国家一般不要求接收的国家予以返还；另一种是为特定的刑事诉讼目的而进行的赃款赃物的移交，这种移交与证据移交有相同的性质，被请求国在把这些财物作为证据移交时，往往要求接收国在刑事诉讼程序结束时予以返还，除非被请求国明确表示放弃这种要求。移交赃款赃物应当遵守一定的程序规定并符合下列条件：（1）赃款赃物的移交，不得妨碍被请求国正在进行的刑事诉讼程序；（2）赃款赃物的移交，不得妨碍被请求国境内发生的对这些物品的请求权；（3）赃款赃物的移交，不得违反被请求国关于物品和金融方面的进出口的法律规定。

（四）刑事诉讼结果的通报

刑事诉讼结果的通报是指一国就其本国进行的刑事诉讼的结果向另一国进行通报的行为，这种通报对于保证国家间的刑事诉讼及刑事司法协助的正常开展具有实际意义，可以使当事国之间对彼此为对方国民提供司法保护的情况进行有效的监督，维护本国国民的合法权益，也可以有助于有关国家全面了解某些刑事诉讼案件及涉案人员的情况，便于司法机关迅速、公正和高效地查处刑事案件。

刑事诉讼结果的通报主要有两种类型，第一种类型是指国家间就在各自境内已经完成的有关刑事诉讼的裁判或其他结果向对方进行通报的情况，是以备案为目的的例行通报。第二种类型则是指一国根据另一国的请求，向其通报另一国国民在被请求国境内的犯罪记录及处理结果的通报，这种通报一般是就某一具体案件进行的，也称之为以告知犯罪前科为目的的逐案通报。刑事诉讼结果通报应当符合以下条件：（1）通报的内容一般只涉及在本国境内完成的针对被通报国国民的刑事诉讼裁决或结案情况，而有关本国国民的刑事诉讼结果，不在通报之列；（2）向另一国通报的刑事诉讼结果，一般应当仅限于本国司法机关作出的已经发生法律效力的裁决和决定；（3）通报刑事诉讼结果时，应当附上诉讼地国家司法机关所作出的裁决或决定的副本或有关材料，以便说明该司法机关对犯罪人定罪量刑以及作出裁决的日期和其他情况。

（五）引渡

引渡是指一国将在其境内而被他国指控为犯罪或已被定罪判刑的人，根据有管辖权的国家的请求，在条约或者互惠的基础上，移交给请求国，以便追究其刑事责任或者执行刑罚的一项制度。引渡合作应当在平等互惠的基础上进行，不得损害各国的主权、安全和社会公共利益。一国同意引渡，通常在维护其主权、安全、国家利益以及适应外交需要的前提下，还应当考虑下列基本条件：（1）双重犯罪原则，即可引渡的罪行，必须是请求国和被请求国都认为构成犯罪并且应当处以一定刑罚以上的行为；（2）罪刑特定原则，即引渡后请求国只能就作为引渡理由的罪行对该人进行审判或者处罚；（3）政治犯不引渡原则；（4）本国国民不引渡原则。引渡均通过外交途径进行联系，一般外交部为指定的进行引渡的联系机关。

第三节　人民检察院的司法协助程序

人民检察院作为国家法律监督机关和国家的司法机关，在我国刑事诉讼中承担着侦查、提起公诉、审查批准逮捕、诉讼监督等职责，在办理司法协助中具有重要的地位和作用。为保证检察机关更好地执行我国参加或缔结的国际公约、双边条约和最高人民检察院与外国检察机关签订的协议，1997年4月最高人民检察院印发了关于检察机关办理司法协助案件有关问题的通知，对检察院办理司法协助事务作出了详尽的安排，明确最高人民检察院是人民检察院办理司法协助事务的中央主管机关，最高人民检察院外事局负责检察机关司法协助工作的具体管理、协调和对外联络工作，最高人民检察院各有关业务部门具体负责检察机关司法协助案件的审查和办理，各省、自治区、直辖市人民检察院和军事检察院负责承办最高人民检察院交办的司法协助案件，根据案件情况，可以指定下级人民检察院作为具体办理机关。

一、人民检察院提供刑事司法协助的程序

根据我国与有关国家签订的司法协助条约和司法实践经验，人民检察院提供司法协助，应当按照下列程序进行：

（一）最高人民检察院通过有关国际条约规定的联系途径或外交途径，接收外国提出的司法协助请求

最高人民检察院收到缔约的外国一方提出的司法协助请求后，应当依据我国法律和有关司法协助条约进行审查。对符合条约规定并且所附材料齐全的，交由有关省、自治区、直辖市人民检察院指定有关人民检察院办理，或者交由其他有关最高主管机关指定有关机关办理。对不符合条约有关规定的，应当通过接收请求的途径退回请求方不予执行；对所附材料不齐全的，应当要求请求方予以补充。外国有关机关请求人民检察院提供司法协助的请

求及所附文件，应当附有中文译本或者国际条约规定的其他文字文本。

（二）有关省、自治区、直辖市人民检察院收到最高人民检察院转交的司法协助请求书和所附材料后，可以直接办理，也可以指定有关的人民检察院予以执行

负责执行司法协助请求的人民检察院收到司法协助请求书和所附材料后，应即安排执行，并按条约规定的格式和语言将执行结果及有关材料经省、自治区、直辖市人民检察院报送最高人民检察院。

对于不能执行的，应当将司法协助请求和所附材料，连同不能执行的理由通过各省、自治区、直辖市人民检察院报送最高人民检察院。

人民检察院因请求书提供的地址不详或材料不齐全难以执行该项请求的，应当立即通过最高人民检察院要求请求方提供补充材料。

（三）最高人民检察院应当对执行结果进行审查

凡符合请求要求的，由最高人民检察院转递请求协助的缔约外国一方。

（四）缔约的外国一方通过其他中方中央机关请求检察机关提供司法协助的，由其他中方中央机关将请求书及所附文件转递最高人民检察院

人民检察院提供司法协助，请求书中附有办理期限的，应当按期完成。未附办理期限的，调查取证一般应当在 3 个月内完成；送达刑事诉讼文书，一般应当在 15 日内完成。不能按期完成的，应当说明情况和理由，层报最高人民检察院，以便转告请求方。

人民检察院提供刑事司法协助，根据有关条约规定需向请求方收取费用的，应当将费用账单连同执行司法协助的结果一并报送最高人民检察院转递请求方。最高人民检察院收到费用后应当

立即转交有关人民检察院。

二、人民检察院向外国提出司法协助请求的程序

具体程序如下：

1. 地方各级人民检察院需要向缔约的外国一方请求提供司法协助，应当按有关条约的规定由省级人民检察院提出司法协助请求书、连同调查提纲和有关材料报送最高人民检察院有关对应业务部门。

2. 最高人民检察院收到地方各级人民检察院请求缔约的外国一方提供司法协助的材料后，应当依照有关条约进行审查。对符合条约有关规定、所附材料齐全的，应当呈报主管检察长审批后，连同上述材料一并转递被请求国的中央机关，或者交由其他中方中央机关办理。对不符合条约规定或者材料不齐全的，应当退回提出请求的人民检察院补充和修正。

此外，我国沿边地区人民检察院与相邻国家的司法机关，可以根据需要和具体情况对双方之间办案过程中的具体事务作出安排，进行司法合作，开展友好往来活动，在不违背有关条约和我国法律的前提下，可以按照惯例开展司法合作。如我国与俄罗斯联邦检察机关，近年来进行了一系列有效的合作。1993 年，中俄两国签订了民事和刑事司法协助条约，确定了两国最高检察机关是两国间开展司法协助的中央机关。1997 年 3 月，签署了《中华人民共和国最高人民检察院和俄罗斯联邦总检察院合作协议》，规定："在本协议范围内，两国边境地区检察机关可以直接进行合作。"

人民检察院需要通过国际刑警组织缉捕人犯、查询资料的，应当由有关人民检察院提出申请，层报最高人民检察院审查后与公安部有关部门联系办理。办理引渡案件，依照国家关于引渡的法律、条约和规定进行。

三、引渡程序

（一）关于外国向我国请求引渡程序中检察机关的作用

外国向我国提出引渡请求，应当向我国外交部提出。外交部收到请求国提出的引渡请求后，应当对引渡请求书及所附文件、材料是否齐备进行审查。凡审查后认为以上文件符合我国引渡法和引渡条约的规定的，应当将引渡请求书及其所附文件和材料转交最高人民法院、最高人民检察院。最高人民检察院经审查，认为对引渡请求所指的犯罪或者被请求引渡人的其他犯罪，应当由我国司法机关追诉，但尚未提起刑事诉讼的，应当自收到引渡请求书及所附文件和材料之日起1个月内，将准备提起刑事诉讼的意见分别告知最高人民法院和外交部。最高人民法院收到最高人民检察院准备提起刑事诉讼的意见后，由于我国对此案有管辖权，应当作出不引渡的裁定，由外交部通知请求国。最高人民法院作出符合引渡条件的裁定后，应当报送国务院决定是否引渡。国务院决定不引渡的，外交部应当及时通知请求国。

（二）关于检察机关向外国请求引渡

凡是需要请求外国准予引渡或者引渡过境的，应当由负责办理有关案件的省、自治区或者直辖市的检察机关向最高人民检察院提出意见书，并附有关文件和材料及经证明无误的译文。最高人民检察院会同外交部审核同意后，通过外交部向外国提出请求。

被请求国就准予引渡附加条件的，可以由外交部在不损害国家主权、国家利益、公共利益的前提下向被请求国作出承诺。对于限制追诉的承诺，由最高人民检察院决定；对于量刑的承诺，由最高人民法院决定。在对被引渡人追究刑事责任时，司法机关应当受所作出的承诺的约束。

第四节　个案协查

《香港特别行政区基本法》第95条规定："香港特别行政区可与全国其他地区的司法机关通过协商依法进行司法方面的联系和相互提供协助。"《澳门特别行政区基本法》第93条规定："澳门特别行政区可与全国其他地区的司法机关通过协商依法进行司法方面的联系和相互提供协助。"由于贯彻"一国两制"的方针，香港、澳门特别行政区是单独的司法区域，各自享有终审权，在法院组织、审判程序和司法行政事务方面依照自己的法律和规定运作，但有许多司法方面事务可能要与我国其他地区发生联系和关系，如特别行政区的法院和有关主管机关要到行政区以外去送达司法文件、传讯证人、查验证物等，我国其他地区的司法机关也有必要到特别行政区内办理上述事务，因而，香港、澳门特别行政区与全国其他地区应当加强司法方面的联系和相互提供协助，这种司法协作关系是我国内部各地区之间的关系，是我国的内部事务，与国际上和国家间的司法协助关系具有本质的区别。

一、个案协查的渠道、范围及原则

检察机关自1987年以来与香港廉政公署开展合作，最高人民检察院设立了个案协查办公室，作为全国检察机关办理涉港案件的窗口和联系渠道。全国所有涉港澳案件都要归口最高人民检察院个案协查办公室，统一办理涉港澳的司法协作事务。

检察机关赴港澳调查取证的范围，主要应具有两个条件：（1）法律规定由人民检察院自行受理或立案侦查的案件；（2）案情涉及香港地区并有赴港调查取证的必要性。具体包括以下几项：

1. 案情重大，使国家经济上遭受严重损失，政治上造成恶劣影响的；

2. 案件的主要证人、重要书证在香港地区的；

3. 采取了有关方法（如约请、函调、边控等办法），在境内无法达到取证目的的；

4. 能确保受询问的香港居民不会因为该案提供证言而受到我国法律的追究。

与香港、澳门有关机关开展个案协查，必须考虑香港、澳门的特殊地位和现实情况，坚持如下原则：

1. 互利原则

与香港、澳门有关机关进行司法合作，在司法合作中互惠互利，使司法合作有利于双方，相互给予对方以便利，努力使合作的范围尽可能广泛，协助的程序尽可能简便。

2. 法律适用原则

检察机关在与香港、澳门有关机关开展个案协查工作中，根据全国人大及其常委会制定的有关法律审查和决定是否向港方提供协助，在同意提供协助的情况下，按照全国人大及其常委会制定的法律规定实行协查行为。在不违反法律的前提下，我国也可根据港方的请求，在调查取证等方面适用港方的一些特殊程序规则。

3. 坚持协查效应原则

在开展个案协查中，全面考虑协查的必要性、可能性，通过协查实现办案的实际目的。如赴港调查取证，事先必须掌握要求约见和询问的香港居民的个人资料，包括身份证号码、住址、与被告人的关系以及其他资料。港方赴大陆调查取证，我方在审查时要明确港方要求会见或询问的公民必须是该案的证人。

二、个案协查的具体程序

（一）办理赴港调查取证的程序

检察机关赴港调查取证，一般按以下程序进行：

1. 各地方检察机关办理的案件需请香港、澳门特别行政区有关部门协助的，由案件所在地的省、自治区、直辖市人民检察院逐案报最高人民检察院审批。内地检察机关请香港、澳门特别行政区有关部门协助代为调查取证的，有关省级检察院的报告应附详细调查提纲。

2. 批准后，"个案协查办"同香港、澳门有关部门联系落实。通知申报单位办理手续，同时向香港的协查当局转达调查提纲及协助取证的请求。

3. 获准出境调查取证的办案单位，要指派 3 至 4 名办案人员由"个案协查办"派员指导。

如广东省人民检察院办理的洪永林受贿案。洪永林原系惠州市公安局长，在其任职期间，在为走私分子杨某批准走私汽车和审批申请单程出港定居的工作过程中，收受有关人员贿赂人民币40.5 万元，港币 138.58 万元。由于案情复杂，行贿者大多已经洪永林批准在港定居，取证对象多达十余人，必须派员赴港调查取证，才能全面查清案件事实，正确认定犯罪性质。惠州市人民检察院经批准后，派出 4 名检察员赴港，在廉政公署的协助配合下，历时近 1 个月，向十余位证人调查取证，基本查清洪永林的犯罪事实，对办理洪永林案件起了关键作用。

（二）办理港方请求入境调查取证的程序

香港特别行政区廉政公署、澳门特别行政区检察院办理的案件需请内地有关检察机关协助的，与最高人民检察院个案协查办公室（"个案协查办"）联系。

1. 香港廉政公署请求入境调查取证，需由检察机关协助的，统一由"个案协查办"受理协调。

2. "个案协查办"依据法律和其他情况对廉政公署的请求进行审查，可通知有关检察机关进行案件的背景调查。主要审查廉政公署要求会见或询问的公民是否该案的证人；请求调查的内容，是否涉及我方国家机密和损害国家利益；是否具有可行性并达到取证的效果；并要确保该公民以后进入香港不因该案而受到港方法律的追诉。

3. 港方调查人员入境后，"个案协查办"派员陪同调查，并请有关检察机关予以协助。

在个案协查中，我们还办理了证人赴港出庭作证事务。如香港廉政公署 1991 年查办香港居民杨晓锋、邱国才诈骗案。杨晓锋、邱国才伪造广东省商检局、珠海市商检局商检证书和产地证书在日本行骗，廉政公署曾向广东、珠海商检局有关人员进行了调查取证工作。廉政公署将该案移送律政司后，鉴于两被告在境外伪造的证书上使用的均是我方人员的伪造签名，因而 4 位证人能否到庭作证是该案检控成败的关键所在。在此案件中两被告在外伪造我商检部门有关证书，损害了我商检文书的严肃性。4 位证人出庭为控方作证，既可以澄清事实，维护我商检信誉，又利于双方的合作关系进一步发展。在广东省个案协查办派员陪同下，4 位证人赴港作证，取得了较好的效果。

为了保证个案协查的顺利开展，应当采取如下措施：

1. 一案一报。各省、自治区、直辖市人民检察院和军事检察院需要协查的案件，均要报最高人民检察院个案协查办公室，由其负责审查并办理报批手续。在审查中，注意征求有关业务部门的意见。

2. 归口办理。凡需通过香港廉政公署协查的案件，均归口由最高人民检察院个案协查办公室负责联络，并派员协助办理。

3. 加强例行教育和个案小结。对参加个案协查的工作人员，每办结一案都要进行小结，收集、储存资料。

检察机关开展与香港、澳门有关部门的个案协助工作以来，办理了一批个案协查案件，深化了反贪污、贿赂的斗争，对震慑犯罪分子发挥了积极作用。同时通过个案协查，促进了内地检察机关与香港、澳门有关部门的联系和交流，为内地与特别行政区进行司法合作积累了一定经验。

思考题：

一、简述刑事司法协助的基本特点和原则。

二、试论刑事司法协助的依据和途径。

三、何为刑事司法协助的范围？

四、人民检察院提供司法协助，和向外国提出司法协助请求的一般程序是什么？

图书在版编目（CIP）数据

中国检察业务教程/梁国庆主编．—3 版．—北京：中国检察
出版社，2014.7
ISBN 978 - 7 - 5102 - 1224 - 6

Ⅰ．①中…　Ⅱ．①梁…　Ⅲ．①检察机关 - 工作 - 中国 - 教材
Ⅳ．①D926.3

中国版本图书馆 CIP 数据核字（2014）第 131883 号

中国检察业务教程（第三版）

梁国庆　**主编**

出版发行：中国检察出版社

社　　址：北京市石景山区香山南路 109 号（100144）

网　　址：中国检察出版社（www. zgjccbs. com）

编辑电话：（010）86423752

发行电话：（010）86423726　86423727　86423728
　　　　　　（010）86423730　68650016

经　　销：新华书店

印　　刷：保定市中画美凯印刷有限公司

开　　本：A5

印　　张：16.75 印张

字　　数：461 千字

版　　次：2014 年 7 月第三版　　2018 年 3 月第十九次印刷

书　　号：ISBN 978 - 7 - 5102 - 1224 - 6

定　　价：46.00 元